JÜDISCHE SCHULGESCHICHTEN

Ehemalige Leipziger erzählen

JÜDISCHE SCHULGESCHICHTEN

Ehemalige Leipziger erzählen

Herausgegeben vom Schulmuseum –
Werkstatt für Schulgeschichte Leipzig

Das Buch „Jüdische Schulgeschichten" wurde gefördert durch das Programm „Weltoffenes Sachsen für Demokratie und Toleranz" des Freistaates Sachsen.

Freistaat ≋ Sachsen
Staatskanzlei

Herausgeber: Schulmuseum – Werkstatt für Schulgeschichte Leipzig e. V.
Goerdelerring 20, 04109 Leipzig
Telefon: (0341) 2 13 05 68; Telefax: (0341) 2 15 58 43
www.schulmuseum-leipzig.de
Redaktion: Elke Urban
Lektorat: Dr. Katrin Löffler
Satz, Layout: Thomas Liebscher
Herstellung: Passage-Verlag Leipzig
Druck: PB Tisk

Bildnachweis
Stadtgeschichtliches Museum S. 43, Foto: Hermann Walther
Commune di Nonantola: S. 20, 21, 133 unten
Ephraim Carlebach Stiftung: S. 48, S. 53, S. 73, S. 88, S.146, S. 167,
Fotos von Mahmoud Dabdoub: S. 31, S. 77, S. 305
Alle anderen Fotos stammen aus Privatbesitz oder dem Fotoarchiv des Schulmuseums.

ISBN 978-3-938543-91-7

Grußwort

Es sind vor allem die glücklichen Kindheitserinnerungen, die es den ehemaligen Leipzigerinnen und Leipzigern erleichtern, nach mehr als sechzig Jahren ihre Geburtsstadt zu besuchen. Damals, zwischen 1934 und 1939, flohen sie allein oder mit ihren Familien, weil die nationalsozialistische Judenverfolgung immer bedrohlicher wurde. Heute zeigen sie ihren Kindern und Enkelkindern, was die Kindheit ihnen bedeutet.

Erst nach dem Ende der DDR war es möglich, diese aus unserer Stadt vertriebenen Menschen einzuladen, um mit ihnen Brücken zu bauen zwischen Vergangenheit und Zukunft, zwischen jüdischen Leipzigern von damals und den heute in unserer Stadt lebenden Menschen. In alle Welt wurden sie verstreut und sind nun in Israel, Großbritannien, Kanada, Kolumbien, Australien, in den USA und in der Schweiz zu Hause. Leipzig ist schon lange nicht mehr ihre Heimatstadt. Aber sie haben sich aufgemacht, um ihr Deutschlandbild zu überprüfen. Zum Brückenbau gehören zwei Seiten, die aufeinander zugehen. Die Brückenpfeiler sind Freundschaften, die auf gegenseitigem Vertrauen begründet sind.

Mehr als zweihundert ehemalige Leipziger haben unserer Stadt in den letzten zwanzig Jahren die Hand zur Versöhnung gereicht. Ihre Eintragungen im Goldenen Buch der Stadt bezeugen diese Bereitschaft. Einige von ihnen kommen mit ihren Angehörigen regelmäßig alle zwei Jahre wieder zur Jüdischen Woche und werden dies hoffentlich noch lange tun können.

Die Interviews, die Elke Urban mit fünfzig jüdischen Gästen in den letzten sieben Jahren führen konnte, halten ganz persönliche Erinnerungen fest. Die Fragen nach der Schule und lebenslang prägenden Eindrücken interessieren sicher nicht nur die Leiterin des Schulmuseums. Sie zeigen uns, welche Verantwortung wir heute für unsere Kinder und Jugendlichen haben, wenn wir sie auf eine ungewisse Zukunft vorbereiten. Atemberaubende Fluchtgeschichten, die in diesem Buch erzählt werden, ermahnen uns außerdem, an die Flüchtlinge zu denken, die gegenwärtig in unserer Stadt um Asyl bitten. Und drittens geht es nicht nur um die Vergangenheit, sondern auch um die Zukunft jüdischen Lebens in Leipzig. Die Israelitische Religionsgemeinde, die 1989 sehr klein geworden war und nun 1300 Mitglieder hat, gilt es zu begleiten und durch viele Begegnungen zu fördern. Auch dazu kann dieses Buch beitragen.

Burkhard Jung
Oberbürgermeister der Stadt Leipzig

Inhalt

8	Vorwort
10	Ora Zur, geb. Soloweetschik
14	Arnie Wininger
24	Siegfried Wahrmann
31	Eva Wachsberg, geb. Abelsohn
33	Fritz und Renate Ursell, geb. Zander
37	Kurt Leopold Triebwasser
43	Thea Hurst, geb. Gersten
61	Olaf Strassmann
68	Bernhard Steinberg
74	Chaim Shilo, geb. Soloweetschik
82	Gisela Segall, geb. Eider
95	Prof. Dr. Ruth Shilo, geb. Soloweetschik
101	Sani Schächter
108	Schlomo Samson
118	Geoffrey Sachs
125	Leo Säbel
131	Irit Rosenberg, geb. Zwick
137	Siegfried Rose
143	Clara Ringel, geb. Herc
148	Ruth Marion Rees, geb. Sabatzky
157	Hans Last

162   Rolf und Brigitte Kralovitz

176   Mary Katz-Gilbert

184   Wolfgang Katz

188   David Katz

194   Lore Jonas, geb. Wronker

200   Marion und Wolf Grünberg

210   Moritz Groß

217   Esther Goshen-Gottstein, geb. Hepner

224   Josef Gindsberg

232   Oskar Findling

247   Dr. Paula Frank

255   Ard Feder

274   Leo Falek

280   Bertha Deutsch, geb. Fisch

288   Lorli Chinn, geb. Cohn

293   Channa Gildoni, geb. Moronovicz

306   Miriam Brookfield, geb. Fleischmann

316   Hannelore Braunsberg, geb. Schauer

325   Elfriede Brand, geb. Kalter

330   Thea Bollag-Schächter

341   Anneliese Barth, geb. Baumann und Ilse Landau, geb. Baumann

348   Evelyn Amerikaner, geb. Kann

Vorwort

Die Gespräche mit ehemaligen Leipziger Juden lösten bei mir Erstaunen und ein Neu-über-Leipzig-Nachdenken aus. Wie kann es sein, dass die positiven Erinnerungen gerade bei diesen jüdischen Vertriebenen offenbar stärker sind als die Trauer über den Verlust der Heimat? Wie konnte sich bei einigen von ihnen über sechs Jahrzehnte der sächsische Dialekt erhalten? Wie erstaunlich hoch sind die kulturellen Maßstäbe, die aus Leipzig in alle Welt mitgenommen wurden und bis heute gelten! Wie hat die Schule damals auf ein unbekanntes Leben in einem fremden Land vorbereiten können? Welche Leipzig-Bilder haben sich erhalten, welche wurden korrigiert?

So verschieden die Lebenswege nach 1939 gewesen sein mögen, verbindet doch fast alle Interviewpartner in diesem Buch die Schulzeit in Leipzig, die sie zuletzt nur noch in der Carlebachschule verbringen durften. Der Ausstellungsraum in unserem Schulmuseum, der dieser Schule gewidmet ist, wurde mit denselben Davidstern-Fliesen ausgelegt, wie sie im ehemaligen Schulgebäude in der Gustav-Adolf-Straße 7 noch heute zu sehen sind. Das löste manche Erinnerung aus. Auch die alten Schulbücher oder Fotos halfen dabei, sich der Mitschüler, Lehrer und mancher Erlebnisse zu entsinnen. Endlich bekommen viele Kinder auf den Klassenfotos ihre Namen zurück, und die Fotografien können nun im Schulmuseum mit Hilfe von Hörstationen und gefilmten Interviews Geschichten erzählen. Sehr hilfreich bei dieser Spurensuche waren auch die Bücher von Barbara Kowalzik über das Leipziger Jüdische Schulwerk und das Lehrerbuch der Carlebachschule.

Das Leipziger Schulmuseum sammelt jedoch nicht nur die Geschichten ehemaliger Schüler und Lehrer, sondern versucht, politische Bildungsarbeit zu leisten und junge Leute auch für die Probleme heutiger Minderheiten zu sensibilisieren. Ein Film fragt nach den Fluchtgeschichten der jetzt hier lebenden Neuleipziger. Eine Ausstellung „Begegnung statt Vorurteil – Juden in unserer Stadt" schafft Zugänge zur Geschichte und Gegenwart der jüdischen Gemeinde in Leipzig. Ein Film „Juden unter dem Roten Stern" untersucht den Antisemitismus in der DDR. Eine Ausstellung klärt über die Fremdenfeindschaft und Gleichmacherei in der DDR-Schule auf. Ein Projekt regt Leipziger Kinder dazu an, in ihrer Nachbarschaft nach früher da wohnenden jüdischen Kindern zu suchen. Taschentücher werden mit den gefundenen Namen und Geburtsdaten beschriftet und an Zweigen verknotet; ein ganzer „Wald" mit Taschentuchbäumen ist dabei schon entstanden...

Die Stadt Leipzig hatte für die Besuchswochen der ehemaligen Leipziger immer ein sehr umfangreiches Programm organisiert. So war oft nur wenig Zeit zum Kennen lernen und zum Vorbereiten der Gespräche. Channa Gildoni aus Tel Aviv ist seit vielen Jahren die

Vorsitzende des Verbandes der ehemaligen Leipziger in Israel. Ohne ihre Fürsprache wären einige Gespräche wohl nie zustande gekommen. Ich danke ihr dafür, dass sie für mich die Türen und Herzen der Gäste geöffnet hat. Nach wenigen Sätzen auf Englisch sprachen die meisten von ihnen zum ersten Mal nach über sechzig Jahren wieder Deutsch, und das vor laufender Kamera! So sind wohl auch viele spontane Äußerungen gefallen, die nun besonders authentisch wirken. Ich bedanke mich bei allen Gesprächspartnern sehr herzlich für ihr Vertrauen und die überaus freundliche Zuwendung. Darüber hinaus bin ich sehr dankbar für viele wertvolle, private Bilder, die dem Museum übergeben wurden. Für weitere Fotos danke dem Archiv Bürgerbewegung Leipzig e.V., der Carlebachstiftung, dem Stadtarchiv Leipzig, dem Stadtgeschichtlichen Museum Leipzig und dem Sächsischen Staatsarchiv.

Mehrere Wünsche der jüdischen Interviewpartner bleiben am Ende offen; man könnte dies als eine Art Vermächtnis begreifen. Einige befürworten die Gründung eines Jüdischen Museums, das sich vor allem an die nichtjüdischen Leipziger und ihre Gäste richtet. Dies sollte realisiert werden, bevor es niemanden mehr gibt, der diesem Museum etwas stiften könnte. Ein koscheres Restaurant und eine neue Jüdische Schule wird es wohl erst dann geben können, wenn der Bedarf dafür groß genug ist. Der Wunsch nach einer Städtepartnerschaft mit Herzliya, einer sympathischen Stadt in der Nähe von Tel Aviv, scheint hingegen eher in Erfüllung zu gehen, wie regelmäßige Besuche von Schulklassen bestätigen.

Die Interviews habe ich in den vergangenen sieben Jahren geführt. Meine Freundin und engste Mitarbeiterin Leona Bielitz hat mich dabei oft begleitet und die Technik überwacht. Manche Frage kam auch von ihr. Sie starb 2010 und nicht nur bei der Arbeit an diesem Buch habe ich sie seitdem sehr vermisst.

Für den Druck wurden die Interviews im Interesse der besseren Lesbarkeit behutsam überarbeitet, vor allem Wiederholungen und Füllwörter wurden gestrichen. Als Filmdokumente bleiben die Gespräche ebenfalls erhalten und werden demnächst zu einem Film zusammengeschnitten. Ein Zuschuss des Förderprogramms »Weltoffenes Sachsen für Demokratie und Toleranz« hat dieses Buch ermöglicht. So kann es nun in aller Welt und hoffentlich auch an vielen Leipziger Schulen gelesen werden.

Elke Urban
Museumsleiterin

Ora Zur, geb. Soloweetschik

Liebe Ora, sagst du mir bitte erst einmal deinen vollständigen Namen und das Geburtsjahr?
Ich bin Ora Zur, geborene Helga Soloweetschik. Ich wurde 1926 in Leipzig geboren und lebe heute in Israel.

Welche Erinnerungen an die Kindheit in Leipzig sind hängen geblieben?
Ich habe Erinnerungen an Leipzig als ein kleines Kind von der Wohnung, von dem Platz, von der Straße, vom Spielhof, vom Spazieren im Rosental. Drei Jahre hatte ich noch die 40. Volksschule[1] besucht.

Die Schule mit dem Knaben- und dem Mädcheneingang?
Ja.

Bist du immer durch den Mädcheneingang rein?
Immer durch den Mädcheneingang.

Eingänge zur 40. Volksschule, heute Sportmittelschule Max-Planck-Straße, 2010

Zeichnung von Wolfgang Soloweetschick, 1930

Weißt du sonst noch irgendetwas aus dieser Schule?
Es waren die ersten Schuljahre. Ich habe Schreiben gelernt und das Rechnen. Ich hatte eine sehr strenge Lehrerin. Einmal habe ich einen Tintenfleck gemacht, da hat sie mich zum Podium gerufen und mit dem Stock ...

Das vergisst man nie. Weißt du noch, wie sie hieß?
Sie war eine ältere Dame und ich hatte keinen Kontakt zu ihr.

Lieber vergessen.
Ja, lieber vergessen.

Gab es auch liebe Lehrer in der Volksschule?
Es war die Einzige, denn in den ersten Klassen gab es nur eine Lehrerin.

War sie zu allen Kindern so streng oder nur zu den jüdischen Kindern?
Daran kann ich mich nicht erinnern. Ich weiß nur, wenn sie christliche Schule hatte, Religionsstunde, da musste ich die Klasse verlassen.

Wie war das am Samstag? Musstest du auch am Samstag in die Schule kommen oder durftest du zu Hause bleiben?
Nein, ich war wie alle. Ich wollte mich angleichen.

Hattest du Freundinnen, auch christliche, oder waren alle Freundinnen aus der jüdischen Gemeinde?
Ich kann mich nicht mehr erinnern.

Gab es noch andere jüdische Kinder in der Klasse?
Nein, ich glaube nicht.

Wann bist du in die Carlebachschule gekommen?
Ich war nie in der Carlebachschule. Wir sind ausgewandert, als ich drei Klassen abgelegt hatte. Das war in der Volksschule. Mein älterer Bruder, Wolfgang, der ist in die jüdische Schule gegangen. Das Auswandern war nicht sehr leicht. Denn man ist an alles gewöhnt, und die Umstände im neuen Land waren anders. Die Sprache zu erlernen war sehr schwer. Ich kann mich erinnern, dass man ein ganzes Jahr sitzt und kaum was versteht, und man singt Lieder in einer neuen Sprache und versteht nicht. Aber langsam kommt immer ein neues Wort dazu. Es war nicht leicht.

Hast du Tagebuch geführt, weil du manchmal das Gefühl hattest: Niemand versteht mich; ich muss jemanden haben, dem ich das alles erzählen kann?
Nein, das habe ich nicht gehabt, aber ich habe mich beschäftigt mit Sachen, die mir naheliegen.

Womit hast du dich beschäftigt? Was waren deine Lieblingshobbys oder sind es noch?
Handarbeiten, Gartenarbeit.

Hattest du in Leipzig einen schönen Garten am Haus oder war das alles Tennisplatz?
Das war alles Tennisplatz, aber im Nachbarhof war ein großer Kastanienbaum; den hab ich im Gedächtnis. Wir haben immer diese Früchte gesammelt und Spielzeug daraus gemacht, mit Streichhölzern die Beine und die Hände zusammengesetzt. Es war eine schöne

Eisbahn Goyastraße, Zeichnung von Wolfgang Soloweetschik, 1930

v. l.: Prof. Dr. Ruth Shilo und Ora Zur mit Sohn Micha im Schulmuseum, 2004

Zeit. Es war so ein länglicher Hof, wir haben auch mit dem Kreisel gespielt. Jetzt, als wir wieder das Haus besucht haben, habe ich die Wand gesehen, wo wir mit dem Ball zur Wand gespielt hatten. Das sind schöne Erinnerungen. Auch vom Rosental, da war ein Schwanenteich im Sommer und im Winter war er zum Schlittschuhlaufen.

Bist du gern Schlittschuh gelaufen?
Ja. Ich bin sehr gern ins Rosental gegangen. Bei uns gab es Ponys, die um den Teich liefen. Und ich habe auch süße Erinnerungen. Es war so ein Automat da am Teich mit Sahnebonbons. Ich weiß nicht, ob das in deiner Zeit war?

Nein, den gibt es nicht mehr. Der Automat ist weg.
Ist weg. Plötzlich hat sich alles so verändert.

Dein Bruder Wolfgang hat die Eisbahn in der Goyastraße gemalt. Sehr hübsch. Bist du auch dort manchmal zum Eislaufen gewesen?
Ja. Schön.

Bist du das erste Mal wieder hier oder schon das zweite Mal?
Das ist schon das dritte Mal. Eigentlich hat dieser letzte Besuch meine Meinung ganz verändert über das Leben. Ich meinte, ich könnte nie wieder herkommen, doch jetzt habe ich meine Meinung geändert. Es ist eine andere Zeit, solche herzlichen Leute.

Also würdest du wiederkommen?
Ich glaube ja. Das Wichtigste ist, dass Brücken sein sollen und keine Mauern.

Arnie Wininger

Lieber Arnie, wir kennen uns schon lange, trotzdem möchte ich dich bitten, mir noch einmal deinen früheren Namen zu sagen und deine Leipziger Adresse.
Mein richtiger Name in Leipzig war Arnold Weininger. Ich bin hier geboren am 28. Dezember 1926. Meine Eltern kamen aus Polen, aus Galizien, aber sie sprachen kein Polnisch. Früher gehörte Galizien zu Österreich, aber nach dem Ersten Weltkrieg gehörte es zu Polen.

Hatte dein Vater nicht im Ersten Weltkrieg sogar auf der Seite der Deutschen gekämpft?
Mein Vater, Salomon Weininger, war im Krieg Oberstabsfeldwebel und bekam sogar vom österreichischen Kaiser Karl das Eiserne Kreuz und andere Auszeichnungen.

Hat ihm das in der Nazizeit irgendwas genützt?
Es hat ihm gar nichts genützt. Er wurde 1940 in Sachsenhausen ermordet.

War dein Vater auch Pelzhändler?
Ja. Mein Vater war 1920 nach Leipzig gekommen. Er war Kaufmann. Weil er sehr fleißig war, konnte er nach ein paar Jahren einen Pelzgroßhandel gründen. Das Geschäft war am Brühl 61. Da ist jetzt leider nichts mehr davon zu sehen.

Deine Mutter kam aus der Bukowina. Du sagst, dass sie einen rumänischen Pass hatte?
Ja, meine Mutter Rahel war 1896 in Wolckowcke geboren. Sie sprach aber kein Wort Rumänisch. Das Gebiet, wo sie geboren wurde, wurde erst nach dem Ersten Weltkrieg rumänisch. Meine Eltern fühlten sich aber als Deutsche.

Am 27. Juni 1924 wurden sie im 1. Standesamt in Leipzig getraut, so steht es in der Familiendatei, die wir im Schulmuseum haben. Anschließend haben sie in der Synagoge in der Pfaffendorfer Straße sicher eine echte jüdische Hochzeit gefeiert?
Ich war nicht dabei, aber ich kann es mir gut vorstellen. Sie haben die jüdischen Gesetze eingehalten. Es wurde nur koscheres Essen gekocht. Meine Eltern waren sehr fleißig, das Geschäft ging gut, und nach und nach ging es der Familie immer besser.

Dann kam der 28. Oktober 1938, ein Datum, das uns Leipzigern noch heute die Schamröte ins Gesicht treibt. Was ist da bei euch passiert?
Unsere Familie sollte nach Polen abgeschoben werden.

Auf einmal hat deiner Mutter der rumänische Pass doch etwas genützt, stimmt's?
Ja, das war im Wartesaal vom Hauptbahnhof. Mein Bruder David und ich, wir konnten

heimlich verschwinden und nach Hause gehen. Meine Mutter konnte ihren rumänischen Pass vorzeigen und durfte dann auch gehen. Da war Deutschland mit Rumänien befreundet.

Aber dein Vater war polnischer Staatsbürger. Er musste nach Polen?
Mein Vater kam aber nach ein paar Wochen zurück nach Leipzig, weil er sein Geschäft auflösen musste.

Wo war eure Wohnung?
Das kann ich auch nur in der Familiendatei nachlesen. Bevor ich geboren wurde, wohnten meine Eltern in der Berliner Straße 6, dann in der Gellertstraße 4 und seit 1926 in der Gneisenaustraße 7. Wir hatten hier eine schöne große Wohnung in der Nähe vom Zoo und in der Nähe vom Hauptbahnhof. Das Haus steht noch, ich war sogar mal in der Wohnung drin. Es wohnen nette Leute da.

Warst du im Kindergarten, bevor du in die Schule gekommen bist?
Ja, ganz in der Nähe von unserer Wohnung in der Pfaffendorfer Straße gab es einen jüdischen Kindergarten. Dort war ich zusammen mit Blume Zwick, die jetzt in Haifa lebt. Du kennst sie ja auch.

In welche Schule bist du dann gegangen?
Die Schule mit dem kürzesten Schulweg war damals die 32. Volksschule.[2] Zu meinem Schulanfang 1932 war dort alles noch ganz normal. In der Klasse waren auch noch andere jüdische Kinder.

Wie haben sich die christlichen Klassenkameraden verhalten?
Sie waren nicht schlecht zu mir. Aber als die Nazis an die Macht kamen, mussten wir jeden Morgen mit »Heil Hitler« grüßen und beten, nicht zu Gott, sondern zum Führer.

Kennst du das »Gebet« noch?
Schütze, Herr, mit starker Hand
Unser liebes Vaterland.
Gib zu seinem starken Werke
Unserm Führer Kraft und Stärke.

Arnie und Aviva Wininger, 2004

Musstet ihr als jüdische Kinder auch die Nazilieder mitsingen?
»Die Fahne hoch« und »Deutschland, Deutschland über alles« habe ich oft in der Schule gesungen.

Was war dein Lieblingsfach in der Schule?
Deutsch hatte ich gern, da war ich auch sehr gut. Der Lehrer hat es einmal sogar den anderen Schülern vorgehalten: »Der Ausländer kann besser Deutsch als ihr!« Ich konnte gar keine andere Sprache als Deutsch sprechen, aber jetzt war ich der »Ausländer«. Ich

hatte einen guten Aufsatz über Johann Sebastian Bach geschrieben, weil ich vorher mal heimlich mit meinem Bruder in die Thomaskirche gegangen bin.

Durftest du beim Schwimmunterricht mitgehen?
Nein, da durfte ich nicht mitgehen. Da hätte ich ja als Jude das Schwimmbad »schmutzig machen« können. Deshalb konnte ich lange nicht richtig schwimmen.

Musstest du auch am Sabbat zur Schule gehen?
In die Schule musste ich gehen, aber ich brauchte nicht zu schreiben.

Kannst du dich noch an den Namen deines Klassenlehrers erinnern?
Den weiß ich nicht mehr.

Was ist dir aus dieser Schulzeit in der Volksschule geblieben?
Meine wichtigste Bildung habe ich in der Leipziger Schule bekommen. Noch heute rechne ich auf Deutsch. Wir haben in Amerika drei Kinder, die sind natürlich alle in amerikanische Schulen gegangen. Es muss so vor dreißig Jahren gewesen sein. Alle Eltern wurden in die Schule eingeladen. Eine neue Lernmethode in der Mathematik sollte vorgestellt werden. Nach dem Elternabend bin ich zur Lehrerin gegangen und habe ihr gesagt: »Das haben wir so schon vor dreißig Jahren in Deutschland gelernt. Das ist gar nicht neu.«

Haben eure Eltern zu Hause manchmal auch Jiddisch gesprochen?
Nur wenn sie wollten, dass wir etwas nicht verstehen. Aber sonst wurde bei uns zu Hause nur Deutsch gesprochen.

Ab 1936 durftest du ja nicht mehr in eine deutsche Schule gehen, aber du hattest die Aufnahmeprüfung am jüdischen Gymnasium bestanden. Wie war das in der Carlebachschule?
Wir waren nur noch jüdische Kinder, auch fast alle Lehrer waren jüdisch. Ich habe Naturwissenschaft, Englisch und Literatur studiert und bin gern in die Schule gegangen bis zum 9. November 1938. Da habe ich gesehen, wie die Schule brannte.

Konntest du danach irgendwann noch weiter zur Carlebachschule gehen? Ab März 1939 gab es ja wieder Unterricht in gemischten Klassen.
Nein, danach habe ich keine Ausbildung mehr bekommen, genauso wie mein kleiner Bruder David. Er war zwei Jahre jünger als ich. Wir haben dann zu Hause bei meiner Mutter gelernt.

Was kannst du mir noch über deine Mutter erzählen?
Sie war von Beruf Zahnarzthelferin und konnte wunderbar kochen.

Was war dein Lieblingsessen zu Hause?
Makkaroni und Piroggen.

Habt ihr Sabbat gefeiert?
Jeden Freitagabend wurde bei uns Sabbat gefeiert mit allem, was dazugehört. Am nächsten Morgen nahm mein Vater uns Kinder mit in die Synagoge in der Pfaffendorfer Straße[3] zum Gottesdienst. An Pessach war die Familie immer beim Onkel in der König-Johann-Straße[4] eingeladen. Dort gab es dann ein Seder-Essen für die ganze große Familie. Nur zwei von den vielen Verwandten haben überlebt.

Warst du in Leipzig auch mal im Theater oder in der Oper, als das noch für Juden erlaubt war?
Meine Mutter nahm uns mit ins Theater, in die Oper, und ins Alte Theater zum Schauspiel[5], obwohl wir eigentlich für die Stücke noch viel zu klein waren. Mit zehn Jahren habe ich in der Oper den Rosenkavalier gesehen und werde es nie vergessen. Meine Mutter wollte uns Kindern die Theaterwelt zeigen, weil sie selbst so begeistert davon war.

Du hast doch aber auch schon in Leipzig Fußball gespielt. Wo seid ihr da hingegangen?
Wir waren beim Jüdischen Sportverein Bar Kochba und konnten dort auch Fußball spielen. Manchmal haben wir uns auch ein kleines Taschengeld verdient als Balljungen auf dem Tennisplatz.

Seid ihr als Kinder auch in die Leipziger Museen gegangen?
Meine Mutter nahm uns überall mit, auch in die Museen. Sie war eine sehr gebildete Frau.

Zum Spazierengehen war ja das Rosental nicht weit von der Gneisenaustraße.
Das war sehr beliebt. Dorthin kam auch mein Vater mit und rauchte seine Astra-Zigaretten.

Hast du als großer Bruder den kleinen David ab und zu beschützen müssen, wenn ihr allein wart?
David hatte viele Freunde, ich brauchte ihn nicht beschützen. Beim »Tauchscher« machten wir mit als Trapper und als Indianer. Wir hatten mit großer Begeisterung die Bücher von Karl May gelesen.

Was habt ihr sonst noch gelesen?
Meine Mutter hat uns die Grimmschen Märchen vorgelesen. Ich erinnere mich noch an den Gestiefelten Kater und an Schneewittchen. Aber sie las mit uns auch Schillers Dramen: Don Carlos und Wilhelm Tell.

Das war ja ziemlich anspruchsvoll. Was habt ihr beiden Jungs denn gemacht, wenn es euch mal langweilig war?
Da sind wir an die Straßenbahnhaltestelle vor unserem Haus gegangen und haben beobachtet, wie der Schaffner per Hand die Weichen verstellte. Wir waren auch leidenschaftliche Briefmarkensammler. Und dann war ja da der Hauptbahnhof. Dorthin bin ich oft gegangen, um mir die schönen alten Dampflokomotiven anzusehen.

Dampflokomotive im Leipziger Hauptbahnhof, 2008

Wohin seid ihr denn in den Ferien gefahren?
Ins Erzgebirge und in die Tschechoslowakei,
nach Karlsbad, Marienbad, Franzensbad und nach Joachimsthal. Meine Mutter war davon überzeugt, dass die Radium-Quellen gut für die Gesundheit wären. Wir Kinder mochten den Geschmack nicht so sehr. Aber wir waren außerdem auch bei den jüdischen Pfadfindern und durften da manchmal mit ins Zeltlager fahren.

Euer harmonisches Familienleben wurde mit einem Schlag zerstört. Euer Vater wurde plötzlich verhaftet. Wann war das?
Am 1. September, mit Ausbruch des Krieges, wurde mein Vater frühmorgens fünf Uhr von der Gestapo verhaftet und wir haben ihn nie mehr gesehen. Er kam in das KZ Sachsenhausen.

Dort starben plötzlich die ehemals kerngesunden Männer an Lungenentzündung oder Herzversagen. Wie war das bei euch?

Wir mussten sogar noch Geld für die Urne mit der Asche bezahlen. Wir haben dann die Urne zum Alten Jüdischen Friedhof gebracht. Das Grab habe ich jetzt leider nicht mehr gefunden, obwohl ich lange danach gesucht habe.

Arnie Wininger auf dem Alten Jüdischen Friedhof in der Berliner Straße, 2004

Wie bist du denn aus Leipzig noch herausgekommen?

Wir haben über die jüdische Gemeinde erfahren, dass eine kleine Gruppe von Kindern über Österreich und Jugoslawien bis nach Palästina gebracht werden sollte.

Recha Freyer in Berlin hatte diese Idee mit der Kinder-Alija, mit diesen organisierten Kindertransporten nach Palästina[6]. Vermutlich hat sie besonders an die Kinder gedacht, deren Väter in den Konzentrationslagern ermordet worden waren? Das gleiche Schicksal hatte ja auch Blümchen Zwick[7] mit ihrem Vater.

Das weiß ich nicht so genau, wie das zusammenhing. Meine Mutter brachte mich jedenfalls zum Bahnhof zu einem Zug, der nach Wien fuhr. Mit vierzehn Jahren musste ich mich für immer von ihr verabschieden. Auch meinen Bruder habe ich nie mehr wiedergesehen.

Wann wurde deine Mutter deportiert?

Am 21. Januar 1942 wurde sie zusammen mit meinem Bruder David nach Riga deportiert. Später habe ich erfahren, dass niemand von dieser Gruppe überlebt hat.

Dort sind sie »verschollen«, wie es im Buch »Menschen ohne Grabstein« steht. Wie ging dann die Fahrt bei dir weiter?

Wir sind erst einmal bis Wien gefahren und von dort weiter nach Graz. Ein Schmuggler hat uns nach Zagreb gebracht. Da sollten wir unsere Zertifikate bekommen für die Reise nach Palästina.

Elke Urban erzählt die Geschichte der Familie Weininger, 2007

Stolpersteine für Salomon, Rahel und David Weininger vor ihrem letzten Wohnhaus in der Gneisenaustraße 7, 2007

Hat das geklappt?
Für die anderen Kinder ja. Für mich ging es nicht weiter. Ich bin sehr krank geworden und musste deshalb zurückbleiben.

Wo wurdest du dann untergebracht?
Es gab eine Familie, die mich aufgenommen hat, bis ich wieder gesund war.

War das auch eine jüdische Familie?
Nein, sie waren nicht jüdisch.

Gab es dann noch einmal eine Gruppe, die nach Palästina gebracht werden sollte?
Es kamen noch einmal achtzig Kinder aus Deutschland, Österreich und aus anderen von den Deutschen besetzten Ländern. Wir kamen aber nicht mehr nach Palästina, nachdem auch Zagreb 1941 von den Deutschen besetzt war. Wir hatten Angst vor den Ustaschi gehabt, vor der kroatischen Polizei[8]. Manchmal musste ich zu einem Bauern gehen, um etwas zu betteln. Da habe ich schnell Kroatisch gelernt. Wenn man hungrig ist, da lernt man die Sprache. Aber wir hatten Pässe mit dem Hakenkreuz darauf und konnten sagen, wir sind Verwandte von der Wehrmacht. Das hat uns vor den kroatischen Faschisten geschützt, die kein Deutsch konnten.

Und wie seid ihr aus Kroatien rausgekommen?
Wir hatten einen Professor bei uns, Boris Jochvedson[9]. Er war vorher Kapellmeister in der Berliner Staatsoper, deshalb konnte er gut Italienisch. Er hat herausgefunden, dass die Italiener Slowenien besetzt haben. So war der einzige Ausweg Slowenien. Als wir an der Grenze ins Niemandsland kamen, entdeckte uns die italienische Polizei und fragte: »Was ist los? Was wollt ihr hier?« Da hat dieser Professor denen erklärt: »Das sind Waisenkinder. Ihre Eltern sind in deutschen Konzentrationslagern umgekommen. Aber wir haben einen Platz, wo wir hingehen können. Bitte lassen Sie uns gehen!« Da wollten die Polizisten erst mit ihren Offizieren sprechen. Das waren die längsten zwanzig Minuten meines Lebens. Danach habe ich mein erstes Wort Italienisch gelernt. Es war: avanti.

Aber die Italiener waren doch auch Faschisten?
Als wir in Laibach (Ljubljana) in der italienischen Zone ankamen, stand das Italienische Rote Kreuz am Bahnhof und hielt Brot und Milch und Decken für uns bereit. Das werde ich nie vergessen.

Wie lange seid ihr dann in Slowenien geblieben?
Ein Jahr lang haben wir in einem alten Jagdschloss gewohnt, das war in Lesno brdo.

Für uns war es sehr schwer, weil wir oft nichts zu essen hatten. Und als die Partisanen von Marschall Tito gegen die Italiener gekämpft haben, wurde es für uns sogar sehr gefährlich. Nachts kamen die Partisanen ins Haus und tagsüber die italienischen Soldaten.

Warum seid ihr nicht zu den kommunistischen Partisanen gegangen?
Wir waren doch noch Kinder. Wir haben uns dann bei den Italienern freiwillig als »Kriegsgefangene« gemeldet. Das war eine gute Entscheidung. So konnten wir nach Italien in die Villa Emma in Nonantola gehen und waren erst einmal aus dem Kriegsgeschehen in Slowenien heraus. Die Leute in Nonantola waren neugierig auf uns. Sie sind zum Bahnhof gekommen, weil sie noch nie einen Juden gesehen hatten. Aber sie haben uns gut aufgenommen. Niemand hat uns verraten. Die italienische Hilfsorganisation Delasem[10] hat uns geholfen, dass wir dort in dieser Villa leben konnten. Es gab wenig zu essen und wir hatten viel zu arbeiten. Wir hatten dort auch Unterricht und eine Ausbildung in der Landwirtschaft, um später einen Kibbuz in Palästina zu gründen.

Und du hast Italienisch gelernt?
Ja, das ging ziemlich schnell, weil wir einen guten Kontakt zu den Bauern hatten. Ich habe dort viele Freunde gewonnen.

Villa Emma in Nonantola, 1943

Arnold Weininger in Nonantola, 1943

Es gibt ein Foto aus der Villa Emma, wie du an der Schreibmaschine sitzt.
Ich konnte gut Italienisch. Deshalb habe ich im Büro mitgearbeitet.

Als die deutsche Wehrmacht nach Nonantola kam, musstet ihr wieder fliehen.
Wir konnten uns bei Bauern in den Familien und im Kloster verstecken. Ich wurde eingesetzt, um die Nachrichten zwischen den Häusern und der Kirche zu überbringen. Und wenn die Nazis gefragt haben: »Wo sind die Juden?«, haben die Leute denen gesagt: »Hier sind keine Juden im Dorf.« Aber es war gefährlich, auch für die Leute, die uns versteckt haben. Ende 1943, zwischen dem 6. und 17. Oktober sind wir in drei Gruppen nachts illegal über die Grenze in die Schweiz. Wir mussten durch den Grenzfluss, die Tresa, waten. Wir haben den Stacheldraht aufgeschnitten. Aber wir haben es geschafft. Ich war als katholischer Priester verkleidet.

Arnold Weininger am Schreibtisch in Nonantola, 1943

Wer hat euch dann geholfen?
Ich bin in die jüdische Gemeinde nach Zürich gegangen und habe denen erzählt, dass noch siebzig Kinder in Italien sind, die gerettet werden müssen.

Konntest du dabei helfen?
Nein, die Schweizer Polizei hat mich für einen Spion gehalten und ins Gefängnis gesteckt. Dann war ich in verschiedenen Arbeitslagern. Aber es wurden noch alle Kinder gerettet.

Hast du den Schweizer Dialekt verstehen können?
Nach sechs Monaten habe ich alles verstanden und wurde sogar Dolmetscher für die Schweizer Grenzpolizei. Später, als ich frei war, habe ich in Zürich an einer berühmten Handelsschule studiert.

Nach Palästina wolltest du jetzt nicht mehr?
Doch. Aber das ging noch nicht. Eine jüdische Untergrundorganisation aus Italien hat mich gebeten, ihnen zu helfen. Die aus den Nazi-Lagern befreiten Juden sollten nach Palästina gebracht werden. Das war auch nicht einfach. Als die britische Polizei diese Flüchtlinge gefunden hat, wurden sie zurück nach Zypern gebracht. Der Film »Exodus« mit Paul Newman zeigt, wie verzweifelt die Situation damals für die jüdischen Flüchtlinge war.

Aber deine Liebe zu Italien war stärker?
Zwei Jahre lang war ich in Mailand bis 1949 und habe dort in einer Firma gearbeitet. Dann bin ich mit einem Schiff nach Amerika gefahren. In Boston habe ich meine Frau kennengelernt, wir haben 1950 geheiratet und leben jetzt seit vielen Jahren in Peoria bei Phoenix, Arizona. Im September 2010 feiern wir unsere diamantene Hochzeit. Wir haben drei Söhne, zwei sind Ärzte und einer ist Geschäftsmann.

Was sagt deine Frau dazu, dass du Deutscher bist?
Meine Frau sagt manchmal, ich hätte ein deutsches Temperament. »Du bist ein Deutscher«, das kann auch ein Kompliment sein.

Deine Frau ist amerikanische Jüdin, aber sie kann Jiddisch sprechen. Erinnert dich das manchmal auch an dein Zuhause in Leipzig?
Ja, wir haben es uns zusammen angesehen. Und es hat uns beiden gut gefallen, in Leipzig zu sein. Vor allem freuen wir uns, dass wir neue Freunde gemacht haben.

Leona Bielitz mit Arnie und Aviva Wininger bei der Ausstellung „Die jüdischen Kindern von Nonantola" im Schulmuseum, 2004

Die Stadt Leipzig hat dich ja eingeladen zur Fußball-Weltmeisterschaft. Zusammen mit deiner Frau, deinem Sohn und zwei Enkelkindern hattet ihr Plätze in der VIP-Lounge bei Beckenbauer und dem Bundespräsidenten.
Das war ein Höhepunkt, genauso wie der Eintrag in das Goldene Buch der Stadt und dass wir zusammen in die Oper gegangen sind. Mein Sohn trainiert in Los Angeles eine Fußballmannschaft in einem jüdischen Sportclub. Er träumt davon, einmal mit seinen elf Jungs nach Leipzig zu einem Spiel zu kommen.

L.A. gegen L.E., das klingt doch gut? Daran arbeiten wir jetzt! Und du sitzt mit Aviva wieder in der VIP-Lounge und drückst die Daumen?
Das wäre ein Traum.

Elke Urban mit Arnie und Aviva, 2006

Kannst du deinen jüdischen Freunden in Amerika erzählen, dass du immer wieder nach Deutschland fährst, trotz allem, was dir und deiner Familie im Holocaust passiert ist?
Ich bin immer stolz zu sagen, dass ich von Deutschland komme. Ich fühle mich wie ein Amerikaner, aber Deutsch ist meine Muttersprache. Als ich mit Aviva das erste Mal vom Schulmuseum eingeladen wurde, war ich sehr überrascht, wie nett die Leute hier sind. Es war ein seltsames Gefühl, wieder in Deutschland zu sein, aber es war sehr gut für mich.

> ES HAT MICH SEHR GEFREUT WIEDER IN LEIPZIG ZU SEIN
> MEINE FRAU AVIVA HABEN NEUE FREUNDE GEMACHT. VIELEN DANK
> FRAU ELKE URBAN AND LEONA BIELITZ, BEIDE HABEN ES
> SEHR GEMÜTLICH GEMACH. ALLES GUTE ZU LEIPZIG UND
> WIR HOFFEN UNS EINMAL WIEDER ZU SEHEN
> ES WAR WIE EIN TRAUM.
> GOTT BESEGNE EUCH AUCH.
> MIT LIEBE UND HERZLICHE GRÜße   Arnold Wininger
> 5/20/2003

Eintrag im Gästebuch des Schulmuseums, 2003

Welche Rolle spielt für dich die jüdische Religion?
Ich bin sehr stolz darauf, dass ich ein Jude bin. Meine ganze Familie ist immer jüdisch gewesen, manche waren sehr fromm, manche sind nicht sehr fromm gewesen, aber wir haben eine lange Geschichte. Wir sind nicht besser als andere Menschen, und ich weiß nicht, warum wir immer verfolgt wurden. Jesus war ein Jude, seine Apostel waren Juden, aber in seinem Namen haben viele Juden gelitten. Er war ein guter Mensch und damals ein Rebell gegen die Römer.
Juden und Christen verstehen sich jetzt zum Glück viel besser als früher. Unsere gemeinsamen Wurzeln sind uns wichtig. Hoffen wir, dass auch unsere Kinder und Enkelkinder das immer so sehen.

Ich danke dir für das gute Gespräch, lieber Arnie.
Und ich danke dir.

Eintrag in das Goldene Buch der Stadt Leipzig 2004

Arnie und Aviva Wininger mit ihren drei Söhnen v. l.: Steve, Carl und Rob, 2007

Yael, Steve und Rob Wininger, Leona und Volker Bielitz, Elke und Ulrich Urban in Peoria, 2007

Geburtstagsfeier in Peoria mit Leipziger Freunden, 2007

Siegfried Wahrmann

Bitte, Herr Wahrmann, erzählen Sie uns etwas aus Ihrer Kindheit und Jugend in Leipzig?
Ich heiße Siegfried Wahrmann, in Leipzig war mein Name Szapira. Ich bin geboren am
2. Juli 1932. Meine erste Wohnung war in der Eberhardstraße 10. Heute existiert diese
Straße nicht mehr.[11] Meine Eltern hatten dort in der Nähe ein Stahlwarengeschäft. Das war
in der Nordstraße 28. Daran erinnere ich mich genau. Ich erinnere mich auch, dass wir eine
Schreibmaschine hatten. Man musste diese Schreibmaschine mit einem Finger bedienen. Man
hat dabei die Nadel auf einen Buchstaben gerichtet und dann mit dem Finger draufgedrückt.

Gibt es noch Kindheitserinnerungen aus dieser Zeit? Besondere Erlebnisse oder Abenteuer?
Eine Sache ist passiert, als ich noch sehr klein war. Da hat mich meine Mutter runtergeschickt, um mit den anderen Kindern zu spielen. Aber da ich die Eisenbahn so sehr
liebte, bin ich zum Bahnhof gegangen, alleine. Ich weiß nicht wieso. Ich hatte eine große
Straße zu kreuzen mit drei Spuren auf jeder Seite. Ich bin zum Bahnhof gegangen, nur
um die Bahn zu sehen. Als ich da war, kamen zwei Polizisten und nahmen mich an beiden
Händen. Wir gingen zusammen aufs Polizeiamt und sie fragten mich, wer ich bin. »Wie
heißt du?« Ich wollte nichts sagen. Sie fragten: »Wo wohnst du?« Da hab ich gesagt:
»Eberhardstraße.« Ich wusste aber nicht welche Nummer. Zur selben Zeit wusste meine
Mutter nicht, was mit mir passiert ist. Sie hatte gedacht, dass die Nazis mich gekidnappt
haben. Was war passiert mit mir? Zwei, drei Stunden später haben sie [die Polizisten]
einen Nachbarn an einer Lok gefunden und mich an ihn übergeben. Er brachte mich dann
nach Hause. In dieser Zeit hatten meine Eltern schon Angst deswegen gehabt.

Hauptbahnhof Gleishalle, 2010

Hauptbahnhof Querbahnsteig, 2010

Wann war das genau?

Als ich vier Jahre alt war, also 1936. Über die Straße von uns war in einem Hinterhof eine Synagoge. Die Juden bauten da eine Bude,[12] überdeckt mit Pflanzen. Mein Vater hat auch dort gearbeitet und geholfen. Ich sollte über die Straße gehen, um es mir anzuschauen, aber ich bin zum Bahnhof gegangen. Ich hatte die Idee gehabt und ich erinnere mich an den Weg. Ich glaube, jemand hatte mich über die Straße gebracht. Es war so viel Verkehr dort.

Wo? Am Bahnhof?

Ich weiß nicht, ist das die Karl-Fischer-Straße heute? Breitscheidstraße? Ich weiß den Straßennamen heute nicht mehr.

Die Pfaffendorfer Straße?

Die Pfaffendorfer ist in die andere Richtung. Die Straße zum Bahnhof.[13] Ich war in der

Dampflokomotive im Leipziger Hauptbahnhof, 2008

Eberhardstraße neben der Nordstraße. Es war eine kleine Gasse, die Mühlgasse. Durch einen kurzen Hinterhof ging man von der Mühlgasse zur Gerberstraße.

Ich bin in den Kindergarten gegangen, als ich drei Jahre alt war. Das war in der Leibnizstraße, also ein jüdischer Kindergarten, und ich sollte drei Jahre später in die Schule gehen. Man hatte mich schon angemeldet, aber in letzter Minute hat man uns gesagt, dass ich zu spät Geburtstag hatte. Sie wollten nur Kinder, die bis zum 30. Juni geboren sind. Mein Geburtstag ist am 2. Juli, das war schon zu spät. Da musste ich noch ein Jahr weiter in den Kindergarten gehen.

1938, in dem Jahr als die »Kristallnacht« war, sind wir in die Nordstraße gezogen. Das Geschäft war mit der Wohnung zusammen, ein Stahlwarengeschäft, mit vielen Sachen wie Taschenlampen, Taschenmesser und solchen Sachen und richtigen Stahlwaren und Silbersachen auch. Meine Tante hatte ein Fenster zur Straße raus. Da haben wir von ihr gehört, dass Menschen schreien: »Wir werden einbrechen! Einbrechen!« Da hat sie uns alle zusammengenommen, die Kinder, meine Eltern, und wir sind dann in den Hinterhof. Wir haben gehört, wie die Steine in die Fenster geflogen sind. Alles war zerschmettert. Menschen haben gerafft, Kinder wurden weggenommen, Sachen wurden gestohlen. Nachher hat meine Mutter das Fenster zum Hinterhof aufgemacht und hat geschrien: »Hilfe, Hilfe, Hilfe!« Mein Vater hat das Telefon genommen und die Polizei gerufen. Die Polizei hat ihm geantwortet: »Wir können nicht an jedes jüdische Geschäft einen Wärter stellen.« Das war die Antwort.

Geschäft des Vaters Josef Szapira in der Nordstraße 28, 1938

Die Synagoge wurde in derselben Zeit zerstört. Das war am 10. November. Die »Kristall-nacht« dauerte zwei Tage. Dann passierte etwas, nachdem die Schaufenster zerbrochen waren. Wir hatten einen Hauswirt im zweiten Stock. Ich glaube, er war ein Advokat oder irgendwas Ähnliches. Er war ein Mitglied der Nazipartei, aber er war in Wirklichkeit kein Nazi im Herzen. Er musste da hingehen, denn das brauchte er für seinen Beruf. Er hat mich und meine Schwester mit rauf in seine Wohnung genommen und versteckte uns im Badezimmer. Meine Eltern wollte er nicht mitnehmen, das waren ihm zu viele Menschen. Deshalb sind sie zu einer anderen Nachbarin unter uns gegangen, in den Keller zu Frau Tetzner. Sie hatte sieben Hunde, die in einer Zirkusshow auftraten. Wie oft bin ich runter gegangen in den Keller und habe ihr zugeschaut. Das war interessant! Sie hat meine Eltern zu sich genommen, meinen Bruder auch. Sie bekamen Frühstück runtergeschickt mit Brötchen und Eiern. Und ich war mit meiner Schwester oben und wir haben gesehen, was auf der Nordstraße passiert ist. Hunderte Juden wurden zusammengetrieben, die Treppe hinunter zur Parthe. Man hat geschlagen, es wurde geschrien … Unnormal!

Waren Sie also richtig dabei?
Ich habe alles vom Fenster aus dem zweiten Stock gesehen. Wir haben da hinausge-schaut. Wir hatten Angst. Ich war ja gerade mal sechseinhalb Jahre alt. Das haben wir gesehen. Ich denke, es war nach dem Mittag, als sich die Dinge etwas normalisiert hatten. Ich glaube, es gab eine Petition von der ame-rikanischen und polnischen Regierung, dass man die Menschen befreien sollte. Aber von dem Tag an hat man die Männer, die staaten-los waren, verschickt in Konzentrationslager. Mein Vater war auch dabei, aber er hat sich

Kinderausweis von Siegfried Szapira, 1939

versteckt. Er wollte nicht gefunden werden. Meine Mutter wollte nicht alleine in unserem Haus schlafen, so haben wir auch an anderen Plätzen geschlafen. Meine Mutter und ich, meine Schwester war irgendwo anders. Das war ungefähr zwei, drei Monate so. Wir haben Papier als Decken genommen. Ende Januar 1939 hatten wir den Termin bekommen, dass wir am 15. Februar nach Berlin fahren sollten. Das war schon halb gut. Dann mussten wir auf das Visum warten. Bis man die Visa bekam, konnte man noch verhaftet werden. Als wir dann endlich die Visa bekamen, das war Ende März, da hatte mein Vater schon keine Angst mehr. Er hatte die Visa immer in der Tasche, und als der Schutzmann ihn konfrontierte, hat er die Papiere gezeigt. Das war das Ende. Am 20. März haben wir die Papiere gekriegt und am 12. April sind wir raus. Wir haben ein amerikanisches Schiff genommen und sind raus. Das war die Hauptsache.

Haben Sie noch Verwandte in Deutschland zurückgelassen?
Ja. Meine Mutter hat eine Schwester gehabt. Sie hatte auch Papiere bekommen. Aber dann ist der Krieg ausgebrochen. Das war das Ende. Wir haben rausgefunden, dass sie bis 1943 in Leipzig war, im jüdischen Haus, das an der Packhofstraße[14], glaube ich. Dann wurde sie nach Theresienstadt geschickt und danach weiß ich nicht so richtig. Auschwitz, denke ich.

Gab es noch Cousinen und Cousins und andere Verwandte in Leipzig?
Nicht in Leipzig. Oder ich weiß es nicht. In Polen hatten wir viele Verwandte, die sind fast alle umgekommen.

Stammte Ihr Vater aus Polen?
Ja, er stammte aus Polen.

Aus Galizien?
Galizien, ja, im Ersten Krieg war das unter österreichischer Nationalität.

Hat Ihr Vater im Ersten Weltkrieg auch als Soldat gedient?
Nein, er war noch nicht alt genug, zu jung.

Haben Ihre Eltern in Amerika noch Deutsch gesprochen oder sofort Englisch?
Deutsch gesprochen, viel Deutsch gesprochen, gemischt mit Jiddisch ein bisschen.

Wie kommt es, dass Sie das Deutsche nicht vergessen haben?
Das ist schwer, eine Sprache ist schwer zu vergessen. Ich bin auch in die Schule gegangen. Ich bin ein Chemiker. Da musste ich Deutsch lesen können, weil viele Artikel in der Literatur auf Deutsch sind. Das hat mir viel geholfen. Das technische Deutsch ist nicht genau dasselbe, aber ich verstehe es im Ganzen. Patente sind das alles, im Deutschen sind sehr viele da.

Wie denken Sie heute über Deutschland?
Ich denke, hier in Leipzig könnte ich ohne Landkarte überallhin gehen, fast überallhin. Mit Ausnahme von Straßen, die geschlossen wurden oder nicht mehr existieren. Ich bin gestern über die Leibnizstraße ins Rosental gegangen, an der Trufanowstraße vorbei über den Nordplatz zur Gohliser Straße. Mein Kinderarzt war dort irgendwo.

Ja, wer mit vier Jahren allein zum Hauptbahnhof findet, der findet sich auch nach fünfzig Jahren noch alleine durch die Stadt. Aber Sie haben vorhin mehrere Straßennamen genannt, der Kindergarten, den Sie besucht haben in der Leibnizstraße?
Ich weiß nicht, in welchem Gebäude das war.

Das war in der Leibnizstraße 30, ein großes, viergeschossiges Haus am Ende der Straße.
Daran erinnere ich mich nicht mehr. Alle Häuser sahen ziemlich gleich aus. Der Kindergarten ging über zwei Etagen und im Hinterhof war ein großer Garten.

Aber es muss ja direkt an der Parthe gewesen sein. Dahinter war das Wasser, haben Sie das gesehen?
Das Wasser habe ich gesehen, aber ich erinnere mich nicht mehr genau, wo das war.

Und wie war das im Kindergarten, haben Sie dort Deutsch oder Hebräisch gesprochen?
Deutsch. Ich denke, ungefähr ein halbes Jahr, bevor wir abgereist sind, bin ich krank geworden. Ich hatte vereiterte Mandeln. Es war sehr schwer, einen Doktor zu bekommen. Unser Arzt war nicht mehr da, und nicht jeder nichtjüdische Doktor wollte mit Juden arbeiten. Wir haben dann doch ein Rezept bekommen, und mein Bruder ist zum Apotheker gegangen. Gegen ein Rezept wollte man ihm die Arznei nicht gleich geben. Da waren andere Kunden da, und sie haben ihm gesagt: »Du wartest, du wartest!«

Da hat er gefragt: »Weshalb soll ich warten? Ich war hier schon früher!« Als Antwort bekam er: »Juden warten!« Das haben die ihm gesagt.

Ist Ihr Bruder älter?
Ja. Er war seither schon zweimal in Leipzig.

Aha, wie heißt er?
Er heißt Salomon, er ist ein Rabbiner, er heißt Salomon Wahrmann.

Und die Schwester?
Die Schwester Peppy, die ist auch älter, leider ist sie nicht gesund jetzt. Sie wollte kommen.

Hat Ihr Bruder Sie überredet oder wollten Sie von sich aus kommen?
Ich wollte auch alleine gehen. Mein Bruder und meine Schwester waren hier, das war noch unter den Kommunisten. Sie haben eine sehr schwere Zeit gehabt bei der Rückreise. In der Synagoge haben sie ihm ein Buch gegeben, ein altes Buch, gedruckt ungefähr vor hundert Jahren, und er hat es mitgenommen. Die Polizei hat in seine Tasche gesehen und das Buch gesehen.

Hat er es nicht mitbekommen?
Er hat es mitbekommen, aber nur durch gutes Zureden.

Ihr Bruder ist Rabbiner, welche Rolle spielt für Sie die Religion?
Ich bin orthodox. Modern orthodox, wie heißt das?

Ist klar, Sie essen koscher?
Ja, ich esse koscher, ja.

Und das ist in Amerika kein Problem?
Momentan ist es kein Problem, weil es in jedem Supermarkt so viel Essen mit einem Symbol drauf gibt. In Deutschland gibt's das nicht. Da habe ich das noch nicht gesehen.

Leider. Was wünschen Sie sich für Leipzig, wenn Sie das neue jüdische Leben hier sehen?
Wenn das jüdische Leben funktionieren soll, müssen sie jüdische Schulen haben. Man muss neues Blut anlernen.

Würden Sie sich auch ein koscheres Restaurant wünschen?
Das wäre sehr schön. Ich glaube, sie wollten ein koscheres Restaurant in der Stiftung[15] machen.

In der Stiftung, ja. Vielleicht wird's ja? Haben Sie sonst noch einen Wunsch, was Sie den Jugendlichen, nicht nur den jüdischen, sondern allen Jugendlichen sagen möchten?
Sie sollen glücklich sein, dass sie jetzt leben und nicht vor sechzig Jahren. Das waren scheußliche Zeiten. So viele Menschen waren korrupt. Man kann nicht jeden verurteilen. Menschen sind zu Nazis geworden, weil man sie in der Schule aufgehetzt hat. Die Eltern haben Angst gehabt. Manche haben den Nazis geglaubt, manche nicht. Manche haben gesehen, dass es Unsinn war. Aber jeder hatte Angst gehabt. Unter dem faschistischen Regime geht das so. Wenn man nicht im Einverständnis der Regierung war, war man gar nichts.

Das soll hoffentlich nie wieder kommen.
Hoffentlich! Es ist schwer zu verstehen, warum so viele Menschen da mitgemacht haben.

Ich verstehe es auch nicht. Das bleibt ein Rätsel.
Unsere Nachbarn, die Tetzners, die waren wunderbare Menschen. Die haben selber gesagt, das ist schlimm mit den Nazis.

Sie hatten Nachbarn erlebt, die Ihnen geholfen haben. Das waren Nichtjuden?
Oh ja, das waren viele. Unser Hauswirt Dillinger hat uns geholfen. Mit einem Hakenkreuzabzeichen stand er vor unserem Haus, das war am 10. November nach der »Kristallnacht«, und er hat gesagt: »Dieses Haus ist judenfrei.« Die wollten nämlich reinkommen.

Um Sie zu schützen, hat er das gesagt?
Um uns zu schützen, ja, hier ist judenfrei.

Und diese Familie mit den sieben Hunden, waren das Juden?
Nein, das waren auch keine Juden.

Und als Kind, hat man Ihnen mal was Schlimmes hinterhergerufen, haben Sie so was mal erlebt?
Ja, als ich vier oder fünf Jahre alt war, haben Kinder mir nachgerufen: »Du Jude, du bist ein Jude.« Daran erinnere ich mich. »Bist du ein Jude, wohnst du in einer Bude, bist du ein Christe, wohnst du in einer Kiste.« So haben die gesagt.

Kinder können grausam sein.
Ja, die verstehen das nicht.

Ich freue mich, dass Sie uns jetzt diese überwiegend gute Geschichte erzählen konnten, dass Ihre Familie zumindest gerettet wurde und noch rechtzeitig rauskam aus Deutschland.
Ich bin sehr erfreut über das Schulmuseum. Wenn ich die Kinder sehe, die hier herein kommen, die interessieren sich wirklich.
Die Taschentuchbäume, das ist doch eine schöne Erinnerung an die jüdischen Nachbarskinder. Und die Ausstellung zeigt so viel von der jüdischen Gemeinde jetzt.

Herzlichen Dank, Herr Wahrmann. Bleiben Sie gesund und sagen Sie es bitte weiter, wenn es Ihnen bei uns gefällt.

Gute Wünsche für die Jüdische Gemeinde auf Granatäpfeln aus Papier, 2006

Jugendliche studieren jüdische Geschichte, Ausstellung „Begegnung statt Vorurteil-Juden in unserer Stadt"des Schulmuseums, 2006

Taschentuchbäume im Schulmuseum

Knoten im Taschentuch heißt: Nicht vergessen!

Taschentücher erinnern an verschwundene jüdische Nachbarskinder

Taschentuchbäume mit OBM Burkhard Jung im Neuen Rathaus am 27.01.2008 (Holocaust-Gedenktag)

Eva Wachsberg, geb. Abelsohn

Liebe Frau Wachsberg, Sie stammen aus Leipzig und sind das erste Mal nach mehr als sechzig Jahren wieder hier. Verraten Sie mir bitte Ihren Mädchennamen und wann Sie geboren wurden?
Ich heiße Eva Wachsberg und bin am 20. März 1922 in Leipzig als Eva Abelsohn geboren.

Wie lange sind Sie in Leipzig geblieben?
Bis ich siebzehn Jahre alt war. Das Visum für Amerika bekam ich an meinem 17. Geburtstag geschenkt, und am 21. März sind wir nach Hamburg gefahren und mit dem Schiff nach Amerika gekommen.

Wie war das Leben davor in Leipzig?
Nach 1936, drei Jahre nachdem Hitler zur Macht kam, hat man sich eigentlich schon sehr separiert.

Wie haben Sie das persönlich gespürt?
Es gab zum Beispiel die vielen jüdischen Künstler. Sie durften doch nicht mehr auftreten auf den Bühnen, weder singen noch Theaterstücke spielen noch irgendwas. Und da haben die Juden in Deutschland einen Kulturbund gegründet, auch in Leipzig.[16] Und der Vorstand des Kulturbundes war mein Vater.

Waren Sie dann auch betroffen von der so genannten »Polenaktion« im Oktober 1938?
Hier gab es sehr viele polnische oder staatenlose Juden. Mein Vater war deutscher Staatsbürger. Aber in Leipzig war der Pelzhandel zu 99 Prozent in ostjüdischen Händen. Und die Nazis wollten doch die Juden loswerden, noch vor Auschwitz und den anderen Vernichtungslagern. Am Morgen des 28. Oktober kam die Gestapo und hat Hunderte, wenn nicht Tausende von polnischen Juden abgeholt und nach Polen geschickt. In Polen wollten sie uns aber auch nicht haben. Da haben sie uns wieder zurückgeschickt.

Wie waren Sie selbst von diesen Aktionen betroffen?
Ich weiß, dass unsere Mutter an dem Tag in Berlin war wegen des Visums für Amerika. Ich habe mit sechzehn Jahren einen Anruf bekommen und jemand sagte: »Wir haben jetzt zehn Personen, die vom Zug zurückgekommen sind. Können Sie die alle in Ihrer Wohnung aufnehmen?« Ich habe alle Wäsche ausgepackt, habe die Betten gemacht und Matratzen auf den Boden gelegt. Und da haben sie bei uns ein paar Tage gewohnt und sich versteckt. Nach dem Attentat auf den Deutschen Legationsrat in Paris hat Hitler so getan, als ob der ganze Zorn vom Volk kam. Am 9. November wurden dann die Synagogen zerschlagen und verbrannt. Und weil auch allen jüdischen Geschäften, die noch existierten, das Glas kaputt gemacht worden ist, nannte man dies die »Kristallnacht«.

Wie haben Sie als junges Mädchen diesen Tag und diese Nacht erlebt?
Wir waren alle wie verrückt. Meine Mutter hatte zweitausend Mark im Haus. Das haben aber die Nazis nicht erlaubt, dass man sein eigenes Geld zu Hause haben durfte. Meine Mutter war krank, sie ist in dem Haus herumgerast wie eine Verrückte und hat gesagt: »Was machen wir nur, wenn die Nazis jetzt kommen?« Denn wir haben es schon gesehen, wie die Gestapo zu zweit ins Haus reinkam und drei kamen heraus, ein Jude in der Mitte.

Konnten Sie ein Versteck für das Geld finden?
Mutti hat sehr viel gestrickt und hatte ein leeres Kissen mit den Resten von der Wolle, und dann hab ich vorgeschlagen: »Tu das da rein!« Und sie hat gesagt: »Nein, die werden das finden!« Wir waren alle wie irre. Das wird Ihnen jetzt komisch vorkommen. Wir hatten in dieser schönen Wohnung zwei Toiletten. Die eine war schon sehr modern, wo man drücken konnte und das Wasser ging runter. Die andere war so ein Ding, wo man zieht. Und ich hab zu Mutti gesagt: »Wir nehmen die zweitausend Mark und stecken sie da oben rein! Keiner wird da reingucken!« Das hat dann wirklich geklappt.

Sind Sie den USA heute dankbar dafür, dass Sie gerettet wurden?
Amerika hat viel für uns getan, aber nicht so viel, wie sie hätten tun können. Die amerikanischen Gesetze für die Einwanderung waren noch auf der Basis, wie Amerika gegründet worden ist. Es gab Quoten nach Ländern. Dadurch, dass so viele deutsche Juden nach Amerika auswandern wollten, war die deutsche Quote erfüllt. Sie hätten die englischen Zertifikate übertragen sollen. Juden sind nicht weggefahren aus England. Sie haben dort ein neues Leben gefunden, haben den Blitz[17] überlebt und sind dann dort geblieben. Mit diesen nicht benützten Zertifikaten hätten sie Menschen retten können, wie sie es später 1956 getan haben mit den Ungarn. Da haben sie es ja plötzlich getan.

Wie sind Sie mit Ihrer Familie auf die deutsche Quote gekommen?
Papi hat großes Glück gehabt. Und es gibt ein Gesetz in Amerika, das heißt »Prefered Quote«, das heißt ein Mann oder eine Frau kann seine Familie bitten zu kommen. Also Papi hat uns legal angefordert und wir konnten noch rauskommen, unglaubliches Glück!

Wie konnten Sie nach allem, was Sie wussten über Deutschland und was Sie selbst erlebt haben, wieder nach Leipzig kommen?
Ich hatte mich dazu entschlossen, wenn ich nach Leipzig komme, dann muss ich positiv sein. Sonst sollte ich besser nicht fahren. Ihr hattet damit nichts zu tun. Die Geschichte ist die Geschichte. Aber die Geschichte ist die Wahrheit. Was interessant ist, jedes Mal treffen wir junge Menschen. Niemals kommen wir zusammen mit Menschen unseres Alters.

Woher nehmen Sie die Kraft zum positiven Denken?
Juden sind Optimisten, sonst würden wir nicht mehr existieren. Zweitausend Jahre Verfolgung. Die Römer gibt es nicht mehr und die Griechen gibt es auch nicht mehr und die Juden sind immer noch da. Es ist irgendwie unglaublich, dass sie immer noch existieren. Hitler hat in seinem Buch »Mein Kampf« alles genau beschrieben, was er machen wollte. Erstens haben es die Juden nicht gelesen und zweitens hätten wir es nicht geglaubt. Man hat nicht geglaubt, dass alles noch schlimmer wird. Hier war ein Boykott und da hat man etwas nicht erlaubt und immer ging es einen kleinen Schritt weiter. Wenn man es geglaubt hätte, dann hätten Tausende von deutschen Juden gerettet werden können. Wir hätten doch auswandern können. Aber man hat es nicht geglaubt.

Vielen Dank, Frau Wachsberg, alles Gute für Sie und Ihre Familie.

Fritz und Renate Ursell, geb. Zander

Mein Name war Renate Zander und ich bin 1925 in Leipzig geboren. Ich habe mit meinen Eltern und mit meinem Bruder in der Straße des 18. Oktober gewohnt. Ich bin erst in die Volksschule und dann auf die Goetheschule gegangen. Das ging aber nur zwei Jahre bis 1937. Dann haben meine Eltern entschieden, dass dies nicht weiter möglich war. Das war auch so.

Sind Sie dann gar nicht mehr zur Schule gegangen?

Nein. Meine Eltern haben entschieden, mich nach England in ein Internat zu schicken. Mein Bruder war schon nach Amerika ausgewandert, als er vierzehn Jahre alt war. Er leb-

te in Chicago. Dort hatte ihn eine Familie aufgenommen wie einen eigenen Sohn. Mein Vater war Rechtsanwalt, also konnte er nicht leicht im Ausland arbeiten. Meine Eltern waren deshalb noch in Leipzig bis 1939, bis eine Woche vor dem Krieg. Sie sind dann nach England gekommen, weil Freunde und Verwandte gesagt haben, wenn ihr jetzt nicht kommt, dann ist es zu spät. So sind sie geflüchtet mit einem kleinen Koffer und ohne Geld. Ich war zwar in der Schule, habe aber die Ferien bei Freunden in London verbracht.

Goetheschule, heute Evangelisches Schulzentrum, Schletterstraße 7, 2010

Würden Sie sich bitte auch kurz vorstellen?

Ich heiße Fritz Ursell und bin 1923 in Düsseldorf geboren. Mein Vater war Kinderarzt und meine Mutter war ausgebildete Kinderschwester. Als ich geboren wurde, war gerade Inflation. Ich habe noch eine Schwester.

Ist Ursell eigentlich ein typisch jüdischer Name?

Nein, überhaupt nicht. Wenn ich während des Studiums einem jüdischen Club beitreten wollte, fiel mein Name immer von der Liste herunter.

9. Volksschule, heute Georg-Schumann-Schule, Glockenstraße 9, 2010

Straße des 18. Oktober 17, 2010

Renate mit Fahrrad vor ihrer Wohnung, 1933

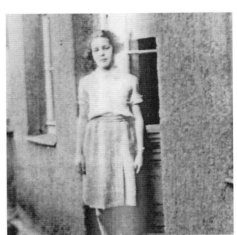

Straße des 18. Oktober 17/ Hauseingang, 2010   Renates letzter Tag in Leipzig, 1938

Liebe Frau Ursell, gibt es Erlebnisse in Leipzig, an die Sie sich noch erinnern, schöne oder nicht so schöne?
Mein Vater wurde ins Gefängnis gebracht und das war natürlich sehr aufregend. Vielleicht weil er im Vorstand der jüdischen Gemeinde war, kam er schon nach ein paar Tagen zurück. Er kam aber auch in das Konzentrationslager nach Sachsenhausen. Aber da war ich schon in England und habe das dort gar nicht erfahren. Er kam nach sechs oder acht Wochen wieder raus, aber das hat seiner Gesundheit sehr geschadet. Er war immer ein sehr kräftiger Mann. Aber er meinte, als er nach Hause kam, das würde er nicht noch einmal überleben. Er ist dann in England auch nicht mehr richtig gesund geworden und schon mit 59 Jahren gestorben, während seine Mutter über achtzig wurde.

Gab es ein Ereignis, bei dem Sie noch selbst dabei waren?
Wir haben vieles erlebt, aber wir sind ja schon 1937 weg aus Deutschland. So haben wir die schlimmsten Dinge hier nicht mitgemacht.

Als Sie nach England kamen, war noch nicht Krieg. Konnten Sie überall sagen, dass Sie aus Deutschland kommen, oder gab es in der Schule Vorbehalte?
Ich war die einzige Deutsche und Jüdin in der ganzen Schule. Aber ich hatte keine Probleme. Ich sprach nur wenig Englisch und keiner sprach Deutsch. Da musste ich irgendwie fertig werden damit.

Haben Sie irgendwann einmal Tagebuch geführt, weil Ihnen niemand zugehört hat?
Nein, das habe ich nie gemacht.

Und wie war das mit der Religion?
Sonntags sind die anderen alle in die Kirche gegangen und ich ging in die Schule. Das hat mir nichts ausgemacht.

Und was haben Sie am Sabbat gemacht?
Gar nichts. Ich komme nicht aus einer frommen Familie. Wir sind nur zu den hohen Feiertagen in Leipzig in die Synagoge gegangen.

In welche sind Sie da gegangen?
Wenn ich das noch wüsste.

War da eine Orgel drin?
Ja, da war eine Orgel.

Dann war es wahrscheinlich die große liberale Synagoge in der Gottschedstraße mit Kantor Lampel?
Ja, an Kantor Lampel kann ich mich erinnern. Ich hatte einmal in der Woche Religionsunterricht bei Lampel. Aber das hat nicht sehr viel Eindruck auf mich gemacht. Ich kann nicht Hebräisch lesen.

Wissen Sie, welches das Lieblingslied von Samuel Lampel war?
Nein, Sie werden es mir sagen.

Das Lied »Die Gedanken sind frei« war bei den Nazis verboten. Lampel hat es in der Carlebachschule trotzdem mit den Kindern gesungen.
Er war ein sehr gütiger Mensch. Das weiß ich noch.

Eine Straße in Leipzig ist nach ihm benannt. Sind Ihre Kinder nun echte Engländer oder sind sie halbe Deutsche oder sind sie »nur« jüdisch und sonst nichts?
Fritz: Wenn man Jude ist, weiß man doch, das kann jederzeit sofort aufhören. Aber da ist kein Zeichen davon in England zu spüren, genau wie in Deutschland. Aber wer hätte je gedacht, dass dies einmal in Deutschland kommen könnte?
Renate: Unsere Kinder sind Engländer. Eine Tochter hat einen Engländer geheiratet, der kein Jude ist.

Fragen die Enkelkinder inzwischen nach der Herkunft der Großeltern?
Renate: Wir werden ihnen davon erzählen, aber sie sind noch zu klein.

Wie denken Sie heute über Deutschland. Fällt es Ihnen schwer, wieder Vertrauen zu schöpfen? Sehen Sie immer noch in vielen Deutschen potenzielle Nazis? Könnten Sie sich vorstellen, dass so etwas hier noch einmal passieren könnte?
Nein, ich glaube nicht in Deutschland. Das ist jetzt wie jedes andere Land. Aber es könnte in allen Ländern passieren.

Finden Sie, dass die Deutschen genug gelernt haben, oder sollten sie noch mehr tun?
Renate: In den ersten Jahren haben sie gar nichts gemacht, aber jetzt scheinen sie sich sehr anzustrengen, dass sie den Kindern die Geschichte beibringen.

Fritz: Man beschwert sich ja, dass die Engländer so viele deutschfeindliche Filme machen. Das kommt alles von Bergen-Belsen, weil dort die Engländer zum ersten Mal gesehen haben, dass die Gerüchte über Deutschland keine Gräuelpropaganda, sondern die Wahrheit waren.

Es ist aber auch wichtig für die englische Identität, sich als Befreier fühlen zu können. Als Sie aus Deutschland weggingen, wie lange hat es gedauert, bis Sie Englisch gedacht haben?
Drei Monate ungefähr.

So schnell?
Dazwischen war eine Phase, wo ich gar nicht gesprochen habe. Deutsch konnte man nicht mehr sprechen während des Krieges.

Aber Sie sprechen so gut Deutsch, als wären Sie nie weg gewesen.
Nein, die Worte fehlen mir sehr. Ich kann zum Beispiel keinen guten deutschen Brief schreiben. Aber ich kann fast alles verstehen.

Wie war das, als Sie Ihren Mann kennengelernt haben? Haben Sie miteinander Deutsch oder Englisch gesprochen?
Nur Englisch. Das war 1957 in New York. Aber als unsere erste Tochter geboren wurde, wollten wir ihr Deutsch beibringen, dass sie zwei Sprachen lernt. Wir haben nur Deutsch mit ihr gesprochen. Sie konnte die Sprache auch sehr gut. Aber als sie dann in den Kindergarten kam, hat sie es gleich wieder vergessen.

Konnte sie es später nachholen?
Ja, in der Schule. Aber es war wie eine Fremdsprache für sie, alles von vorn.

Gab es in England nach dem Krieg noch lange Vorbehalte gegen Deutsche und die deutsche Sprache?
Nein, die Engländer haben eine ganz andere Einstellung. Alle unsere Freunde wissen, dass wir aus Deutschland kommen, und das ist für sie überhaupt kein Problem.

Was würden Sie den Jugendlichen heute in Deutschland gern sagen wollen?
Fritz: Das ist ja nicht so leicht. Wenn man sagt, ich will die Fremden lieben, muss man sich auch fragen, lieben die Fremden dich? Das sieht man jetzt in England. Es ist Krieg im Irak, und wir können nicht einfach sagen, wir haben keine Feinde. Das muss man sich alles erst genau ansehen. Aber es darf nie wieder in der Schule gelehrt werden, welche Völker »Erbfeinde« sind, so wie das bei uns in Deutschland war. »Erbfeinde« gibt es nicht.

Für wie wichtig halten Sie eine nationale Identität. Fühlen Sie sich jetzt als echte Engländer?
Fritz: Die nationale Identität in England ist sehr stark, nur die Engländer sprechen nie darüber. Das ist etwas Komisches. Jetzt sieht man zum Beispiel die Flagge von England. Die sieht man nur beim Fußball. Kein Engländer weiß, was die drei roten Kreuze bedeuten.

Die nationale Identität ist den Engländern also doch nicht so wichtig?
Fritz: Die Engländer sagen, sie sind gar kein Volk im herkömmlichen Sinne. Da waren die Kelten, die Angelsachsen, die Dänen und die Normannen, dann die europäischen Protestanten. Und wer ist dann Engländer? Das ist ein Mischmasch.

Vielen Dank Ihnen beiden für das interessante Gespräch. Ich wünsche Ihnen noch viel Freude in Leipzig.

Kurt Leopold Triebwasser

Ich bin Kurt Leopold Triebwasser, geboren am 29. Juni 1925 in der Richard-Wagner-Straße, ein paar hundert Meter vom Hotel hier entfernt.

In der Richard-Wagner-Straße gab es auch ein Restaurant?
Das war das Restaurant meines Vaters. Über das Restaurant weiß ich nicht so viel, weil ich viel zu jung war. Da war ich nur zwei oder drei Jahre alt, und das war das erste Restaurant meines Vaters in Leipzig. Ich bin der Jüngste von fünf Geschwistern. Bis auf meinen ältesten Bruder sind alle in Leipzig geboren, und weil ich der jüngste Sohn war, bin ich bei den Bekannten meines Vaters mit einer Pflegemutter aufgewachsen. Auf Grund dessen spreche ich so echt Sächsisch. Die ganzen Jahre mit meiner Pflegemutter habe ich immer nur Sächsisch gesprochen.

Das war ja eine christliche Tante. Was haben Sie denn abends für ein Gebet gesprochen?
Klar, ich habe das von ihr immer gelernt von Anfang an. »Ich bin klein, mein Herz ist rein, soll niemand drin wohnen als Jesus allein.« Das habe ich jeden Abend oder Morgen sagen müssen. Genauso wie zu Weihnachten vorm Weihnachtsfest musste ich immer sagen: »Lieber guter Weihnachtsmann, sieh mich nicht so böse an, stecke deine Rute ein, ich will auch immer artig sein.« Also, ich bin wirklich christlich erzogen worden.

Hatten Ihre Eltern damit nicht ein Problem?
Mein Vater war ja sowieso Freidenker und atheistisch. Er hat von der Religion niemals gesprochen. Das war für ihn kein Problem. Und was die Schule anbetrifft, da hatte ich niemals Schwierigkeiten mit Religionsfragen.

Haben Sie denn am Religionsunterricht teilgenommen in der Schule?
Immer. Aber das war die evangelische Religion. Da war ich immer einer der Besten. Ich war in der 59. Volksschule[18]. Das war eine kleine Dorfschule und die Kirche war gleich neben der Schule. Da war ich natürlich auch im Chor dabei.

Aber erst waren Sie doch in der 55. Volksschule?
Das war die 55. Volksschule in Kleinzschocher bei den Meyerschen Häusern.

Welche Erinnerungen haben Sie noch an die beiden Schulen?
Also immer wirklich nette Erinnerungen, die ganze Zeit. Ich hatte nette Lehrerinnen. Die Lehrer waren auch immer sehr nett zu mir. Sie alle wussten, dass ich jüdischer Abstammung war. Das ist ihnen klargemacht worden, dass meine Eltern beide jüdisch sind. Aber was die Religion selber anbetrifft, da hatte ich niemals ein Problem, niemals.

Schulgebäude der 55. Volksschule in der Ratzelstraße 26, 1928

Und die Klassenkameraden? Wussten die das auch, dass Sie jüdisch sind?
Nein, ich glaube das nicht.

Nur die Lehrer?
Die Lehrer wussten es selbstverständlich und der Schulleiter in der 59. Schule, Herr Schuster[19]. Aber sonst hat es niemand gewusst, dass ich jüdisch bin. Nein.

Erinnern Sie sich noch an irgendeine besondere Geschichte, die Sie erlebt haben? Eine besonders lustige oder traurige?
Traurige weiß ich nicht so viele. Ich weiß nur, als Hitler zur Macht kam, 1933, wo die Leute alle so begeistert waren, da war ich das auch. Ich kann mich noch erinnern, als kleines Kind, wenn da irgendwas los war, zum Beispiel zur Messezeit, als Hitler nach Leipzig kam zum Besuch der Messe. Da war ich einer der Jungs, der immer vorne stand. Ich habe mich vorgeschoben mit der Hakenkreuzfahne und war wirklich stolz, dass ich Hitler sehen konnte.
Ja, ich begreife das heute nicht mehr. Aber damals war ich wirklich so beeindruckt. Ich hatte gedacht, dass Hitler das Beste für Deutschland wäre und nur er etwas gegen die Arbeitslosigkeit erreichen würde. Ich wusste damals nicht, dass er die Juden ausrotten wollte. Dazu hatte ich damals keinen Verstand als kleiner Junge.

Wie war das mit den Hitlerjugend-Uniformen und dem Jungvolk?
Die Tochter meiner Pflegemutter hatte zwei Jungs. Paul und Helmut Kurze hießen sie. Der Paul hatte sich für die Hitlerjugend gemeldet und der Helmut ging ins Jungvolk rein. Er hatte immer diese kurzen Hosen angehabt und das Messer[20] dabei. Und da war ich so eifersüchtig. Sie haben gesagt, leider darfst du da nicht mitkommen, deine Eltern sind ja

jüdisch. Aber ich dachte nur, das macht doch nichts aus, was habe ich damit zu tun? Und da war in Miltitz abends mal ein Fackelzug. Da hat er mir seine Armbinde gegeben und die Hosen und das Hemd. Das habe ich mir angezogen. Er hatte noch eine zweite Uniform. Dann bin ich mitgekommen. Das war für mich ganz nett. Aber ich bin so erzogen worden.

Durften Sie denn bis 1938 in der Schönauer Schule bleiben?
Nur bis Ende 1936 durfte ich dort bleiben. Meine Pflegemutter musste mich wieder abgeben wegen der Nürnberger Gesetze. Dann kam ich noch bis Oktober 1938 in die Carlebach-schule, bis wir nach Polen abgeschoben wurden. Diese Zeit möchte ich gern vergessen. Aber ich bin der einzige Überlebende. Ich hatte noch vier Geschwister, die sind alle im KZ umgekommen. Aber für mich ist das trotzdem so, dass Leipzig meine Heimat ist, und das wird auch immer so bleiben. Ich kann das nicht ändern. Ich bin in Leipzig geboren und werde auch ein Leipziger sein bis zum Ende meines Lebens.

Dabei leben Sie ja schon viele Jahre in England?
Ja, ich bin nach England gekommen im Januar 1939 mit einem Kinder-Transport von Polen nach London. Die jüdische Gemeinde von London hat dreißig Kinder aus diesem Lager abgeholt. Ich konnte damals kein Wort Englisch. In der Schule hatte ich keinen Englischunterricht genommen. Das war auch alles ganz fremd für mich. Als ich ankam, kannte ich niemanden. Aber na ja, so ist nun mal das Leben.

Wie alt waren Sie da?
Ich bin 1925 geboren, und 1939 war ich dreizehn Jahre und ein paar Monate alt.

Aber ganz allein, oder?
Ganz alleine. Vollkommen alleine.

Das war sicher sehr schwer?
Eventuell schon, aber damals war das einfach so. Als ich meine Mutter verließ in Polen, war das nicht schwer für mich. Meine eigene Mutter, ich bin ja nur einmal in der Woche zu ihnen ins Lager gegangen zu Besuch. Denn mein Vater hat mich mehr geliebt. Vielleicht, wenn man das so sagen kann, mehr als meine Mutter. Meine Mutter hat mich nur weggegeben, weil ich der Jüngste war. Da haben wir uns verabschiedet und dabei hab ich überhaupt keine großen Schmerzen gehabt. Das ging ganz leicht für mich. Auf Wiedersehen, vielleicht sehen wir uns mal später. Da war nichts. Ich habe ja da gar nicht daran gedacht, was werden könnte.

Und wie war das in England als Deutscher? Musste man sich da nicht immer wieder recht-fertigen oder entschuldigen, dass man Deutscher ist?
Nein. Das Hostel, wo ich dann untergebracht war, war ein jüdisches Hostel. Und dann haben wir Englisch gelernt und Unterricht gehabt. Am Religionsunterricht habe ich nicht teilgenommen, weil ich wirklich niemals interessiert war an der jüdischen Religion. Ich dachte als Junge, wenn die nicht Deutsch sprechen, warum soll ich denn daran teilnehmen? Ich verstehe Hebräisch nicht und habe das auch niemals gelernt, obwohl es meine Mutter gesagt hatte. Wir mussten als Jungen im 13. Lebensjahr Bar Mizwa werden. Da werde ich doch verrückt. Wie kann ich denn Bar Mizwa werden? Woher spreche ich denn da Hebräisch? Da habe ich drei Monate vorher die hebräischen Wörter lernen müssen. Ich habe gedacht, das wird komisch. Was kannst du denn Hebräisch sagen, wenn du überhaupt nicht weißt, was die Worte bedeuten? Also ich fand das furchtbar, an der Religion teilzunehmen. Ich bin heute in demselben Glauben, was Religion anbetrifft. Die jüdische Religion – ich will

wirklich nichts davon wissen. Obwohl ich weiß und stolz darauf bin, dass beide, mein Vater und meine Mutter, jüdisch waren und ich bin der fünfte Sohn. Das verstehe ich und habe nichts dagegen. Die Leute sagen, der Kurt ist ein Jude. Seine Eltern waren jüdisch. Das macht mir nichts aus. Aber sonst, diese Religion insgesamt, ob man evangelisch ist oder katholisch oder eventuell Hindu oder Moslem. Wenn es wirklich einen Gott geben sollte, dann kann ja nur ein Gott sein. Warum können die Moslems einen Gott haben, die Juden einen und die Evangelischen auch noch einen? Also in meinem Glauben kann das überhaupt nicht existieren. Entweder gibt's einen Gott oder nicht. Ich begreif das einfach nicht,

Schulanfang, 1930

dass es da verschiedene Götter geben soll. Aber was die jüdische Religion anbetrifft, von der sechseinhalb oder sieben Millionen umgekommen sind. Wo war denn der Gott, der die beschützen sollte? Da war ja kein Gott, wo die Konzentrationslager hier in Deutschland aufgebaut wurden. Das ist meine Meinung.

Spielkameraden aus der 55. Volksschule, 1931
Kurt Triebwasser mit X

Klassenfoto aus der Schule im Grünen, 1931

Turnhalle der 55. Volksschule, 1928   Vitrinen im Korridor der 55. Volksschule, 1928

Darf ich noch mal einen Sprung machen nach Leipzig? Ich würde gerne noch etwas aus der 55. Volksschule in Kleinzschocher erfahren.
Ja, da war ich sechs Jahre alt. Das war im ersten Jahr. Da hatte ich die Zuckertüte. Die Bilder habe ich noch von zu Hause.

Gibt es Erinnerungen an Lehrer? An Namen?
Mein Klassenlehrer war ein Herr Brandt.[21]

Wie war der? War er sehr streng? Hat er manchmal geprügelt?
Ja, ab und zu. Für mich war er immer der Erste. Er hat mich niemals geprügelt, obwohl ich öfters einige Fehler hatte. Mein Schlimmstes war mein Schreiben. Ich habe immer Flecke gemacht mit meinem Federhalter. Das war mindestens zweimal die Woche, da musste ich bis zum nächsten Tag eventuell fünfzig- oder hundertmal schreiben: »Du mach das, du musst das nicht machen und so ...« Aber da wurde mir immer dabei geholfen. Das musste ich nicht allein machen.

Wer hat da geholfen?
Also die Pflegemutter und ihre Tochter haben gesagt: »Ja, lass das mal. Du machst mal eine Zeile alleine, die anderen machen wir dazu.« Dann habe ich das am nächsten Tag dem Lehrer gegeben. Der hat da nichts gesagt.

Und wie hat Ihre Pflegemutter immer zu Ihnen gesagt? Die hat doch nicht Kurt gesagt, sondern?
Nein, meine Pflegemutter hat mich schon ganz am Anfang entweder Kurtchen oder Kurtl genannt. Sie war die Einzige, die mich so genannt hat. Bei meinen Eltern war ich immer nur Kurt. Aber mein Vater hat mich wirklich verwöhnt. Also jedes Mal wenn ich zur Gastwirtschaft oder zum Restaurant kam, gab es alles Mögliche. Er hat sich wirklich um mich gekümmert und hat mich ... Meine Mutter war immer so, wie kann man das beschreiben, ich fühlte keine Mutterliebe dabei. Sie war nur streng. Ich hatte niemals einen Faden zu meiner Mutter. Deswegen fiel es mir auch ganz einfach, als ich damals Polen verließ, um nach England zu kommen. Da war keine große Mutterliebe dabei. Für mich war es einfach. Ich habe keine Tränen gebraucht damals.

Verfolgen Sie heute von England aus, was in Deutschland passiert?
Ich habe in meinem Fernseher dreißig deutsche Sender. Ich gucke alle Kanäle und jeden Abend sehe ich dann mindestens für ein oder zwei Stunden MDR oder alle anderen, die bayerischen und die westdeutschen Sender. Aber nicht die ganze Zeit, denn meine Frau spricht eben nur Englisch. Deswegen kann ich nicht den ganzen Abend das deutsche Fernsehen schauen. Aber ich sehe jeden Abend MDR, um zu wissen, was hier in Leipzig und

der Region passiert. Aber den sächsischen Akzent, auch wenn ich es probiert habe, ich kann ihn einfach nicht verlieren. Das ist eventuell furchtbar. Jedes Mal erkennt man es, dann sagen sie zu dir: »Das ist ein Sachse.« Ich fühle mich als Sachse und Leipziger. Für mich kann das einfach gar nichts ändern, was die Juden anbetrifft. Für mich ist Leipzig meine Heimat und wenn ich hier bin, fühle ich mich wirklich zu Hause. Man kann das einfach nicht anders sagen. Wir kommen nicht oft nach Leipzig. Ich habe ja noch ein Grundstück in Lindenthal, was mir überlassen wurde. Und da kommen wir ab und zu nach Leipzig.

Titelseite der neuen Fibel des Leipziger Lehrervereins, 1932

War dieses Buch vielleicht Ihr erstes Lesebuch?
Ja, ich glaube, das könnte schon sein. Und meine Lieblingsmärchen waren immer Hänsel und Gretel, Schneewittchen oder Tischlein deck dich. Ich ging niemals schlafen ohne Märchen. Ab und zu sagte meine Pflegerin, es muss doch nicht immer Hänsel und Gretel sein. Ja, ja, ich glaube, das war eins meiner ersten Bücher. Ich bilde mir ein, das war es bestimmt. Und Ostern und Weihnachten, das war für mich einmalig. Ich kann das niemals beschreiben, zu Weihnachten. Mein Vater starb ja am 22. Dezember 1935 und wurde zwei Tage nachher begraben. Und ich bin nicht zu seinem Begräbnis, denn meine Mutter hat gesagt: »Weil der Kurt bei euch wohnt zur Zeit und er sich so sehr auf Weihnachten freut, dann lass ihn mal ruhig bei euch zu Hause.« Da war ich zehn Jahre alt. So habe ich Weihnachten gefeiert und da hatte ich keine großen Gedanken über meinen Vater. Ich habe meines Vaters Grab das erste Mal zwölf Monate später besucht. So, das wäre alles. Ich bin verheiratet. Ich habe drei Kinder. Mein ältester Sohn Michael ist Abteilungsleiter im Mehrwertsteueramt. Er ist einer der höchsten Berater. Er hat 28 Angestellte unter sich. Mein jüngster Sohn, der dieses Mal mit uns mitgekommen war, hat einen Posten als Computerspezialist. Dabei verdient er einen Haufen Geld. Sein Monatsgehalt ist mehr, als ich jährlich verdient habe. Er verdient und spendiert. Aber Leipzig ist meine Heimat.

Was sagt Ihre Frau dazu?
Meine Frau ist stolz darauf, dass ich mich so fühle. Ich habe ihr gesagt, dass ich das leider niemals ändern kann. Ich wurde ja englischer Staatsbürger 1956. Aber für mich ist England nur ein Land, wo ich jetzt wohne. Ich bin in England verheiratet. Aber England hat für mich keine große Bedeutung. Deutschland wird diese Bedeutung auch bis zu meinem Lebensabend immer behalten. Das kann man nicht bestreiten. Ich bin einfach erstens ein Sachse und zweitens ein Deutscher. Ich fahr jedes Jahr in den Ferien meistens ins Rheinland oder nach Bayern. Sobald ich im Hotel ankomme, da sagen die Leute: »Menschenskinder, das ist ein Sachse.« Ich habe es schon probiert, Hochdeutsch zu sprechen, aber ich kann das nicht lange. Das kommt vom Anfang, von der Kindheit ...

Zu dieser sächsischen Herkunft können wir doch stehen. Das geht mir genauso, ich werde auch überall erkannt, dass ich aus Sachsen komme. Herzlichen Dank für das interessante Gespräch. Ich hoffe, dass Sie noch oft nach Leipzig kommen werden.

Thea Hurst, geb. Gersten

Liebe Thea, erzähl' mir bitte noch mal, als würden wir uns nicht kennen, deinen Namen, wann du geboren bist und wo du in Leipzig gewohnt hast!

Also, ich heiße Thea Hurst heute. Mein Mädchenname war Thea Gersten und mein Kosename war Muschi. Meine Mitschüler, meine Schulkameraden haben mich Muschi genannt, und so gibt es heute noch Leute in der Welt, die mich nur als Muschi Gersten kennen. Ich bin am 12. November 1925 in Leipzig, in der Thomasiusstraße 13, geboren. Als ich zwei oder drei Jahre alt war, sind meine Eltern und mein Bruder und ich in die Thomasiusstraße 23 eingezogen. Und als ich sieben Jahre alt war, kam Hitler zur Macht. Meine Eltern hatten ein Pelzgeschäft, sie haben Felle verkauft und auch fertige Pelzmode für Damen und Herren angefertigt.

Theas Vater, der Pelzhändler Chaim Lazar Gersten, 1938

Theas Mutter Rosa Gersten, 1955

Damals trugen Männer noch Mäntel mit Pelzkragen und so haben wir das auch für die Herren gemacht und Muffe für Frauen. Das gibt es heute nicht mehr, glaube ich. Weil es damals sehr, sehr kalte Winter waren, sind wir im Rosental auf den Teich Schlittschuhlaufen gegangen und im Sommer haben wir auf den Wiesen gespielt. Und ich erinnere mich, da war so ein kleiner Hügel, da sind wir immer runtergerollt.

Mit dem Schlitten gefahren oder richtig gerollt?

Gerollt, im Sommer gerollt. Zum Schlittenfahren sind wir ein bisschen weitergegangen, da waren höhere Hügel, ich weiß nicht genau, wie sie hießen, aber die waren mit dem Rosental verbunden.

Vielleicht der Scherbelberg? Den gab es doch damals schon.

Ja. Ich glaube, das kann der Scherbelberg gewesen sein. Der hatte damals noch einen Holzturm, und später hat der Scherbelberg eine neue Bedeutung für mich gewonnen.

Bruder Adi (Abraham Isaak) Gersten, 1939

Scherbelberg-Turm im Rosental, 1910

links: Thea mit Zuckertüte, 1933

Theas Klasse mit Klassenlehrer Felix Carlebach (links), Thea dritte Reihe fünfte von links, 1936

Deine Mutter hat sicher deinem Vater im Geschäft geholfen. Aber war sie auch viel zu Hause? War sie sozusagen die Mitte der Familie, so wie das oft die Mütter damals waren?
Nein. Meine Mutter war nicht der Mittelpunkt meines frühen Lebens, sondern die Kinder-mädchen und unsere Hausangestellte, die uns verlassen musste, weil wir nach 1935 keine Hausangestellten haben durften, die unter 45 Jahre waren. Das war ein Nazigesetz.[22] So musste sie zurück, ich erinnere mich jetzt nicht an den Namen dieser kleinen Stadt, wo sie herkam. Aber ein Wochenende war ich mit ihr zu Hause. Sie hatte einen Freund, und den habe ich dann kennengelernt und fand das fantastisch schön.

Hast du das sehr bedauert, dass sie wegmusste, oder war das keine so enge Beziehung? War sie nur eine Angestellte?
Nein, es war eine sehr enge Beziehung. Sie durfte auch nicht mehr zu Besuch zu uns kommen, wegen »Rassenschande«. So habe ich den Kontakt mit ihr vollkommen verloren nach 1935, und wenn man neun oder zehn Jahre alt ist, nehme ich an, es geht allen Kindern so, vergisst man schnell, man weint schnell und man vergisst schnell.

Aber es gibt ja noch eine Geschichte, die du nicht vergessen hast. Das ist die Geschichte mit dem Walter, der in deinem Haus gewohnt hat und mit dem du oft gespielt hast.
Der Walter war der Sohn des Hausinhabers oder Hausverwalters, das weiß ich nicht genau. Er hatte dasselbe Alter wie ich. Und oft haben wir zusammen gespielt im Hinterhof, wir waren richtig gut befreundet. Als ich zehn war, das muss ungefähr 1935 gewesen sein, er war dann auch zehn, da habe ich ihn auf der Treppe getroffen und er war in Hitlerju-genduniform. Er hat mich gegrüßt: »Heil Hitler« und da habe ich nichts erwidert, denn es war für Juden verboten, »Heil Hitler« zu sagen. Und ich wollte es auch nicht. Dann hat er gesagt: »Ich kann nicht mehr mit dir spielen!« Da habe ich gefragt: »Warum?« Und er sagte: »Weil du ein Jude bist.« Mit großer Abscheu hat er das Wort Jude gesagt. Da bin ich zu meiner Mutter gelaufen, die zufällig zu Hause war, und habe gefragt: »Mutti, sind wir Juden denn schlecht? Was ist denn los mit uns Juden? Der Walter kann nicht mehr mit mir spielen.« Da hat meine Mutter gesagt: »Ja, heutzutage denken manche Leute, die Juden sind schlechte Menschen, aber das stimmt nicht. Es gibt gute und schlechte Menschen in jeder Religion, in jedem Staat und in jedem Land und in jeder Bevölkerung.« Das war mein erster Unterricht in Humanität und in Lebensweisheit. Das habe ich nie vergessen.

Du hast überall auf den Plakaten gelesen: »Die Juden sind an unserem Unglück schuld.« Hat es dir etwas geholfen, dass du von deiner Mutter wusstest, das stimmt ja gar nicht. Oder hast du angefangen zu zweifeln? Wie ging es dir mit dieser sehr judenfeindlichen Umgebung?
Ich hab' das irgendwie gespürt, aber es war eben so. Und ich habe gedacht, schuld daran ist, dass wir nicht genügend an Gott glauben. Das war meine kindliche Erklärung. Ich dachte, vielleicht bin ich kein schlechter Mensch und die Mutti hat Recht. Aber vielleicht gibt es doch einen Grund dafür? Aber dann habe ich mit anderen jüdischen Kindern, die ich in der Schule kennengelernt habe, darüber gesprochen. Und die haben alle dasselbe Empfinden gehabt, dass wir außerhalb der Bevölkerung standen. Wir haben nicht richtig zu Leipzig gehört und das war ein unglücklicher Gedanke für mich.

Das muss ein großer Widerspruch gewesen sein. Dein Vater hat im Ersten Weltkrieg für Deutschland gekämpft. Du bist in der deutschen Sprache aufgewachsen, und obwohl dein Vater einen polnischen Pass hatte, wart ihr auf eine Zukunft in Deutschland orientiert. Und sich plötzlich als Fremde im eigenen Land zu fühlen, das muss sehr schwer gewesen sein. Aber wie war das in der Schule? Die Schule hat doch als jüdische Schule bestimmt eine besondere Funktion gehabt?

Ja, als ich sechs oder sechseinhalb war, bin ich sofort in der jüdischen Schule, in der Ephraim-Carlebach-Schule eingeschult worden. Und da kam ich nur in Kontakt mit jüdischen Kindern. Das war für mich eine große Erleichterung. Mein Bruder war auch auf der Carlebachschule, und so hatten wir nur jüdische Bekannte und Freunde und Schulkameraden. Man gehörte nicht mehr zu Deutschland. Aber ich gehörte mehr zu einer jüdischen Gruppe, zu der jüdischen Identität. Das habe ich mehr gefühlt als ausgesprochen. Als Kind spricht man nicht darüber, aber man fühlt es sehr stark und das war eine große Hilfe, denn wir gehörten zusammen und wir hatten alle das ähnliche Schicksal, dass wir ausgestoßen waren aus der Gesellschaft des Landes.

Aber dennoch hat doch die Schule versucht, euch die deutsche Kultur zu vermitteln. Das war ja ein Spagat. Was meinst du, wie ist das gelungen?
Mein Vater hat gesagt, die Hitlerzeit hat nichts mit Deutschland zu tun. Es hat was mit der Diktatur der Naziregierung zu tun. Und wenn das vorüber ist, dann sind wir wieder deutsche Einwohner und dann geht es uns genauso, wie vor der Hitlerzeit. Daran haben wir geglaubt und darauf haben wir gehofft, solange diese Hoffnung möglich war.

Es gab ja außerhalb der Schule nur noch wenige Orte in Leipzig, wo ihr euch als Juden wohlfühlen konntet. Ich rede jetzt von den Eisdielen …
Also, die Eisdielen, da gab es vier oder fünf, vielleicht sogar mehr, ich weiß es nicht genau. Aber die Inhaber dieser Eisdielen waren alle Italiener, und als Italiener und Ausländer brauchten sie kein Schild an ihre Fenster zu machen: »Juden verboten«. Da konnte jeder rein, und irgendwie hat die Leipziger Stadtregierung das zugelassen. So gingen wir als Kinder immer in die Eisdielen nach der Schule. Besonders natürlich im Sommer. Einen Nachmittag haben wir mal alle Eisdielen in Leipzig ausprobiert. Da hatten wir einen sehr kalten Bauch – alle, die wir da hingelaufen sind. Wir waren immer in Gruppen, weil man sich in der Gruppe geschützter gefühlt hat. Wenn man alleine gegangen ist, hätte man uns vielleicht mit Steinen beworfen. Das ist auch vorgekommen. Zur Schule bin ich immer mit meinem Bruder gegangen, weil der groß war. Der war mein Beschützer.

Ist dir irgendwann auf dem Schulweg trotzdem mal was passiert?
Ja, die Kinder in der Straße, die uns als Juden kannten, haben uns schlechte Worte nachgerufen, aber an uns rangetraut haben sie sich eigentlich nicht. Da waren sie ein bisschen feige. Aber »Jude verrecke« habe ich immerzu gehört.

Was war für dich der wichtigste Halt in dieser Situation? Du dachtest ja, du bist nicht fromm genug. Hat dir trotzdem die Religion irgendwie helfen können?
Ja, für mich war es das Judentum, die Rituale und die Synagoge und jüdische Bräuche, die mein Leben irgendwie ausgefüllt haben. Sie waren zumindest große Bestandteile meines Lebens in der Kindheit und auch mein Gottvertrauen. Ich habe jeden Abend ein Nachtgebet gesagt und habe Gott gedankt für alles, was er mir gegeben hat, und das gab uns natürlich einen Halt, dass wir uns auch an Gott wenden konnten, wenn nicht an den Staat oder die Polizei. Aber Gott war eben für uns da. Damals als Kind dachte ich, Gott ist für uns Juden besonders da. Er wird uns schon beschützen und wird uns helfen und so weiter. Das war mein Gottesglauben, den ich von meinem Vater und von meiner Mutter in meiner Kindheit erhalten hatte.

Wann hast du begonnen, Hebräisch zu lernen?
In der Carlebachschule. Ich denke, fast von Anfang an haben wir das deutsche Alphabet und auch im Religionsunterricht das hebräische Alphabet gelernt und dann kleine Worte

und dann übersetzen. Auch Ivrit, das moderne Hebräisch zu sprechen, das kam später. Aber ich glaube, das jüdische Alphabet und das von rechts nach links Schreiben, das haben wir als ganz kleine Kinder schon gelernt.

Hast du auch daran gedacht, dass es ein Land geben müsste, eine Heimat für die Juden, wo man sich mit dieser Sprache verständigt? Das war ja damals noch ein Traum. Wann hat dieser Traum bei dir begonnen?

Der Traum war fast in etwas Wahres und Wichtiges umgesetzt, indem wir jüdischen Kinder alle in zionistischen Organisationen waren. Es gab Habonim, Misrachi und Aguda. Das waren die verschiedenen Stationen der Religiosität. Im Habonim brauchte man nicht sehr fromm zu sein, also nicht sehr die Rituale und die Bräuche des Judentums zu halten. Im Misrachi waren die Kinder, die aus religiösen Häusern kamen. Jeden Samstag zum Sabbat sind wir in die Elsterstraße 7 gegangen. Das war ein Jugendhaus, wo sich die verschiedenen Gruppen getroffen haben. Da haben wir über Israel gesprochen, über den Kibbuz. Und mein großes Hoffen und Bedürfnis war, in einen Kibbuz zu gehen und das Land aufzubauen und normaler Bürger zu werden, wie jedes andere Volk.

Hattet ihr auch eine spezielle Kleidung in diesem Jugendverband?

Nichts. Das haben wir den Nazis nicht nachgemacht. Wir konnten anziehen, was wir wollten. Wenn wir Aufführungen gemacht haben oder im Chor gesungen haben für andere jüdische Mitbürger, dann haben wir dunkelblaue Röcke und weiße Blusen getragen. Das waren keine richtigen Uniformen.

Schön, und hast du noch besondere Erinnerungen an die Schule? Ereignisse?

Mein erster Lehrer war Felix Carlebach. Der ist immer mit weißen Gamaschen herumgelaufen und war ein bisschen anders als die anderen Lehrer. Sein Spitzname war »Schwejzer Galant«[23]. Er war mein erster Klassenlehrer, und Babette Kohn hieß seine Frau, bevor sie Felix Carlebach geheiratet hatte. Sie war Sportlehrerin an unserer Schule. Sie war bildhübsch und hatte eine wunderbare zierliche Figur. Eines Tages wurde uns erzählt, Felix Carlebach und Babette Kohn heiraten in der Aula und alle Kinder der Israelitischen Schule sind eingeladen zur Hochzeit. Das war fantastisch für uns. Da haben wir eine Hochzeit, eine jüdische Hochzeit in der Aula erlebt.

Wurden sie vom Rabbiner Ephraim Carlebach getraut? War er da noch da?

Ja, bis 1936 war er in Leipzig Rabbiner. Ich glaube bis 1936. Aber Schulleiter nur bis

Babette und Felix Carlebach, 1935

Thea Gersten, 1939

1935. Aber wir kannten ihn alle. Er war ein Mann mit großem Charisma. Er hat Ehrfurcht bei jedem, der ihn traf, herausgefordert und war sehr warmherzig, aber auch streng. Was er gesagt hat, daran musste man sich halten.

Du hast mir mal erzählt, dass du einen großen Schreck bekommen hast, als du das erste Mal in die Schule kamst und da stand er, so groß wie er war, vor dir und dahinter noch mal in Öl gemalt an der Wand. Hast du mal irgendwann eine persönliche Begegnung mit ihm gehabt?

Dr. Ephraim Carlebach als Rabbiner, um 1910

Als ich in die Schule ging, am ersten Schultag, mussten wir alle knicksen vor Ephraim Carlebach. Wir sind an ihn herangetreten, haben die Hand geschüttelt, und er hat gesagt: »Willkommen in der jüdischen Schule.« Wenn jemand in der Schule sich schlecht benommen hat, dann musste er zum Rabbiner, zu Herrn Dr. Ephraim Carlebach, ins Zimmer gehen. Aber ich, das ist mir nie zugestoßen. Wahrscheinlich war ich da immer anständig.

Wahrscheinlich, ja. Gibt es noch irgendwelche anderen Lehrer, an die du dich erinnerst?
Fräulein Herrmann. Sie hat uns in der sechsten Klasse unterrichtet in Deutsch und hat uns die deutsche Sprache erklärt. Sie war keine schöne Person, aber ihre Unterrichtsstunden waren sehr interessant.

Sie gilt auch bei vielen anderen Schülern als eine herausragende Lehrerin. Alle erzählen von ihr.
Sie hatte eine besondere Art, uns Schülern das beizubringen, was sie uns beibringen wollte. Ohne diktatorisch zu wirken, hat sie das Beste aus uns herausgeholt.

Ja. Sie hat sich auch bis zuletzt gekümmert und ihre Kinder so ähnlich wie Janusz Korczák[24] bis zum Schluss begleitet, bis in die Gaskammer nach Auschwitz. Und gibt es noch andere Lehrer, an die du dich erinnerst?
Ich glaube, da war ein Herr Niederland. Er war unser Musiklehrer, Gesangslehrer. Er hat auch den Chor geleitet. Wir hatten einen Schulchor. Da habe ich auch mitgesungen. Er war ein guter Lehrer. Es ist mir aber nichts Besonderes an ihm hängengeblieben.

Bei den Klassenkameraden, wie sieht es da aus? Du hast ja beschrieben, dass dann die Freundschaften sehr eng wurden. Welche Freundin war dir besonders ans Herz gewachsen?
Diese ganz engen Beziehungen kamen erst, als ich ungefähr elf Jahre war. Da kam ein Mädchen aus einer deutschen Schule. Es kamen immerzu neue Kinder in unsere Klasse, die entweder rausgeschmissen wurden von den deutschen Schulen oder die von alleine in die jüdische Schule gekommen sind. Das war sehr verschieden. Eines dieser Mädchen hieß Lolo Braunsberg. Wir haben uns sofort angefreundet. Sie hat mir besonders gut gefallen.

Da stimmte die Chemie zwischen uns. Das passiert manchmal. Mit ihr war ich sehr, sehr befreundet und ich habe sie auch sehr vermisst, als sie nach England ging zu Verwandten und dann in ein englisches Pensionat, eine Boarding-School. Während der Kriegsjahre haben wir uns kaum gesehen, denn ich war in verschiedenen Städten Englands. Sie war, glaube ich, in London, und ich war kaum in London während der Jahre und lebte auch einen ganz anderen Lebensstil als die Lolo. Aber jetzt nach siebzig Jahren haben wir uns wiedererkannt, sogar im Juli dieses Jahres. 2008 werden wir uns das erste Mal in England wiedersehen.

Thea Gersten, 1938   **Theas beste Freundin Lolo, 1938**

Wie schön! Da weiß ich ja aus dem Tagebuch, wie du verzweifelt warst. Du konntest der Lolo nicht mehr schreiben, weil du deinen Vater nicht um Briefmarken anbetteln konntest. Da wart ihr schon in Warschau.
Ja. Es muss für mich furchtbar gewesen sein, denn ich habe es im Tagebuch notiert, und da habe ich nur die Sachen notiert, die mich besonders bedrückt haben und die wichtigen Dinge meines Lebens sozusagen. Was ich damals eben als wichtig empfand. In Deutschland waren Briefmarken kein Problem für meine Familie. Wir hatten einen ziemlich guten Lebensstandard. Als wir nach Polen kamen, waren wir ohne jeden Pfennig. Wir hatten sehr gespart, um die Schiffskarten nach Amerika bezahlen zu können. Meine Eltern haben keine Briefe geschrieben, und so habe ich mich nicht getraut, meinen Vater nach einer Briefmarke zu fragen für Lolo. Er hätte vielleicht gesagt: »Das ist Blödsinn, was brauchst du denn zu schreiben?« Darunter habe ich furchtbar gelitten und habe das alles meinem Tagebuch erzählt statt der Lolo.

Kommen wir doch mal zum Tagebuch. In welcher besonderen Lebenssituation fängt das Tagebuch an?
Also, chronologisch habe ich es erst begonnen im Juni 1939. Das war der Anfang. Aber die ersten paar Seiten ging ich zurück in der Geschichte. In der Reichspogromnacht, November

1938, wurde unsere Schule fast völlig zerstört. Die Scheiben wurden eingeschlagen, die Bänke wurden umgedreht oder zerhauen, teilweise. Die Klassenzimmer konnten wir nicht weiter benutzen. Erst Januar, Februar, März 1939 wurden die Schulklassen für uns paar Kinder, die noch in Deutschland waren, wieder eröffnet. Dann schlossen wir besonders warme, tiefe Freundschaften, weil unsere Welt vollkommen zerstört war. Erst die deutsche Welt für uns Juden, dann die jüdische Welt, in der wir lebten. Die Reichspogromnacht hat uns Juden das Ende, die Apokalypse vorgespiegelt. Obwohl wir es nicht ausdrücken konnten, wussten wir alle, dass es jetzt für uns das Ende unserer Kindheit in Deutschland war oder sein würde oder sein musste.

Es ist ja dann für Propagandazwecke die Synagoge in der Keilstraße schnell wieder hergerichtet worden, damit zur Frühjahrsmesse ein Film gedreht werden konnte. Kannst du dich erinnern, ob ihr da als Schüler reingehen musstet, um zu zeigen: »Seht, wie gut es den Juden in Deutschland geht! Die haben ihre Synagogen, und wer behauptet, die sind zerstört worden, lügt. Das ist alles böswillige Propaganda.« Hast du davon irgendwas noch mitgekriegt?
Nein. Da war ich nicht da. Ich weiß es nicht genau, aber ich nehme an, dass ältere Schüler sicher da reingegangen sind.

Seid ihr, nachdem die Ez-Chaim-Synagoge zerstört war, überhaupt noch mal irgendwo zu einer Synagoge gegangen? Oder habt ihr dann so viele andere Probleme gehabt, dass es gar nicht mehr ging.
Die Otto-Schill-Straßen-Synagoge war vollkommen niedergebrannt in dieser Nacht. Wir sind nie wieder in eine Synagoge in Deutschland gegangen bis zu unserer Auswanderung.

Wir haben eine Person vergessen, die auch im Tagebuch vorkommt und vielleicht mit schuld ist am Tagebuch. Erzählst du mal die Geschichte, wie eure Klassen aufgefüllt wurden mit Jungs?
Ja, mehr und mehr Menschen sind geflüchtet oder haben Leipzig verlassen, so dass immer weniger Kinder in die Schule kamen. Dann wurden die jüdische Volksschule und die jüdische Höhere Schule zusammengelegt. Bis zur sechsten Klasse waren wir eigentlich mit Jungs

Titelseite des Tagebuches

Handschrift aus dem Tagebuch

und Mädchen zusammen, aber in den höheren Klassen, also von der sechsten an, waren wir nur Mädchen- oder nur Jungenklassen. Aber durch die Reichspogromnacht wurden wir zusammengelegt mit Jungs, die noch in Leipzig waren oder aus der Gegend um Leipzig herum. Einer dieser Jungen hieß Philipp Urbach. Er kam aus Grimma. Philipp hatte eine besondere Persönlichkeit. Er hat was vorgestellt und war der Anführer der Jungsgruppe. Er hat vorgeschlagen: »Wir machen jetzt eine Schönheitskonkurrenz zwischen den Mädchen. Das machen wir in der Schulpause.«

Merkzeichen am ehemaligen Standort der Ez-Chaim-Synagoge, gestiftet von Thea Hurst, 2008

Ez-Chaim-Synagoge außen, vor 1938

Ez-Chaim-Synagoge innen, vor 1938

Dann habe ich es im Tagebuch beschrieben, dass sie die Lorli Cohn sehr hübsch fanden.[25] Ich war mit ihr auch ziemlich befreundet, aber nicht so wie mit der Lolo. Ich fand, die Jungs haben einen blöden Geschmack, und dachte, die Lolo sei viel hübscher als die Lorli. Aber die Schönheitskonkurrenz hat die Lorli gewonnen. Die Jungs haben uns immer nachmittags nach dem Schulunterricht noch getroffen und jeder Junge hatte eine besondere Freundin. Philipp und Lorli waren befreundet, weil sie die Hübscheste war und Philipp war der hübscheste Junge. Aber sie hatten nichts Gemeinsam,

Philipp Urbach, 1939

denke ich, und dann kam die Freundschaft zwischen Philipp und mir. Und die wurde tiefer und tiefer und enger und enger. Und als ich von Leipzig wegfuhr, war Philipp noch in Leipzig, also eigentlich in Grimma. Er kam aus Grimma jeden Tag in die Schule mit dem Zug. Ich wusste nicht, was aus Philipp geworden ist. Wir hatten uns verkracht am letzten Tag. Wirklich, wir haben uns gezankt am letzten Tag vor meiner Abreise. Erst als ich in Warschau war, habe ich gedacht: Philipp, ich hätte doch anders handeln können, wir hätten uns nicht zanken müssen, und jetzt vermisse ich den Philipp schrecklich. Meine erste große Liebe habe ich ihn genannt. Erst viel später habe ich erfahren, dass Philipp genau wie ich in England war, und dann haben wir uns wieder gefunden. Eine neue, eine andere Freundschaft hat sich für viele, viele Jahre durch unser Leben geschlängelt.

Die Szenische Collage „Tagebuch der Thea Gersten" wurde 2005 im Schulmuseum aufgeführt, gespielt vom Museum Synagoge Gröbzig; Szene links: Schönheitskonkurrenz, rechts Schlussapplaus

Habt ihr, wenn ihr zusammengekommen seid, oft von Leipzig erzählt, oder war das zu schmerzhaft?
Wir haben uns gern an die schönen Zeiten in Leipzig erinnert, an den Scherbelberg, an die Eisdielen, an … Ich weiß, einmal war ich rudern. Juden durften rudern. Die Bootsleute hatten noch kein Schild angebracht. Das waren für uns große Erlebnisse und auch Spaziergänge in Leipzig.

Hast du selber noch gesehen, dass es Bänke gab im Rosental, wo drauf stand: »Für Juden verboten.« Was hast du damals empfunden?
Habe ich gesehen. Na ja, wir Juden waren eben ausgeschlossen von allem, was in Deutschland war. Für mich war das fast normal, dass wir Juden abgesondert sind und anders lebten als andere Menschen.

Also hast du dich da auch nicht drüber hinweggesetzt? Du hast nicht gesagt zum Philipp: »So, jetzt setzen wir uns mal einfach auf eine Bank!«
Nein, haben wir nicht, denn das wäre sträflich gewesen für unsere Familien und für uns. Oder wenn uns jemand erkannt hätte, die hätten uns angezeigt. Wir wollten keine Konsequenzen für unsere Eltern.

Erzählst du uns bitte die Geschichte mit dem Scherbelberg und dem Turm?
Ja, scheinbar konnten Juden noch rauf. Wir sind mal da raufgegangen, ganz hoch, und haben uns die wunderbare Aussicht über Leipzig angesehen. Dann hat Philipp gesagt: »Geh mal

auf die andere Seite, ich will mal was schreiben.« Dann wollte ich natürlich wissen, was er eingeritzt hat. Das hat er mir aber nicht erzählt, erst viel später. Er hat ein Herz eingeritzt. Dann habe ich mir große Gedanken gemacht, was das bedeutet. Was ist die Bedeutung von einem Herzen? Dann habe ich geschrieben, ach, im Poesiealbum macht man ein Herz, wenn man jemanden lieb hat. Ich konnte das aber nicht in unsere Freundschaft übersetzen, irgendwie. In das Poesiealbum habe ich nur für meine Freundinnen reingeschrieben. Das waren alles wichtige Probleme, die mir große, schwierige Gedanken eingeflößt haben.

Im Rosental 1939

Mit dreizehn Jahren hast du ja auch dann nicht nur von deinem Freund Abschied nehmen müssen, sondern auch von der Stadt Leipzig. Wie schwer war dir der Abschied? Oder warst du eher erleichtert, dass du aus diesen Spannungen herauskamst?
Im Tagebuch habe ich den Satz geschrieben: »Morgen fahre ich weg von Leipzig, der Stadt, wo ich eine schöne Kindheit erlebt habe. Vielleicht werde ich Leipzig nie wieder sehen. Ich muss so denken, als ob ich nur auf Ferien fahre, sonst halte ich es nicht aus.« Das heißt, sonst bin ich zu unglücklich. Ich halte es nicht aus. Das war so eine Ausdrucksweise, was ich heute nicht mehr sagen würde, aber damals war das Gebrauchssprache. Und auf der anderen Seite war natürlich das Abenteuer, in ein anderes Land zu reisen und Neues zu erleben. Es waren gemischte Gefühle, aber ich glaube, das Hauptgefühl war der Verlust der Heimatstadt und von allem, was mir bekannt war.

Es war ja nicht nur die Stadt, es waren auch alle Verwandten, die du auf immer verloren hast. Erzähl doch mal von deiner großen Familie, bitte!
Meine Mutter hatte zwölf Geschwister. Neun von ihnen waren in Leipzig geboren. Drei sind in der Kindheit gestorben. Sechs von ihnen lebten noch in Leipzig. Eine Tante war in Amerika und zwei Brüder meiner Mutter lebten schon nach dem Ersten Weltkrieg in Frankreich. Aber ich hatte sehr viele Tanten und Onkel und Cousinen und Cousins. Und viele waren schon weg, von anderen mussten wir Abschied nehmen und ich habe sie nie wieder gesehen in meinem Leben. Als ich dann später Kinder hatte, war ich Tante, Onkel, Großmutter und alles für meine eigenen Kinder.

Auf Grund der §§ 1, 5 Ziffer 1a und § 13 der Ausländer-
polizeiverordnung vom 22.8.1938 verbiete ich Ihnen und Ihrer
Familie hiermit den weiteren Aufenthalt im Reichsgebiet.
      Sie haben das Reichsgebiet mit Ihrer Familie bis zum
20.Juni 1939 zu verlassen. Ich verbiete Ihnen, ohne Erlaubnis
wieder dahin zurückzukehren.
      Gegen meine Verfügung steht Ihnen innerhalb 2 Wochen
nach Empfang das Recht der Beschwerde zu, die schriftlich bei
mir einzureichen wäre.
      Der etwaigen Einlegung der Beschwerde versage ich die
aufschiebende Wirkung.
      Ich weise Sie noch darauf hin, daß Sie Bestrafung mit
Gefängnis bis zu einem Jahr und mit Geldstrafe oder mit einer
dieser Strafen zu gewärtigen haben, wenn Sie ohne Erlaubnis
in das Reichsgebiet zurückkehren.

                                    (gez.) v.Zschinsky.

                          Ausgefertigt:
                          Leipzig, den 25. Mai 1939

                          Pol.Insp.

Ausweisungspapiere für Familie Gersten, 1939

Haben deine Kinder oft danach gefragt?
Nein, aber sie haben es empfunden. Andere Freundinnen in der Schule waren am Wo-
chenende die Großmutter oder den Onkel besuchen oder sind zur Tante in eine andere
Stadt gefahren. Dann kamen die Kinder nach Hause und erzählten: »Die Soundso ist zum
Onkel gefahren.« Dann hatte ich das Gefühl, ich kann meinen Kindern keinen Onkel und
keine Tante geben.

Aber einen Onkel gab es – deinen Bruder Adi. Und eine Großmutter – deine Mutter.
Ja, aber das ist schon alles. Mein Bruder lebte in London. Er hatte keine Kinder und hat
sich nicht sehr um die Familie gekümmert. Also, zum Onkel zu reisen nach London, das
war nichts. Er hat keine Kinder verstanden irgendwie. Er war so ein Weltmensch, ein Lebe-

mann. Er kam zu Besuch, aber das war kein Tante-Onkel-Verhältnis. Er hat sein Leben so gestaltet, auch als Konsequenz des Holocaust, nehme ich an. Wir alle haben Lebenspfade eingefädelt, die wir nie gegangen wären, wenn nicht die Vertreibung aus Deutschland gewesen wäre. Wir hätten ein viel normaleres Familienleben erzielen können.

Du bist gestern gefragt worden von einer Schülerin, ob du dich mit deinem Schicksal irgendwie abgefunden hast oder ob du nach wie vor darüber verbittert oder traurig bist. Darauf hast du gestern eine wunderbare Antwort gegeben.
Ich habe vergessen, was ich gesagt habe.

Du hast gesagt, du hast das Gefühl gehabt, wenn du schon überlebt hast, dann muss das einen Grund haben.
Kurz nach dem Kriegsende kam die Frage bei uns allen Überlebenden, besonders auch bei mir: »Warum habe ich überlebt?« Und später habe ich mir überlegt, wenn ich schon überlebt habe, dann muss ich irgendetwas tun, was positiv ist. Etwas, das der Holocaust mich gelehrt hat. Der Holocaust hat gelehrt, dass man größere Toleranz ausüben muss, dass man keine Vorurteile hat gegen Menschen, die anders denken. Und vielleicht einen Satz, der mir gerade einfällt: »Ehre die Würde des anderen wie deine eigene.« Für mich war dies die Lektion des Holocaust.

Erste Unterkunft in London, 1940

Vielleicht erzählst du uns noch in wenigen Sätzen, wie dann dein Leben in England weiterging, nach der kurzen Zwischenstation in Warschau.
Also, ich kam nach England eigentlich nur auf Durchreise. Wir wollten weiter nach Amerika. Aber der Krieg hat alles anders gestaltet. Mein Vater war in Polen. Meine Mutter, mein Bruder und ich waren in England ohne jede Verdienstmöglichkeiten, ohne Arbeitserlaubnis in den ersten Monaten des Krieges. Und die große Hoffnung war, dass der Krieg bald zu Ende geht. Leider blieb das nur eine Hoffnung. So haben wir uns fügen müssen in das Schicksal. Mein Bruder durfte nach ein paar Monaten arbeiten. Er hatte die Kürschnerbranche angefangen in unserer Firma zu erlernen. Dann hat er einen Job bekommen bei einer österreichischen Pelzmanufaktur. Dort hat er gearbeitet. Ich bin noch sechs Monate auf eine Volksschule gegangen. Meine Mutter hat versucht, Englisch zu lernen, damit sie hier durchkommen konnte. Es ist ihr auch gelungen. Sie hat ziemlich gut Englisch gesprochen. Mein Bruder und ich haben Englisch gelernt. Immer weiter habe ich mein Tagebuch geführt auf Deutsch, denn das war mir noch die gewohnte Sprache. Dann kamen die Bombenangriffe auf London. Als polnische Staatsbürger hatten wir unsere Möbel mit nach England nehmen dürfen. Wir hatten sie nach England geschickt zur Weiterspedition nach Amerika. Das wurde natürlich durch den Krieg unterbrochen. Die Möbel lagen in den Docks im Londoner Hafen. Meine Mutter hatte sich irgendwie Geld geborgt von jemandem und hat diese ganzen Möbel, all das Zeugs in ein kleines Häuschen, in dem wir wohnten, bringen lassen von einem Spediteur.
Dann haben wir angefangen, diese Möbel und alles zu verkaufen, damit wir essen konnten, bis wir die Arbeitsgenehmigung hatten. Das Gehalt meines Bruders hat nicht für uns drei gelangt. Dann kamen die Bomben, auf London besonders. »The Blitz« hieß das in England.

Wir lebten in einem zerfallenen Haus. Die oberen Geschosse waren leer, wir waren im Erdgeschoß. Eines Nachts, wir sind jede Nacht in die Untergrundstation gegangen, um den Bombenangriffen zu entgehen ... Und als das »all clear« ertönte, also diese Sirene, dass die Deutschen wieder abgeflogen sind im Morgengrauen, sind wir nach Hause. Und ein deutscher Flieger hat noch schnell eine Bombe in den Nachbargarten geworfen und unser altes Haus ist über uns zusammengeklappt. Da waren wir drunter. So waren wir ausgebombt, hieß das damals. Damit haben wir noch das Letzte verloren. Für alles, was wir aus Deutschland mitnehmen durften, mussten wir besondere Steuern bezahlen. Da mussten wir aufschreiben, ob es vor 1933 oder nach 1933 gekauft wurde, und da gab es besondere Steuern.

Deutsche Gründlichkeit.
Ja.

Aber du hast ja dann irgendwann geheiratet. Da kommt jetzt dein deutscher Mann ins Spiel, der den englischen Familiennamen Hurst hatte.
Meinen Mann habe ich 1951 kennengelernt, im Haus von Felix Carlebach. Und am selben Abend hat er gesagt: »Ich heirate dich.« Da habe ich gesagt: »Du bist ja verrückt.« Da sagte er: »Nein, du wirst schon sehen.« Also, 1952 haben wir geheiratet und Felix Carlebach hat uns getraut.

Hat dein Mann das auf Englisch gesagt oder auf Deutsch?
Das weiß ich nicht mehr. »I marry you« oder so ähnlich. Damals haben wir Flüchtlinge, besonders wir jungen Flüchtlinge, so gut Englisch gesprochen, dass wir kein Deutsch mehr sprechen wollten. Das Deutsche kam bei mir erst in den sechziger Jahren wieder auf. Mit meiner Mutter habe ich Deutsch gesprochen, weil es für sie einfacher war. Aber sonst im Umgang mit anderen Menschen haben wir nur Englisch gesprochen, auch untereinander auf der Straße.

Habt ihr euch geschämt als Deutsche?
Alle Juden, das waren einfach Deutsche. Dann dauerte es eine Zeit, bis die Regierung es herausgefunden hat, dass es unterschiedliche Deutsche gibt in England. Aber das ging nicht so schnell. Aber mein Mann sollte nach Kanada abgeführt werden. Daraufhin hat sich mein Mann freiwillig zur englischen Armee gemeldet, um Hitler zu bekämpfen. Er war dann in verschiedenen Abteilungen. Angefangen hat er in einer Bade- und Waschanstalt der englischen Armee. Es hat dann bis 1942 gedauert, bis die Engländer rausgefunden haben, dass er schon Apotheker war. Dann ging er in das Medical Corps. Ende 1944, als die Invasion Europas stattfand,[26] mussten alle deutschen Juden, die sich freiwillig zur Armee gemeldet haben, ihre Namen ändern im Fall, wenn sie von den Deutschen gefangen genommen würden. Mein Mann hieß Gustav Ewald Hirschfeld. Nun nannte er sich Gerald Edward Hurst. Mein Mann erzählte sehr witzig, am ersten Tag, als Appell war, hat einer jemanden angestoßen: »Sag mal, wer bin ich eigentlich?« Sie wussten nicht, wer sie sind, weil sie sich nicht so schnell an die neuen Namen gewöhnen konnten. Dann haben wir uns daran gewöhnt, deswegen heiße ich heute Thea Hurst.

Und wie war das mit deiner Berufsausbildung in England während des Krieges?
Bevor man achtzehn Jahre alt war, durfte man keinen Kriegsdienst annehmen in England. Die Möglichkeiten waren, entweder als Dienstmädchen zu arbeiten oder in eine Munitionsfabrik zu gehen. Beide waren mir nicht sehr sympathisch, auch weil ich nicht meine Mutter verlassen wollte. Dann habe ich einen Job angenommen im amerikanischen Roten Kreuz. Das galt auch als Kriegsdienst und dort war ich fast zwei Jahre. Dann kam schon

die Invasion Europas von den Engländern und Amerikanern. Nun hoffte man, dass der Krieg zu Ende gehen wird. Dann dachte ich, ja, was mache ich weiter? Eine Ausbildung für die Zeit nach dem Krieg wäre sehr wichtig und sehr angebracht. Alle diese Jobs, die ich hatte, die haben mich nicht befriedigt, sondern waren einfach, um Geld zu verdienen. Dann kam ich glücklicherweise auf eine Schule als eine Art Hausmutter und Lehrerin. Und ich wollte dort meine Zeit haben zum Studieren, um das Einjährige[27] und das Abitur abzulegen. Aber wie gesagt, der Mensch denkt und Gott lenkt. Und ich wurde sehr krank und das wurde wieder unterbrochen und so bin ich nie dazugekommen, meine Bildung zu beenden. Ich behaupte immer, ich bin auf der Universität des Lebens gewesen...

Du hast nur kurz angedeutet, dass du in einer Schule zur Ausbildung warst. Würdest du bitte erzählen, wie diese Schule hieß und wer der Schulleiter war.
Mein Freund Philipp wurde von einem Lehrer in London angesprochen. Dieser Lehrer lehrte in Summerhill in der Schule, die Alexander S. Neill 1921 in England gegründet hatte. Ich wusste nicht die Bedeutung von Summerhill.[28] Ich glaube, Philipp wusste das auch nicht. So hat dieser Lehrer den Philipp mit nach Summerhill genommen. Philipp hat dort eine sehr gute Ausbildung bekommen. Philipp wollte unbedingt, dass ich dieselbe Chance habe, und hat sich sehr, sehr bemüht. Und es ist ihm gelungen, so dass auch ich nach Summerhill kommen konnte, um mein Einjähriges und dann das Abitur dort abzulegen und vielleicht nach dem Krieg auf die Universität gehen und studieren könnte, was immer ich wollte. Ich war sehr interessiert an Kinderpsychologie. Und weil dort das Leitmotiv war, die Kinder zu verstehen und nicht zu erziehen, hat Neill ein Buch geschrieben: »Hearts not Heads in the School«[29]. Die Erziehung der Kinder muss von Herzen kommen und Verständnis des Kindes ist die erste Aufgabe des Lehrers. Das hat mir sehr imponiert. Es war völlige Freiheit auf dieser Schule. Die Kinder brauchten nicht zum Unterricht zu kommen, wenn sie nicht wollten, aber man hat eben dem Kind erlaubt aufzuwachsen, wie es seine Natur verlangte.

Du hast doch dort mal Biologieunterricht gemacht. Da warst du die Lehrerin. Erzähl doch bitte mal die Geschichte, wie das gelaufen ist.
Ich war eigentlich Studentin. Eines Morgens sagte Neill zu mir: »Du nimmst mal heute Biologie, also Naturkundeunterricht.« »Ich? Was soll ich denn da machen?« »Das ist deine Aufgabe, nicht meine Aufgabe.« Das war Neill. Und dann ist mir eingefallen, ich gehe mit den Kindern spazieren und wir sammeln Blumen. Wir geben den Blumen

Summerhill-Schule in Leiston (Suffolk, England), 2010

passende Namen und dann gehen wir zurück in die Bibliothek. Dort holen wir das Lexikon und sehen uns die richtigen Namen der Blumen an, die lateinischen und die englischen. Dann malen wir die Blumen, wenn wir wollen. Die Kinder fanden das fantastisch. Ich habe sehr viel gelernt und nehme an, die Kinder auch. Das war der Unterricht und der Neill hat gesagt: »Das ist prima, hast du gut gemacht. Ist okay.« Das war dann eine Biologiestunde.

Hast du noch eine andere Stunde übernommen. Erinnerst du dich daran?
Nein, meistens Biologie und dann war ich auch immer in Klassen und habe zugehört. Die Lehrer waren alle sehr hochqualifiziert, und ich habe manchmal einem Kind geholfen mit Rechtschreibung und hatte englische Rechtschreibung. Aber ich war nur so eine Hilfslehrerin dort.

Gab es in Summerhill auch Religion?
Nein. Wenn jemand religiös sein wollte oder in die Kirche gehen wollte, wurde es ihm nicht untersagt. Neill hat geglaubt, dass Religionen trennen und dass Menschlichkeit allgemein ist.

Alexander S. Neill an einem Geburtstagsmorgen

Was war er für ein Mensch? Wie hast du ihn erlebt?
Ein Mensch, der ein vollkommenes Verständnis für Kinder hatte. Der Einzige, den ich je in meinem Leben gesehen habe, der sich so identifizieren konnte und doch erwachsen bleiben konnte mit Kindern. Ein Junge hatte furchtbare Hassgefühle gegen seine Eltern, und eines Tages hat er angefangen, alle Fensterscheiben einzuschlagen. Und weißt du, was der Neill gemacht hat? Er hat sich hingestellt und hat mit eingeschlagen. Er hat sie mit eingeschlagen! Da hat der Junge gesagt: »Was machen Sie denn?« Da hat er gesagt: »Ich mach es dir nach, was du machst.« Und dann hat der Junge gesagt: »Du weißt, ich mach das doch nur, damit du ein bisschen mehr Notiz von mir nimmst.« Da hat der Neill gesagt: »Das weiß ich, deswegen mache ich das auch.« Das war seine Erziehung. Das Kind hat nie mehr Fensterscheiben eingeschlagen und ist dann zum Neill gegangen und hat gesagt: »Weißt du, Neill, ich bezahl für die Fensterscheiben von meinem Taschengeld.« »Da musst du aber zwanzig Jahre hier bleiben, wenn du alles von deinem Taschengeld bezahlen willst.« Das war Neill. Aber er hat es verstanden, warum ein Kind etwas tut, und das hat er uns gelehrt.

Gut, dass du auf so einer berühmten Schule warst. Sie ist es auch heute noch. War dir das damals bewusst oder bekannt?
Nein, überhaupt nicht. Ich dachte erst, die sind alle ein bisschen verrückt, bis ich mich an das Verrückte gewöhnt habe. Ja, und ich meine, erst viel später ist mir eingefallen, wie wichtig es ist, ein Kind zu verstehen und ein Kind zu behandeln von seiner Sicht aus und nicht von der Sicht des Erwachsenen.

Ja, da könnte ich jetzt noch stundenlang zuhören. Eine Frage hätte ich aber noch. Als du noch beim amerikanischen Roten Kreuz gearbeitet hast, kamen am Morgen die Fliegerpiloten zurück aus Hannover, aus Leipzig, aus Dresden. Welche Gefühle hattest du, wenn die Flieger zurückkamen vom Bomben auf Deutschland?
Die Gefühle waren schon damals in mir, dass im Krieg, in jedem Krieg sehr, sehr viele unschuldige Menschen ums Leben kommen und leiden unter dem politischen Zwiespalt zwischen den Ländern. Mir taten die Engländer genauso Leid wie die Deutschen. Aber ich habe kein Gefühl gehabt, dass mir die Deutschen mehr Leid taten. Muss ich zugeben.

Du hattest ja selber diesen Bombenangriff auf London überlebt. Und das waren Deutsche, die das verursacht hatten.

Jugendliche Autogrammjäger im Theaterhaus Schille, 2009

Thea Hurst neben Rolf Isaacsohn im Jüdischen Begegnungszentrum Ariowitschhaus, 2009

Thea Hurst im Schulmuseum, 2009

Eine Linde für Thea Hurst zum 80. Geburtstag in der Gustav-Adolf-Straße, Nähe Carlebachschule, 2005

Ja, Deutsche. Und wir hatten keine Munitionsfabrik in unserem Haus und wir sind einfach als unschuldige Bewohner Englands bombardiert worden und sehr, sehr viele Menschen sind in England umgekommen. Und viele Väter sind im Krieg umgekommen, genau wie in Deutschland. Vielleicht nicht in derselben Anzahl, aber das ist Krieg.

Warum kannst du niemanden hassen, nicht einmal Hitler? So steht es jedenfalls im Tagebuch.
Ja, ich kann nicht hassen. Hitler hat gehasst. Und das Hassen ist kein positives Gefühl, sondern vollkommen negativ. Wenn ich hasse, dann mache ich mich dabei negativ und meine Reaktionen werden negativ. So habe ich vorgezogen zu lieben, anstatt zu hassen. Ich kann nicht sagen, dass ich Hitler geliebt habe, aber ich verachte Hitler und ich verachte Menschen, die anderen Menschen so etwas antun können. Aber wenn ich hasse, dann tu ich mir selbst etwas Schlechtes.

Und hast du vielleicht auch die Hoffnung, dass mehr Frieden wäre auf der Welt, wenn nicht so viele Kinder zum Hass erzogen würden? Das ist ja in vielen Ländern heute noch ein großes Problem, dass Kinder mit Feindbildern aufwachsen. Ist es eine Illusion zu glauben, dass das mal aufhört?
Ich bin Idealistin. Ich hoffe. Es dauert vielleicht noch. Wir haben es versucht mit Religion seit Jahrhunderten, mit Königen, ohne Könige, mit Staatsverwaltern, Staatsoberhäuptern. Wir haben es nicht erreicht, mehr Verständnis zwischen Menschen zu schaffen. Vielleicht lernen wir es jetzt durch die modernen Methoden oder die Entwicklung der Technik, dass wir zusammengehörig sind. Vielleicht dauert es noch ein paar hundert oder tausend Jahre, aber für mich ist das der einzige Weg, dass die Menschen sich verstehen müssen. Sonst gehen wir zugrunde.

Du selber bist ja sehr aktiv in England und arbeitest auch an der Verständigung zwischen den verschiedenen Religionen. Kannst du uns bitte schildern, was du jetzt zusammen mit muslimischen Frauen erarbeitet hast?
In England haben wir sehr viele Muslime, die aus Dörfern aus Pakistan, also vom Lande kommen, die kaum eine Bildung in Pakistan gehabt haben. Und die Familien sind nach England gekommen schon vor zwei, drei Generationen. Früher, um in den Textilfabriken zu arbeiten, jetzt sind die meisten arbeitslos. Was sie mitgebracht haben, sind fundamentale Religionen, tiefe Religionen, extreme Religion, und so leben sie weiter mit wahnsinnigen Vorstellungen. Sie haben ein eigenes Ghetto gebaut. Jetzt sieht die englische Regierung, dass das so nicht weitergeht. Sie haben ihnen sehr viel Freiheit gelassen, sich selbst zu entwickeln. Aber die Entwicklung geht rückwärts statt vorwärts, weil die Religion sehr, sehr stark ist bei diesen Menschen, der Radikalismus bei der muslimischen Religion. Und jetzt wird versucht, diese Leute mehr ins Allgemeinleben reinzuziehen. Und da habe ich mich sehr beworben, da mitarbeiten zu können. Das ist mir auch gelungen bis jetzt. Es war eine große Anne-Frank-Ausstellung in einer Kathedrale in England in den Gebieten, wo sehr viele Pakistaner leben. Vierzig pakistanische, also muslimische Schulen waren bei der Anne-Frank-Ausstellung, und ich habe viel mit den Kindern und auch den Müttern dieser Kinder gesprochen in der Art, wie ich auch jetzt gesagt habe, dass Verständnis zwischen uns allen sehr, sehr wichtig ist.

Und haben diese pakistanischen Frauen mit ihren Kopftüchern zugehört? Jetzt haben sie ja wahrscheinlich einen englischen Pass. Waren die auch innerlich offen oder hattest du das Gefühl, die mussten dahin gehen?
Nein. Es gibt so Aktivisten unter den muslimischen Frauen, die das ändern wollen, die den Frauen mehr Rechte geben wollen. Die versuchen alles, um diese Frauen irgendwie aus ihrem Ghettoleben herauszuholen. Es gelingt ihnen manchmal, aber die Männer halten die Frauen wahnsinnig zurück. Es waren sehr, sehr viele Frauen da. Wir erwarteten dreißig, es kamen zweihundertfünfzig, und was da hängengeblieben ist, weiß man nicht. Das ist genau wie im Schulunterricht, man weiß nie, was bei den Schülern hängenbleibt, von dem, was der Lehrer gesagt hat. Man hofft nur das Beste. Und das ist eben die Hoffnung, dass eine größere Offenheit diesen Frauen gegeben wird.

Ich danke dir.
Ich danke dir auch.

Olaf Strassmann

Lieber Herr Strassmann, herzlichen Dank dafür, dass Sie sich die Zeit nehmen für dieses Interview. Wann wurden Sie geboren?

Geboren am 27. Januar 1932, nicht in Leipzig, in Altenburg. Ich habe drei Jahre meiner Kindheit im Kinderheim in der Jacobstraße 7 verbringen müssen, weil es in Altenburg keine jüdische Schule gab. Ich bin mit sechs Jahren in die Volksschule gegangen und nach einem Monat wurde ich rausgeschmissen, weil ich jüdischer Herkunft war. Und da hat meine Mutter eine jüdische Schule gesucht und hat sie in Leipzig gefunden. Ich habe noch drei Geschwister, die sind älter als ich.[30] Sie mussten jeden Morgen von Altenburg hierher fahren und jeden Nachmittag zurück. Weil ich der Kleinste war, musste ich ins Kinderheim Jacobstraße und außer mir noch hundert Kinder aus der ganzen Gegend. Im Heim war es gut, in der Schule war es noch besser. Ich kann mich daran erinnern, dass es in der Schule nie, nie, nie irgendeinen Streit gab. Nicht zwischen den Lehrern und nicht zwischen den Kindern. Kein Schlagen, nichts, alles war gut. Und die Lehrer waren erster Klasse. Ich erinnere mich an den Lehrer, ich glaube, der hieß Bruckmann. Gab es so einen?

Ja, Sally Bruckmann ist bekannt.

Oh, da hatte ich einen guten Kopf. Er war mein Klassenlehrer, drei Jahre lang, ein wunderbarer Lehrer. Aber ein Problem hatten wir doch. Von der Jacobstraße 7, dem Kinderheim, zur Carlebachschule sind es ungefähr 150 Meter. Und da haben uns die Nazikinder schon draußen aufgelauert. Und man hat uns beschimpft und verflucht und »Judenschweine« genannt und so weiter. Es gab auch irgendwelche Kinder … aber das will ich jetzt nicht sagen. Das sag ich nicht! Ich trau mich nicht, das ist zu peinlich … Aber in der Schule war es gut, die Turnhalle war extra! Ich glaube, das war eine der besten damals in dieser Zeit gewesen. Turnen war auch mein Lieblingsfach, ich habe auch gute Zensuren bekommen in diesem Fach. Aber ich kann sagen, die Carlebachschule war wunderbar, alles in allem wunderbar.

Und in Leipzig waren Sie nur in der Carlebachschule?

Ja, die erste, zweite und dritte Klasse mit dem Lehrer Bruckmann. Das war ein Lehrer, so was gibt's heute kaum noch, ein Erzieher erster Klasse. Und welche Frage man ihn gefragt hat, ob das vom Mond war oder vom Wasser, von Bergen, von der Wüste war, er hat alles gewusst.

Das habe ich von vielen anderen auch gehört, von Bruckmann haben viele geschwärmt. Können Sie sich noch an den Turnlehrer erinnern, war das Daniel Katzmann?

Nein, ich weiß nicht. Ich hatte auch einen Musiklehrer, na ja von dem hatte ich eine

Ohrfeige bekommen, weil ich nicht singen wollte. Ich bin zwar ein bisschen musikalisch und singe ein bisschen, aber als Kind wollte ich nicht singen. Ich habe mich vielleicht geschämt? Ich weiß es nicht. Ich war sechs, sieben Jahre alt. Da habe ich gequatscht mit meinem Nachbarn. Ich wollte eben nicht singen, er auch nicht. Aber das war das Einzige. Es waren alles gute Kerle, die Lehrer waren wunderbar. Und so sind drei Jahre vergangen, einmal im Jahr durfte meine Mutter mich dort besuchen.

Ehemaliges Kinderheim Jacobstraße 7, 2010

Wie war die Atmosphäre im Kinderheim in der Jacobstraße? Sehr streng, sehr geregelt?
Es war wie ein Stundenplan, kann man sagen. Jede Sache für sich. Da haben wir Pingpong gelernt. Ich war sieben, acht Jahre alt, und wir durften spielen bis abends um fünf oder sechs Uhr. Nachher mussten wir schlafen gehen. Das war gut.

Das Haus in der Jacobstraße 7 steht ja noch. Waren Sie mal drin?
Wieder. Ich bin 1989 hingegangen und da war es verfallen. Und jetzt hat man es schön gemacht, renoviert, sieht gut aus.

Sind Sie mal durch die Zimmer gegangen im Haus?
Nein. Ich habe Angst gehabt, vielleicht lässt man mich nicht rein.

Carlebachschule, heute Ephraim-Carlebach-Haus, 2010

Nein, das glaube ich nicht. Da müsste man nur vorher mal anrufen. Wo haben Sie denn in Altenburg gewohnt? Ich bin Altenburgerin.
In der Brauhausstraße 33. Wir haben eine große Wohnung gehabt. Ich bin auch vorgestern hingefahren, um zu sehen, wie es da jetzt aussieht. Und ich war zufällig vor fünfzehn Jahren, also 1989, auch in Deutschland und wollte meiner Tochter die Wohnung zeigen. Da hat man uns nicht reingelassen, weil sie gedacht haben, wir kommen zurück und schmeißen die raus. Aber das kommt doch nicht in Frage! Also meine Mutter durfte einmal im Jahr mich besuchen und ich durfte einmal zurück. Immer musste sie sich dort melden bei der Polizei.

Wie lange waren Sie im Kinderheim?
1942 hat man die Schule aufgelöst, mit allen Kindern und Lehrern. Eine Sache muss ich erzählen unbedingt! Wir hatten in dem Heim – das hat mit Carlebach nichts zu tun – einen Onkel Jus. Das war ein Erzieher, ein guter Erzieher. Er hat uns Noten, Schach und Disziplin beigebracht. Er hat uns in den Schrank einen Zettel gehängt, wir mussten fünfzig Mal Springseil schreiben, fünfzig morgens, fünfzig mittags, fünfzig abends. Jeder konnte das allein schreiben auf sein Blatt. Und deshalb war das die Erziehung zur eigenen Disziplin.

Und deshalb hat keiner gelogen, ob er es gemacht hat oder nicht. Ob man die Schulaufgaben gemacht oder nicht gemacht hat, alles sollte man auf den Zettel schreiben. Aber er hat nie nachgeguckt, das heißt, wir haben keine Rüge gekriegt. Onkel Jus war ein interessanter Mensch. Er war ein großer Kerl, ungefähr dreißig Jahre muss er gewesen sein. Die Leute sind 1942 alle nach Riga transportiert worden, aber ich bin nicht mit nach Riga.[31] Ich war zu Hause in Altenburg und bin da geblieben. Das ist die Geschichte zu Leipzig. Wenn Sie was von Altenburg wissen wollen, da gibt es nicht viel zu sagen.

Durfte Ihre Mutter denn die große Wohnung in der Brauhausstraße behalten?
Meine Mutter hat man rausgeschmissen aus der großen Wohnung in der Brauhausstraße und dann haben wir auf dem Rossplan 22 gewohnt. Das Haus steht noch, das haben sie renoviert. Und da war ein altes Ehepaar, die waren so siebzig. Die hatten eine kleine Fabrik für Soda, Selterwasser. Das war so 1942, da musste ich bei denen arbeiten. Die Flaschen saubermachen, einfüllen, zumachen, die Kästen wegschaffen und so weiter. Das hat mir nicht viel ausgemacht. Und meine Mutter musste in der Eisengießerei[32] neben dem Bahnhof arbeiten. Da musste sie jeden Früh hin und abends zurück. Außerdem habe ich noch einen kleinen Bruder gehabt. Die großen Brüder durften im August 1939, eine Woche vor dem Krieg, auswandern nach Palästina. Die haben Zertifikate gehabt. Wir waren sechs Personen, aber wir hatten nur drei Zertifikate. Meinen Vater hatte man schon 1938 verschleppt. Irgendwann hat die Gestapo uns einen Zettel gegeben und mitgeteilt, dass er »gestorben« ist 1941. Wir wissen doch genau, was in der Zeit »gestorben« heißt. Also, meine Mutter musste arbeiten in der Eisengießerei, und da haben auch Gefangene gearbeitet, auch Franzosen. Und weil meine Mutter als Kind Französisch gelernt hatte, wollte sie sich unterhalten mit einem französischen Gefangenen. Und dabei hat man sie geschnappt und eingesperrt als »Spionin«.
Und da waren wir zu zweit, ich war elf und mein Bruder war vier Jahre jünger, sieben. Da wussten wir nicht, was zu machen ist. Und jetzt kommt die Sache: Derselbe Lehrer, der mich 1938 aus der Schule geschmissen hat, der hieß Pfeiffer. Derselbe Pfeiffer war nachher in Altenburg der oberste Gestapomann oder so was Ähnliches. Er hat meine Mutter verhaftet, aber uns beide wollte er versorgen. Und jetzt kommt der Punkt: Er hat alles getan, um meinen Bruder und mich nach Berlin zu schicken, nicht in das Lager, sondern in ein Kinderheim. Er hat erfahren, es gibt noch ein jüdisches Kinderheim in Berlin, in der Iranischen Straße[33]. Da hat er uns hingebracht. Das war das einzig Gute von Pfeiffer. Und dort im Kinderheim habe ich als Schuster gearbeitet. Aber es war fatal, weil es so wenig zu essen gab. Nicht so wie in Leipzig. Es gab immer weniger und man wurde immer schwächer. Und eines Tages, da war ich schon ein Jahr in dem Heim, da hat man mich verschleppt nach Theresienstadt mit meinem kleinen Bruder[34] Und jetzt kommt wieder eine gute Sache für die Nazis. Gegenüber von uns, da war so ein kleiner Park, wie eine große Wiese. Da hat mich mein kleiner Bruder gesehen und kam rübergerannt. Und in dem Moment kamen zwei SS-Männer. Der Hauptmann[35] vom Lager Theresienstadt und sein Vertreter. Der Vertreter[36] wollte meinem kleinen Bruder eine Ohrfeige versetzen, da war er sieben oder acht. Und da hat der Lagermeister gesagt: »Einen Moment, das werde ich schon selbst machen!« Hat ausgeholt, als ob er ihn erschlagen will, und zum Schluss hat er ihn nur gestreichelt. Das ist die zweite Sache. Das war ein anständiger Mensch, der Lagermeister, nicht der Vertreter, der war ein schlechter Mensch. Ich musste dort arbeiten in der Fabrik für elektrische Motoren, das hat mir nichts ausgemacht. Jeder weiß, was in Theresienstadt gewesen ist, schlechte Zeiten, schlechte Menschen. Und da war die jüdische Selbstverwaltung und ich wusste, in der Selbstverwaltung ist einer aus Leipzig. Der war der oberste Leiter von dem Kinderheim, Dr. Grunsfeld. Sie kennen ihn?

Gedenktafel in Altenburg am Gebäude Pauritzer Gasse 54, dem ehemaligen Betsaal der jüdischen Gemeinde, 2010

Tal der Gemeinden in Yad Vashem
Altenburg und Leipzig als Standorte ehemaliger jüdischer Gemeinden, 2004

Dr. Fritz Grunsfeld, ja.

Und in den letzten Monaten sollte aus Theresienstadt ein Transport[37] geschickt werden, nur mit Kindern. Eines Tages kommt mein kleiner Bruder Joachim zu mir und sagt: »Olaf, weißt du was? Meine Erzieherin hat mir gesagt, ich soll morgen früh auf den Bahnhof gehen. Wozu? Man wird mich wegschicken.« »Das kommt nicht in Frage, warte ab, ich gehe los!« Und da bin ich zu Dr. Grunsfeld, und irgendwie hat er uns zwei aus der Liste gestrichen. Deswegen sitze ich heute hier. Nach dem Krieg waren Typhus und Bauchtyphus in Theresienstadt. Ungefähr 30 000 Menschen waren dort auf einem Quadratkilometer, es war sehr eng und viele hatten Bauchtyphus. Und dann mussten wir noch in Quarantäne für drei Wochen, bevor wir entlassen wurden. Dann hat mein Bruder etwas gesehen, einen alten Omnibus mit dem Kennzeichen TH, und ist zu mir gekommen und hat gesagt: »Olaf, weißt du was? Ich habe einen kleinen Autobus gesehen und habe den Fahrer gefragt, wo er hinfährt. Und er hat gesagt: nach Thüringen.« »Thüringen, das ist in Ordnung! Wann fährt er los?« »Morgen um fünf.« Und dann sind wir mit dem Fahrer mitgefahren von der russischen Zone in die amerikanische Zone, denn hier waren doch noch die Amerikaner. Dann sind wir nach Hause, haben unsere Mutter gefunden und so war das Ende. Und nachher bin ich hier noch drei Jahre geblieben. Weil meine Brüder in Israel waren, wollte ich die auch sehen und bin 1948 hier weg. Obwohl Dr. Grunsfeld mir geraten hat, erst einen Beruf zu lernen und dann nach Israel zu fahren. Aber ich habe nicht gewartet. Ich bin nach Israel gefahren. Da hat man mich aufgenommen im Kibbuz ungefähr sieben Jahre. Ich war auch im Militär zweieinhalb Jahre. Das ist ungefähr alles. Nachher bin ich arbeiten gegangen, habe geheiratet, Kinder und alle normalen Sachen ...

Ist Ihre Mutter mit nach Israel gegangen?

Ich bin 1948 hin, meine Mutter und der kleine Bruder sind Anfang 1949 gekommen. Dann ist meine Mutter nach Deutschland zurück, nach München, weil sie dort gelernt hat, und ist dort geblieben. Und genau vor elf Jahren ist sie gestorben im Alter von 94 Jahren. Ich habe sie besucht und sie war auch bei uns. Das war kein Problem, weil ich bei der Fluggesellschaft EL AL gearbeitet habe. Da habe ich doch alles umsonst gehabt. In München war ich jedes Jahr, aber hier bin ich nur durchgefahren durch Leipzig. Altenburg musste ich sehen, ich bin vorige Woche wieder in Altenburg gewesen. Kaum zu glauben, so eine malerische Stadt ist das. Nicht so, wie ich es gesehen habe 1989.

Das war total verfallen. Furchtbar.
Schwarz, dunkelgrau. Furchtbar war das. Es hat sich sehr verändert. Und auch die Menschen sind angenehm dort. Und jetzt bin ich eingeladen worden und ich muss sagen, der Bürgermeister ist ein anständiger, mutiger Kerl.

Ihre Frau ist zum ersten Mal hier, ist sie Israelin?
Ja. Ursprünglich wollte ich auch meine Enkelin mitbringen. Sie wollte sehen, wo meine Wurzeln sind, wo ich gelebt habe, wo ich gewohnt habe, wo ich zur Schule gegangen bin. Sie wollte mitkommen, aber sie konnte nicht wegen dem Abitur. Aber nächstes Jahr bringe ich sie mit.

Die Roten Spitzen, 2010   **Das Altenburger Rathaus, 2010**

Blick vom Rossplan auf das Rathaus, 2010   **Blick auf den Rossplan, 2010**

Haben Sie noch mal Kontakt gehabt mit Dr. Grunsfeld?
Nach dem Krieg bin ich hin, um mich zu bedanken. Meine Mutter war in guter Beziehung mit Dr. Grunsfeld, weil er doch der Vorsitzende der Gemeinde war. Und dann bin ich hergefahren, um mich zu bedanken. Nur wegen ihm konnte ich überleben.

Wie ist denn Ihr Bild von den Deutschen jetzt?
Mein Bild der Deutschen ist gut. Außer dem, was ich sehe im TV über die Rechten. Aber das ist eine Minderheit.

Wird das in Israel oft gezeigt, wie die Neonazis in Deutschland ihre Aufmärsche haben?
Nicht so viel. Ich sehe in Israel jeden Abend auf SAT 1 die Nachrichten und auch RTL. Aber im israelischen TV sieht man das nicht so viel.

Wir machen aus den Interviews auch einen Film, den hoffentlich viele Jugendliche sehen werden. Hätten Sie für diese jungen Leute in Deutschland noch so etwas wie eine Botschaft?
Die Jugendlichen sollen so sein, wie sie sein wollen. Ohne Zigaretten, ohne Kokain, ohne viel Bier geht es auch, da kann man auch leben. Aber so ist das doch eine anständige Jugend, frei sind sie, wunderbar. Sie machen viel Krach, aber das stört mich nicht.

Und in Bezug auf die Vergangenheit, was sollten sie da lernen?
Die kriegen nicht genug zu hören davon, das glaube ich! In den Schulen kriegen sie nicht genug zu hören und manche vielleicht auch zu viel. Man darf es nicht übertreiben. Nicht zu viel und nicht zu wenig. Das richtige Maß. Vielleicht einmal in der Woche eine halbe Stunde? Die jungen Leute haben doch nichts gemacht. Für mich sind sie rein. Was der Großvater gemacht hat, was können die dafür? Kinder sollen fröhlich sein, frei sein, machen, was sie wollen!

Das wäre ein schöner Schluss. Aber wir im Museum können nicht nur in die Zukunft blicken. Unsere Aufgabe ist es zu erinnern.
Nicht zu vergessen ist wichtig. Aber auch nicht jeden Tag darüber zu reden. Nicht vergessen ja, aber nicht schlafen können und nicht spielen können, nein. Und es darf nie, nie wieder vorkommen.

Ihre Mutter war keine Jüdin, hat aber in dieser Fabrik in Altenburg als Zwangsarbeiterin gearbeitet, weil sie sich nicht scheiden lassen wollte von ihrem jüdischen Mann?
Sie war dort Angestellte und hat Rechnungen gemacht. Sie hat aber auch schwer tragen müssen.

Wie kam es, dass Ihre Mutter wegen »Wehrkraftzersetzung« und »Spionage« verurteilt wurde und im hessischen Zuchthaus Ziegenhain ihre Haftzeit bis Kriegsende verbüßen musste?
Weiß ich nicht. Ich weiß nur, man hat sie ungefähr angeklagt, weil sie mit einem Franzosen ein paar Worte gewechselt hat. Meine Mutter war wirklich keine Spionin. Und jetzt kommt das Ding: Ich bin doch mit meinem Bruder im Autobus von Theresienstadt nach Thüringen gekommen. In Jena war alles abends geschlossen. Da hat man mich in eine Eisenbahn gesetzt, reingelegt mit meinem Bruder und einem Koffer aus Pappe. Und von dort aus nach Gera und von Gera nach Altenburg mit der zweiten Lokomotive, alles nachts. Dann sind wir angekommen um fünf Uhr und durften noch nicht raus wegen der Sperrstunde. Als wir endlich rauskonnten, habe ich den Koffer stehen gelassen und bin den ganzen Weg hoch bis zum Rossplan zu Frau Seiferth, die hat dort noch gewohnt. Und Frau Seiferth hat gesagt: »Deine Mutter wohnt jetzt dort, ich gehe sie holen.« Die

Frau Seiferth war in Auschwitz und ich habe sie kennengelernt in Theresienstadt, weil sie von Auschwitz nach Theresienstadt gekommen ist mit einem Zug. Da habe ich schlimme Sachen gesehen als Kind. Das war sehr schlimm ...

Dann hat die Frau Seiferth[38] die Mutter geholt und wie ich die Teichstraße langgehe, die Mutter hoch und ich runter, kommt plötzlich ein amerikanischer Jeep. Und wer war am Steuer? Max Fruchtmann. Die hatten damals ein Geschäft in Meuselwitz und er ist ein amerikanischer Offizier gewesen. Er wollte uns helfen, weil er ein Zuständiger in München war. Er hätte uns alles gegeben. Geschäft, Haus, Villa, alles hätte er uns gegeben. Und meine Mutter hat gesagt: Nein, vielleicht kommt mein Mann noch zurück, dann wird er mich suchen. Nein, ich bleibe lieber hier. Das war meine Mutter, so war sie. Ich bin nach Israel gegangen. Aber hätte ich eine große Villa gehabt, wäre ich vielleicht doch nicht nach Israel gekommen? Hier in Deutschland waren auch schlechte, sehr schlechte Jahre nach dem Krieg. Das wissen Sie vielleicht genauso wie ich.

Ja, das weiß ich, wie es dann aussah. Ich bin 1950 geboren, da war aber die schlimmste Zeit schon vorbei. Aber in Israel war es auch gefährlich, zumindest bevor der Staat gegründet wurde.

Nicht so wie jetzt. Jetzt traut man sich manchmal nicht auf die Straße. Aber darüber will ich nicht sprechen.

Herzlichen Dank für die spannende Geschichte und viel Gutes für Sie und Ihre Familie!
Ich bin gespannt auf den Film und das Buch.

Bernhard Steinberg

Lieber Herr Steinberg, Sie erzählen mir bitte, wann Sie geboren wurden und wo Sie aufgewachsen sind, ob Sie Geschwister in Leipzig hatten und was Ihre Eltern beruflich gemacht haben?
Ich bin am 21. März 1926 in Berlin geboren. Mein Vater Salomon Steinberg war 1900 in Berlin geboren. Er besuchte dort das Sophien-Gymnasium und wurde Kaufmann.

Sind Ihre Vorfahren auch schon in Berlin geboren?
Meine Familie stammt ursprünglich aus Braunschweig. Da geht die Familiengeschichte bis in das 17. Jahrhundert zurück. Aber davon weiß ich nicht viel. Mein Urgroßvater kam aus Braunschweig nach Berlin und hatte dort ein Geschäft aufgebaut, das dann mein Vater zunächst bis zur Inflation weitergeführt hat.

Wie ging es dann mit Ihrem Vater als Kaufmann in Berlin weiter?
Er musste seinen Beruf aufgeben. So ging er an das Jüdische Lehrerseminar nach Köln und an die Humboldt-Universität[39] in Berlin. Da hat er Sprachen studiert. Er hat im Perga-monmuseum römische Schriften studiert. Er besuchte auch das Rabbinerseminar in Berlin und ließ sich zum Rabbiner ausbilden. Für kurze Zeit war er auch in Düsseldorf als Rabbiner tätig. Nach seinem Lehrerexamen hat er 1930 eine Stelle an der Carlebach-schule in Leipzig gefunden. Hier hat er vor allem Deutsch unterrichtet.

Hatten Sie das Gefühl, dass Ihr Vater gern Lehrer war, oder war das nur eine Notlösung für ihn?
Oh nein, er war gern Lehrer. Er wollte auch schon immer Lehrer sein. Er war ein ganz natürlicher Lehrer. Die Kinder haben ihn so geliebt, das ist kaum zu glauben. Ich habe noch später Leute getroffen, die bei ihm in der Klasse waren. Sie sagen: »Ach, Herr Steinberg, das war doch so ein wunderbarer Lehrer!« Die Kinder haben gemerkt, sie können wirklich alles von ihm lernen. Deshalb waren die Kinder in seiner Klasse

Vater Salomon Steinberg, 1935

immer ruhig, sie haben aufgepasst und gern etwas gelernt.

Ich kann es bestätigen. Wenn ich danach gefragt habe, welchen Lehrern man Streiche gespielt hat, wurde mir immer gesagt, dass er nicht dazugehörte. Offensichtlich hatte man zu viel Respekt vor ihm. Wenn es einer versucht hatte, ihm einen Streich zu spielen, hat sich die ganze Klasse gegen denjenigen durchgesetzt. Das gab's gar nicht.

Er war eine Autorität?
Oh ja. Das war er.

Wie lange war Ihr Vater an der Schule?
Bis sie abgebrannt wurde. Kurz nach der »Kristallnacht« ist er schon weg. Er wollte nach Holland, kam aber nach Sachsenhausen ins KZ. Meine Mutter konnte ihn dort wieder herausholen. Dann haben sie sich Papiere besorgt und sind nach Amsterdam. Aber die ganzen Möbel und alles haben sie hier verloren.

Wo haben Sie in Leipzig gewohnt?
In der Leibnizstraße 4. Das Haus steht noch und ist heute saniert.

Waren Sie mal in der alten Wohnung?
Nein, da wohnen doch Leute. Das ganze Haus ist sicher nicht mehr so, wie es früher war.

Wir haben manchmal in den ehemaligen Wohnungen Erinnerungen gehört, die woanders nicht aufgetaucht wären. Aber es konnten auch sehr schmerzliche Erinnerungen sein.
Ja, weil alle Personen nicht mehr da sind.

Der Schulweg war sehr kurz, gleich um die Ecke war die Carlebachschule. War Ihr Vater den ganzen Tag in der Schule?
Na, die Schule ging von sieben bis zwei Uhr nachmittags. Aber sehr oft hat mein Vater auch noch einzelnen Kindern Privatstunden gegeben. Dann ist er zu ihnen ins Haus gegangen und erst abends nach sieben Uhr nach Hause gekommen. Also hat er von morgens um sieben bis abends um sieben gearbeitet.

Wohnaus Leibnizstraße 4, 2010

Haben Sie noch Erinnerungen an Ihren eigenen Schulanfang?
Na klar, da habe ich doch eine große Zuckertüte bekommen. Da war ein Haufen Süßigkeiten drin.

Wie war Ihre erste Begegnung mit Dr. Carlebach, dem Schulleiter?
Da war nicht viel zu begegnen. Dr. Carlebach war doch da ganz oben im Himmel. Aber er war auch Rabbiner in der Otto-Schill-Straßen-Synagoge. Deshalb hatte mein Vater natürlich zu ihm eine sehr enge Beziehung. Aber ich persönlich hatte zu ihm keine Beziehung.

Wie war das mit dem eigenen Vater als Lehrer in der Schule? Wurden Sie da benachteiligt oder bevorzugt?
Da war mein Vater immer sehr vorsichtig. Er hat nicht benachteiligt und nicht bevorzugt. Wenn er der Klassenlehrer ist, da ist er der Klassenlehrer. Da kann man das nicht machen. Das wäre nicht gut für ihn und auch nicht gut für die Kinder. Das war für ihn sicher nicht einfach. Aber er hat das sehr korrekt hundertprozentig so durchgeführt.

Klassenfoto mit Salomon(1) und Bernhard(2) Steinberg, 1937

Ich war selbst auch in der Situation, dass mein Vater an derselben Schule Lehrer war. Bei mir waren die anderen Lehrer strenger, habe ich mir eingebildet. Ich musste für eine Eins ganz besonders gut sein. Das war bei Ihnen nicht so?
Nein. Auch die anderen Lehrer waren völlig normal. Der Mathematiklehrer Dr. Levi und Dr. Oppenheimer, der Englischlehrer. Herr Katzmann, der Turnlehrer, hat manchmal zugeschlagen, aber das hat er nicht böse gemeint.

Herr Katzmann hat doch montags früh manchmal seine Sportberichte auf einer kleinen Reiseschreibmaschine getippt. Wie hat er es denn geschafft, dass die Klasse dabei ruhig blieb?
Ich denke, er hat es nach der Schule getippt. Ich erinnere mich nicht.

Wie ging es Ihnen mit Prof. Levi? Er hat doch sehr akademisch anspruchsvoll, um nicht zu sagen abgehoben unterrichtet. Haben Sie da immer alles verstanden?
Ich war nicht gut in Mathematik, ehrlich gesagt. Aber Prof. Levi war ein sehr, sehr guter Mathematiker. Aber die Sache ist so: Er war wahrscheinlich kurzsichtig und konnte nie genau erkennen, was in der Klasse eigentlich vorgeht.

Gibt es noch andere Lehrer, an die Sie sich erinnern?
Herr Secemski, den hatte ich auch als Klassenlehrer und der war auch mit meinem Vater ganz gut befreundet. Felix Carlebach war nicht unser Klassenlehrer. Die anderen Kinder haben sich über ihn immer ein bisschen lustig gemacht. Sein Spitzname »Schwejzer Galant«[40] war ja schon etwas komisch.

Hatten Sie Geographie bei Herrn Lipschütz, dem »Kaiser Rotbart«?
Ja, den hatten wir.

Haben Sie den auch geärgert?
Nicht allzu viel. Dann fällt mir noch ein Dr. Kohn, der Jüdischlehrer. Er hat immer gleich geschrien, wenn etwas nicht geklappt hat. Und er hat auch mal einen Jungen übers Pult gelegt und ihn verprügelt, wenn der nicht aufgepasst hat.

Also gab es doch die Prügelstrafe in der Carlebachschule?
Es war eigentlich nicht erlaubt, aber das gab es.

Gab es dann ein Ritual, dass er gesagt hat: »Gerechtigkeit, nimm deinen Lauf.« Und dann hat er laut gezählt: »Eins, zwei, drei« und die Klasse hat laut mitgezählt?
Ach wo, er hat einfach losgeschlagen.

War das der einzige Lehrer, der geprügelt hat?
Nein, da war auch der Dr. Jaffé. Das war bei den anderen Lehrern nicht gut angesehen, dass er die Kinder immerzu verhauen hat. Er meinte, dass er sonst die Disziplin nicht halten könnte.

Können Sie sich noch an den Deutschlehrer Guttmann erinnern?
Ja. Er hat uns immer davon erzählt, wie er im Ersten Weltkrieg mitgemacht hat. Er ist da auch verwundet worden.

Ich habe gehört, dass er sehr fromm war. Jedes Mal im Unterricht, wenn eine Textstelle aus dem Alten Testament kam, setzte er seine Kippa[41] auf und danach wieder ab.
Das war nicht erlaubt, immer die Kippa zu tragen. Mein Vater hatte das auch gewollt und durfte es nicht.

Können Sie es sich erklären, warum?
Das war gesetzlich verboten in der Schule.

Aber das war doch eine jüdische Privatschule?
Trotzdem, die Spesen für die Schule wurden doch vom Finanzamt bezahlt. Deshalb wurden auch die Regeln für die Schule von der Regierung gestellt. Danach musste sich jeder richten. Die Lehrer und auch die Schüler durften in der Schule keine Kopfbedeckung tragen.

Aber es gab doch in dieser Schule auch religiöse Traditionen?
Dafür gab es ja den Religionsunterricht.

Und Gottesdienste durften doch auch in der Schule stattfinden?
Ja sicher. Wenn die Schule um sieben angefangen hat, dann war viertel sieben im Lehrerzimmer jeden Tag ein Morgengebet. Mein Vater hatte mich dazu mitgenommen, weil er wollte, dass ich auch das Beten lerne, genauso wie alle jüdischen Kinder.

Wie war das mit jüdischen Feiertagen, zum Beispiel mit dem Purimfest?
Das Purimfest[42] wurde in der Schule gefeiert, auch Chanukka[43], da durfte man ja auch schreiben. Bei den anderen Feiertagen war natürlich keine Schule. Purim war ja ein lustiges Fest. Das haben wir gern gefeiert. Für Chanukka haben wir den Leuchter entzündet.

Gab es mal ein besonderes Ereignis, an das Sie sich erinnern?
Einmal war etwas, weil wir in der Pause immer im Schulhof durcheinander liefen. Das war anders als an den deutschen Schulen. Dort mussten die Kinder in der Pause immer im Kreis herummarschieren. Dann hatten Schüler an Purim einen Zettel mit der Unterschrift des Direktors gefälscht, dass jetzt alle auch im Kreis herumlaufen müssten. Es hat eine Weile gedauert, bis die Lehrer dahinter kamen, dass dies ein Spaß zu Purim war.

Eine schöne Geschichte. Und Sie waren es nicht mit dem Zettel?
Nein, das war eine höhere Klasse.

Haben Sie auch die Purim-Operette gesehen, zu der Schlomo Samson den Text gemacht hatte? Er war deshalb im Sommer 1938 aus der Schule geflogen.[44]
Die Operette habe ich nicht gesehen, aber von der Geschichte habe ich gehört. Das hat damals große Unannehmlichkeiten gemacht.

Aber dem Schlomo hat die Geschichte das Leben gerettet.
Wahrscheinlich durften nur die Großen dabei zuschauen. Ich war damals erst in der Sexta.

Wann haben Ihre Eltern das erste Mal gesagt, dass sie nicht länger bleiben wollen? Ist es ihnen schwer gefallen, weil sie ja sehr deutsch waren?
Sehr deutsch waren sie, seit Generationen.

In welche Himmelsrichtung haben denn Ihre Eltern gedacht?
Mein Vater wollte immer gern nach Palästina auswandern, weil seine Geschwister dort waren. Er hatte dort schon seit 1933 einen Bruder und zwei Schwestern, die vorher auf Hachschara[45] gegangen waren. Eine Schwester, die Tante Esther, war noch Lehrerin in Halberstadt. Sie war auch sehr beliebt als Lehrerin. Ich kenne jemanden aus ihrer Klasse, der jetzt in London lebt. Jedes Mal, wenn ich ihn treffe, erzählt er begeistert von meiner Tante.
Aber meine Mutter war nicht so angetan von der Idee. Ihre Familie stammte aus Neuhof bei Fulda. Dort gehen die Synagogenurkunden bis in das 15. Jahrhundert, sogar bis in das Jahr 1475 zurück, als sie aus Spanien dorthin kamen. Fünfhundert Jahre haben sie dort gewohnt. Das waren echte Deutsche.

Na klar.
Da hat meine Mutter sich so heimisch gefühlt in Deutschland. An das Auswandern hatte sie gar nicht gedacht. Meinem Berliner Großvater war das auch sehr unangenehm, als seine Kinder alle auswanderten. Er sagte: »Ihr seid doch Deutsche, was habt ihr denn da verloren?« Die Berliner Großeltern starben beide 1935. Daran kann ich mich noch erinnern. Zum Auswandern sind wir einfach nicht gekommen bis zur »Kristallnacht«. Da haben sie uns die Wohnung zerstört. Die Schule war zerstört, die Synagogen waren zerstört, die Wohnung war zerstört. Da sagte dann auch mein Vater, dass es nicht mehr so weitergeht. So sind wir nach Holland gegangen. Und als die Deutschen in Holland waren, haben sie meinen Vater ins KZ gebracht, aber das war dann später.

Und wie sind Sie nach England gekommen?
Das war mit dem Kindertransport 1938. Wir hatten noch kein Telefon. Zwei Stockwerke unter uns hat der Dr. Dzialowski gewohnt, ein Arzt, der hatte natürlich Telefon. Er hat bei einem anderen Mitschüler angerufen und von dem Kindertransport erzählt. Da war mein

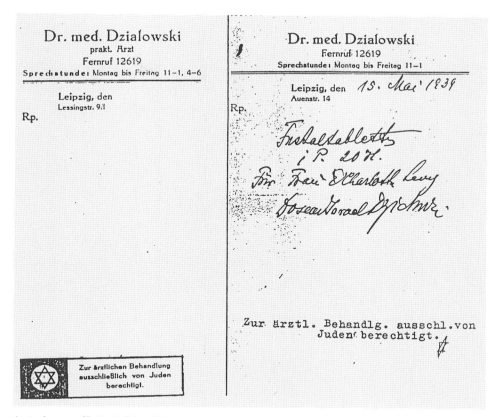

Arztzulassung für Dr. Dzialowski, 1939

Vater schon in Holland und meine Mutter lebte mit uns noch in der zerstörten Wohnung. Meine ältere Schwester Rahel und ich, wir hatten nur eine halbe Stunde Zeit zu packen, nur so ein kleines Köfferchen. Das hat uns natürlich Kopfschmerzen bereitet. Was sollte man mitnehmen? Die jüngste Schwester war erst sechs Jahre alt. Die hat meine Mutter dabehalten. Wir sind jedenfalls mit dem Kindertransport über Holland nach England gekommen.

Und Ihre Mutter mit der kleinen Schwester?
Sie kamen dann auch nach Holland.

Ihr Vater ist in Bergen-Belsen umgekommen, wenige Monate vor der Befreiung. Wie sind heute Ihre Gefühle gegenüber Deutschland und den Deutschen?
Alle sind sehr freundlich hier. Das hat mich überrascht und ich sehe Deutschland jetzt mit anderen Augen als vor sechzig Jahren.

Vielen Dank, Herr Steinberg und alles Gute für Sie.
Ich freue mich auf das Buch und den Film.

Chaim Shilo, geb. Soloweetschik

Lieber Chaim, am Anfang wollen wir hören, wie du heißt, wann du geboren bist und welche Erinnerungen du noch hast an deine Kindheit in Leipzig.
Heute heiße ich Chaim Shilo, geboren bin ich am 4. März 1925 in Leipzig in der Funken-burgstraße 7 mit dem Namen Hermann Soloweetschik. Mein Vater Jeremias Soloweetschik war ein Arzt. Er hat in Leipzig die höhere Schule besucht und hier studiert. Gab es eine Petrischule?

Das war ein Reformrealgymnasium.
Da hat er gelernt. Seine Mutter hatte ihn aus Russland hierhergeschickt, weil sie Angst hatte, dass man ihn beim Militär des russischen Zaren einziehen würde. Es war ungefähr 1905. Sie hat ihn zu ihrem Bruder nach Leipzig geschickt. Das war der Barnet Licht,[46] der zu dieser Zeit schon in Leipzig gewohnt hatte. Mein Vater ist dann nie wieder nach Wilna zurückgekommen.

Wann hat dein Vater hier studiert?
Er hat sein Studium beendet mitten im Ersten Weltkrieg. Er hat 1923 geheiratet und da-nach sind wir vier Kinder einer nach dem anderen gekommen. Die Nachbarn sagten dann schon: »Ach, die Frau Doktor ist schon wieder schwanger.« Meine Mutter stammte übrigens vom Lande aus Litauen. Sie verstand also etwas von Landwirtschaft. Das war selten in jüdischen Kreisen. Dann sind wir zwischen 1923 und 1930 alle zur Welt gekommen. Wir haben eine sehr schöne Jugend gehabt. Wir sind auch einmal nach Litauen gefahren zu den Verwandten meiner Mutter an der preußisch-litauischen Grenze. Dort war ein Bauernhof mit Kühen und Feldern. Da spürte man, die Mutter kam vom Feld.

Barnet Licht mit Arbeiterchören, 1946

Bertha und Dr. Jeremias Soloweetschik, 1935

Seid ihr in Leipzig manchmal in die Synagoge gegangen?
Nein. Höchstens ein- oder zweimal, um den Onkel Barnet Licht zu hören oder zu erleben.

In welche Schule bist du gegangen?
Ich war in der 40. Volksschule[47] und anschließend in der Leibnizschule.

Klassenfoto von der Sexta in der Leibnizschule, 1935, Hermann zweiter v. r. in der 1. Reihe

Hermann (oben) mit Freund Werner Kieschnik, 1934

40. Volksschule, Klassenfoto mit Hermann Soloweetschik, 2. Reihe rechts, Klassenlehrer Otto Brenner

In der 40. Volksschule gab es viele jüdische Kinder. Warst du dort trotzdem manchmal ein Außenseiter oder hattest du auch nicht-jüdische Freunde?
Ich habe da kaum Erinnerungen. Nur einige Punkte, die das vielleicht erleuchten können. Der einzige Freund, den ich hatte, war ein Nichtjude. Er heißt Werner Kieschnik, er ist bis heute mein Freund. Seine Eltern wohnten in Thekla. Wir waren nur vier Jahre zusammen und sehr eng befreundet. Er lebt

Auf dem Schulhof der 40. Volksschule, 1931 Hermann vor Klassenlehrer Otto Brenner

jetzt in Magdeburg. Er hat den Krieg überlebt, wo und wie, das ist so ein Rätsel. Er ist ein Pfarrer und wir schreiben uns. Er hat mich auch schon in Israel besucht.

Weißt du noch, wer dein Klassenlehrer war?
Wir hatten einen Lehrer, den ich in sehr guter Erinnerung habe. Er hieß Brenner[48]. Das war ein sehr anständiger Lehrer. In den letzten Tagen, bevor wir ausgewandert sind, ist der Herr Brenner sogar in unsere Wohnung gekommen und hat sich verabschiedet. Damit hat er sich selbst der Gefahr ausgesetzt, verhaftet zu werden.

Gab es irgendwelche antisemitischen Vorfälle an der Schule?
Dort nicht. Erst als ich in die Leibnizschule ging mit meinem Bruder Seev die Gustav-Adolf-Straße entlang, sind wir an dem Stürmer-Kasten[49] vorbeigekommen bis zum Zoo und dann zum Nordplatz bis zur Schule. Auf diesem Weg ist es uns ein paar Mal passiert, dass uns Kinder nachgelaufen sind, die uns schlagen wollten.

Woher wollten die denn wissen, dass ihr Juden seid? Ihr habt doch kein Schild vor euch hergetragen.
Vielleicht von der Schule. Während des Religionsunterrichts hatten wir eine Freistunde. Die wussten das. Ich habe auch ein Bild von der Leibnizschule. Da bin ich der Zweite in der ersten Reihe. Der Lehrer war Studienrat Lesch.[50] Ich glaube, der war ein Nazi. So habe ich ihn in Erinnerung.

Hat er auch in der Klasse etwas gegen Juden gesagt?
Da kann ich mich nicht erinnern. Ich glaube nicht. Auch in der Leibnizschule gab es einen Klassenkameraden, mit dem ich noch heute befreundet bin. Er heißt Sigi und ist Rechtsanwalt in Köln.

Wie kommt es, dass du noch so gut Deutsch sprichst?
Ich wundere mich, dass ihr euch darüber wundert. Ich mache zwar Fehler, aber es geht noch ganz gut. Ich schreibe auch noch Deutsch und lese Deutsch. Ich helfe auch freiwillig in Israel einigen Holocaust-Überlebenden, die ihre Rechte nicht durchsetzen können. Sie haben teilweise große Schwierigkeiten. Ich werde da unterstützt von Rechtsanwälten. Das ist sehr kompliziert. Da muss man Formulare ausfüllen in deutscher Sprache meistens. Und das mache ich. Bei uns im Kibbuz ist auch ein älteres Ehepaar aus Berlin, das zum Judentum übergetreten ist. Dem Mann zeige ich immer meine Briefe und er korrigiert sehr wenig.

Hat dir denn die Schule in Leipzig etwas beigebracht, das du später in Israel noch gebrauchen konntest?
Auf jeden Fall. Weil ich Deutsch und Englisch hier schon gelernt habe, war es mir viel leichter, in Israel noch richtig Englisch zu lernen.

Wirst du in Israel noch erkannt als Deutscher?
Nein, kaum. Im Kibbuz sind außerdem auch noch Leute aus Bautzen.

Aber in Deutschland warst du noch nie. Kannst du mir sagen, warum du so lange gewartet hast?
Ich wollte eigentlich viele Jahre überhaupt nicht nach Deutschland kommen. Ich hatte meine Rechnung mit Deutschland beglichen. Aber wie das so kommt mit dem Alter ... und dann sind ja die Geschwister hier gewesen. Einige Male hatte ich die Einladung der Stadt, da passte es mir immer nicht. Und jetzt hat es geklappt.

Eintragung in das Goldene Buch der Stadt Leipzig von links: Gila und Chaim Shilo, OBM Jung, Channa Gildoni, 2009

Und, hast du es bereut?

Natürlich nicht. Es sind vor allem die Erinnerungen. Obwohl ich gehört habe, dass viele Häuser zerstört waren. Aber man hat es aufgebaut. Ich erinnere mich genau an das Haus, wo wir gewohnt haben, das Rosental und der Zoo und der Hauptbahnhof natürlich. Ich fühle mich hier so familiär oder so, sagt man das?

Ja. Und was sagt deine Frau dazu? Sie hat doch nichts mit Leipzig zu tun oder kannte sie Deutschland?

Sie hat auch eine Beziehung zu Deutschland. Ihre Mutter ist in Berlin geboren, aber sie ist schon 1923 nach Israel ausgewandert. Sie war in Berlin als Gärtnerin ausgebildet und war dann Mitglied im Kibbuz Mischmar ha-Emek. Das ist ein großer Kibbuz bei Haifa. Dort ist meine Frau aufgewachsen. Vor zwei Jahren haben wir in Berlin das Grab der Großeltern meiner Frau gesucht. Wir wollten es auch den Kindern zeigen. Die Steine waren umgestürzt mit der Schrift nach unten. Und sie waren von Schlingpflanzen überwachsen. Aber man hat uns eine Karte gegeben. Und wir haben es gefunden.

Eure Kinder sind mit. Also willst du ihnen zeigen, wo deine und damit auch ihre Wurzeln waren?

Ihr habt wahrscheinlich davon gehört, dass viele, die den Holocaust überstanden haben, nicht darüber reden. Sie nehmen ihre Geschichten mit ins Grab. Und die nächsten Generationen fangen nun verzweifelt an zu fragen und zu suchen. Was ist gewesen, wie ist es gewesen? Und niemand kann antworten. Ich habe nicht gelitten in meiner Kindheit. Wir sind rechtzeitig ausgewandert. Wir haben aber doch Erinnerungen und Dokumente, die ich meinen Kindern weitergeben will. Ich verschiebe das immer auf die Zeit, wo ich mal Zeit habe. Ich arbeite nämlich auch noch im Büro im Kibbuz.

Du musst alles aufschreiben!
Ja, ich weiß, dass man das machen muss.

Heute wurde viel davon gesprochen, dass die nächste Generation die Brücken weiter bauen soll. Hast du das Gefühl, dass dies gelingen kann?
Meine Kinder interessieren sich sehr.

Hast du nicht auch die Enkelin dabei, die Medizin studiert, so wie der Großvater?
Ja. Wir haben vier Kinder, die zum Glück alle in Israel sind. Und wir haben dreizehn Enkelkinder und vier Urenkelkinder. Das ist der vorläufige Stand. Es sind inzwischen Enkelkinder in Barcelona, Addis Abeba und Australien.
Auf die Idee, nach Deutschland zu gehen, ist noch keiner gekommen? Wo es hier doch so schön grün ist?
Nein, bisher nicht. Aber alles ist möglich. Meine Frau hat deutsche Pflanzenbücher. Das ist außergewöhnlich, diese deutsche Gründlichkeit. Da stehen wirklich alle Pflanzen drin! Und wir sind natürlich auch begeistert, wie grün hier alles ist. Aber es gibt eine Erklärung. Bei uns ist viel Staub aus der Wüste und der legt sich auf alles. Und hier wird der Staub zweimal am Tag abgewaschen und alles glänzt wie neu. Und die grünen Lungen in Leipzig, die Parks, das ist wirklich schön und alles ist so ruhig. Ich komme ja aus dem Land, wo der Terror sich abspielt. Wir leben an der Grenze. Die Tankwagen fahren ständig hin und her und die Hubschrauber stehen über uns. Es ist so ein ganz komisches Leben. Wir sitzen auf unserer Veranda im Grünen, in den Blumen, ich habe da einen Goldfischteich im Garten, über uns die Hubschrauber und von Zeit zu Zeit hört man eine Bombe. Meistens treffen sie nicht. Aber vor zwei Wochen ist einer von unseren Kameraden getötet worden. Er hat in der Farbenfabrik neben uns gearbeitet. Jetzt hat man mal wieder einen Waffenstillstand ausgehandelt, aber keiner glaubt mehr daran. Man beschuldigt uns, dass wir die Araber aushungern lassen. Wir liefern ihnen alle Lebensmittel. Da fahren bei uns Laster vorbei Tag und Nacht und bringen denen die Elektrizität, das Wasser, die Lebensmittel, die Post. Die Ägypter lassen sie überhaupt nicht rein, obwohl sie doch auch Araber sind. Es ist schwer zu erklären, wie sich das abspielt. Wir liefern ihnen alle Grundnahrungsmittel und sie beschießen die Autos. Man ist ganz hilflos.

Wir sind alle hilflos und sprachlos darüber. Es gibt doch so viele kluge Menschen auf der Welt. Warum ist das nicht möglich, den Frieden dort zu schaffen?
Wir haben auch viele Freunde unter den Palästinensern, die früher bei uns gearbeitet haben. Aber die Hamas lässt sie nicht zu uns. Korruption und Terror sind die Antworten.

Wie war das bei deinen Eltern? Wollten sie nach Palästina?
Nach dem Aufstieg des Nazismus gab es eine Diskussion zwischen den Eltern. Meine Mutter war von Anfang an zionistisch eingestellt und mein Vater etwas weniger. Er hing an seinem Beruf und war ein sehr beliebter praktischer Arzt. Einmal hatte man ihn verhaftet. Ich weiß nicht, warum. Da war er zwei Tage nicht da. Er hatte vor allem Patienten in Arbeiterkreisen behandelt und dann hatte er überall Vorträge darüber gehalten, wie gesund die Rohkost ist. Aber es wurde immer schwerer, bis dann die Mutter entschieden hat, wir geben alles auf und fahren nach Palästina. Freunde wurden nach Dachau gebracht. Das hat den Entschluss zur Ausreise dann beschleunigt.

Es ist deinem Vater also schwergefallen, hier wegzugehen?
Es war ein schwerer Schritt, aber wie sich im Nachhinein herausgestellt hat, war dies die letzte Gelegenheit. Nur deswegen sind wir heute da.

Hat die Mutter vielleicht mehr vom Antisemitismus auf der Straße erlebt als der Vater, der in seiner Praxis etwas abgeschirmt war?
Das war gerade die Schwierigkeit. Denn die Praxis ist weiterhin gut gegangen. Ein Teil seiner Patienten waren sogar Nazis und sind mit der Nazibinde am Arm zu ihm in die Praxis gekommen. Unter ihnen war auch jemand, der ihn mochte und ihn deshalb gewarnt hat. Er solle weggehen, weil er in Gefahr war. Das hat ihn dann überzeugt. Das haben wir dann auch ziemlich schnell gemacht. Die Engländer wollten uns nicht reinlassen in Palästina. Buchstäblich in der letzten Minute 1936 sind wir dann doch noch reingekommen.

Was hat das gekostet?
Das ging nur mit einem sogenannten »Kapitalistenzertifikat«. Es kostete eintausend Pfund. Dafür haben wir sehr sparsam gelebt, um das bezahlen zu können. Die Einreise bekam man auch nicht gleich. Das war sehr schwer.

Wie war das Ankommen in Palästina?
Die Mutter wollte eigentlich aufs Dorf und hatte sich Gartengeräte mitgebracht, eine ganze Kiste voll, die auch tatsächlich angekommen ist in Palästina. Aber wir haben sie kaum gebraucht. Bis heute ist noch Wäsche da aus der Kiste, die damals meine Mutter in Deutschland gepackt hatte.

War nicht deine Schwester Ruth auf der Reise krank geworden?
In der ersten Woche erkrankte Ruth an Kinderlähmung. Sie hatte sich wahrscheinlich auf dem Schiff angesteckt. Das änderte alle Pläne. Meine Schwester war im Krankenhaus und niemand wusste so richtig, wie man sich da verhalten sollte. Es war sehr schwer. Aber so nach und nach hat sich alles gefügt.

Deshalb seid ihr nach Tel Aviv gekommen?
Ja. Als wir nach Tel Aviv kamen, waren dort schon viele Ärzte, die vor allem aus Deutschland gekommen waren. Eine große Auswanderungswelle von 1933 hatte schon Spuren hinterlassen. Als ich mit meiner Mutter eine Wohnung gesucht habe, haben wir darauf geachtet, dass es ein Haus ist, wo noch kein Arzt wohnt. Der Vater sollte der Einzige sein. Das war natürlich sehr naiv. Wir haben zwar eine Wohnung gefunden, aber im ersten Jahr hatte der Vater gar keine Arbeit.

Was habt ihr dort in Palästina erfahren über die Ereignisse in Deutschland und Europa?
Nur wenig. Und wir haben es nicht geglaubt. Wir haben gesagt, das kann gar nicht sein. Bis es dann zu spät war. Wir haben noch die Post aus Litauen und aus Leipzig bekommen von den Verwandten. Und der Rolf Isaacsohn hier von der Gemeinde hat mir erzählt, dass er im selben Haus wie der Barnet Licht gewohnt hat. Sie sind beide im Februar 1945 noch nach Theresienstadt gekommen. Und der Rolf Isaacsohn wusste noch, dass er immer Bonbons aus der Schweiz bekommen hat. Die waren von der Ruth, die in der Zeit in der Schweiz studiert hat. Sie hat dem Onkel immer Lebensmittelpakete nach Theresienstadt geschickt.

Hat die Mutter in Palästina eine Arbeit gefunden?
Die Mutter war Kindergärtnerin und hat dann einen eigenen Kindergarten aufgemacht. Im Sommer hat sie die Kinder gesammelt und ist mit ihnen an den Strand gegangen. Wir haben direkt am Strand gelebt. Aber allmählich hat sich der Vater aufgemacht und man hat ihn anerkannt. Er hat sich auch keiner Arbeit verweigert. Dann hat er sich als Rettungsarzt am Strand gemeldet. Das hat er viele Jahre gemacht und hat auch viele Leute vor dem Ertrinken gerettet.

War er nicht der Erste, der dort die Mund-zu-Mund-Beatmung erfolgreich ausprobiert hat?
Ja, das hat ihm viel Anerkennung gebracht. Er bekam dann eine halbe Stelle bei der Krankenkasse und das war nicht einfach für ihn. Wir vier Kinder sind alle zur Schule gegangen und haben studiert. Weil wir gute Zeugnisse mitgebracht haben, bekamen wir alle Stipendien. Der Wolfgang, der Seev, hat Medizin studiert in Beirut, Bern und Zürich. Er hat viele Jahre erfolgreich als Augenarzt praktiziert. Jetzt ist er schon längst pensioniert. Er ist leider sehr krank.[51] Ihr habt doch seine biographischen Illustrationen im Schulmuseum?

Selbstportrait von Dr. Seev Shilo, 1939   **Dr. Seev Shilo in Holon, Israel, 2004**

Er kann fantastisch zeichnen. Seine Kinderbilder aus Leipzig liebe ich am meisten. Erzählst du auch noch etwas über deine beiden Schwestern?
Die Ruth ist Professorin für Mammographie und Radiologie. Sie hat viele Jahre im Zentralen Krankenhaus in Tel Aviv gearbeitet und nachher eine Privatpraxis geleitet. Sie lebt alleinstehend in Tel Aviv und fühlt sich wohl. Meine Schwester Ora ist mit dem Landschaftsarchitekten Dan Zur verheiratet.

Er hat doch das »Tal der Gemeinden« in Yad Vashem gebaut?
Ja. Er ist sehr anerkannt und hat dafür auch einen Preis bekommen. Aber er hat auch viele andere bedeutende Dinge gemacht. Das Grab von Ben Gurion im Negev hat er gestaltet, in der Universität in Jerusalem und in Haifa hat er einen Platz gestaltet und einen Platz für die Mormonen in Jerusalem.

Und was hast du gemacht? Welchen Beruf hast du gelernt?
Es gab damals so einen Slogan: Man ruft dich, dann gehst du. So bin ich in einen Kibbuz gegangen. Das war damals üblich, dass man nach dem Abitur erst einmal so etwas macht. Ich wollte vielleicht auch studieren. Da hat man mir gesagt, dass es viel wichtiger ist, den Negev zu besiedeln.

Lebst du immer noch in demselben Kibbuz?
Ja. Ich bin der Mitgründer in diesem Kibbuz. Das war noch, bevor der Staat Israel gegründet wurde. Im Jahre 1946 haben wir angefangen. Nach den Arabern und Engländern

haben wir fast illegal ein paar Baracken aufgebaut auf einem kleinen Fleck. Das ist nun eigentlich der Platz geblieben, der die südwestlichste Ecke von Israel festgelegt hat. Wir sind dann noch etwas nördlicher gezogen und haben einen Kibbuz aufgebaut, der sehr gut läuft. Wir leben hauptsächlich von der Landwirtschaft. Eine Zeitlang habe ich auch eine Schuhfabrik geleitet. Das ist nicht geglückt, nicht dass ich daran schuld war. Dann habe ich viele Jahre in der Buchhaltung gearbeitet. In den letzten zwanzig Jahren habe ich mich vor allem mit rechtlichen Fragen beschäftigt. Wir haben auch eine Farbenfabrik, die im Nachbarkibbuz steht. Mit denen sind wir Kompagnons. Am Anfang waren auch meine Schwester Ora und ihr Mann Mitglieder in diesem Kibbuz, und die Anlage ist eigentlich die erste Arbeit von diesem berühmten Architekten. Es sieht noch heute sehr schön aus und wird gepriesen von jedem, der dahin kommt.

Bist du inzwischen der Älteste im Kibbuz?
Fast.

Aber du wirst sehr geschätzt von deinen Kibbuzmitgliedern?
Sie haben mich heute sogar hier angerufen, um mich etwas zu fragen.

Ist das ein religiöser Kibbuz?
Nein, das ist ein ganz unreligiöser. Wir haben auch keine Synagoge. Aber wir achten die religiösen Leute in unseren Nachbarkibbuzim. Wir sind sogar sehr mit denen befreundet.

Vielen Dank, lieber Chaim, für das interessante Interview. Ich wünsche dir und deiner großen Familie viel Freude am Leben in Israel. Bleibt gesund alle miteinander!
Das wünsche ich Dir auch.

Ruth und Chaim Shilo im Kibbuz Nirim, 2007

Gisela Segall, geb. Eider

Liebe Frau Segall, hier ist eine jüdische Fibel, die 1936 in Leipzig gedruckt wurde. Kann es sein, dass Sie mit diesem Buch das Lesen gelernt haben?

Ich kann nicht hundertprozentig sagen, ob das mein erstes Lesebuch war. Ich habe es nicht mehr. Das ist wahrscheinlich irgendwie weggekommen. Das zweite Lesebuch habe ich aber noch irgendwo. Ich habe es zufällig gesehen und habe alles, was dort steht, mit den Augen einer Lehrerin angeguckt. Was da steht und wie es gemacht ist und welches Ziel man damit erreichen will.

Innenseite der Jüdischen Fibel

Jüdische Fibel Deckblatt

Wann sind Sie geboren, wo haben Sie gewohnt, wer waren Ihre Eltern? Welchen Beruf hatten sie? Haben Sie noch Geschwister?

Ich bin 1930 in Leipzig in der Promenadenstraße 28 geboren, heute ist das die Käthe-Kollwitz-Straße. Ich habe die Straße gesehen, aber das Haus steht nicht mehr. Mein Name ist Gila Gisela Segall, geborene Eider. Den Namen Gila habe ich mir selbst gegeben, als ich noch klein war. Ich konnte meinen Namen nicht sagen, da habe ich einfach Gila gesagt, und so hat man mich in der Familie gerufen. Wir sind später nach Palästina gekommen und da haben alle gesagt: »Das ist ein sehr schöner hebräischer Name!« Aber ich habe auch den Namen Gisela dazugetan, da das der Name meiner Großmutter war. Ich möchte beide Namen haben.

Ich glaube, ich bin zu Hause geboren. Damals war das so Mode. Weil ich sehr klein war, kann ich mich nicht an die Promenadenstraße erinnern, es steht aber in meinem Geburtsschein. Meine Eltern sind nachher in die Kroch-Siedlung gezogen.

Kroch-Siedlung aus der Luft, 2004

Das war alles so neu im Bauhausstil und nicht so verziert. Die Häuser hier in der Stadt finde ich schöner. Dort haben wir gelebt, bis ich fünf Jahre alt war. Ich habe diese Gegend sehr gern gehabt. Bis heute habe ich Gerüche und Laute und Bilder vor den Augen, weil dort viele Wiesen waren und die Wiesen waren so schön. Wenn die Wiesen gemäht wurden, dann war so ein frischer Geruch von gemähtem Gras. Immer wenn ich in Tel Aviv bei den kleinen Gärten bin – viele sind nicht da – plötzlich erinnere ich mich an das Krochsdorf, so hat es geheißen.[52] Dort haben wir ungefähr bis 1935 gelebt. Meine Großmutter war Witwe. Sie hat in der Stadt gewohnt, in der Nordstraße 41. Das Haus steht heute auch nicht mehr, ich habe schon nachgesehen. Sie war allein. Da sind meine Eltern dann zu der Großmutter gezogen, damit sie nicht alleine sein muss. Es war schon sehr unsicher dort. Es gab viele Nazis in der Gegend und so bin ich in die Stadt gekommen.

Sind Sie dann auch in einen jüdischen Kindergarten gegangen?

Ich bin in den Kindergarten[53] gegangen, dort war die Kindergärtnerin Hanna, eine Tochter von Rabbiner Carlebach. Das war sehr nett. Ich habe den Kindergarten gern gehabt. Mit einer Ausnahme. Wir hatten eine kleine Theatervorstellung von Purim. Dort kommt eine Königin von Persien vor, die hat sich selbständig gemacht gegenüber dem Schah. Da musste er sie töten.[54] Ich wollte auf keinen Fall die Esther sein und habe gesagt: »Ich gehe nicht mehr in den Kindergarten«, weil ich Angst gehabt habe, ich wollte nicht die Königin sein. Dann hat meine Mutter gesagt, dass es nur ein Theaterstück ist und ich sollte gehen. Also, alles ist gut geworden.

Sind Sie dann auch in die Carlebachschule gegangen?

Ja, in die erste Klasse. Deshalb kann ich auch noch die alte, deutsche Schrift, nicht hundertprozentig, aber ich habe noch Schulhefte mit der Schrift. Das erste Jahr ist sehr gut vergangen. Das zweite Jahr ist so gegangen bis zum 10. November 1938. Wir haben alles gelernt, was man lernen muss. Außerdem auch Hebräisch, nicht viel, aber ich habe doch eine Grundlage bekommen. Ich habe auch Lesen und Schreiben gekonnt, auch Deutsch.

War Ihre Familie auch von der Polenabschiebung Ende Oktober betroffen?

Ja, von meinen Eltern wollte ich noch was erzählen Mein Vater war kaufmännischer Vertreter. Er ist in Warschau geboren, in Polen. Seine Mutter war hier gestorben. Ich habe sie nicht kennengelernt, aber nach ihr heiße ich Gisela. Mein Vater ist mit acht Jahren nach Leipzig gekommen. Er hatte noch einen Bruder. Er hat nicht Polnisch gekonnt, aber er hat die polnische Nationalität gehabt. Das war gut für meine

Die erste Fibelseite

Mutter. Sie ist in Berlin geboren und auch als Kind nach Leipzig gekommen. Wegen der polnischen Nationalität haben die Nazis meine Familie nicht so angegriffen. Es war noch kein Krieg. Also in der Beziehung waren wir etwas sicher. Soviel ich von der Geschichte weiß, haben die Polen die Deutschen, die in der Nähe von der Grenze gewohnt haben, nach Deutschland ausgewiesen. Das waren keine Juden. Die Nazis haben sich revanchiert und haben die polnischen Juden nach Polen abgeschoben.[55]

Konnte sich Ihre Familie im polnischen Konsulat[56] verstecken?

Viele sind dorthin gegangen, weil man sie dort nicht verhaften konnte. Das war sozusagen außerhalb des deutschen Territoriums. Meine Eltern haben das aber nicht gewusst. An einem Freitag früh klingelte es und es kam ein Polizist. Er sagte, er muss uns mitnehmen, wir müssten mit ihm zum Hauptbahnhof fahren. Er kann uns nicht genau sagen, warum, er war sehr gehemmt. Man hat gemerkt, dass es ihm nicht leicht fiel. Er hat uns gerettet, dieser Polizist. Er sagte: »Ihr könnt mitnehmen, was ihr wollt. Packt ein, was ihr könnt,

Simon Lore Leo Susi / Rosa Ina eilen / 7 Uhr (in die Synagoge)

Schule schon aus / sie eilen hinaus / wir waren schon um 8 / in unserer Schule / nun = es 12 rasch heim / Leo, Lore, Hansi, Rosi / wir eilen wie eine Eisenbahn

was euch wichtig ist, was euch teuer ist. Wir haben Zeit, ich werde warten.« Der Polizist hat sich ins Gästezimmer gesetzt und hat aus dem Fenster geschaut. Die Eltern haben angefangen, etwas zu packen. Ich weiß nicht, woher wir auf einmal so viele Koffer gehabt haben, aber es waren zwölf Koffer! Wir haben nie so viele Koffer gehabt. Vielleicht ist mein Vater und der Polizist diese kaufen gegangen, ich weiß es nicht. Aber Fakt war, ich habe ein bisschen beim Packen geholfen. Ich habe gesehen, der Polizist hatte Tränen in den Augen. Ein Polizist, das war in meinen Augen das Bild von Macht, von einem starken Mann. Man hat ihn damals einen Schutzmann genannt. Meine Mutter hat immer gesagt: »Wenn du mal auf der Straße bist und weißt nicht, wo du hin musst, dann wende dich immer an den Schutzmann und er wird dir helfen. Und dieser Schutzmann sitzt da und die Tränen fallen ihm runter. Das konnte ich nicht begreifen. Er war sehr nett. Es hat vielleicht drei oder vier Stunden gedauert und dann wollten wir zum Hauptbahnhof. Damals gab es noch nicht die großen Taxis, wie es sie heute gibt. Damals ist man immer noch mit einer schwarzen Kutsche gefahren, wenn man mal ins Theater gefahren ist. Das waren die Taxis von damals. Mein Vater hat ein Taxi bestellt. Es war zwar nicht weit von der Nordstraße bis zum Bahnhof, aber alle Koffer sind nicht reingegangen. Da hat der Schutzmann gesagt: »Gut, wir fahren mit der ersten Ladung und ich fahre dann mit Ihnen zurück und wir holen den Rest.« Und so war es. Auf dem Weg, ich weiß nicht, wann er das gesagt hat: »Sie wissen, das war außer meinem Dienst jetzt. Es hat eine Nachbarin von Ihnen angerufen, dass hier noch Juden sind, die man nicht geholt hat. Und deshalb hat man mich jetzt geschickt, aber ich finde das nicht richtig, überhaupt die ganze Sache, aber ich kann nicht sprechen und das ist meine Arbeit und ihr versteht das. Das ist ein Befehl und ich muss es machen, ich kann es nicht ändern.«

Wer war denn die Nachbarin?

Diese Nachbarin war die beste Freundin von meiner Großmutter und sie haben zusammen die Kinder aufgezogen. Meine Mutter und ihre Kinder waren ungefähr in demselben Alter. Sie hatte eine Enkelin gehabt, die war in meinem Alter. Sie hat nicht dort gewohnt, aber sie ist in den Ferien zu der Großmutter gekommen und da haben wir immer gespielt. Sie hat mich auch immer mitgenommen sonntags in die Michaeliskirche, da war ich oft dort. Zu Weihnachten hatten sie uns eingeladen. Wir haben Geschenke gebracht und wir haben Geschenke bekommen. Wir haben die Familie zu Chanukka[57] eingeladen. Das war wirklich eine gute Freundschaft.

Winterlust/Chanukka

Purimvers

Das ist ja unfassbar! Und wie ging es auf dem Bahnhof weiter?

Wir kamen dort in einen Saal rein, voll mit Leuten. Die meisten waren nicht mal angezogen, sondern mit Pyjamas, mit Morgenröcken und Hausschuhen. Sie haben auf uns geguckt, als ob wir vom Mond runtergekommen sind: »Wie seid ihr angezogen und woher habt ihr die Koffer?« Denen hat man gesagt: »Sie gehen gleich nach Hause, schnell, schnell, wir müssen jetzt gehen und haben keine Zeit!« Und so haben sie den ganzen Tag gesessen. Man hat immer noch nicht gewusst, was sein wird. Mein Vater war sehr pedantisch. Er hat sich erinnert, dass er einige Dokumente nicht mitgenommen hatte. Da hat er zu dem Polizisten gesagt: »Was kann man machen?« Und er antwortete: »Ich gehe mit Ihnen nach Hause und wir holen die Dokumente.« So war es. Und zu Hause war meine Großmutter, sie hatte schon alles für den Sabbat am Samstag vorbereitet. Sie hat Fisch gekocht und ein Challot, das ist das Sabbatbrot, gebacken. Sie sagte: »Die Leute sind vielleicht auch hungrig und ich habe so viel Essen. Nimm das mit und verteile es.« Die Leute haben sich gefreut, die waren alle hungrig und das war sehr gut. Wir haben bis zum Abend gesessen. Wir sind zu den Bahnwagen gegangen. Normale Eisenbahnwagen, nicht wie man in den

Filmen sieht, die man später versiegelt hat. Eigentlich dürfen Juden nicht am Sabbat fahren. Damals war ich fromm erzogen, nicht orthodox und nicht fanatisch, sondern modern, aber einige Bräuche haben wir schon gehalten. Wir sind nie am Sabbat gefahren. Das war Freitagabend. Ich sagte zu meinem Vater: »Aber wie können wir jetzt fahren, der Sabbat hat schon angefangen, es ist schon dunkel?« Da hat mein Vater mir gesagt: »Wir haben die Fahrt nicht gewollt und der liebe Gott wird uns das verzeihen. Wir haben keinen anderen Ausweg.« Gut, da war ich schon beruhigt, dass der liebe Gott uns verzeihen wird.

Wir sind die ganze Nacht gefahren bis frühmorgens nach Beuthen. Das war die Grenzstadt zwischen Deutschland und Polen. Beuthen hieß es auf Deutsch, Bytom auf Polnisch. Dort sind wir runter in einen langen Tunnel, der hatte weiße Kacheln aus Porzellan. Es waren enorm viele Menschen drin. Die Kacheln haben geschwitzt, weil so viele Menschen drin waren. Es war nicht genug Luft drin. Ein kleines Baby ist

Chanukka

erstickt in dem Tunnel. In der Mitte waren Tische. Von beiden Seiten saßen Beamte, die den Passport gestempelt haben. Die Leute haben alle gedacht, wenn sie schon hinter diesem Tisch sind, dann wird die Erlösung kommen, es wird schon alles gut sein. Es war nicht so. Die Polen haben die Leute sehr schlecht behandelt. Ich habe später verschiedene Geschichten gehört. Wer etwas gehabt hat, hat es weggeworfen. Sie haben sie geschlagen und waren nicht nett zu denen. Und wir mit den vielen Koffern, das hat uns gerettet. Wir haben die Koffer geschoben und jeder hatte einen Koffer. Die Leute haben sich aufgeregt: »Ihr mit den Koffern, ihr lasst uns nicht durch und macht einen Stau.« Dann haben wir sie durchgelassen, sollen sie doch gehen. Wir sind langsamer gegangen. Und dann waren vielleicht noch vier Menschen zwischen uns und dem Tisch, dann haben die Polen gesagt: »Wir haben jetzt dieselbe Anzahl von Menschen zurückbekommen, die wir ausgewiesen hatten. Mehr lassen wir nicht rein.« Also hatten sie erstmal aufgehört.

Aber die Rückkehr nach Leipzig war doch auch keine Perspektive?

Wir saßen dort in dem Tunnel und die haben nicht genau gewusst, was sie mit uns machen sollen. Es war noch eine ganze Masse Menschen. Und die jüdische Gemeinde von Beuthen hat Milch mit Kaffee gebracht, weil die Leute die ganze Zeit nichts gegessen hatten, den ganzen Tag. Am Abend sind die Beamten gekommen und haben gesagt, dass jeder auf eigene Kosten nach Hause fahren kann. Da haben wir unsere Koffer genommen und sind auf die Bahn und wieder zurück nach Leipzig. Wir sind Samstagnacht zurückgekommen. Ich kann nicht sagen, ob es spät in der Nacht war oder zeitig, weil es für mich schon ziemlich spät war als Kind. Als wir die Treppen raufgekommen sind mit den Koffern, ging die Tür bei der Nachbarin auf: »Ach ja, ihr seid wieder hier. Wie schön.« Woher hat sie gewusst, dass wir nicht da waren? Sie war etwas unsicher. Wir haben die Tür zugemacht. Das hat meinem Vater einen Wink gegeben, dass man irgendwas machen muss. Es wurde gefährlich, hier zu leben.

Vierzehn Tage später war es dann so weit …
Dann kam die »Kristallnacht«. Ich habe erst später erfahren, was passiert ist. Die Straßen waren alle mit Glassplittern voll. Ich bin zur Schule gegangen am Morgen und die Lehrerin hat gesagt: »Heute wird keine Schule sein.« Wir sollen alle schnell nach Hause gehen und nicht auf den Straßen rumlaufen. Ich kam zusammen mit einer Freundin und einem Freund aus der Schule raus. Daneben war eine kleine Synagoge. Es war rechts neben dem Gebäude mit so einem Torweg. Daran kann ich mich noch erinnern. Das hat zur Carlebachschule gehört. Die großen Kinder haben dort gebetet, wir noch nicht, aber die großen Jungs. Und dort kamen Flammen raus. Alles hat gebrannt. Das ganze Haus hat gebrannt und zwischen den Flammen ist ein junger Lehrer rausgegangen. Er war vielleicht zwanzig Jahre alt. Er war nicht mein Lehrer, aber in der Schule habe ich ihn manchmal gesehen. Er hatte einen roten Bart und rote Haare und blaue Augen und hatte in der Hand eine Thorarolle. Er kam schnell raus und wollte das retten. Ich habe ihn so angeguckt und da kam er mir vor wie so ein früherer Held aus der Bibel. Ich hatte eine kleine Bibel mit solchen Linolschnittbildern. Ich habe viel gelesen in der Bibel. Ich wollte nach Hause und das meinen Eltern erzählen.

Wissen Sie noch seinen Namen?
Rabbiner Dr. Ochs. Er war Rabbiner geworden und ist auch nach Israel ausgewandert. In Tel Aviv war er. Er hat die Trauung bei meiner Hochzeit gemacht. Er war bei den deutschen Menschen, weil er auch ein Deutscher war und meine Eltern wollten, dass er das macht. Dann habe ich ihm das erzählt. Da war er ganz sprachlos, dass ich das alles noch wusste.

Er war ja der Nachfolger von Ephraim Carlebach als Rabbiner in der Ez-Chaim-Synagoge.
Ja, und später in Tel Aviv war er ein Inspektor von den Mittelschulen bis zu den Gymnasiumsabteilungen für die religiöse Erziehung. Wir hatten eine extra Leitung für fromme Schulen und für nicht so sehr fromme Schulen. Er war schon viel älter als ich. Aber ich habe ihn manchmal gesehen im Erziehungsministerium, wenn ich mal dort war.

Kommen wir noch einmal zurück zur Reichspogromnacht! Wie ging der Heimweg weiter?
Ich bin weiter nach Hause gegangen und kam an der Parthenstraße vorbei. Ich bin zweimal vorbeigegangen und habe mir das gut angeguckt, wie das heute aussieht. Das war damals alles gepflastert, heute sind viele Pflanzen, wilde Pflanzen. Aber das Wasser fließt noch. Da war damals eine Treppe, wo man runtergehen und unten spazieren gehen konnte. Da habe ich gesehen, wie Menschen oder Polizisten zwei fromme Juden geschoben haben. Sie waren religiös gekleidet mit Schläfenlocken und Bart. Sie haben sie fast runtergeschmissen. Dort hat man sie versammelt und das war auch schrecklich zu sehen. Da hatte einer einen abgeschnittenen Bart und hatte Blut. Es hat mich sehr mitgenommen.

Für ein achtjähriges Mädchen sicher ein Schock?
Ich habe dann Angst bekommen und bin nach Hause. Meine Eltern haben mich nicht mehr rausgelassen an dem Tag. Dann hat

Rabbiner Dr. David Ochs (1904–1974) im Hof der Carlebachschule

mein Vater alles versucht, dass wir nach Amerika kommen. Eine Cousine von meiner Mutter war vor vielen Jahren dorthin gekommen. Aber wir mussten fünf Jahre warten, weil mein Vater die polnische Nationalität hatte. Auf der einen Seite hat uns das gerettet, auf der anderen Seite war das nicht gut, weil wir so lange warten mussten. Der eine Onkel in Paris, der schon lange weg war, hat uns über Wien einen illegalen Transport nach Palästina besorgt. Er hat uns angerufen, dass wir sofort Leipzig verlassen sollen. Noch heute, wenn es geht. Wir haben angefangen zu packen – wir waren schon etwas geübt mit dem Packen. Wir haben diesmal nicht so viel mitgenommen. Wir sind am Abend weg, haben die Wohnung zugeschlossen, haben niemandem etwas gesagt, weil wir Angst hatten, dass man uns noch was tut, und sind nach Wien gefahren.

Hatten Sie denn überhaupt eine Übernachtung in Wien?
Der Transport nach Palästina sollte am nächsten Tag oder übernächsten Tag abfahren, aber wir waren vielleicht noch zwei oder drei Monate in Wien. Die Nazis haben uns nicht gleich fahren lassen. Die Männer mussten immer zur Gestapo kommen und unterschreiben, dass sie noch da sind, und dann war endlich der Transport. Wir hatten gefälschte Visa nach China. Wir sind mit dem Schiff über die Donau gefahren bis zum Hafen in Constanza, in Rumänien am Schwarzen Meer. Das war schön. Das war ein schönes Ausflugsschiff. Da waren wir nicht viele Leute, vielleicht zweihundert oder so. Wir sind in Constanza auf ein Flüchtlingsschiff umgestiegen. Es war ein altes Schiff, kein großes und kein gutes. Und die Rumänen haben gesagt, wenn wir wollen, dass sie uns durchlassen, dann müssen wir noch 800 oder 900 Juden mitnehmen. Platz war nicht, aber wir haben sie mitgenommen. Sonst hätten sie uns zurück geschickt und das wollten wir auf keinen Fall. Und so sind wir sehr langsam gefahren. Auf dem Schiff war, ich erinnere mich, ein junger Mann, der hat eine Blinddarmreizung bekommen. Unter den Flüchtlingen war auch ein Chirurg, ein Professor. Er hat gesagt, er kann ihn operieren. Er hat gebeten, dass alle still an ihren Plätzen sitzen bleiben. Niemand sollte sich rühren, jedes Rumgehen auf Deck oder unten hätte das Schiff wackeln lassen. Er sagte, da kann er nicht schneiden. Alle haben mäuschenstill gesessen, keiner hat sich gerührt und er hat ihn operiert. Der junge Mann ist gesund geworden.

Haben die Engländer das Schiff durchgelassen?
In einer Nacht sind alle auf dem Deck gewesen und der Mond schien. Da haben alle die Pässe ins Schwarze Meer geworfen. Da habe ich zu meinem Vater gesagt: »Mein Pass? Den schmeißt man doch nicht ins Wasser. Das ist doch etwas Wichtiges.« Es war in meinen Augen ein Dokument. Er sagte: »Du sollst nicht reden, wenn du nichts weißt. Wenn wir die Pässe haben und die Engländer uns fassen, dann können sie uns zurückschicken nach Deutschland. Und so haben wir keine Pässe. Da können sie nicht wissen, woher wir kommen.« Jedenfalls haben wir die Pässe reingeschmissen, die liegen heute bestimmt noch auf dem Boden vom Schwarzen Meer. Wir sind durch die Dardanellen am Bosporus ans Mittelmeer gekommen.

Wurden Sie dann noch von den Engländern erwischt?
Die Engländer haben uns gesehen. Die Wasserpolizei ist immer mit den Booten hin- und hergefahren. Palästina war damals noch unter britischem Mandat. Es war noch nicht Israel. Sie haben uns mit dem Schiff nach Haifa gebracht. Das war damals schon ein großer Hafen. Später sind dann noch sehr viele Flüchtlinge gekommen. Teilweise wurden sie auf Zypern geschickt, auch in Lager. Das war nicht gerade das Beste, aber es waren keine Konzentrationslager. Nur für die Juden, die schon vorher im Lager waren, war das sehr dramatisch, wieder in ein Lager zu kommen. In Palästina waren auch Lager. Unser Schiff

war das zweite, das überhaupt gekommen ist. Sie wussten nicht, was sie mit uns anfangen sollten. Da haben sie uns drei Tage auf dem Schiff festgehalten, sie haben überlegt. Jedenfalls war der ganze Hafen voll mit Menschen, die haben demonstriert gegen das britische Mandat mit Trompeten und mit Lautsprechern. Es hat aber geholfen und man hat zusammen mit der jüdischen Agency[58] irgendwie ein Abkommen erzielt und wir sind legal geworden. Sie haben uns endlich runtergelassen. Seitdem lebe ich in Palästina, dann ist es Israel geworden. Ich bin dort zur Schule gegangen.

Wo?
In Tel Aviv. Zuerst haben wir in Herzliya gewohnt. Das ist eine kleine Stadt, halb Dorf, halb Stadt. Dort hat meine Tante gewohnt. Aber meine Mutter wollte in eine Großstadt und da sind wir nach Tel Aviv gezogen. Dort habe ich in der 1. Volksschule gelernt. Ich bin in die dritte Klasse gekommen, obwohl ich ein halbes Jahr verloren hatte. Dann bin ich aufs Gymnasium und habe Lehrerin studiert. Ich war lange Jahre Lehrerin und habe mehrere Generationen großgezogen. Den Kindern habe ich viel erzählt von meinen Erfahrungen.

Haben Sie auch eigene Kinder und Enkelkinder?
Ich habe letztens die ganze Geschichte auch einem von meinen Enkeln erzählt. Bei uns ist das jetzt ein Projekt »Wurzeln«. Ich glaube, das gibt es auch bei Ihnen? Die Kinder fragen die Großeltern, von wo sie gekommen sind. Da habe ich auch sehr viel mit ihnen geredet. Ich habe auch spezielle Erfahrungen gehabt von Diskriminierung. Mich hat aber keiner geschlagen. Es war noch vor dem Krieg. Da wurden Ausländer noch respektiert.

Und die schönen Erinnerungen?
Ich bin gern ins Kino gegangen – hier war ein Kino nicht weit vom Zoo entfernt. Da liefen Filme mit Shirley Temple. Die habe ich damals gern gesehen. Zum Zoo wollte ich gehen, da war ich auch oft. Auf Badeplätzen war überall für Juden und für Hunde der Eintritt verboten. Wir durften nicht hingehen. Ich habe eine Tante gehabt, die hat sehr arisch ausgesehen. Sie war sehr selbstsicher, sie war jung. Sie hatte den Bruder von meinem Vater geheiratet. Das war eine sehr traurige Hochzeit in einem Zimmer. Man hatte alles zugemacht, man wollte nicht, dass es jemand hört. Es wurde nicht gesungen. Es war so traurig alles. Was man gemacht hat, war traurig. Sie hat sich jedenfalls getraut, überallhin zu gehen und war sehr, sehr selbstsicher. Sie hat mich auch sehr gern gehabt und mich mitgenommen. Ich war nicht so glücklich mit den ganzen Erlebnissen. Ich sagte ihr: »Tante Alice, wir dürfen doch nicht hier rein.« Ich konnte lesen. Ich war schon in der Schule. Ich hatte Angst. »Du sei still und geh mit mir!« Aber ich hatte kein großes Vergnügen an den Filmen gehabt. Gestern bin ich am Zoo vorbeigegangen. Da habe ich mich so erinnert. Da ist es jetzt etwas anders, der war früher nicht so schön.

Aber das Haus vom Eingang ist noch da. Die Kongresshalle...
Das Haus ist wunderschön. Das kam mir bekannt vor. Alles kam mir bekannt vor. Aber ich weiß nicht, manche Sachen sind zu modern. Das Haus, die Kongresshalle, habe ich gestern bewundert. Das ist so schön. Das ist so frisch angemalt. Aber der Zoo. Ich weiß nicht, da war nicht so ein schöner Eingang damals. Die Tiere hat man gesehen. Es war eine Brücke. Wenn man im Rosental war, habe ich die Bären spazieren gesehen.

Das gibt es aber noch. Das sogenannte Zooschaufenster sagen wir Leipziger dazu. Vom Rosental aus kann man im Zoo die Giraffen und Zebras sehen.
Dann sind wir baden gegangen. Da war ich auch nicht so glücklich, weil ich immer Angst hatte, man wird mich sehen. Aber sie hat mich mitgenommen, und manchmal habe ich

gesagt, ich will nicht gehen. In den Schwimmhallen, da hingen die Schilder und im Zoo, da durfte man nicht reingehen.

Ihre Tante hat es trotzdem mit Ihnen gemacht?
Die Tante war sehr selbstsicher. Sie ist leider umgekommen, ihr Mann auch. Das habe ich nachher gehört. Mein Vater hatte es vom Roten Kreuz, ich habe es gelesen in einer Holocaust-Enzyklopädie. Das Konzentrationslager hieß Groß-Rosen. Das soll eins von den schlimmsten Konzentrationslagern gewesen sein. Beide sind dort umgekommen. Ich habe sie sehr gern gehabt, auch den Onkel. Er war zehn Jahre jünger als mein Vater, ein junges Paar.

Konnten sie nicht mit Ihren Eltern zusammen weg?
Sie wollten auch wegfahren und dann hat man sie verhaftet. Ich habe auch noch ein Foto von ihnen. Wir waren in Wien und haben auf den Transport gewartet, da sind wir spazieren gegangen im Prater. Da waren Bänke und ich bin fotografiert worden neben der Bank. Auf der Bank war eine weiße Aufschrift: »Nur für Arier«. Wir waren das hier schon gewohnt, aber dann auch in Österreich!

In welche Synagoge sind Sie in Leipzig gegangen?
Das kann ich Ihnen nicht mehr sagen. Ich glaube, in der Nähe von der Nordstraße war eine Synagoge.

Die Keilstraße?
Ich glaube, in der Keilstraße war das. Ich habe sie mir angeguckt. Ich glaube, ich war als Kind sicher mal da. Mein Vater ist ständig gegangen. Meine Mutter ist nur zu den Feiertagen gegangen. Ich glaube an Gott. Ich kann nicht die ganze Erziehung wegtun, aber ich bin nicht so fromm. Ich fahre am Sabbat, was bestimmt fromme Juden heute auch nicht tun. Bis ich achtzehn war, bin ich nicht gefahren. Dann war ich in einem Chor. Da war schon der Befreiungskrieg[59] nach 1948. Wir sind zu den Camps der Soldaten in Israel gefahren, haben dort gesungen und sie ein bisschen ermutigt. Einmal musste man auch am Sabbat fahren. Das war für mich irgendwie ein großes Dilemma. Meine Mutter hat das nicht gern gesehen, aber alle sind gefahren und ich bin auch gefahren. Ich habe gedacht, es muss ein Unfall passieren. Gott wird das nicht erlauben. Aber es ist kein Unfall gewesen und ich bin noch mal gefahren. Ich sehe darin keine Sünde. Ich sehe, das ist keine Arbeit. Ich meine, für mich ist es eine Arbeit, ich fahre nicht gern Auto. Mich strengt es an.

Sie fahren ja nur mit!
Aber mein Mann ist meistens gefahren und für ihn war das keine Arbeit. Für ihn war das Vergnügen.

Ist Ihr Mann auch Deutscher?
Nein, mein Mann ist in Tel Aviv geboren. Die Familie seiner Mutter stammt aus Riga. Da ist schon die vierte Generation in Israel. Von der Seite seines Vaters ist die Familie aus Russland gekommen.

Wie war das Ankommen für Sie in Israel? Erst mal ein fremdes Land – mit vielen Nationalitäten und Sprachen?
Wir sind am 1. Juni 1939 angekommen. Jetzt sind es schon 66 Jahre, dass ich in Israel bin. Jeden 1. Juni feiere ich das. Man hat uns damals gesagt, dass das Schuljahr im September beginnt, und dann lohnt es sich nicht, dass ich den einen Monat noch in eine

Klasse gehen soll, wo sich alle schon kennen. Meine Eltern haben, bevor wir weg sind, eine Kiste mit Büchern und Wertsachen nach Palästina geschickt. Meine Bücher, darum habe ich gebeten. Ich habe Bücher gern gehabt, schon damals in Deutschland. Ich hatte zwar in der Carlebachschule gelernt, aber ich war noch nicht soweit, dass ich die Bücher lesen konnte. Ich konnte die Buchstaben lesen. Ich konnte sogar einige Wörter lesen, auch ein Lied konnte ich singen und da habe ich jeden Tag ein Buch gelesen. Dadurch habe ich die deutsche Sprache gefestigt. Von einer Nachbarin, deren Kinder waren schon groß; sie hatte eine ganze Masse »Nesthäkchen«[60]. Kennen Sie das?

Das »Nesthäkchen«? Ja.
Dann habe ich eine ganze Serie gehabt »Nesthäkchen« und »Trotzkopf«[61] und solche Sachen. Das habe ich alles hundertmal gelesen.

Sie waren ja erst acht Jahre alt, oder?
Achteinhalb.

Dass man da die Sprache schon so verinnerlicht hat, dass ...?
Ich habe Deutsch gesprochen. Mein Vater hat auch Hebräisch gekonnt, aber meine Mutter hat das nie gekonnt. Das war für die deutschen Juden sehr schwer, Hebräisch zu lernen. Meine Mutter hat alles verstanden, was ich nicht wollte mit den Freundinnen. Aber Reden, das fiel ihr schwer. Ich mach Spaß ...

Sie haben es dann richtig in der Schule gelernt, oder?
Ja, ich bin in die Schule gekommen und war sehr ambitioniert. Das war eins von meinen Charakteristika. Ich habe in der dritten Klasse angefangen. In der vierten Klasse haben wir einen Lehrer gehabt, der uns Aufsätze zum Schreiben gab. Dann hat er sie zurückgegeben und hatte etwas gemacht, was ich nicht so sehr pädagogisch nenne. Ich habe das nie gemacht. Er hat die ganzen Fehler mit roten Strichen angezeichnet. Ich habe immer den Kindern unten einige Worte hingeschrieben. Auch die Wurzel von den Wörtern.[62] Dann hatte ich den Aufsatz zurückbekommen und er hatte geschrieben: »Du hast sehr schön geschrieben, aber du machst zu viele Fehler.« Natürlich habe ich orthographische Fehler gehabt, weil es doch nicht meine Sprache war. Das hat wie ein Ameisennest gewimmelt. Ich habe so viel rot, rot, rot gesehen. Das hat mich beleidigt, dass ich so eine Arbeit abgegeben habe. Er hat dann eine Freundin gebeten, dass sie mir helfen solle. Sie war eine sehr nette, junge Frau, eine russische Jüdin. Sie konnte nicht Deutsch und ich habe wenig Hebräisch gesprochen. Sie half mir beim Lernen. Nach einem Jahr war ich schon sehr stolz, dass ich Arbeiten abgegeben habe ohne Fehler. Ich war sehr ehrgeizig.

Haben Sie dann auch recht schnell Freunde gefunden?
Ich war damals sehr bedrückt, als ich von Deutschland kam. Da war Krieg. Ich wollte nicht, dass jemand merkte, dass ich von Hitlers Land kam. Ich kann mich noch erinnern, in einem von den »Nesthäkchen« war der Erste Weltkrieg. Und dort schreibt sie auf ein Heft: ›Gott strafe England«. Da habe ich das durchgestrichen und habe statt England Deutschland geschrieben: »Gott strafe Deutschland«. Ich war so wütend auf den Hitler und alles. Ich wollte nicht, dass man mich an meiner Sprache erkennt. Die Deutschen hat man Jecken genannt. Jecken haben eine besondere Aussprache. Man kann immer erkennen, ob jemand von Deutschland kommt. Selbst heute noch, besonders die Erwachsenen. Ich habe mir große Mühe gegeben, nicht wie ein Jecke zu reden. Heute glaubt mir niemand, dass ich in Deutschland geboren bin.

Sind Sie das erste Mal wieder in Deutschland?
Nein, das erste Mal waren wir in Europa und da wollte ich nicht nach Deutschland rein.

Aber dann doch nach Leipzig?
Dann bin ich sehr neugierig gewesen, doch etwas zu sehen. Aber nicht nach Leipzig, weil das noch gefährlich war. Man hat mir erzählt, dass an der Grenze Leute aufgehalten werden und man lässt sie dann warten. Ich habe etwas Angst gehabt. Ich wollte mir den Urlaub nicht kaputtmachen. Wir waren in Westdeutschland und damals musste man noch durch Berlin. Da waren auch die Grenzen überall. Man konnte damals fliegen, aber es war sehr teuer.

Und nach Leipzig sind Sie jetzt zum ersten Mal gekommen?
Ich bin drei oder vier Jahre, nachdem es schon ein Deutschland war, nur zwei Tage hier gewesen. Anderthalb Tage mit Freunden. Aber wir haben nicht viel Zeit gehabt. Es war nur eine Kostprobe. Es war mir zu wenig. Ich habe immer davon geträumt, dass ich noch mal länger da sein werde.

Ich höre jetzt heraus, dass Sie auch gern gekommen sind, um zu sehen, was hier passiert und was aus der Stadt geworden ist? Und wie ist ihr Eindruck?
Ich sehe eine sehr schöne Stadt. Es tut mir nur leid, dass die alten Häuser nicht mehr stehen. Zum Beispiel in der Nordstraße sind fast alles neue Häuser. Mir gefallen die alten Häuser, die so wie früher aussehen. Aber es ist sehr schön, überall Gärten. Gärten waren damals auch viel. Daran kann ich mich erinnern. Viele Bäume ... und an den Hauptbahnhof habe ich mich erinnert. Man hat mir immer gesagt, es sei der schönste Bahnhof in ganz Deutschland oder ganz Europa. Und das ist er auch. Aber innen sieht er ganz anders aus. Mit lauter Geschäften. Damals waren nicht so viele Geschäfte, oder?

Nein, nein. Das ist alles relativ neu.
Was ich lieb hatte an dem Bahnhof, da war ein Automat und da konnte man Brötchen mit mariniertem Hering bekommen. Heute kann man das überall haben, aber damals war das nur am Hauptbahnhof. Da habe ich immer meine Eltern gebeten.

Eine schöne Kindheitserinnerung.
Aber ich habe den Automaten jetzt gar nicht gesehen. Ich muss mal gucken, ob der noch steht.

Ich fürchte, den gibt es nicht mehr.
Oder zum Beispiel auf der Straße, wo der Kickerlingsberg war. Ich muss noch dorthingehen und gucken. Da war so eine Straße, die so aussah wie früher. Zum Beispiel das Pflaster von den Straßen. Ist das neu oder ist das authentisch – hier unten? Ich erinnere mich, damals waren die Pflaster alle so klein und gingen so schön halbrund, so wie hier.

Sie meinen das auf dem Gehweg oder das auf der Straße?
Auf der Straße. Manche sehen sehr alt aus, so abgetreten.

Viele Straßen haben schon noch das alte Pflaster.
Als ich damals in Leipzig war, da hatten alle Straßen so russische Namen, so kommunistische Namen. Die Straßen waren nicht so wie früher. Auf der Straße nach dem Kickerlingsberg war eine Wasserpumpe und da habe ich immer gern Wasser gepumpt. Ich war sehr neugierig, ob die noch steht. Und dann war noch etwas. Wir hatten einen Bekannten, der kein Jude war. Er hatte so einen Schrebergarten. Dort waren in der Nähe vom Zoo so

kleine Gärten, wo die Leute am Sonntag hingegangen sind und Landwirtschaft gemacht haben. Er hat mich immer mitgenommen. Juden durften nicht solche Gärten haben, aber er hat mich mitgenommen und ich habe ihm im Garten geholfen. Ich habe das sehr gern gehabt. Das war so schön, die Gärten.

Ach, Sie durften auch nicht so einen kleinen Schrebergarten besitzen?
So hat man gesagt. Meine Eltern haben es nicht versucht, weil man gesagt hatte, dass man das nicht darf. Vielleicht vorher ja, aber da schon nicht mehr.

Was geben Sie den jungen Menschen in Leipzig mit auf den Weg? Was wäre Ihr Wunsch?
Ich würde sagen, dass man nicht fanatisch sein darf. Man darf nicht extrem sein. Man muss jeden Menschen verstehen, auch wenn er anders ist. Jeder Mensch muss anders sein, sonst wäre die Welt zu langweilig. Und man muss die Menschen annehmen, wie sie sind, und versuchen zu verstehen, auch wenn sie andere Anschauungen haben. Wenn man sich zusammensetzt und über die Sachen redet und das nicht gleich in Terror und Gewalt und Beleidigungen ausartet, dann kann man gut zusammenleben. Das ist vielleicht schöner, jeder gibt seine Sache und die Welt ist sehr abwechslungsreich und nicht so eintönig. Man muss tolerant sein. Man muss leben und leben lassen und den anderen nicht gleich kritisieren. Unsere Weisen haben immer gesagt: »Richte nicht deinen Nächsten, bis du nicht zu seinem Platz kommst.«

Vielen Dank, Frau Segall. Alles Gute für Sie.
Vielen Dank für die Fragen.

Prof. Dr. Ruth Shilo, geb. Soloweetschik

Liebe Ruth, stellst du dich bitte noch einmal vor mit Namen, Geburtstag, wo du geboren bist und wo du gewohnt hast?

Gern. Ich bin Ruth Shilo aus Israel, geborene Ruth Soloweetschik in Leipzig am 1. Juli 1930. Ich habe eigentlich eine sehr frohe und glückliche Kindheit gehabt, da ich noch zu klein war, um die Kriegsfolgen oder Kriegstatsachen zu verstehen. Im Jahre 1936 haben meine Eltern beschlossen auszuwandern. Besser gesagt, meine Mutter, die zionistisch war, hat gemerkt, dass die Erde unter ihren Füßen brennt und dass sich der Nationalsozialismus immer weiter ausbreitet, und so hat sie sich entschlossen, nach Palästina auszuwandern. Vor dieser Auswanderung hat sie Palästina besucht, um herauszufinden, wie es eigentlich dort ist. Ich erinnere mich noch, sie kam zurück und war ganz glücklich mit tropischen Früchten und einem großen Sonnenhut und sagte: »Es ist dort so schön!« Mein Vater musste ein Jahr später auch dorthinfahren. Er kam zurück und sagte: »Es ist eine Wüste.« Also die Mama sagte Paradies und der Papa sagte Wüste, und ich muss zugeben, beide hatten Recht. Es war zum größten Teil eine Wüste, aber für uns war es ein halbes Paradies und so haben wir uns irgendwie akklimatisiert in dem tropischen Land. Natürlich haben wir die Sprache nicht gekonnt. Ich erkrankte sofort, als wir ankamen und musste zu Hause lernen. Mein Vater hat leider nicht seine Profession ausüben können. Als Arzt war er in Leipzig sehr bekannt. Als Dr. Soloweetschik kennen und kannten ihn sogar mehrere Leute, die ich jetzt hier getroffen habe. Meine Eltern haben dann andere Möglichkeiten gesucht, um Geld zu verdienen, damit wir vier Kinder irgendwie noch bleiben oder leben konnten.

Mit vier Kindern ist das ja nicht einfach zu sagen, wir brechen jetzt auf, lassen alles stehen und liegen. Konntet ihr etwas mitnehmen?

Sehr wenig eigentlich, im Vergleich zu dem, was wir gehabt haben. Die Mama hatte einen Lift[63] gepackt. Es war nicht sicher, wann wir auswandern. Es war abhängig von einem Kapitalistenzertifikat, das meine Mutter in Berlin nach mehreren Fahrten hin und her bekommen hatte. Ich erinnere mich, dass die Wohnung irgendwie aufgelöst wurde, die Möbel wurden verschleudert. Sie war sehr traurig an diesem Tag. Uns Kinder hat sie zu einer Bekannten geschickt, damit wir das nicht miterleben, um uns das Drama zu ersparen. Und dann eines Abends sind wir in den Zug gestiegen und nach Lugano gefahren. Dort haben wir einige Tage verbracht. Später nach Triest und mit einem Schiff »Galiläa« in die neue Heimat. Unterwegs hatten wir ein paar Schwierigkeiten. In Venedig hatte man uns alles gestohlen. Als Kind habe ich das nicht so mitgekriegt. Aber ich kann mir denken, wenn ich das so zurückkonstruiere: die Mama mit vier Kindern und noch alles gestohlen, das hat sie ziemlich schwer getroffen so kurz nach der Auflösung von der Wohnung. Der Papa war bis zum letzten Moment als Arzt tätig. Er hatte eine große Praxis gehabt und war sehr bekannt. Er hat Erste-Hilfe-Kurse geleitet und war in verschiedenen Organisationen tätig.

Wo war die Arztpraxis in Leipzig?
In der Funkenburgstraße 7.

Und habt ihr auch dort gewohnt?
Ja. Im Hochparterre auf der rechten Seite war eine Wohnung, auf der linken Seite derselben Etage war die Praxis.

Warst du mal wieder in deiner Wohnung?
Ja. Vor drei Tagen sind wir sofort hingefahren. Wir wollten sehen, welches Haus es war oder wie das Haus heute aussieht, wo wir zur Welt gekommen sind. Und ich muss sagen, es sieht herrlich aus. Es ist alles renoviert und rekonstruiert und dann hatte ich wahnsinnig Lust, auch die Wohnung zu sehen. Da habe ich einfach ohne große Zeremonie geklingelt. Meine Schwester hat gesagt: »Hör auf, die Leute schlafen.« Ich habe gedacht, ich komme extra von Israel und will die Wohnung sehen. Und tatsäch-

Haus Funkenburgstraße 7, 2010

lich, es war sehr nett. Eine junge Dame hat uns aufgemacht und hat uns die Wohnung gezeigt. Die wurde jetzt ein bisschen anders gebaut, aber der Rahmen ist der gleiche. Das Herrenzimmer ist da, anstatt des Esszimmers ist jetzt Küche und wo Küche war, ist jetzt Salon und das Schlafzimmer ist immer noch da, wo meine Eltern geschlafen haben, und das Kinderzimmer, da habe ich einen Ofen in Erinnerung, mit so grünen Kacheln, ganz hoch. Für mich ging er bis zur Decke. Ich bin sicher, kein Ofen geht bis zur Decke, aber als kleines Kind war das für mich bis zur Decke. Der grüne Ofen war nicht da. Aber sofort habe ich gefragt und sie hat mir gleich eine Antwort gegeben: Weil eine große Zentralheizungsspirale dort hing anstatt des Ofens. Und noch eine Erneuerung im Haus – ein Fahrstuhl. Das gab es damals nicht, aber das Treppenhaus ist genau gleich wie damals, schwarzer Marmor und die Zeichnungen im Fußbodenmosaik.

Gab es auch einen Garten, wo ihr gespielt habt?
Ja, das ist gut. Wir sind auch zum Garten gegangen. Im Garten war damals ein Tennisplatz, der hatte roten Sand und natürlich die Zeichnung des Tennisplatzes. Davon ist nichts mehr da. Jetzt gibt es an der Stelle Wiesen und Bäume. Aber unsere Veranda ist noch da und sehr schön renoviert. Wir waren wirklich dankbar, dass wir die Wohnung besuchen konnten. In die Praxis sind wir nicht gegangen, obwohl ich jetzt Ärztin bin. Aber die Praxis von 1936 muss ganz primitiv gewesen sein. Das hat mich nicht mehr interessiert. Außerdem hat der Papa einen Teil seiner medizinischen Geräte mitgenommen, so die Kurzwelle und einen kleinen Röntgenapparat, was eine Seltenheit damals in Israel war. So sind die Jahre vergangen, und wir haben nichts mehr von Leipzig gehört. Wir hatten hier einen Onkel, den wir verlassen haben. Bestimmt kennen ihn mehrere Leute, er heißt Barnet Licht.[64] Er war Musiklehrer und Dirigent von Chören. Es gab die Licht'schen Chöre und die Geschichte über den Onkel passt jetzt bestimmt nicht in dieses Interview. Er hat so viel geleistet in seinem Leben. Er hat den Krieg überstanden, weil er mit einer Nichtjüdin, Tante Trude, verheiratet war. Er wurde nach Theresienstadt gebracht. Dort hat er auch Chöre geleitet und sich mit Musik beschäftigt. Er wurde dann befreit und zur DDR-Zeit auch anerkannt, weil er wirklich ein Genie in seinem Fach war. Er hat Arbeiterchöre geleitet und Musik

geschrieben. Wir waren sehr stolz auf ihn. Leider ist er dann gestorben, fünf Jahre, nachdem er vom Lager entlassen wurde. Sein Nachlass ist bei der Trude. Noch heute gibt's in Leipzig einen Barnet-Licht-Platz.

Wann genau seid ihr nach Israel, also nach Palästina?
Im November 1936 haben wir Leipzig verlassen.

Das heißt, du bist in Leipzig gar nicht mehr zur Schule gekommen?
Ich selbst nicht, aber meine Geschwister ja. Und wie ich auch weiß, wurden sie zum Teil von der Schule rausgeschickt wegen ihrer jüdischen Herkunft.

Warst du in einem Kindergarten? Vielleicht im jüdischen Kindergarten?
Nein, ich nicht.

Geschwister Soloweetschik, v. l.: Ruth und Helga, Wolfgang und Hermann

Wart ihr zu Hause praktizierende Juden?
Wir sind nicht religiös. Meine Mama hat Sabbat gefeiert und wir zündeten Lichter an. Auch heute noch in Israel. Das ist einfach schön und auch ohne fanatische Religion können wir unser Judentum ausführen.

1936 war ja alles schon sehr überschattet. Aber von einigen Teilnehmern dieser Gruppe habe ich gehört, dass sie besonders diese Sabbat-Feiern in Erinnerung haben. Der festlich gedeckte Tisch und das weiße Tischtuch und das gute Geschirr und das Silber geputzt.
Das gab es bestimmt, auch Festtage wie Chanukka[65]. Und kurz bevor wir Leipzig verlassen haben, hatte mein Bruder Wolfgang Bar Mizwa. Er war dreizehn Jahre, der Älteste. Da haben wir gefeiert, ich erinnere mich wie heute. Die Mama war so elegant. Alle Freunde kamen.

Gab es Geschenke?
Es gab viele Geschenke, es gab schönes Porzellan, gutes Essen.

Hatten die großen Geschwister manchmal Heimweh nach Leipzig? Du selbst warst ja sicher zu jung, aber die Großen? Haben die manchmal noch erzählt von Leipzig?
Ja. Mein jüngerer Bruder hatte einen Freund in Leipzig. Wir haben korrespondiert, auch während des Krieges über irgendeine dritte Person in Holland, weil sein Freund Werner Kieschnik Briefmarken sammelte. Bis heute korrespondieren sie. Er wurde auch eingeladen von der Stadt Leipzig, aber er will nicht. Er sagt, er kann nicht. Und heute, nachdem ich den Film gesehen habe und so, denke ich, er hat wirklich mehr gelitten als ich und kann es wahrscheinlich nicht betrachten.

Noch eine Frage nach dem Vater. Wie war für ihn der Neubeginn in Palästina? Konnte er als Arzt irgendwann wieder praktizieren? Wie ging es weiter?
Sehr schlecht. Die Reise von meinem Vater nach Palästina war, um sich einzuschreiben als Arzt bei dem britischen Mandat, das damals regierte. Aber es gab so viele Ärzte, die damals emigrierten nach Palästina, dass die Liste sehr lang war, und meine Eltern mussten sich irgendwie anders helfen. Und da erinnere ich mich, dass sie einen Mittagstisch eröffnet haben. Der berühmte Arzt hat dann so serviert am Tisch. Und die Mama hat alles gemacht, inklusive Wäschewaschen per Hand. In Leipzig hatte sie natürlich nicht viel Haushalt gemacht oder nur wenig. Es gab noch keine Waschmaschine und Spülmaschine auch nicht. Es war eine andere Epoche, aber sie hat es geschafft und wir haben alle studiert. Die Mama hat später, weil sie Heilpädagogin ist, eine Schule eröffnet.

Eine Förderschule?
Diese Schule hat sie geleitet bis ins hohe Alter. Sie war sehr zufrieden und sehr anerkannt. Der Papa hat drei Jahre nicht als Arzt arbeiten können. Tatsache, wir mussten einen anderen Anfangspunkt suchen.

Zum Abschied des Herrn Dr. Soloweetschik

In diesen Tagen verabschiedete sich der wegen seines in vielfältiger Wirksamkeit bewährten Gemeinsinnes weit über den Kreis seiner Patientenschaft hinaus geschätzte und verehrte Dr. Soloweetschik mit seiner Familie von dem engeren Kreis seiner Freunde, um sich künftighin in Palästina zu betätigen. Bei dieser Gelegenheit wurde der Blick wiederum auf die große Fülle segensreicher Arbeit gelenkt, mit der der Scheidende in vielen Jahren den reichen Schatz seiner medizinischen und hygienischen, wie seiner erzieherischen Begabungen in den Dienst unserer Gemeinde gestellt hat. Wohl Hunderte von Gemeindemitgliedern erinnern sich gerne der vielen Anregungen, die sie in den von Dr. Soloweetschik geleiteten Kursen über Wohnungs- und Ernährungshygiene, erste Hilfe bei Unglücksfällen u. a. empfangen haben. Auf Anregung des Wohlfahrtsamtes unserer Gemeinde, in dessen Ausschuß Dr. S. rege und wertvolle Mitarbeit geleistet hat, führte er auch mehrfach Vorbereitungskurse für häusliche Krankenpflege durch. In all diesen Kursen trat eine besondere Begabung dieses weitblickenden Arztes in Erscheinung, Laien zu fesseln und Einfluß auf eine hygienische Lebenshaltung bei ihnen zu gewinnen. Diese Fähigkeit, Menschen an sich zu ziehen und zu heben, hatte er in früheren Jahren in einer von ihm selber geschaffenen und unter großen persönlichen Opfern an Zeit und an Geld durchgeführten Einrichtung von Abendheimen für die erwerbstätige jüdische Jugend bewiesen. Gerne werden sich auch die Gemeindemitglieder, die damals an diesen immer lebendigen, mit nützlicher Belehrung und Hinweisen auf die Werte der Kunst reich ausgestatteten Abenden teilgenommen haben, an diese Einrichtung erinnern. Manches Saatkorn, das Dr. Soloweetschik in Geist und Gemüt zahlreicher Gemeindemitglieder gestreut hat, ist aufgegangen und wird dankbare Erinnerung an sein Leipziger Wirken sichern. Auch an dieser Stelle sei der Wunsch ausgesprochen, daß ihm vergönnt sei, auch in Erez Israel seine segensreiche Wirksamkeit zu entfalten, die ihm und seiner Familie persönliche Befriedigung, den anderen Förderung und Anregung bringen möge.
Gemeindeblatt vom 13. 11. 1936

Verabschiedung von Dr. Soloweetschik

Wie war das mit der deutschen Sprache in Palästina? Konntet oder wolltet ihr überhaupt noch miteinander Deutsch sprechen oder habt ihr das ganz strikt abgelehnt?

Nein. Erstens konnten wir keine andere Sprache, wir haben Deutsch gesprochen und nicht nur wir. Die ganze Bevölkerung war emigriert aus Deutschland. Es gibt noch Witze, dass man einfach ein bisschen Leipzig, ein bisschen Berlin, ein bisschen Breslau, alle möglichen Städte transportierte nach Tel Aviv. Die Leute haben lange Jahre noch Deutsch gesprochen. Die deutsche Kultur kam mit den Leuten. Es war herrlich in Israel. Also, nachdem man sich gerettet hatte, hat man die deutsche Sprache nicht verlassen.

Aber war es nicht nach 1945 unangenehm, diese Sprache zu sprechen?

Damals 1945, da haben schon die meisten Leute Ivrit beherrscht und da hat man Ivrit gesprochen. Aber bis heute kann ich dir jemanden vorstellen, der nur so ganz wenige Worte auf Ivrit sagt und sein Leben auf Deutsch noch führt. Man kann sich nicht einfach von dem trennen, hauptsächlich, wenn es ältere Leute sind. Ich bin dann in die Schule gegangen und habe Hebräisch gelernt.

Ja, je jünger man ist, umso leichter fällt einem das. Aber in der Familie wurde trotzdem weiterhin Deutsch gesprochen?

Ja, bis zu einer gewissen Zeit. Obwohl die Mama sogar in der Carlebachschule schon Ivrit gelehrt hatte. Sie war ja Lehrerin.

Die Mutter war eine sehr gebildete Frau, hat sie manchmal auch an die Kultur in Leipzig gedacht, an Konzerte oder so?

Konzerte gab es auch in Palästina sehr oft. Viele Emigranten waren hoch kultiviert. Bronislav Huberman und Arturo Toscanini haben im Jahre 1936 das Philharmonische Orchester in Tel Aviv mit vielen deutschen Musikern gegründet. Ich erinnere mich, das erste Konzert, das ich gehört habe, wurde im Radio gesendet. Der Papa hat gesagt: »Heute Abend gibt es das Konzert.« Es war ein großes Ereignis. Das haben wir gehört. Meine Eltern wollten auf alle Fälle nicht, dass die Kinder zu kurz kommen wegen dieser Auswanderung. Alle vier Kinder haben deshalb auch musiziert. Wir hatten eine Klavierlehrerin und es war sehr bescheiden. Die Wohnung war sehr klein. Wir waren sechs Personen in drei Zimmern. Also, die Mama hat die Kinder gehütet und der Papa hat Patienten empfangen. Es war irgendwie geregelt. In Leipzig hatten wir sieben Zimmer in der Wohnung.

Habt ihr in Palästina auch den Schulleiter Ephraim Carlebach wiedergefunden? Er ist ja 1935 auch nach Palästina gegangen.

Ja. Meine Eltern haben ihn gekannt. Der Vater von diesem Ephraim Carlebach hatte meine Eltern getraut und Carlebach kommt aus einer sehr berühmten Familie. Die haben die Zeitungen unter sich und wir kennen einige von ihnen. Ephraim hat leider dann nicht mehr lange gelebt in Palästina. Nur ein Jahr noch. Aber seine Kinder.

Ja, sein Neffe Felix lebt ja heute noch in Manchester.

Das ist schön.

Möchtest du noch irgendeine Geschichte erzählen, irgendein Erlebnis, vielleicht auch, was dir jetzt in Leipzig passiert ist oder irgendwas aus Israel? Einfach etwas Lustiges oder auch etwas Trauriges.

Also erst einmal möchte ich mich auf den Besuch in Leipzig beziehen. Ich bin sehr froh, dass ich gekommen bin. Es hat mir wahnsinnig viel gebracht. Es wird vielleicht ein bisschen komisch klingen, aber ich bin auch etwas aufgeregt. Ich war ganz gerührt heute im Schulmuseum. Man findet all die Leute, man findet die Klassen, man findet die Bänke und es ist sehr schön. Das habe ich natürlich nicht erwartet. Und ich liebe die Stadt. Es hat was an sich, dass man zur Stadt, wo man zur Welt gekommen ist, irgendeine Verbindung hat. Keine Kriege und kein Hitler könnten das verhindern. Ich bin traurig, dass meine zwei älteren Brüder nicht kommen konnten. Nur meine Schwester ist mit hier. Der älteste Bruder ist schwer krank und der jüngere hat gesagt: »Ich nicht.«

Nennst du uns bitte noch die Namen der Brüder?
Ja, der älteste Bruder heißt Seev Shilo, früher Wolfgang Soloweetschik. Er ist Arzt und jetzt Emeritus und der jüngere ist Chaim Shilo, früher Hermann Soloweetschik. Und wir zwei sind, du weißt, Ora Zur und Ruth Shilo. Ich danke.

Ich habe zu danken.

Historisches Klassenzimmer im Schulmuseum, 2010

Ora Zur, Elke Urban und Prof. Dr. Ruth Shilo vor der Carlebachschule, 2004

Ruth mit Zeichnungen ihres Bruders Seev im Carlebachraum des Schulmuseums, 2004

Sani Schächter

Herr Schächter, vielen Dank, dass Sie für dieses Interview Zeit haben. Wie ist eigentlich Ihr richtiger Name, Sani ist doch wahrscheinlich ein Spitzname?
Als mein Vater plötzlich zu meiner Geburt einen Namen sagen sollte, hat er Sani vorgeschlagen. Den Namen gab es damals zwar nicht in Deutschland, aber das wurde erlaubt.

Heute gibt es nur noch Namen, die schon im Namensbuch stehen.
Bei der Geburt unseres Sohnes war das auch so. In der Schweiz müssen ja die Väter dabei sein. Ist das hier auch so?

Man muss nicht, aber man darf.
Als ich kam, hat mir die Schwester den Mantel abgenommen und ich habe ihr erklärt, dass ich nicht der Arzt bin. »Aber Ihre Frau sagt, Sie sind der Vater, dann müssen Sie mit rein«, meinte die Schwester. Das gehört zwar nicht zum Thema, aber die Geschichte hat sich wiederholt. Wir hatten auch noch keinen Namen für den Sohn. Der Name des Großvaters Isaak war klar, aber es sollte auch noch einen zweiten Namen geben. Da habe ich aus einem dicken Namensbuch vorgelesen und meine Frau fragte: »Wollen wir ihn vielleicht Bonifatius nennen?« Am Ende haben wir ihn Daniel genannt.

Das ist doch ein richtig schöner Name. Herr Schächter, Ihr Vater war Pelzhändler?
Ich auch, leider. Der Vater meines Vaters, der auch Sani hieß, eigentlich Saniel, hatte in Polen, in Ostgalizien gelebt. Er hatte dort in Kolomea einen Großhandel. Und er hat die Pelze nach Leipzig gebracht, weil hier die Stadt war für die Veredelung. So kam er alle zwei Wochen hierher, um die Rohware veredeln zu lassen. Die Gerberei, die Färberei, das gab es doch nur hier. Irgendwann, so um die Jahrhundertwende, hat er ein Geschäft mit dreißig Angestellten in Leipzig eröffnet. Seine Kunden kamen nun aus der ganzen Welt.

Wann kam er endgültig nach Leipzig?
Als der Krieg[66] ausbrach, musste er weg aus Galizien. Dann hat er zusammen mit meinem Vater hier das größte Pelzgeschäft »Schächter & Singer« eröffnet. Mein Vater hat geheiratet. Er hatte zunächst eine Wohnung in der Kohlgartenstraße.

Wann sind Sie dann auf die Welt gekommen?
Am 19. Mai 1922. Das Jahr sage ich nicht so gern, aber das wissen Sie ja sowieso. 1924 hat mein Vater ein schönes Haus in der Weinligstraße 5 gekauft. Das Haus ist eine sehr schöne, große Villa mit zwölf Zimmern. Meine Schwester Thea ist schon dort geboren. Da bin ich aufgewachsen. Und irgendwie, sagt meine Frau, lebe ich noch heute in Leipzig.

Weinligstraße 5 hinter Sträuchern, 2010

Weinligstraße 5, 2010

Ich war in so vielen Städten und Ländern der Welt. Aber es passiert mir heute noch, dass ich sage, ich muss schnell noch den Anzug zu Luckner bringen. »Hugo Luckner«, so hieß die Reinigung hier. Gibt es noch die Spielwarengeschäfte »Wagner & Sohn«?

Leider nein, aber es gibt Spielwarengeschäfte.
Ich staune, ich bin gestern Abend nach Hause gegangen. Ich kenne noch jede Straße, jeden kleinen Weg in Gohlis. Herr Krakow aus der Pölitzstraße hatte nicht gedacht, dass ich ihm gleich noch alle Nachbarstraßen aufzählen konnte: Fechnerstraße, Stallbaumstraße, Herloßsohnstraße, Marbachstraße, Möckernsche Straße.

Gibt es noch Verwandte oder Freunde in Leipzig, die überlebt haben?
Da ist niemand mehr da. Jedes Mal, wenn ich nach Leipzig fahre, denke ich, da treffe ich doch die oder den. Leider nichts. Für eine Sekunde denke ich vor dem Haus, hier ist doch der Herbert, bis mir dann immer wieder klar wird: Herbert ist nicht mehr da. Aber ich erinnere mich an alle Lehrer.

Das interessiert mich sehr. Die Geschichten von der Carlebachschule ganz besonders.
Hier ist eine Dame mit in Leipzig, die noch alle Lehrer aufzählen konnte. Herrn Niederland, Herrn Levi, ich sehe sie noch vor mir. Ich habe ein Gedächtnis wie ein Elefant. Da erschrecke ich manchmal selber.

Das ist aber ein Geschenk, wenn man das so ein ganzes Leben lang behalten kann.
Jetzt kommt das alles wieder, obwohl wir in so vielen Ländern waren. Erst Belgien, dann besetztes Frankreich, dann Spanien, dann Portugal. Wir sind nicht im Pullman[67] gefahren. Nach Spanien kamen wir nur über 3000 Meter hohe Berge, meine Mutter mit einem kranken Fuß, da ging es ums Überleben. Wir sind da gerade so dem Tod entwischt.

Sind Sie von Anfang an in die Carlebachschule gegangen?
Ja, mit sechs Jahren. 1928 habe ich dort angefangen.

Gab es zum Schulanfang eine Zuckertüte?
Natürlich. Ist das heute auch noch so?

Ja. Das ist doch eine sächsische Erfindung aus dem 19. Jahrhundert.
In der Schweiz kennt man das gar nicht.

Wie streng waren die Lehrer? Sie mussten ja in der ersten Klasse neben Deutsch auch schon Hebräisch lernen.

Für die jüdischen Fächer hatten wir jüdische Lehrer und für die weltlichen Fächer hatten wir auch nichtjüdische Lehrer. Meine erste Lehrerin war Fräulein Schäfer. Bei ihr hatten wir Deutsch. Sie war so eine typische Lehrerin, wie sie früher waren, mit einem Käuzchen hinten. Sagt man noch Käuzchen?

Ja, man kann auch »Hallelujazwiebel« dazu sagen.

Sie war sehr nett und gut zu uns kleinen Kindern. Dann hatten wir später Prof. Menzel und Dr. Taube. Für die jüdischen Fächer hatten wir auch Dr. Grünewald. Solche Lehrer gibt es heute wahrscheinlich gar nicht mehr. Das Schulhaus steht ja noch?

Ja, das Haus ist noch da.

Mein Schulweg ging von der Weinligstraße durch das Rosental bis in die Gustav-Adolf-Straße.

Sind Sie mit dem Fahrrad gefahren?

Manchmal, aber oft auch mit der Elektrischen. Sagt man das noch?

Die Leipziger sagen heute Bimmel oder Straßenbahn. Sind Sie zusammen mit Ihrer Schwester zur Schule gegangen?

Meine Schwester ging die ersten vier Jahre in eine andere Schule. Manchmal hat mein Vater meine Schwester auch mit dem Auto in die Schule gebracht. Wir waren ziemlich reiche Leute. Einmal sind sie auch zusammen zu Fuß gegangen. Sie sind dann über den Kickerlingsberg gelaufen, über den Nordplatz bis zum Brühl, wo mein Vater sein Geschäft hatte. Dann fragte mein Vater: »Wo ist denn eigentlich deine Schule?« Thea konnte nur sagen: »Da sind wir doch schon längst vorbei.« Sie hatte so viel Respekt vor dem Vater, dass sie es sich nicht getraut hat, ihn vorher in seinen Gedanken zu unterbrechen.

Da ist heute schon eine andere Zeit.

Ja. Das gibt es so nicht mehr. Existiert eigentlich das Planetarium noch, das dort auf der Ecke Pfaffendorfer Straße / Kickerlingsberg stand?

Nein, ein Planetarium gibt es jetzt nur in Schkeuditz und ein kleines Schulplanetarium haben wir auch bei uns im Museum. Aber ich möchte noch mehr wissen über die Schule. Hatten Sie auch so viel Respekt vor dem Schulleiter und Rabbiner Ephraim Carlebach?

Als wir von der Hofpause nach oben gingen, stand auf jedem Treppenabsatz ein Lehrer. Manchmal stand auch der Direktor dort. Da mussten wir natürlich die Mützen vor ihm abnehmen. Der Direktor Carlebach war ja gleichzeitig der Rabbiner von der Gemeinde, wo ich Mitglied war und er war auch mein Lehrer. Er hatte einige Töchter, darunter eine Tochter Hanna, die auch Lehrerin werden wollte. Sie war höchstens zwanzig Jahre alt und kam einmal in unsere Klasse. Wir waren Mädchen und Jungen. Die Jungen waren zwar eigentlich gut erzogen, aber sie waren so, wie Jungen eben sind. Und Hanna konnte damit nicht richtig umgehen und fing an zu weinen.

Und der Dr. Carlebach, wie hat er Kinder bestraft, die ungezogen waren?

Das kann ich mir nicht vorstellen. Er war ein so gütiger Mensch, wie ein Patriarch. So etwas in dieser Art gibt es heute nicht mehr. Er hätte niemals ein Kind geschlagen. Ist das heute erlaubt?

Nein, das ist verboten. Und Sie haben ja nie etwas ausgefressen?
Ich glaub es nicht, ich weiß es nicht mehr.

Mussten Sie immer aufstehen, wenn der Lehrer in die Klasse kam?
Ja, das war selbstverständlich.

Wie lange waren Sie in der Carlebachschule?
Bis ich sechzehn war, also bis zum Schulabschluss.

Wie schwer waren die Prüfungen?
Prüfungen sind immer schwer. Ich hatte immer Angst davor. Sogar heute, vor dem Interview hatte ich etwas Bauchschmerzen. Die Prüfungsaufgaben waren unbekannt, sie kamen im geschlossenen Umschlag vom Ministerium. Auch wenn wir es nicht erwarten konnten, endlich aus der Schule rauszukommen, muss ich doch im Nachhinein noch einmal sagen, wie schön die Schulzeit war.

Waren Sie dort besser geschützt vor Diskriminierungen oder vor antisemitischen Angriffen?
In der Schule ja, auf jeden Fall.

War der Schulweg irgendwie gefährlich?
Mir persönlich ist nie etwas passiert.

Man konnte doch auch nicht sehen, dass Sie ein jüdischer Schüler waren.
Doch, wir hatten doch die Schülermützen. Das König-Albert-Gymnasium hatte graue, das Schiller-Gymnasium hatte braune und wir hatten auch braune Mützen mit zwei Silberstreifen. Das war wie eine Art Uniform. Damit waren wir gekennzeichnet. Das gibt es doch heute auch noch, oder?

Nein, Schülermützen gibt es seitdem nicht mehr.
Einmal in der Elektrischen ist es mir passiert, als ich zusammen mit einem Freund zur Schule fuhr. Da sagte so ein Nazi zu uns: »Ihr verdammten Judenbengel, warum steht ihr nicht auf?« Dabei waren noch Plätze frei. Das war der einzige Vorfall in Leipzig, an den ich mich erinnere.

Und wie ist es Ihnen gelungen, rechtzeitig das Land zu verlassen?
Wir waren immer in Marienbad in den Sommerferien. Mein Vater kam dann später dazu und sagte zu meiner Mutter, dass die Familie nicht nach Deutschland zurückfahren wird. Seine Berliner Geschäftsfreunde hatte man auf der Straße verhaftet und am nächsten Tag der Frau die Asche geschickt. Meine Mutter konnte es sich noch nicht vorstellen, so von einem Tag auf den anderen das ganze Haus mit allem aufzugeben. Mein Vater meinte nur, dass der Wert eines Hauses doch nicht zu vergleichen sei mit einem Menschenleben. Er hatte noch einige Ware in England. Es war ja bei Todesstrafe verboten, Geld herauszuschmuggeln. So haben wir alles zurückgelassen, das Geschäft mit den vielen Angestellten, das Haus, das Geld, alles, was wir hatten.

Wahnsinn!
Das war schon ein Wahnsinn. Das betraf ja auch die ganze Familie meiner Mutter. Wenn ich alle zusammenrechne, waren das ein paar hundert Personen. Wir sind die einzigen, die überlebt haben. Wir sind zwar jahrelang auf der Flucht gewesen, von einem Land ins andere und Hitler immer hinterher, aber wir sind wenigstens am Leben geblieben. Ich kenne doch so viele Leute, wo das Geld noch heute auf den Schweizer Banken liegt und

sie sind schon längst vergast. Auch die Familie meines Vaters in Polen, in Kolomea, alle ausgerottet, kein Zeichen des Überlebens.

Bei der Familie Gersten war es ähnlich. Chaim Gersten war auch Pelzhändler in Leipzig. Es gab auch hier bis zum Krieg eine riesengroße Familie in Leipzig.
Er war sehr gut situiert. Er war nicht Großhändler wie wir, er war selbst Kürschner und hatte seine Privatkunden. Meine Mutter war mit Rosa Gersten, also der Mutter von Muschi[68], sehr eng befreundet. Ich kannte auch den Adi[69], der war ein Jahr jünger als ich. Wir haben ja die schlimmen Sachen in Leipzig nicht mehr mitbekommen, den »Polenabschub« im Oktober[70] und die »Kristallnacht« im November. Wir waren schon im Juli weg.

Sie waren aber doch auch einige Male in Lebensgefahr. Wie war die Geschichte mit dem Brief, den Sie rausschmuggeln konnten?
Wir standen schon mit Hunderten von Leuten auf der Transportliste nach Polen. Das habe ich meinem Vater nach England geschrieben. Er hatte uns schon tot geglaubt. Sein glücklichster Moment war, als er Post von mir bekam aus Spanien. Ich selbst im Konzentrationslager Miranda de Ebro und Mama mit Thea im Gefängnis von Figueras. Eigentlich war das ja keine schöne Nachricht, aber für meinen Vater war es wenigstens die Gewissheit, dass wir leben. Er hat diese großen Aufregungen nicht verkraftet. Als er uns dann nach dem Krieg in Portugal besucht hat, hatten wir uns sechs Jahre nicht mehr gesehen. Das Herz ist leider nicht so intelligent, dass es die Aufregung über Freude oder Kummer immer unterscheiden kann. Er starb an einem Herzschlag, das kann auch vor Freude gewesen sein.

Wie alt war Ihr Vater da?
Da war er 63 Jahre alt. Noch jung, er war vorher nie krank gewesen. Aber im Krieg stand er plötzlich ganz allein da. Vorher hatte er nie etwas allein machen müssen. Er war in England und konnte nicht raus. Wir waren in Spanien und Portugal und konnten nicht zu ihm. Das hat ihn zermürbt.

Hatten Sie jemals daran gedacht, nach Palästina zu gehen?
Mein Vater hatte daran gedacht. Das war im Jahre 1933. Da hat aber meine Mutter ein Kind erwartet. Sie war auch dagegen, weil sie in Leipzig alle ihre Geschwister hatte und da zur Schule gegangen war. Sie war auch sehr an die deutsche Sprache gebunden. Und dann kam noch die Schwangerschaft hinzu. Deshalb konnten wir 1933 nicht weg. Dann hatte es sich in Leipzig auch wieder etwas beruhigt. Leipzig war ja verglichen mit anderen Städten noch so ein Stück heile Welt. Durch das internationale Publikum und wegen der Messen wollten die Nazis nicht so ihr wahres Gesicht zeigen. Nur am Boykott-Tag im April[71], da war es nicht so schön. Da stand vor jedem Geschäft, bei dem man es oft gar nicht gewusst hatte: »Kauft nicht bei Juden!«

Wo sind Sie wirklich zu Hause? Sie sprechen sieben Sprachen, sie waren in vielen Ländern?
Jetzt ist es schon die Schweiz. Aber in Gedanken bin ich noch immer hier, irgendwie. Meine Frau lacht sich kaputt darüber. Ihre Familie lebt seit fünfhundert Jahren in der Schweiz. Jetzt hier kann ich triumphieren und sie sieht selbst, wie es hier ist und wie nett die Leute sind.
Ich habe nichts gegen die Schweizer, aber sie sind irgendwie härter. Das kann man sich alles gar nicht vorstellen. Wenn ich hier in Deutschland früher mit älteren Leuten gesprochen habe, kam mir oft der Gedanke, dass derjenige vielleicht meine Familie ermordet hat. Hitler hat das ja nicht allein gemacht. Die heutige Jugend kann aber nichts dafür. Das darf man nicht in einen Topf werfen.

Ich habe auch meinen Vater gefragt. Zum Glück kann ich mir ganz sicher sein, dass er an keinem Kriegsverbrechen beteiligt war und auch nicht in einem KZ gearbeitet hat. Er konnte mir alles erzählen, wo er war und was er gemacht hat, weil er nichts zu verbergen hatte. Er war Musiker mit Leib und Seele.

Das würde wohl auch keiner zugeben, wenn er so gefragt wird. Aber selbstverständlich waren nicht sechzig Millionen Deutsche gleichzeitig Nazis, das ist gar keine Frage. Es war das Land der Dichter und Denker. Es gab doch genug Leute, die dagegen waren, aber sie haben es sich nicht getraut, den Mund aufzumachen.

Sani Schächter im Carlebachzimmer des Schulmuseums, 2004

Es gab nicht genug Leute, die dagegen waren. Die Begeisterung für Hitler war ja nicht nur gespielt. Leider war sie echt.

Wir haben doch so lange gut zusammen gelebt. Wir hatten viele christliche Angestellte. Eine Buchhalterin hatte uns noch im Krieg einen Brief geschickt und hundert Mark reingelegt, einfach um zu bekunden, dass sie uns wertschätzt. Aber wenn Sie sagen, dass es nicht genug Leute gab, die dagegen waren, da haben Sie natürlich Recht. So habe ich das von einer Deutschen noch nie gehört. Wir als Juden sagen das zwar immer. Aber ich werde oft belächelt, wenn ich Leipzig mit so viel Stolz hervorhebe, als hätte ich alles schon vergessen. Es gibt ja auch inzwischen eine Menge Filme, die aufklären, dass so etwas nie wieder vorkommen darf. Das sehe ich sehr positiv. Und auch die Entwicklung in Leipzig seit 1989, da kann man doch stolz darauf sein.

Ja, hier in Leipzig hatte die Friedliche Revolution angefangen und auch ihren Höhepunkt. Am 9. Oktober war der Tag der Entscheidung, danach war die DDR eigentlich schon am Ende. Manche betrachten das ja als Wunder. Die Golda Meir[72] meinte auch, wer in Israel nicht an Wunder glaubt, ist kein Realist. Das hat sie gesagt, obwohl sie gar nicht religiös war. Wir hatten den Osten Deutschlands schon völlig aufgegeben. Die Leute haben gesagt, das sind doch schon alles Russen.

Wir sind keine Russen, wir sind es nie geworden. Das hat nicht geklappt. Aber das wäre ein neues Thema für ein zweites Interview. Herr Schächter, ich danke Ihnen sehr herzlich für dieses interessante Gespräch und wünsche Ihnen noch viel Freude in Leipzig.

Charlotte Schächter:

Ich wollte noch etwas dazu sagen aus meiner Perspektive, die so ganz anders fokussiert. Ich, damals bei Kriegsbeginn neun Jahre alt, habe den Krieg sozusagen als Zuhörer am Radio mitbekommen. Ich war ein Kind. Wenn Hitler am Radio war, haben wir Kinder uns unter der Bettdecke versteckt und uns die Ohren zugehalten und laut gesungen, damit wir dieses Geschrei nicht mit anhören mussten. Wir hatten pure Angst. Später, als die Flüchtlingswelle begonnen hatte, versteckte mein Großvater im Laufe der Kriegszeit bei uns im Keller so ungefähr tausend Menschen. Da wir im eigenen Hause wohnten, ging

Sani und Charlotte Schächter im Schulmuseum, 2004

das. Er versteckte sie so lange, bis sie nicht mehr in Lebensgefahr waren. Diese Menschen hätte man sonst gnadenlos an die Grenze zurück geschickt. Oft habe ich Essen herunter- getragen. Die Hintergründe verstand ich nicht.

Ich mache jetzt einen Schnitt. Als Jugendliche habe ich gedacht, ich bin vom Krieg verschont geblieben. Man hat mir persönlich an Leib und Seele nichts Böses getan. Ich habe es irgendwie als meine Pflicht angesehen, eine displaced person[73] zu heiraten. In diesen jungen Jahren hätte ich mir einfach keinen Schweizer vorstellen können. Es musste ein Flüchtling sein. Alle jungen Leute, mit denen ich ausgegangen bin, waren keine Schweizer. Trotzdem haben sie mir nie etwas über ihr Schicksal erzählt. Das war eine Verdrängungsstrategie. Die jungen Männer waren ganz allein, ohne Familie und ohne Geld. Es gab eine jüdische Hilfsorganisation ORT,[74] die hat die Burschen einen Beruf ler- nen lassen, damit sie nach Palästina oder nach Amerika auswandern konnten. Post von ihnen habe ich später immer nur über einen Onkel in Paris oder eine Tante in Amsterdam bekommen. Es gab keine Eltern und keine Geschwister. Darüber habe ich mir nicht einmal große Gedanken gemacht. Sie wollten auch nach dem Krieg nur noch leben, leben und nix mehr hören. Als ich Sani kennen lernte, war er der Erste, der überhaupt eine Mutter und eine Schwester hatte. Das hat mir sehr gepasst. Aber er meinte dann, dass ich ihn wohl nicht heiraten könne, er habe einen Klumpen am Bein. Er sagte: »Mein Vater ist tot und meine Mutter wird, so lange ich lebe, bei mir sein.« Ich junges Huhn habe gemeint: »Herrlich. So kann ich doch wirklich dankbar sein für mein Schicksal.«

Es war unendlich schwer! Dreizehn Jahre lang hörte ich, wann immer Sani und seine Mutter zusammen waren, zum Frühstück, zum Mittagessen und zum Abendbrot: Leipzig, Leipzig und nochmals Leipzig. Habe ich Obst gebracht in Lissabon, hieß es: »Was bringst du da für Obst? In Leipzig waren die Äpfel röter und die Birnen gelber.« Man hat nur über Leipzig und seine Vorkriegsbevölkerung gesprochen und alle Straßen repetiert. Es gab kein anderes Thema. Die Welt hatte einen Mittelpunkt und das war Leipzig. Und das Komische, was ich nie verstanden habe, null Aggression. Sani unterschied in Kriegsver- brecher, Deutsche und Nazis.

Schlomo Samson

Lieber Herr Samson, wann wurden Sie geboren und wie war Ihr Name als Kind in Leipzig?
Im Jahre 1923 wurde ich am 2. Dezember als Manfred Samson in Leipzig geboren. Wir wohnten bei den Großeltern in der Gustav-Adolf-Straße 21. Das war eine riesige Wohnung. Ich habe noch einen Bruder Siegfried, der auch in Israel lebt. Mit sechs Jahren, also 1930, kam ich in die 40. Volksschule in der Elsässer Straße. Da gab es damals schon elektrisches Licht, es war ein gutes Schulgebäude.

40. Volksschule, 2010

32. Volksschule, 1920

Wie war das als jüdisches Kind in der staatlichen Volksschule? Gab es da Probleme?
Nein, überhaupt nicht. Wir hatten die ganze Zeit in den zwei Jahren nur einen Lehrer. Das war Herr Göbel[75], ein älterer Herr mit einem Spitzbärtchen und einer großen Glatze. Er war scheinbar ein sehr guter Lehrer und die Zeit ging schnell vorbei. Der Schulweg war auch kein Problem.

Warum durften Sie nur zwei Jahre in diese Schule gehen?
Die Stadt hatte ihre Gründe. Vielleicht war die eine Schule zu voll geworden? Jedenfalls musste ich in die 32. Volksschule in der Yorkstraße wechseln. Das war für uns eine große Enttäuschung. Wir waren an ein schönes Gebäude gewöhnt. In der 32. Schule war noch kein elektrisches Licht. Es hingen Gaslampen an der Decke und es gab nur schlechte Toiletten und überhaupt. Auch die Lehrerin, die wir da bekamen, Fräulein von Klinke[76] mit grauen Haaren und einem riesigen »Ball« hinten am Kopf, war sehr unangenehm. Am Anfang habe ich geglaubt, dass wir daran schuld waren. Aber später habe ich erkannt, sie war eine alte Jungfer und hat deshalb ihre Mucken gehabt. Das waren aber wieder nur zwei

Jahre. Meine Eltern wollten unbedingt, dass ich dann auf das König-Albert-Gymnasium oder auf das Friedrich-Schiller-Realgymnasium gehe. Das waren damals die berühmtesten und besten Schulen in Leipzig.

Und hat das geklappt?
Das ging 1934 nicht mehr. Es war schon in der Nazizeit. Meine Eltern haben das sehr ungern getan. Aber sie haben mich dann in die jüdische Schule einschreiben lassen. Da hatte man damals gesagt, da macht sicher jeder, was er will, da herrscht keine Disziplin, da reden nur alle durcheinander, das kann doch nicht gut sein.

Warum brauchen wir die jüdische Schule?

Am Dienstag, den 20. März 1934, 8³⁰ Uhr abends findet in der Turnhalle der Höheren israelitischen Schule, Gustav-Adolf-Straße 7, ein Gemeindeabend statt.

Es sprechen die Herren
Dr. Abraham **Adler**
Dr. Ludwig **Lehrfreund** und
Dr. Paul **Zander**

über das Thema:

„Warum brauchen wir die jüdische Schule?"

Alle Gemeindemitglieder, insbesondere die Eltern schulpflichtiger Kinder sind herzlichst eingeladen.

Leipzig, den 12. März 1934.
Der Vorstand der israelitischen Religionsgemeinde zu Leipzig.

Neuannahme von Schülern und Schülerinnen

Die Neuanmeldungen von Kindern zu allen Klassen der Volksschule und der Höheren israelitischen Schule erfolgen auch noch in nächster Woche. Die Kinder sind zunächst beim Schuldirektor, Herrn Gemeinderabbiner Dr. Carlebach, am

Dienstag, 20. u. Mittwoch, 21. März, von 10—12 Uhr, im Schulgeb. d. Höheren israel. Schule, Gustav-Adolf-Straße 7, anzumelden.

Die Annahme erfolgt durch die Schulverwaltung an den gleichen Tagen von 11—1 Uhr im israelitischen Gemeindeamt, Walter-Blümel-Straße 10, I.

Leipzig, den 12. März 1934

Der Vorstand
des israelitischen Schulvereins e. V.

Der Direktor
Gemeinderabbiner Dr. Ephraim Carlebach

Aufruf zur Rettung der Carlebachschule 1934

War es denn so?
Nein, überhaupt nicht. Es war eine gute Schule. Ich weiß nicht, ob sie schlechter war als die anderen. Die Aufnahmeprüfung ging über zwei Tage. Der erste Tag schriftlich, der zweite Tag mündlich. Wer schriftlich sehr gut war, brauchte nicht zur mündlichen Prüfung zu kommen. Ich brauchte nicht zu kommen.

Wie lief dann die Schulzeit in der Carlebachschule? Waren Sie ein guter Schüler?
Ich war kein guter Schüler. Hausaufgaben habe ich nur selten gemacht. Wenn überhaupt, dann habe ich sie unterwegs gemacht. Da war irgendwo so ein Durchgang. Leipzig hat doch so viele Passagen. Und da stand irgendwo eine Kiste, so schräg, dass man genau davor stehen und die Hausaufgaben abschreiben konnte. Ich hatte die Hausaufgaben immer dabei. Aber sie waren nicht immer selbst gemacht.

Wie waren die Lehrer?
Wir haben natürlich darunter gelitten, dass gute Lehrer weggingen. Christliche Lehrer mussten weg. Es hat eigentlich nur zwei rühmliche Ausnahmen gegeben: eine zum Guten und eine zum Schlechten. Der Prof. Alfred Menzel war eine Persönlichkeit, von dem haben wir viel mit auf den Weg bekommen. Nur seine Fahne von Alkohol habe ich nie im Leben vergessen. Er hat gern getrunken, aber er war ein unerhört begabter Lehrer, sprach viele Sprachen, war Astronom und Mathematiker. Er durfte in der jüdischen Schule bleiben, weil er politisch nicht treu war. Das Gegenstück zu Prof. Menzel war Herr Haupt. Er durfte in der Schule bleiben, weil die Gestapo wahrscheinlich daran interessiert war, zu hören,

was die Juden in der Schule reden. Sein Spitzname war »Schlag«, weil wir hofften, dass ihn der Schlag treffen sollte.

In welchen Fächern hatten Sie Herrn Haupt?
Wir hatten zweimal in der Woche Nachmittagsstunden, weil wir ja nur fünf Tage in der Woche gelernt haben. Herr Haupt kam dann mit dem Motorrad und Beiwagen vom NSKK[77] mit Sturzhelm und Stiefeln und braunen Hosen, aber ohne Uniformjacke. Was er über uns gespitzelt hat, entzieht sich meiner Kenntnis.

Es gab ein besonderes Ereignis 1938. Das war sozusagen der Höhepunkt Ihrer Schullaufbahn. Wollen Sie uns darüber etwas erzählen?
Ja. Außer der Schule war ich in einem Jugendbund. Das war natürlich sehr wichtig. Der JPD, der Jüdische Pfadfinderbund Deutschlands, den Namen durften wir nicht behalten. Deshalb haben wir uns dann umbenannt in Makkabi Hazair, Junge Makkabäer. Es gab auch ein Jugendheim in

Letztes Schulzeugnis für Manfred Samson, 1938

der Elsterstraße 7. Das ganze Haus war voll mit verschiedenen Jugendgruppen, fromme und nichtfromme. Sie hatten dort ihre Zimmer und haben ihre Heimabende abgehalten. In diesem Jugendbund haben wir eines Tages eine Operette aufgeführt. Das heißt, wir haben die Texte geschrieben und die Melodien haben wir uns »ausgeliehen« aus Opern und Operetten, aus »Aida«, »Carmen« und »Martha« und was es da noch so gab. Wir haben dann zu Hause davon erzählt und sollten das Stück auch in der Schule aufführen. Das haben wir gemacht und es wäre alles glimpflich verlaufen, wenn nicht wieder die Kinder zu Hause erzählt hätten, wie schön das war. Dann kam der Frauenverein Ruth – das war so ein Wohltätigkeitsverein, die einen Purimball veranstalten wollten. Purim ist in der Zeit des Karnevals bei uns, Februar, März, genau vier Wochen vor dem Pessachfest. Dort im Frauenverein sollten wir auch unser Theaterstück aufführen.

Hatte denn die Operette auch etwas mit der Purimgeschichte zu tun?
Das Stück handelte davon, so wie es im Alten Testament steht. Es geht um Ester, das jüdische Mädchen, das keine Eltern hatte. Sie wurde unter vielen ausgewählt, nachdem die Königin rebelliert hatte und sich nicht mehr den Vasallen zeigen wollte und vom König vertrieben wurde. Der König hatte einen Ministerpräsidenten Haman, ein Bösewicht, der alle Juden umbringen wollte, weil sie ihre eigenen Gesetze und ihre eigene Religion haben. Alle sollten an einem Tag sterben in den 127 Provinzen des riesigen Perserreiches. Aber es kam anders. Man hat nicht die Juden, sondern den Haman und seine zehn Söhne aufgehängt. Ich habe dieses ganze Stück mit eigener Hand geschrieben auf Heftseiten, die ich immer aus der Mitte herausgerissen hatte. Das war das beste Schreibpapier. Nun hatte ich bei dem Haman eine Assoziation, die ist mir so rausgerutscht. Anstelle von Ministerpräsident Oberwesir Haman habe ich geschrieben Ministerpräsident Generaloberst. Und das war mein Unglück. Es gab im ganzen Nazireich nur eine einzige Persönlichkeit, die zu der Zeit diesen Titel hatte: Hermann Göring war der Ministerpräsident von Preußen und gleichzeitig

Generaloberst. Aus Versehen habe ich dann auch noch Göring geschrieben. Das war mir natürlich sofort aufgefallen Ich habe einen Tintenklecks darüber gemalt, so dass nur noch zu lesen war: Ministerpräsident Generaloberst Tintenklecks Haman.

Wie kam die Gestapo dahinter?
Wenn man eine Vorstellung in einem öffentlichen Lokal machen wollte, musste man die Genehmigung von der Kreisleitung der NSDAP haben. Die war in der Bosestraße, ganz nahe bei mir zu Hause. Ich habe in der Gottschedstraße 1, Ecke Thomasiusstraße gewohnt. Ich war damals vierzehn Jahre alt und habe mir gar nichts dabei gedacht. So bin ich zusammen mit einem Freund dorthingegangen und habe das Papier am Schalter abgegeben. Plötzlich habe ich mir überlegt, dass die vielleicht Material haben, um die Tinte aufzulösen. Das war natürlich nicht logisch, denn dabei wäre ja das mit Tinte geschriebene Wort Göring auch aufgelöst worden. Deshalb habe ich mir den Text noch einmal geben lassen.

Konnten Sie den Text auf der Seite neu schreiben?
Nein, ich habe einfach ein viereckiges Loch gerissen, so dass jetzt dort stand: Ministerpräsident Generaloberst Loch Haman. Ich dachte, wo ein Loch ist, da kann man doch nichts beweisen.

Und wann kam die Genehmigung?
Wir haben immer gewartet. Purim war vorbei, Pessach war auch schon vorbei und eines Tages im Juli 1938 kam die Gestapo in die Schule. Rechts war das Direktorzimmer und links das Sekretariat, in der Mitte gingen die Treppen hoch und runter, im Keller konnte man Milchflaschen kaufen. Die Gestapo hat mich aus der Schule mit dem Auto abgeholt. Da war ich dann für ein paar Stunden in der Wächterstraße, wenn ich mich nicht irre.

Was ist dann dort passiert?
Ich habe stundenlang im Gang auf einer Bank gesessen. Dann im Verhör habe ich immer wieder erklärt, dass ich den Tintenklecks hässlich gefunden habe und ihn nur deshalb entfernen wollte. Aber die Gestapoleute waren natürlich Kriminalisten. Am Ende meinten sie: »Du kannst es ruhig sagen, was dort geschrieben war, dein Freund nebenan hat es auch schon gestanden.« Dann durfte ich erst einmal nach Hause gehen und die ganze Sache wurde dem Gericht übergeben. Alle Eltern, deren Kinder mitgewirkt hatten, wurden bei Gericht vorgeladen. Sie bekamen ziemlich hohe Geldstrafen. Einer aus meiner Klasse war der Horst Zimmermann, dessen Eltern das Lederjackengeschäft in der Nikolaistraße oder in der Reichsstraße hatten. Da mussten die Eltern 300 Reichsmark Strafe bezahlen. Das war damals viel Geld. Meine Mutter konnte man nicht mit einer Geldbuße bestrafen, weil meine Mutter kein Einkommen mehr hatte. Mein Vater war schon weg, unsere Wohnung in der Gottschedstraße konnten wir schon nicht mehr bezahlen. Also wohnten wir bei meiner Großmutter in der Lortzingstraße im Parterre. Dort habe ich dann auch die »Kristallnacht« miterlebt.

Und wie sah die Strafe nun bei Ihnen aus?
Sie sagten, dieser »Lausebengel« soll Deutschland schleunigst verlassen. Zum Glück hatte ich noch einen Kinderausweis, der bis zum 2. Dezember 1938, also bis zu meinem 15. Lebensjahr gültig war. So bin ich am 28. November nach Holland gefahren. Dort habe ich eine landwirtschaftliche Ausbildung bekommen, um später nach Palästina auswandern zu können.

Es gibt einen Brief des Leipziger Oberbürgermeisters an das Volksbildungsministerium in Dresden. Der Vorfall sollte zum Anlass genommen werden, die Höhere Israelitische Schule zu schließen und Dr. Guttmann mit sofortiger Wirkung zu entlassen. Jedenfalls führte der eigentlich harmlose Vorfall dazu, dass die Schule geschlossen wurde. Der Schüler Manfred

Samson und der Lehrer Dr. Guttmann wurden deshalb der Schule und des Landes verwiesen. Nach späteren Aussagen von Guttmann sollte dieser Lausbubenstreich sogar zum Anlass dienen, eine Reichspogromnacht auszulösen. Die Gestapo hat also geradezu darauf gewartet, irgendeinen Grund zu finden, um loszuschlagen?

Für diese Aussagen kann ich mich nicht verbürgen. Aber ich will etwas dazu erklären. Herr Dr. Guttmann war ein sehr orthodoxer und zugleich ein sehr deutscher Jude. Er war Frontkämpfer im Ersten Weltkrieg. Er hatte ein zerschossenes Bein, das er nachschleppte. Er hatte das Goldene Verwundungsabzeichen und das Eiserne Kreuz Erster Klasse. Er war absolut deutsch,

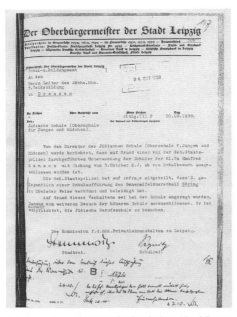

Schul- und Landesverweis durch den Oberbürgermeister

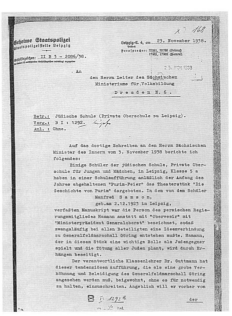

Gestapo-Akte, 1938

durch und durch, und trotzdem sehr orthodox. Man durfte auch in der Carlebachschule nur in jüdischen Fächern eine Kopfbedeckung tragen. Herr Dr. Guttmann war unser Deutschlehrer. Er hatte immer in der Jackentasche ein seidenes, gefaltetes Käppchen. Jedes Mal, wenn er aus der Bibel zitierte, und das passierte sehr oft, setzte er sein Käppchen auf und stecke es anschließend wieder in seine Jacke. Er hatte Glück gehabt, dass er nicht ins Konzentrationslager kam, sondern »nur« ins Gefängnis, wo man ihn auch entlassen hat wegen seiner Verwundung und wegen seinem Militärdienst und weil er Deutschland verlassen musste.

Dann hat ihm der Vorfall mit der Purim-Operette vielleicht das Leben gerettet?
Das kann man so sagen, denn er hätte nie freiwillig das Land verlassen. Nach seinem Gefängnisaufenthalt war es ihm endlich klar geworden, dass er keine Zukunft mehr in Deutschland hatte. Ich habe selbst davon gar nichts mehr mitbekommen. Nach dem Holocaust war es so: Wenn du jemanden nicht mehr getroffen hast, konntest du sicher sein, dass er nicht mehr lebt. Ich habe erst hier in Leipzig erfahren, dass Dr. Guttmann in Israel überlebt und in Yad Vashem seine Geschichte hinterlegt hatte. Es war eine eidesstattliche Erklärung vor dem britischen Geheimdienst 1942. Herr Guttmann war ein seriöser Mann, aber diese Erklärung könnte aus zwei Gründen auch falsch sein. Herr Guttmann könnte sich verhört haben oder die Gestapoleute könnten nur geblufft haben.

Wie ging es dann in Holland mit Ihnen weiter? Wie lange sind Sie dort geblieben?

Die landwirtschaftliche Ausbildung in Gouda dauerte zwei Jahre. Davon war das erste Jahr ein sehr glückliches Jahr. Holland war ein sehr reiches Land, es war ja noch nicht in den Krieg verwickelt. Holland hatte die Kolonien und deshalb waren die Leute sehr wohlhabend.

Wann kamen die Deutschen nach Holland?

Im Mai 1940, da wurde es schon schwieriger. Ich kam dann 1941 noch in eine andere Ausbildungsstätte für Palästina-Pioniere in Elden in der Nähe von Arnhem. Da war auch die Landschaft interessanter mit Hügeln und herrlichen Wäldern. Dort haben wir wunderbar gelebt. Als Landwirte waren wir »zurückgestellt« und man hat uns versichert, dass uns keine Gefahr droht. Es gab dort auch zwei Heime für die Jugend-Alija.[78] Aber alle Juden mussten 1942 das Küstengebiet verlassen, weil die Deutschen von dort aus England überfallen wollten. Das nannten die Holländer dann später das »Niegelungenlied«. Deshalb wurde ein Heim geschlossen. Es gab auch Leute, die gesagt haben, man muss sich verstecken und keinesfalls gehen, wenn man zum Arbeitseinsatz im Osten aufgerufen wird. Alle Jugendlichen aus dem zweiten Heim konnten versteckt werden. Wir hatten jedoch noch keine Verstecke finden können und am 3. Oktober 1942 hat man uns nach Westerbork gebracht. Das Lager hatten die Holländer ursprünglich für jüdische Flüchtlinge gebaut, die illegal nach Holland gekommen waren, darunter meine Eltern und mein Bruder. Die SS hat dieses Lager am 1. Juli 1942 übernommen und am 15. Juli ging schon der erste Transport von Westerbork nach Auschwitz.

Ich habe gehört, dass Westerbork gar keinen Bahnanschluss hatte?

Westerbork hatte keine Bahnverbindung. Die nächste Bahnstation war in Hooghalen, sechs Kilometer entfernt. Alle Juden mussten erst einmal von Hooghalen nach Westerbork laufen mit den Koffern und allem Gepäck. Wertsachen musste man dann im Lager in einem großen Saal, der vorher sogar mal als Synagoge gedient hatte, abgeben. Die Wohnungsschlüssel, die Ausweispapiere, Schmuck, Geld, alles, außer dem Trauring. Die SS wollte offenbar nicht zu viel Staub aufwirbeln. Dann mussten die Juden wieder die sechs Kilometer laufen zum Zug und das gewöhnliche Gepäck zurückschleppen. Und von Hooghalen ist man drei Tage bis Auschwitz gefahren. Welch einen krummen Kopf musste man haben, um sich so etwas auszudenken? Es wurden Formulare von dreißig Seiten ausgefüllt, wie viele Taschentücher und wie viele Strümpfe man im Gepäck hat.

Ist es Ihnen dann auch so ergangen mit dem Gepäckmarsch nach Westerbork?

Als ich dorthin kam, war die Bahnlinie halb fertig, deshalb mussten wir nur die halbe Strecke laufen. Aber der 3. Oktober war ein

Manfred Samson in Holland, 1942

besonderer Tag. In meinem Buch[79] sind es hundert Seiten, die ich über Westerbork schreibe. Keiner hat diese Arbeitslager in Holland gebraucht und man hat dort nichts zu tun gehabt. Aber man hat den Juden versprochen, wer freiwillig in ein holländisches Arbeitslager geht, braucht nicht in den Osten in ein Arbeitslager zu gehen. Der 3. Oktober war gerade ein jüdischer Feiertag, es war Schmini Azeret, der letzte Tag vom Laubhüttenfest, und es war auch Sabbat. An diesem Tag hat man tatsächlich 30 000 Juden nach Westerbork gebracht. Die 8 000 Männer aus den Arbeitslagern und ihre 22 000 Frauen und Kinder, die sich wegen des Versprechens nicht versteckt hatten.

Aber so viele Menschen konnten doch gar nicht auf einmal versorgt werden. Wie wurden Sie denn untergebracht?
Darüber hat sich der Rauter[80] keine Gedanken gemacht. Wenn man diesen Menschen nur Pellkartoffeln geben wollte, die musste man bezahlen. Die wachsen nicht auf den Bäumen. Deshalb hat die SS den Ertrag der Felder gekauft und hat die Hachschara[81] geschickt, um die Kartoffeln herauszuholen. Das kostete nur die Hälfte von dem, was die Kartoffeln auf dem Markt gekostet hätten. Davon haben wir profitiert, das hat uns wieder einmal das Leben gerettet. Wir wurden von den Deportationen nach Auschwitz zurückgestellt. Das ging so lange, bis die Austauschpapiere kamen.

Gegen wen sollten Sie denn ausgetauscht werden?
Das ist auch wieder eine ganz ausgefallene Geschichte, aber ich habe alles mit Dokumenten in meinem Buch belegt. Himmler[82] stand unter dem Druck des Templerordens[83]. In Palästina haben seit 1860 Templer gelebt, in Haifa, Jerusalem und Tel Aviv. Sie waren deutsche Staatsbürger und die Männer waren auch gute Nazis. Als der Krieg angefangen hatte, wurden diese Templer von den Engländern interniert. Das Empire brachte solche Leute nach Australien. Die Frauen dieser Templer forderten nun von den Nazis ihre Männer zurück. Deshalb hat Himmler in Bergen-Belsen ein Lager eingerichtet für Juden, die Auslandspapiere haben oder südamerikanische Gefälligkeitspässe. Der Name »Ziviles Internierungslager« musste geändert werden in »Aufenthaltslager«, damit keine Besichtigungen im Rahmen der Genfer Konvention erlaubt zu werden brauchten.

Diese »Austauschjuden« waren also nur vorübergehend interniert?
Es gab zwei Möglichkeiten. Wenn der Austausch mit den Templern gelingt, werden sie nach Palästina ausgetauscht, wenn nicht, kommen sie nach Auschwitz.

Wie war das Leben in Bergen-Belsen?
Die ersten sieben Monate waren schwer zu ertragen, aber wir hatten keine Todesfälle. Am 30. Juni 1944, also schon nach der Invasion in der Normandie, fand tatsächlich ein Austausch mit 222 von unseren Leuten statt. Nur alte Herren über 50 und Jungen unter fünfzehn Jahren sowie Frauen und Mädchen wurden ausgetauscht gegen 222 Templer. Die Juden sind dann mit einem Rote-Kreuz-Zug gefahren. Sie haben sogar in einem Hotel in Wien übernachtet. Dann fuhren sie weiter mit dem Zug bis Haifa. Unvorstellbar! Solche Wunder passieren nur einmal. Dann mussten mit dem Vordringen der Russen im Osten die Lager geräumt werden. Ab November 1944 kamen dann unheimlich viele Menschen mit der Bahn, zu Fuß, mit Lastautos ins Lager, das einmal für viertausend Menschen eingerichtet war. Auf einmal waren es 40 000 Menschen. Da war nicht einmal Trinkwasser da für so viele Menschen, von Essen schon gar nicht zu reden. Und die Leute sind schon in einem furchtbaren Zustand angekommen. Eine Kommission aus Berlin hat dies gesehen und vorgeschlagen, die 4 000 Austauschjuden nach Theresienstadt zu bringen, um Platz zu machen für die 40 000. Im April 1945 hat man dann noch drei Lokomotiven gefunden, um drei Züge mit den Austauschjuden wegzuschicken. Ich war im letzten Zug. Der erste Zug war sieben Tage unterwegs und ist am 6. April bei Magdeburg von den Amerikanern befreit worden. Der zweite Zug ist in Theresienstadt angekommen, hat unterwegs aber viele Opfer gehabt von Bombenangriffen und von Hungertyphus. Der dritte Zug ist am 10. April losgefahren und war dreizehn Tage und Nächte unterwegs, blieb dann

am 23. April in der Nähe von Tröbitz in der Niederlausitz stehen. Tröbitz war ein Dorf, das nie zuvor einen Juden gesehen hatte. Sie wussten gar nicht, was das ist. Heute haben die Tröbitzer einen großen jüdischen Friedhof. Wir mussten dort sieben Wochen in der Quarantäne bleiben. 198 Menschen waren im Zug gestorben an Flecktyphus. In Tröbitz ging das weiter mit dem Sterben. So sind wir – dann schon als freie Menschen – zu den Tröbitzern gegangen und haben ein Stück Land erbeten, um unsere Toten der jüdischen Tradition entsprechend zu begraben. Von Massengräbern hatten wir genug. Bis 1986 hat keiner in Israel gewusst, ob dieser Friedhof noch besteht. Bekanntlich hat die DDR den Staat Israel noch schlechter behandelt als Russland dies tat. Mit Russland konnte man noch irgendwie reden, mit der DDR überhaupt nicht. Zum 50. Jahrestag der Befreiung 1995 haben wir dort ein Denkmal gesetzt mit 525 Namen der Leute, die im Zug und in Tröbitz starben.

Sind Sie dann nach den sieben Wochen von Tröbitz nach Palästina gekommen?
Erst einmal kamen wir wieder zurück nach Holland, weil wir sagten, dass wir Holländer sind. Mitte Juni kamen dreißig amerikanische Lastwagen nach Tröbitz, um uns mitzunehmen. Die Auffangstation war hier in Leipzig, in Gohlis, in einer Kaserne mit gelben Klinkersteinen als Mauer. Wir waren in den Pferdeställen untergebracht, die in der Kaiserzeit für die Kavallerie gebaut wurden. Dort haben wir für eine Woche geschlafen. Ich konnte dann meinen Onkel und meine Tante besuchen, die in »Mischehe« gelebt und deswegen in Leipzig überlebt hatten.

Wie war Ihr Eindruck von Leipzig in der Zeit?
Wir wurden mit den Autos direkt in die Kaserne gebracht. Vom Roten Kreuz wurden wir mit Essen versorgt. Es war kein geschlossenes Lager, ich konnte also meinen Onkel ohne weiteres besuchen. Als ich am Brühl war, hat noch die Straßenseite, die jetzt nicht mehr besteht, auf den Straßenbahnschienen gelegen. So hat ganz Leipzig ausgesehen. Das war noch bei den Amerikanern.

Sind Sie dann auch bis Holland mit den Autos gefahren?
Für den Transport nach Holland hat man dann nur noch Güterwagen bekommen, aber nur zwanzig Personen pro Wagen und mit offenen Türen. Das waren andere Transporte als die Güterzüge nach Auschwitz. Dann ging es nach Holland und von dort nach Frankreich. Am 1. April 1946 kam ich auf einem illegalen Schiff endlich in Palästina an und wurde wieder in ein Lager gesteckt, weil die Engländer das Schiff gefasst hatten. Aber das dauerte nur eine Woche und es war ein Lager, wo man Weißbrot und Orangen und Sahne gegessen hat. Dann kam ich zu meinem Kibbuz in Schluchoth. Da lebe ich seit damals und damit hört auch mein Buch auf. Nun muss ich eigentlich das zweite Buch schreiben, wie es weiterging von 1946 bis heute. Ich habe aber noch nicht angefangen.

Waren Sie mit Ihrer Familie die ganze Zeit zusammen?
Zur »Aufrechterhaltung des Lagers« durften 2 000 Juden in Westerbork bleiben, Elektriker, Köche, Schneider, Krankenschwestern. Alle diese Leute hatten auf ihrem Ausweis ein rotes Z gestempelt, das heißt zurückgestellt. Alle waren für Auschwitz bestimmt, das war ohne jede Diskussion. Die Fahrt dorthin war mit dem roten Stempel nur aufgeschoben.

Gab es noch andere Stempel, um im Lager zu bleiben?
Dann gab es die Juden mit dem Palästina-Zertifikat oder einem Pass für Südamerika. Sie bekamen einen blauen Stempel. Die getauften Juden bekamen einen grünen Stempel. Ich hatte zwei Stempel und sollte mich zwischen dem roten und dem blauen Stempel entscheiden, weil das Lager von zweitausend auf eintausend Personen reduziert werden sollte. Ich entschied mich für Palästina und wir dachten, Bergen-Belsen bedeutet den si-

Das 1995 erschienene Buch hat 528 Seiten

cheren Weg nach Palästina. Als wir dann in der Nähe von Bergen-Belsen an der Rampe mit Hunden aus dem Zug gejagt wurden, sahen wir: »Das gelobte Land liegt nicht mehr vor uns, sondern hinter uns.« Es war Westerbork. Meine Eltern und mein Bruder waren in Westerbork geblieben. Sie standen auf einer Liste nach Auschwitz, konnten dann aber durch Beziehungen mitten in der Nacht wieder von der Liste runterkommen und sind am Ende vom kanadisch-britischen Militär in Westerbork befreit worden. So ist meine Familie gerettet worden, aber ich wusste das natürlich nicht. Ich habe sie dann in Amsterdam wiedergefunden, weil dort auch ein Onkel überlebt hatte, bei dem ich ihre Adresse erfahren konnte.

Wann haben Sie erfahren, was in Auschwitz passiert ist?
Im Gegensatz zu den ersten Konzentrationslagern in Dachau, Buchenwald und Sachsenhausen, die zunächst vor allem für die politischen Gegner gedacht waren, waren die Vernichtungslager streng geheim. Obwohl die Leute, die irgendwann aus Buchenwald entlassen wurden, nicht darüber reden durften, hat man es ihnen angesehen, was dort passiert war. Die SS hat KL dazu gesagt, wir sagten KZ. Jeder hat gewusst, dass ein KZ etwas Schreckliches ist. Das Lager Mauthausen wurde in Holland zur Abschreckung propagiert. Die Lager im Osten hatten einen anderen Zweck und waren hermetisch abgeschlossen. Die Amerikaner haben es gewusst, der Papst hat es gewusst, aber die Massen haben es nicht gewusst. Einer, der aus Auschwitz geflohen war und erzählt hat, was dort passiert, wurde für verrückt gehalten. Sogar ein Jugendführer, den ich kannte, der über Theresienstadt nach Auschwitz kam, hat drei Tage lang nicht gewusst, was dort vorgeht. Er kam nach Kriegsende nach Holland zurück und hat mir das gesagt. Nur das, was er an der Rampe gesehen hatte, mehr wusste er nicht. In Bergen-Belsen waren wir auch vollkommen von der Welt abgeschlossen, kein Radio, keine Zeitung. Der jüdische Rechtsanwalt Abel Herzberg hat in Bergen-Belsen Tagebuch geführt. Es gibt von ihm ein Zitat in meinem Buch, das er im November 1944 aufgeschrieben hat. »Es gehen ganz schreckliche Gerüchte herum, denen zufolge die Kinder und alle Arbeitsunfähigen vergast worden sind. Es ist unmöglich, solchen Gräueln Glauben zu schenken.«

Sie haben es also wirklich erst nach 1945 erfahren, was in Auschwitz passiert ist?
Ja, über den ganzen Umfang der Verbrechen wusste ich nicht Bescheid. Im Lager gab es Stacheldraht zwischen jeder Abteilung. Jeder Kontakt war verboten.

Wann sind Sie das erste Mal wieder nach Leipzig gekommen? War es auf Einladung des Oberbürgermeisters?
Nein, das war früher. Ich habe noch Verwandte in Ostberlin. Da konnte ich in den letzten Jahren der DDR sogar als normaler Israeli durch den Checkpoint Charlie ein Tagesvisum nach Ostberlin bekommen. Man musste fünfzehn Westmark in fünfzehn Ostmark wechseln. Ganz am Ende der DDR konnte ich sogar ein Visum bekommen, um für drei Tage nach Leipzig zu

fahren. Da hingen auf den Dörfern schon Fahnen mit einem Loch in der Mitte. Danach war ich dann ein paar Mal in Leipzig auf Einladung der Carlebach-Stiftung und der Stadt und des Schulmuseums.

Was sagt denn Ihr Bruder dazu, dass Sie so oft nach Deutschland fahren?

Er war auch schon hier, auch seine Frau, die aus Nürnberg stammt. Meine Frau fährt nicht nach Deutschland, aus Prinzip nicht. Aber sie hat gemeint, dass wir mit unseren Kindern Deutsch sprechen müssen, damit sie mit ihren Großeltern reden können. Meine große Tochter ist 1949 geboren und meine Eltern kamen 1951 aus Holland nach Israel. Ich habe das nicht gewollt, jedenfalls nicht in meinem Hause. Deshalb können meine Kinder kein Deutsch.

Wie haben Sie sich Ihr wunderbares Deutsch erhalten?

Wir reden zu Hause nur Hebräisch. Aber ich spreche auch Holländisch. Deutsch ist meine Muttersprache, das kann ich nicht vergessen. Meine Mutter hat immer die

Eintragung im Gästebuch des Schulmuseums

Schlomo Samson im Schulmuseum, 2006

bunten Illustrierten gekauft: »Echo des Tages« und »Frau im Spiegel«. Und sie kannte sich bestens aus. Jede schwangere Prinzessin kannte sie auch noch mit 95 Jahren. Da habe ich schon auch manchmal reingeschaut.

Wenn Sie das deutsche Fernsehen gucken, sieht da Ihre Frau mit?

Am Anfang gab es nur israelisches Fernsehen. Dann bekamen wir über Kabel auch RTL. Ich verstehe die deutschen und meine Frau besser die englischen Sendungen. Inzwischen haben wir zwei Fernseher, da kann jeder das sehen, was er will. Aber wir gucken auch »Wer wird Millionär?« zusammen.

Stimmt es, dass nach der Befreiung neben dem Lager von Bergen-Belsen große Lebensmittelvorräte gefunden wurden?

Prof. Eberhard Kolb vom Historischen Seminar der Kölner Universität hat ein wissenschaftliches Werk über Bergen-Belsen geschrieben. Darin wird Josef Kramer[84], der letzte Lagerkommandant, zitiert. Die 60 000 Brote, die in der Nähe bei einer Militärbäckerei lagerten, hätte er nicht für das Lager nutzen können, weil nur zivile Lebensmittel infrage kamen. Er hatte keinen anderen Befehl. So sind die Leute massenhaft verhungert. Der Prozess gegen Kramer war in Celle. Er wurde zum Tode verurteilt.

Ich danke Ihnen sehr herzlich für die spannenden Geschichten aus Leipzig und die erschütternden Berichte über Bergen-Belsen.

Geoffrey Sachs

*Sagen Sie uns bitte für die Kamera wer Sie sind, wann Sie geboren wurden und wie Ihre
Kindheit in Leipzig war?*
Ich bin in Leipzig geboren als Gottfried Sachs, in England hat man Geoffrey draus gemacht.
Ich bin 1927 in Leipzig geboren. Mein Vater war 1893 von Osteuropa nach Leipzig gekom-
men. Sein Vater, mein Großvater, war ein religiöser Jude. Er war sehr gut ausgebildet in
jüdischer Philosophie, aber er war kein Kaufmann. Die Großeltern waren sehr arm. Mein
Vater musste dann arbeiten gehen und weg von der Schule mit vierzehn Jahren. Er hatte
noch fünf jüngere Geschwister, die auch versorgt werden mussten. Mein Vater hat mir in
London mal einen Brief gezeigt, wo der Schulleiter seinen Eltern geschrieben hat, dass er
einer der besten Studenten sei und er wollte wissen, warum er weggeht? Aber die Eltern
haben das Geld gebraucht und da hat er einen Platz in einer Leipziger Pelzfirma gefunden.
Dann hat er sich am Ende des Ersten Weltkriegs selbstständig gemacht. Es ist ihm gut
gegangen. Er hat angefangen, billigere Pelze zu exportieren nach Zentraleuropa nach dem
Ersten Weltkrieg, als es Deutschland schlecht ging. Er war der Erste in der Familie, der
etwas Geld gehabt hat. Meine Mutter kam von einem anderen Niveau. Die Eltern meiner
Mutter haben in Österreich bis zum Ende des Ersten Weltkrieges gelebt.

War das Galizien?
Ja. Und Galizien ist dann nach 1918 Polen geworden. Sie hatten in Österreich die zweit-
größte Fabrik für Kerzen. Ich habe das Gebäude einmal gesehen. Es war eine dieser ty-
pischen Fabriken aus dem 19. Jahrhundert, mit fünf Etagen. Nach dem Ersten Weltkrieg
ging das Geschäft mit den Kerzen nicht mehr gut wegen der Elektrizität. Da haben sie das
Gebäude umgebaut für die Arbeiter. Und mein Großvater war der Erste, der Kinos eröffnet
hat in Polen. Meine Mutter kam also aus sehr guten Verhältnissen. Einer ihrer direkten
Vorfahren war ein Rabbi in Mainz im Jahr 1324. In ihrer Familie hieß es: »Du kannst kein
guter deutscher Jude sein, wenn du nicht drei Dinge besitzt: einen Flügel, eine Bibliothek
und einen Persianerteppich.« Sie war in Wien auf die Universität gegangen und wurde als
Sängerin ausgebildet. Ihr Bruder studierte Jura und die Schwester Medizin. Eine andere
Schwester heiratete in Antwerpen einen erfolgreichen Diamantenhändler. Mein Vater war
um 1922 genug etabliert mit seiner Firma, dass er meine spätere Mutter heiraten konnte.
Sie sind zusammengekommen, weil sie beide sehr groß waren. Mein Vater war 1,90 Meter
und meine Mutter war 1,80 Meter. So bin ich in einer viel besseren ökonomischen Situation
aufgewachsen als mein Vater und auch besser als meine Mutter. Und als sie geheiratet
haben, lebten sie noch bei den Eltern meines Vaters in der Humboldtstraße 23. Aber meiner
Mutter war das zu orthodox und deshalb sind sie umgesiedelt auf die Fritzschestraße 13.
Die Straße heißt heute Schorlemmerstraße. Das war diese bessere Nachbarschaft hier ...

Die Brüder Max, Leo und Gottfried Sachs, 1932

Vater Elias Sachs, 1922

Eltern Elias Sachs und Louise, geb. Lichtblau, 1923

Eltern, kurz vor der Emigration aus Leipzig, 1935

Haus Schorlemmerstraße 13, 2010

Spaziergang mit Freunden

Gohlis. Wem's zu wohl is', der geht nach Gohlis, das sagt ein Leipziger Sprichwort.
Und so bin ich hier in Leipzig erzogen worden, mit Kinderfräulein. Auto war Luxus, aber Kinderfräulein und Köchin, das war normal. Auch meine Eltern haben gesagt, als sie geheiratet haben: »Du kannst nicht deutscher Jude sein, wenn du nicht drei Sachen hast: Flügel, Bibliothek und Perserteppich. Da hat ein Onkel den Flügel gekauft, ein Onkel die

Bibliothek und ein Onkel die Perserteppiche. Meine Mutter hat sich speziell für Musik interessiert. Sie war sehr aktiv mit dem Gewandhausorchester. Sie war sehr engagiert, you know? Das war auch so eine soziale Sache, man geht zum Gewandhaus, man geht zur Oper. Und sie war auch eine Solistin. Wir haben mehr unser Kinderfräulein gesehen als unsere Eltern.

Wie war Ihre Schulzeit in Leipzig?
Die Tüte, die man zuerst bekommt, bevor man in die Schule geht, das ist meine erste Erinnerung an schulisches Arbeiten. Man kriegt eine dieser Zuckertüten. Aber sonst, meine Mutter war in Wien aufgewachsen und hat Deutschland anders gesehen als mein Vater. Sie wollte deutscher als die Deutschen sein. In unserem Haus waren vier Etagen. Wir waren die einzigen Juden und die anderen waren gute Freunde, aber nicht jüdisch. Und am Tag nach dem Reichstagsbrand 1933 hat eine Nachbarin von unten gesagt, dass sie nicht mehr mit meiner Mutter reden will, weil die Juden und die Kommunisten den Reichstag verbrannt haben. An dem Abend sind die Braunhemden und die SS-Leute auch durch die Fritzschestraße marschiert. Und am nächsten Tag hat meine Mutter uns drei Brüder nach England geschickt, in eine Internatsschule. Sie hat gesagt, dass wir nicht in diesem Land bleiben können. Ich bin zurückgekommen, weil ich schreckliches Heimweh hatte. Ich war erst sechs Jahre alt. Ich bin dann geblieben, bis meine Eltern 1935 ausgewandert sind.

Sind Ihre Großeltern und die anderen Verwandten auch alle mit ausgewandert?
Der größte Teil meiner Familie ist in der Zeit noch aus Deutschland weggekommen. Es hat uns geholfen, dass wir hier einen Onkel hatten, der als Doktor Abraham Adler sehr bekannt war. Er hat auch zwei, drei von den großen Nazis als Patienten gehabt, die immer nach Karlsbad in die Tschechoslowakei zur Kur gegangen sind. Mein Onkel hatte ein Auto und einen Chauffeur gehabt, das war damals wie Rockefeller. Also hat er unsere Familien langsam rausgebracht, mit dem Chauffeur nach Prag. Und von da aus sind sie dann alle nach London geflogen. Nur die Schwester meiner Mutter wollte nicht direkt nach London gehen. Sie wollte mit ihrer Mutter in Galizien bleiben. Und als der Krieg angefangen hat, konnten sie nicht mehr rausgehen. Meine Großmutter, meine Tante und zwei von meinen Cousinen sind dann in den Lagern in Polen umgekommen. Aber die meisten von uns sind rausgekommen. Ich war zu jung, um das alles zu verstehen. Für meine Eltern war es schwer. An einem Tag sind sie noch wohlhabend mit Kinderfräulein und Köchin und ich weiß was. Einen Tag später sind sie in London in einer Pension mit zwei kleinen Zimmern. Wir haben dort gelebt, das war auch das Büro meines Vaters und vieles mehr. Ich denke, ich habe ein viel leichteres Leben als meine Eltern gehabt.

Warum sind Sie nach Leipzig gekommen?
Ich wundere mich, dass ich gekommen bin, weil Leipzig nicht der größte Traum meines Lebens ist. Für meine Eltern war es das, ja. Ich war das erste Mal in Deutschland in Hamburg nach dem Krieg, das war so 1947. Da war ich im Vier-Jahreszeiten-Hotel und habe auf der Straße die Männer gesehen, die sahen aus wie mein Vater. Mein Vater war so deutsch, wie er gelaufen ist, wie er geredet hat, wie er geschimpft hat, wie die rumgerannt sind bei der Oper, das war alles deutsch. Ich finde das merkwürdig, wie diese jüdische Jugend so deutsch wurde und die Deutschen wollten sie nicht. Ich muss Ihnen was sagen: Ich war vor ein paar Jahren alleine hier und habe so ein, zwei Tage eine Tour gemacht. Jetzt weiß ich, warum. Wenn ich heute diese letzten drei Tage, vier Tage sehe, frage ich mich, wie das alles möglich war für die Eltern und Großeltern, diese feinen Leute!

Wie ist es Ihren Großeltern ergangen? Konnten sie mit Ihnen fliehen?
Die Eltern meiner Mutter lebten in Galizien und wurden beim Einmarsch der Deutschen in Polen 1939 gefasst. Mein Großvater war politisch aktiv und man rief ihn aus Warschau an, dass er das Land schnell verlassen soll. Er sagte: »Was ist mit meiner Frau? Auch meine Tochter und zwei Kinder aus Leipzig sind bei uns!« Sie meinten, die Deutschen würden schließlich niemals Frauen und Kinder anrühren. Mein Großvater entkam nach Russland. Die anderen wurden von den Nazis in den Lagern ermordet.

Hat denn Ihr Großvater in Russland überleben können?
Er wurde von den Russen als »Kapitalist« klassifiziert. Zuerst wurde er nach Sibirien verschickt, dann in Salzbergwerke im Kaukasus. Als die britische Regierung bei der russischen Regierung – sie waren ja nun Alliierte – nach ihm suchen ließ, wurde er freigelassen. Sein Weg führte ihn nach Teheran, und mitten im Krieg schaffte er es bis Palästina. Als er ankam, war er nur noch ein Skelett und starb kurz nach der Ankunft. Er war einer von hundert, die in dieses Salzbergwerk geschickt worden waren. Nur sechs lebten noch, als er es verließ. Die einzige Entschuldigung, die er für die Russen hatte, war, dass sie ihre eigenen Leute genauso schlecht behandelt hatten wie ihn.

Und wie ging es mit Ihnen in England weiter?
Ich bin erst in London zur Schule gegangen. Als die Schule wegen des Krieges schließen musste, kam ich in ein Internat in Marlborough, dann kam Cambridge und am Schluss die London School of Economics. Danach trat ich in das Geschäft meines Vaters ein und war eine Zeitlang für ihn in Australien und Neuseeland. In London konnten wir nicht zusammen arbeiten. Er war zu deutsch und ich war zu englisch. 1950 habe ich geheiratet und bin nach Montreal gegangen. Seitdem lebe ich hier, habe vier Kinder und sieben Enkel.

Haben Sie jetzt genug Abstand zu Deutschland, dass Sie sich Ihrer Geburtsstadt wieder nähern können, ohne dass es zu schmerzlich wird?
In dem zweiten Film, den Sie uns heute gezeigt haben im Schulmuseum, hat mich diese eine Frau aufgeregt. Hätte sie gesagt, dass sie selbst Angst hatte, das verstehe ich! Aber zu sagen, wir hatten Familie, wir hatten Freunde und niemand hat etwas gewusst...

Sie hat das als junges Mädchen vielleicht wirklich nicht gewusst?
Wieso ist das möglich? Das werde ich nie verstehen. Der Oberbürgermeister und seine Frau und alle die Leute, wie man uns hier empfangen hat – in der Welt werde ich nicht nettere Leute treffen. Da ist jemand sehr in sich selbst gegangen, dass man sich so viel Mühe gibt wegen der Carlebachschule und allen diesen Sachen. Ich finde das außergewöhnlich, jedenfalls nicht normal, viel mehr unnormal! Wenn man das Ganze sieht jetzt in Ihrer Generation, es ist den Deutschen nur in der zweiten Hälfte des 19. Jahrhunderts so gut gegangen. Es ist das größte Industrieland Europas gewesen, die größte Chemie, die größten Dies, die größten Das. Und plötzlich wurde das alles zerstört. Und diese jungen Soldaten haben für uns alle Selbstmord begangen. Wenn man das liest, das ist unglaublich! So viele sind gestorben und so viel wurde zerstört. Ich denke, ein Großteil des Einflusses ist nicht von Ausländern gekommen, sondern davon, was eine Generation zur anderen gesagt hat. Heute sind es die Juden, morgen sind es die Moslems, übermorgen sind es die, ich weiß nicht was, vielleicht Afrikaner. Es ist so leicht, die eigenen Schwierigkeiten auf jemand anderen zu schieben.

Welche Beziehung haben Sie heute zu Leipzig?
Was ich heute morgen gesagt habe, ist eigentlich das Wichtigste für mich. Es ist unwahrscheinlich, dass ein Leipziger Jude so etwas wie Heimat fühlen kann für Leipzig, auch

wenn er mit acht Jahren das Land verlassen hat. Aber ich fühle etwas diesmal. Etwas ist heimatlich, weil ihr alle so nette Leute seid. Ich sage die Wahrheit.

Und die bösen Deutschlandbilder, wo haben Sie die hingeschoben?
Wissen Sie, mein bester Freund in Kanada ist mit der britischen Armee in Bergen-Belsen angekommen. Er hat die Bilder. Wenn man das sieht, das ist unvorstellbar. Sie haben vorhin mit der kleinen Frau aus Sydney geredet. Sie lebt! Der deutsche Kommandant hat gesagt: »Es kostet zu viel, wenn man weniger als 150 Leute auf einmal tötet.« Die Kinder haben sie auf die Seite genommen, wenn sie noch erwachsene Leute bringen konnten, um die 150 voll zu machen. Und sie ist am Leben geblieben, weil sie genug Leute gehabt haben, die nicht Kinder waren. Es war nicht ihre Zeit, dass man sie mit ins Gas genommen hat in Auschwitz und so ist sie durchgekommen. Und trotzdem ist sie hier in Leipzig. Das ist die Hoffnung für die Welt, das ist etwas Unglaubliches. Sie war ein Jahr in Auschwitz.

Ja, sie baut die Brücke von der einen Seite und wir versuchen es von der anderen Seite. Wenn Sie nicht kommen, dann bekommen wir und auch die nachwachsende Generation kein Bild mehr davon, welche Bedeutung einmal das jüdische Leben für diese Stadt hatte. Dann ist es für die jungen Leute alles nur noch eine Geschichte, die sie nicht berührt. Das steht in den Lehrbüchern, das kann man nachlesen, aber damit können sie nichts anfangen. Die Begegnungen sind das Entscheidende. Ich muss gestehen, mir ging es genauso. Ich habe gelitten unter dieser Last der Geschichte, dieser Verantwortung, dieser Schuld. Ich habe auch meinen Vater gefragt: »Was hast du getan in der Zeit?« Aber ich habe erst dann wirklich begriffen, welche riesige Lücke der Holocaust gerissen hat, nachdem ich die ersten ehemaligen jüdischen Leipziger kennengelernt habe. Sie haben mir meine Liebe zu Leipzig beigebracht. Wenn man bedenkt, wie man angefangen hat, die ersten jüdischen Wissenschaftler rauszuschmeißen. Ich glaube, es war Max Planck, der ist zu Hitler gegangen und hat gesagt: »Wer wird für die deutsche Forschung übrig bleiben, wenn wir alle diese Leute rausschmeißen?« Da hat Hitler ihm gesagt: »Wenn die deutsche Forschung Juden braucht, dann brauche ich keine deutsche Forschung.« Wieso kann ein Land wie Deutschland so einen Mann wählen?
Und wenn man das sieht, am Anfang war die Situation so schlecht für Hitler und am Ende des Ersten Weltkrieges war überhaupt nichts zerstört in Deutschland. Und da hat die Armee gesagt: Wir haben nie den Krieg verloren.[85] Man muss durch die Welt gehen, das ist eine alte jüdische Sache, save a life and you save the world. Wenn du ein Leben rettest, rettest du die Welt. Und es gab immer Leute, auch deutsche Leute, die haben ihr eigenes Leben riskiert.

Zu wenige. Es waren zu wenige.
Hätte doch nur die Frau heute in dem Film gesagt: Ich habe Angst gehabt. Ich weiß nicht, was ich gemacht hätte, wenn ich dort gewesen wäre. Da muss man vorsichtig sein. Aber zu sagen: Niemand hat es gewusst.

Wir haben absichtlich im Film auch diese Frau sprechen lassen, weil es eine sehr typische Meinung ist. Sie waren dabei, sie sind vorbeigefahren oder gelaufen, als am Parthe-Ufer die Juden zusammengetrieben wurden, sie haben das gesehen, als die Synagogen brannten und die Geschäfte zerstört wurden.
Sie haben die Häuser für zehn Prozent des Wertes selbst gekauft. Sie haben die Möbel gestohlen, natürlich wissen sie das!

Aber ich bin trotzdem dankbar, dass Frau Lochmann das im Film so sagt. Denn, wissen Sie, wenn wir jetzt lauter Leute interviewen, die erzählen, sie haben da jemanden versteckt und sie waren so gut zu den jüdischen Nachbarn und sie haben sich so bemüht ... Das wäre ja erst recht nicht glaubwürdig. Wir müssen es auch den Kindern zeigen: Verdrängen und Vergessen, das ist die normale Einstellung der Großeltern. Setzt euch mit denen mal auseinander! Und fragt auch die Eltern nach der anderen Diktatur. Da wird nämlich auch schon alles vergessen. Darf ich noch etwas fragen?
Aber gern.

Wie sind Sie denn in England aufgenommen worden als deutsche Juden?
Ein Teil der deutschen Juden, die ausgewandert sind, wollte so schnell wie möglich Englisch können. Und die anderen wollten alles »genau wie bei uns zu Hause« haben. Alles in England war schlecht, aber bei uns zu Hause war es besser. Meine Eltern gehörten nicht zu der Gruppe »Bei uns zu Hause«. Aber sie haben meistens Deutsch geredet. Meine Mutter war sehr schlecht mit Sprachen, mein Vater nicht. Er sprach gut Englisch. Für meinen Vater war das Leben in Leipzig prägend. Als er weggegangen ist, da war er schon 42 Jahre alt. Er hatte sich selbstständig gemacht und gut gelebt hier in Leipzig. Er hat das Deutsche mitgenommen. Meine Mutter war anders, meine Mutter war eher an Wien orientiert, mehr als an Leipzig. Aber sie hat immer gesagt: »Es war ein gutes Konzert, aber nicht so wie im Gewandhaus.«
Nach dem Krieg ist mein Vater hierher gekommen nach Deutschland, allerdings nicht nach Leipzig. Man hatte ihn gewarnt, weil er in Deutschland geboren wurde. Ich sollte mal geschäftlich nach Deutschland kommen. Da hat man mich in Kanada gewarnt: »Denke daran, der Pass ist nichts wert hier. Wenn dir etwas in Ostdeutschland passiert, da können wir nichts machen, weil du in Deutschland geboren bist.« Da hat man Angst gehabt, hier rüberzukommen. Ich habe einen großen Mund gehabt, ich habe ostdeutsche Leute mal in Paris getroffen. Da habe ich einen gefragt: »Wie geht's in Ihrer Deutschen Antidemokratischen Republik?« Und da hat er gesagt: »Besser, Sie kommen nicht her. Das ist bei uns nicht erlaubt, so zu reden.«

Wie war es in Westdeutschland, wenn Sie geschäftlich dort zu tun hatten?
Ich habe ja erzählt, ich bin 1970 geschäftlich nach Bielefeld gegangen. Um die Mittagszeit ist der Direktor gekommen und der Sohn hat angefangen zu schimpfen: »Wir können nicht mehr genug gute, deutsche Arbeiter kriegen. Wir müssen diese blöden spanischen Arbeiter nehmen. Zu der Zeit waren die Immigranten noch nicht von der Türkei sondern meistens von Spanien. Und der Vater sagte: »Vielleicht sind die schlecht, aber nicht so schlecht wie die blöden Juden, die sie mir geschickt haben im Krieg.« Da habe ich gesagt: »Hoffentlich war mein Großvater nicht dabei!« Und das war das Ende des Gespräches. Und langsam, wo die Zeit vorbeigeht, habe ich mir gesagt: Ich rede heute nur noch mit Leuten, die waren am Ende des Krieges unter zehn Jahre alt. Ich glaube nicht, dass die Sünden der Väter auf die Söhne übergehen. Das war sehr schwer, das endlich zu begreifen. In der ersten Zeit wollte ich immer wissen, was jemand vor 1945 gemacht hat.

Das waren alles «Opfer»! Wer wollte schon zugeben, dass er Nazi war?
Man muss auch sagen, dass es in Wahrheit nicht nur Deutschland war. Die Franzosen haben sich auch furchtbar benommen. Ein Agent meines Vaters war ein Jude und er war eigentlich die Nummer Eins in der französischen Luftabwehr im Zweiten Weltkrieg. Und nach dem Krieg kam er sogar mit De Gaulle und Churchill zusammen. Aber seine Nachbarn hatten alle seine Möbel gestohlen und er hat nie einen Pfennig zurückgekriegt von der Regierung.

Hat sich denn für Sie diese Deutschlandreise gelohnt?
Ich sage das jetzt zum letzten Mal: Wenn ich Sie alle hier treffe, es ist unglaublich. Es ist wirklich unglaublich. Ich war nicht nur hier für die jüdischen Toten, ich war hier für alle Toten. Wenn man die Bilder sieht vom Ende des Krieges, in Dresden drei Monate vor Ende des Krieges. Dass man Menschen wie böse Fliegen töten kann? Wofür? Für nichts, der Krieg war schon vorbei und man hat das trotzdem gemacht und 80 Prozent zerstört. We are all, to some extent we are all guilty. Wir sind alle irgendwie schuldig. Was kann ich Ihnen noch antworten? Ich wünsche Ihnen alles Gute.

Danke! Wollen Sie noch einen Satz für die jungen Leute sagen, die das Buch dann lesen und den Film sehen sollen?
Eine unmenschliche Diktatur und ein willfähriges Volk haben so viel Verhängnis über das eigene Volk und andere Völker gebracht. Glaubt nicht den Menschen, die sagen, sie hätten nichts gewusst. Bildet euch eine unabhängige Meinung. Akzeptiert nicht das Böse, ungeachtet gegen wen es gerichtet ist oder welchen Grund es für sich in Anspruch nimmt. Wir sind alle von Gott geschaffen. Seid gewarnt vor Menschen, die generalisieren und meinen, die oder die sind schlecht und wir sind gut. Es ist falsch und wird zu einem Desaster führen, ob Nazis oder Sowjetkommunismus oder religiöser Fanatismus. Behütet eure menschlichen Werte, egal was man euch sagt und wozu man euch auffordert. Und habt keine Angst! Mehr habe ich nicht zu sagen.

Ich bedanke mich herzlich und freue mich auf ein Wiedersehen.
Ich habe zu danken!

Leo Säbel

Sagen Sie uns bitte erstmal Ihren Namen, Ihren Geburtstag, wo Sie geboren sind und wo Sie gewohnt haben. Fangen Sie einfach an zu erzählen aus der Kinderzeit!
Was ich weiß, werde ich sagen. Mein Name ist Leo Säbel, ich bin am 23. Februar 1924 geboren in der Gerberstraße 52; das Haus existiert nicht mehr. Ich habe zwei Schwestern, die eine ist 1920 geboren und die andere 1934. Mein Vater ist Jahrgang 1892 und meine Mutter 1901. Sie sind in Polen geboren, meine Mutter war in die deutsche Schule gegangen, mein Vater nicht – der war schon aus der Schule raus.

Leo Säbel mit seinen Eltern und seiner Schwester Gisela, 1928

Woher kamen Ihre Eltern aus Polen? Galizien?
Galizien, sie kommen beide aus Galizien. Meine Großmutter war auch hier in Leipzig und ist 1938 mit uns nach Polen gekommen bei der Polenabschiebung. Sie hatte noch einen polnischen Pass. Und wir waren in Beuthen an der Grenze so zwei, drei Tage und sind wieder zurückgekommen. Da haben die Polen die Grenze zugemacht. Dann mussten wir umziehen, weil die Leute die Juden raushaben wollten. Da haben wir in verschiedenen

Leo Säbel, 1926

Wohnungen gewohnt. In der Schützenstraße bei meiner Großmutter in der Wohnung und zuletzt in der Keilstraße 4, hinter der Synagoge. Später wurde das »Judenhaus« genannt. In der Schule war ich von 1930 bis '36 glaube ich in der 32. Volksschule und danach in einer privaten Schule, die war von der jüdischen Gemeinde errichtet, in einer Seitenstraße zur Pfaffendorfer Straße war das. Dort wurde ich unterrichtet von einem Herrn Jaffé.

War das die private Carlebachschule in der Gustav-Adolf-Straße?
Ich weiß nicht, ob sie privat war, sie war jedenfalls von der Gemeinde.

Ja, die Carlebachschule war eine Privatschule.
Ja, Carlebachschule. Aber ich glaube, das war so eine Art Notschule. Für diejenigen, die aus den anderen Schulen raus mussten, die sind dorthin gekommen. Da waren dreißig in der Klasse, das war sehr groß. Da waren wir die letzten zwei Jahre, '36 und '37. Der Unterricht war nicht besonders gut, es drehte sich meistens um die letzten Gerüchte, wohin man auswandern kann. Und wenn man damit fertig war, hat Herr Peckel dann Kreuzworträtsel an die Tafel geschrieben und das war unser Unterricht. Dann musste ich zur Zwangsarbeit beim Straßenbau. Dazwischen waren wir noch nach Polen abgeschoben worden und sind zurückgekommen. Und 1939 im Juni bin ich nach Dänemark gekommen. Ich sollte Landarbeiter werden, um nach Palästina zu gehen. Und der Krieg hat das verhindert. 1943 bin ich nach Theresienstadt gekommen ins KZ-Lager von Dänemark[86] und 1945 wieder zurückgekommen und seitdem in Dänemark geblieben.

Wo, in welcher Stadt sind Sie dann geblieben?
In Kopenhagen, ich habe dort geheiratet. Wir haben ein Kind, einen Jungen, der ist 1955 geboren, und ein Enkelkind von 1977.

Gratuliere. Ihre Frau war früher auch Deutsche?
Meine Frau ist Dänin, sie ist nicht jüdisch. Sie war Gott sei Dank damit nicht belastet.

Haben Sie Ihrem Sohn erzählt von Theresienstadt? Haben Sie mit ihm überhaupt darüber gesprochen?
Ja, das habe ich. Aber nach und nach hat er so viel gehört, dass er sagt, er will nichts mehr hören.

Aber da ist ein Enkelkind, das sehr neugierig ist?
Sie ist sehr neugierig. Sie hat auch Theresienstadt besucht vor einigen Jahren mit der Schulklasse und fragt natürlich viel. In der Schule haben sie auch viel darüber gemacht.

Meinen Sie, dass Sie auch Ihren Sohn einmal mit nach Leipzig bewegen könnten, oder hat der jetzt genug von dem Thema Deutschland und jüdische Vergangenheit?
Nein, ich glaube schon, ich könnte ihn mitbringen eines Tages.

Sind Sie das erste Mal in Leipzig?
Das erste Mal seit 1939, ja! Ich kann aber auch nichts erkennen. Das Rathaus vielleicht und die großen Gebäude, die noch geblieben sind. So, wie ich mir die Gerberstraße vorgestellt habe, ist ja das alles weg. Ich war noch nicht dort, aber man hat es mir gesagt.

Das sind alles Neubauten, da ist wirklich nicht viel zu erkennen. Aber die Nordstraße mit Blick auf die Michaeliskirche ist noch teilweise erhalten. Und von der Pfaffendorfer erkennt man auch noch viel. Die Innenstadt wurde zwar im Krieg sehr zerstört, aber man kann trotzdem noch fast alle Straßen und Plätze finden. Darf ich Sie noch etwas nach dem alten Leipzig fragen? Haben Sie diesen schrecklichen 10. November hier erlebt?
Ja, teilweise. Ich erinnere mich an den Fluss da hinten an der Gerberstraße, die Parthe. Soweit ich weiß, war das sehr tief, aber da war fast kein Wasser drin. Und da haben sie Juden runtergeschickt und die mussten da stehen und da haben die Arier von oben runtergespuckt.

Haben Sie das gesehen?
Das habe ich gesehen!

Und was haben Sie da gedacht?
Man dachte nicht viel, man ist weggelaufen. Man hat sich gewundert, man hat sich gefragt: Warum? Aber das ist ja nicht auf einmal so gekommen, das hat sich ja nach und nach so entwickelt. Wenn wir als Kinder zusammen mit anderen Jungs auf der Straße spazieren gegangen sind, da hat es angefangen: »Da gehen Judenjungs! Was machen die Saujuden dort?«

Woran haben die das denn gesehen?
Das konnte man sehen. Wir waren dunkler als die anderen. Die Haare waren schwarz.

Leo Säbel mit seinem Freund Harry Brück auf dem Fahrrad, 1936

Aber Sie haben blaue Augen.
Das haben sie gesehen! Wenn wir manchmal von der Schule kamen, da sind diese Jungen von der HJ[87] gekommen. Die haben auch gesehen, wer wir sind.

Von der Gerberstraße bis zur Pfaffendorfer, das ist ja nicht weit.
Da war ein Durchgang, da sind wir immer durchgegangen.

Das war ein kurzer, nicht so gefährlicher Schulweg.
Nein, das war nicht so gefährlich, das waren die letzten Jahre.

Aber vorher in der 32. Volksschule in der Yorkstraße.
Ja, Yorkstraße hieß das, stimmt.

Da gab es aber in der Klasse auch viele jüdische Kinder?
Ja, am Anfang. Der eine ist ausgewandert, der andere ist in die Carlebachschule gekommen. Und da war ein Lehrer in den letzten zwei Jahren … mit einem Lineal hat er immer geschlagen. Wenn er einen Juden schlagen wollte, dann hat er das umgedreht und mit der Kante geschlagen.

Bösartig! Waren alle Lehrer so?
Nein! Es gab auch Lehrer, die nichts gesagt haben, weder Jude noch Nichtjude.

Können Sie sich noch an Namen erinnern von Lehrern?
Nein, leider nicht.

Und von Freunden in der Schule?
Nein, außer jüdischen. Einer war Harry Brück. Ich habe seine Eltern gefunden in dem Buch »Menschen ohne Grabstein«. Ich habe keinen Kontakt mehr zu ihm. Ich habe nicht gewusst, dass er nach Amerika gekommen ist, das habe ich jetzt erst hier gesehen. Norbert Steinberg ist nach Polen gekommen von Leipzig. Alex Eisenberg ist auch nach Dänemark gekommen.

Haben Sie den wiedergefunden?
Den habe ich wiedergefunden, der ist auch mit nach Theresienstadt gekommen. Er hat später eine Ausbildung zum Bibliothekar gemacht und ist leider vor zwei Jahren gestorben.

Wie war der Neuanfang in Dänemark? Haben Sie Verständnis gefunden? Gab es in Dänemark Menschen, die gesagt haben: Du brauchst jetzt unsere Hilfe, unsere Sensibilität! Oder hat sich dafür niemand interessiert?
Doch, doch! Wir sind sehr gut behandelt worden. Wie soll ich es sagen? Die meisten von den jungen Leuten, die nach Dänemark gekommen sind und dann nach Theresienstadt, die waren in der Landwirtschaft bei Bauern von 1939 bis 1943. Und viele von denen sind zurück zu den Familien gegangen. Man hatte eine Art familiäre Stellung teilweise. Man hat gearbeitet wie ein Angestellter beim Bauernhof, aber viele haben richtig bei der Familie gelebt.

Hatten Sie auch so einen Familienanschluss?
Ich bin einer von den wenigen, der die ganze Zeit in Kopenhagen geblieben ist. Ich war bei sogenannten jüdischen Pflegeeltern, bis ich nach Theresienstadt gekommen bin. Dann bin ich aber nicht zurückgegangen zu der Familie. Ich habe angefangen, mein eigenes Leben zu führen.

Wo haben Sie Ihre Frau kennengelernt?
Meine Frau habe ich 1945 in Kopenhagen kennengelernt. Und wir haben 1946 geheiratet.

Sie sagen, sie ist Nichtjüdin. Das war wohl nicht das Allerwichtigste für Sie, jemanden zu finden, der auch diese Leidensgeschichte hinter sich hat?
Ich habe nicht danach gesucht, auf keinen Fall. Ohne darüber nachzudenken, das war Zufall.

Weil es manchmal so scheint, als suchten sich diese Leidensgefährten. Haben Sie überwiegend schlechte oder auch gute Erinnerungen an Leipzig?
Ich habe nicht viele Erinnerungen, ich habe das meiste vergessen. Möglicherweise verdrängt, möglicherweise vergessen. Wenn man als Kind oder als Junge niemanden hat, mit dem man darüber reden kann, dann vergisst man das sehr schnell.

Sie sind der Einzige aus der Familie, der noch lebt?
Ja. Meine Mutter und die kleine Schwester sind in Bełżyce in Polen irgendwo umgekommen, das war auch ein Vernichtungslager. Die große Schwester ist nach Auschwitz gekommen, und mein Vater ist schon 1939 nach Sachsenhausen gekommen und 1940 im April dort gestorben.

Vermutlich plötzlich an Lungenentzündung? So hieß es immer auf der Sterbeurkunde.
Ich glaube, es war Altersschwäche.

Aber doch nicht mit 58 Jahren? Wenn Sie sich jetzt überwinden, wieder nach Leipzig zu kommen, was treibt Sie hierher? Welches Motiv war das stärkste?
Ich wollte Leipzig mal wieder sehen.

Einfach Neugier?
Ja!

Und wie finden Sie Leipzig bisher?
Als Tourist finde ich es schön. Wie gesagt, ich kann mich an nicht viel erinnern. Ich kann den Turm erkennen dort und verschiedene Gebäude. Aber den Weg hierher von der Nordstraße, da musste ich viel überlegen.

Kostet es Sie eine Überwindung, Deutsch zu sprechen?
Nein. Kurz nach dem Krieg war es schwer, aber jetzt nicht mehr. Ich war öfters auch in Westdeutschland. Aber während der kommunistischen Zeit waren wir einmal in Berlin. Das war genug, da rüberzufahren.

Ich würde gern wissen, ob Sie noch eine Form von Hass auf die Deutschen empfinden, die Ihnen das angetan haben.
Mit Menschen, die älter sind als siebzig Jahre, möchte ich am liebsten nicht sprechen. Da ich nicht immer weiß, wie alt die Leute sind, müssen eben alle darunter fallen.

Ich bin 53. Glauben Sie, dass Deutschland eine Chance hat, mit dieser Verantwortung zurechtzukommen? Finden Sie, dass wir genug tun, damit diese Vergangenheit lebendig bleibt?
Ich weiß nicht, ob das genug ist oder nicht. Ich weiß bloß nicht, was Sie mehr tun könnten. Das ist doch schwer, ich glaube das löst sich nur mit der Zeit. Wenn diese Generation ganz weg ist und wir, dann ist es vorbei.

Theresienstadt, 2010

Ich habe die Sorge, dass wir immer wieder neu erinnern müssen, weil die Diktatur die bequemere Staatsform ist. Für den Einzelnen ist es sehr bequem, die Verantwortung abzugeben an einen Führer, einen starken Mann. Waren Sie noch einmal in Theresienstadt?
Ja, erst vor zwei Jahren.

Möchten Sie darüber sprechen?
Da gibt es nicht viel zu sagen. Theresienstadt ist kein gewöhnliches Konzentrationslager gewesen. Es ist eine Stadt mit Steinhäusern, mit Straßen und Kasernen, in der man ein Konzentrationslager eingerichtet hat. Man kann sehen, dass das mal militärisch genutzt wurde. Und wenn Sie jetzt dahin kommen, da wohnen junge Leute. Die Straßen sind gemacht, es ist eine Stadt wie jede andere. Sie sehen nichts mehr vom Konzentrationslager, nur einige Denkmäler zur Erinnerung. Und eine Wiese mit Gräbern, wo man die Leute früher begraben hat im KZ. Deshalb wirkt das nicht so. Ich war einmal in Dachau, vor Jahren schon, das war viel stärker. Auch wenn ich dort vorher nie gewesen bin. Nein, es berührt mich nicht in Theresienstadt.

Herr Säbel, ich bedanke mich für dieses Interview.
Ich danke Ihnen für Ihre Fragen.

Irit Rosenberg, geb. Zwick

Dein Mädchenname von früher ist wunderschön: Blume Zwick. Wann wurdest du geboren, verrätst du mir das?
Ich bin am 4. August 1926 in Leipzig geboren. Zuerst haben wir in der Pfaffendorfer Straße 3 gewohnt. Dort bin ich auch in den Kindergarten gegangen. In der Pfaffendorfer Straße 4 gab es einen jüdischen Kindergarten. Mein Vater Jakob Zwick war polnischer Staatsbürger. Er war 1889 in Przemysl geboren, stammte also aus Galizien. Er war nach Leipzig gegangen, um nicht rekrutiert zu werden.

Und die Mutter?
Meine Mutter hieß Fanny Blumenkranz und wurde 1894 in Leipzig geboren. Meine Eltern hatten eine Pelzwerkstatt am Brühl. Mein Vater kam aus einer orthodoxen Familie. Deshalb sind wir in die Synagoge in der Otto-Schill-Straße gegangen.

Blume Zwick, 1943

Hast du noch Geschwister?
Wir waren fünf Kinder. Mein Bruder Moritz konnte noch 1939 nach Jerusalem zum Studium gehen. Meine Schwester Helene wurde ermordet.

Bist du auch in die Carlebachschule gegangen?
Ja. 1933 war mein erstes Schuljahr. In der Zeit sind wir in die schöne Wohnung in der Liviastraße 2 umgezogen. Die Schulzeit ging aber nicht lange, weil die Schule nach der »Kristallnacht« 1938 geschlossen wurde.

Gibt es auch schöne Kindheitserinnerungen?
Ich würde sagen, meine Kindheit war gespannt und ängstlich. Außer zur Schule gingen wir immer weniger hinaus. Wir durften ja vieles auch nicht. Da blieb nur noch das Rosental ganz in der Nähe, wo wir wohnten. Kinos und Schwimmbäder waren für Juden verboten.

Hast du dich an das Verbot gehalten oder bist du doch mal heimlich ins Kino gegangen?
Einmal war ich im Schwimmbad, aber ich hatte große Angst, dass mich dort jemand erkennen könnte.

Wurdest du auch mal beschimpft von Hitlerjungen?
Da war ich ungefähr elf Jahre alt. Auf dem Weg zur Schule liefen fünf Burschen auf mich zu und bewarfen mich mit Schneebällen. Dann riefen sie: »Mörder! Ihr habt den Jesus umgebracht!« Das war das erste Mal, dass ich den Namen Jesus hörte. In meiner orthodoxen Familie war nie darüber gesprochen worden. Ich war schockiert von diesem Vorwurf.

Diese einfältigen Jungen haben sicher nicht gewusst, dass Jesus auch Jude war. Du hattest mal erzählt, dass dein Bruder zum Frühgottesdienst in die Carlebachschule ging. Habt ihr die jüdischen Gesetze in eurer Familie eingehalten?
Ja. Mein Vater war extrem orthodox. Er hatte auch keine persönlichen Kontakte mit nichtjüdischen Leuten. Dadurch waren wir ziemlich isoliert. Nach vielen Jahren, die sie uns treu war, musste auch unsere Haushaltsgehilfin gehen, weil es für Juden verboten war, nichtjüdische Personen zu beschäftigen.[88] Die antisemitische Hetze und Propaganda haben wir als unheimlich empfunden.

War eure Familie betroffen von der sogenannten »Polenaktion«?
Ja, obwohl eigentlich nur mein Vater aus Polen stammte. Er konnte sich aber zusammen mit meinem großen Bruder Moritz verstecken. Vielleicht war er in seiner Werkstatt? Moritz hatte beobachtet, wie am 28. Oktober 1938 Schüler mit ihren Eltern frühmorgens verhaftet worden waren und konnte meinen Vater noch rechtzeitig warnen. Wir hatten gedacht, dass man uns kleine Kinder und meine Mutter verschonen würde. Aber wir wurden genauso verhaftet. Meine Mutter wurde mit uns drei Kindern an die polnische Grenze abgeschoben, wir konnten aber nach zehn Monaten zurückkehren. Mein Vater konnte uns mit Erlaubnis der Behörden zurückholen, weil meine Mutter für die Firma die Buchhaltung erledigt hatte. So durfte mein Vater sein Geschäft noch einige Monate weiterführen.

Haben deine Eltern versucht, mit euch in ein anderes Land zu fliehen?
Mein Vater hatte noch 1939 versucht, nach Holland zu fliehen, er hatte sogar Schmiergeld dafür bezahlt, wurde aber gefasst und an die Deutschen ausgeliefert. Er kam im KZ Sachsenhausen am 11. Juli 1940 ums Leben. Im Telegramm stand als Todesursache »Lungenentzündung«.

An diesem Tag waren mehrere Leipziger Juden im KZ Sachsenhausen plötzlich an »Lungenentzündung« gestorben.
Wir haben das auch nicht geglaubt. Für die Überstellung seiner Asche musste meine Mutter auch noch 141 Reichsmark bezahlen.

Habt ihr bei eurer Rückkehr aus Polen eure Wohnung in der Liviastraße wiederbekommen?
Nein, die Wohnung war natürlich längst vermietet an andere Leute und wir zogen in die König-Johann-Straße.[89] Als mein Vater von der Polizei gesucht wurde, war die Nachbarstür zum Treppenhaus nur angelehnt, um zu lauschen und zu spitzeln. Noch heute erschrecke ich, wenn jemand laut an die Tür klopft.

Wo war deine große Schwester Helene in der Zeit, als du mit deiner Mutter und den kleinen Geschwistern in Polen warst?
Meine Schwester Helene war in einer Frauenschule in Wolfratshausen, musste aber dann in Berlin in einer Munitionsfabrik Zwangsarbeit verrichten. Dann kam sie 1943 auf eine Todesliste nach Auschwitz zusammen mit meiner Mutter.

Stolpersteine für Jacob, Helene und Fanny Zwick, 2010

Zwei von deinen Brüdern sind doch noch über Jugoslawien nach Palästina rausgekommen?
Ja. Sie waren noch im letzten Moment 1940 mit einer Jungengruppe rausgekommen.

Bei Deiner Rettungsgeschichte über Nonantola in Italien gab es ja für dich auch ein Wiedersehen mit einem Freund aus dem Leipziger Kindergarten? Wie war das?
Das war schon eine ganz besondere Geschichte. Arnold Weiniger aus Leipzig war auch in dieser Jugend-Alija mitgekommen. Recha Freier in Berlin hat sich vor allem um die Kinder gekümmert, deren Väter im Konzentrationslager ermordet wurden. Sie konnte noch 1940 eine Gruppe zusammenstellen, bis sie selbst nach Jugoslawien fliehen musste. Leider hat das mit dem Landweg bis Palästina bei uns nicht mehr geklappt.

Wie bist du in diese Gruppe jüdischer Kinder gekommen?
Meine Mutter hatte mich 1941 nach Berlin zum Bahnhof gebracht. Danach habe ich meine Mutter und meine Schwester Helene nie mehr wieder gesehen.

Villa Emma in Nonantola, 2005

Es waren insgesamt 73 Kinder aus Deutschland, Österreich, Polen und Jugoslawien, die sich in der Villa Emma in Nonantola verste-
cken konnten. Ein ganzes Jahr lang habt ihr dort gelebt und auch jeden Tag so etwas wie Schule gehabt. Das müssen die Leute in dem kleinen Dorf doch gemerkt haben?
Das haben sie gewusst. Sie waren auch da, als wir ankamen und haben uns am Bahnhof begrüßt. Italien hatte andere Judengesetze als Deutschland. Als die Deutschen auch Italien besetzten, haben uns die Bauern sogar versteckt. Einige konnten auch im Priesterseminar untergebracht werden, bis wir dann endlich in die Schweiz fliehen konnten. Wir sind nachts illegal über die Grenze. Zuerst wurden wir von den Schweizern wieder zurückgeschickt. Aber durch Proteste in der Öffentlichkeit wurden wir dann doch reingelassen.

In dem Buch von Dr. Klaus Voigt über die Villa Emma zieht sich die Fluchtgeschichte dieser Gruppe über fünf Jahre hin. Immer in Angst vor den Deutschen, es gab ja auch italienische Faschisten. War das nicht zermürbend?
Wir hatten oft Angst, entdeckt oder verraten zu werden. Wir waren ja auch wirklich in Gefahr.

Gibt es jetzt in Nonantola ein Denkmal, das an die Rettung erinnert?
Für die mutigsten Helfer gibt es in Yad Vashem einen Baum in der »Allee der Gerechten«, für den Arzt Giuseppe Moreali und für den Priester Arrigo Beccari. Aber ich glaube, es gibt jetzt auch etwas in Nonantola.

Identitätskarte Nonantola, 1943

Trefft ihr euch noch manchmal, die ehemaligen Kinder der Villa Emma?
Außer einem Jungen aus Sarajewo haben alle 73 Kinder überlebt. Aber es sind nicht alle in Israel geblieben. Wir hatten schon mehrere Treffen, auch bei mir zu Hause in Haifa.

Irit Rosenberg in der Ausstellung, 2003

Irit Rosenberg vor der Ausstellungstafel zur Villa Emma im Schulmuseum, 2003

Was bedeutet dir die jüdische Religion?
Für mich ist sie vor allem Tradition, weil ich so aufgewachsen bin. Natürlich werde ich immer wieder an die tragische Vergangenheit erinnert und daran, dass ich dem Judentum angehöre. Meine Auffassung ist jedoch liberal. Und je liberaler Menschen sind, umso mehr bin ich ihnen zugetan. Wenn Religion von Fanatikern ausgenützt wird, ist das grauenhaft. Das erleben wir jetzt mit dem Islam.

Eintrag in das Goldene Buch der Stadt Leipzig, 2003

Handschriftlicher Eintrag im Gästebuch, 2003

Irit Rosenberg am Denkmal im Nonantola-Garten Haifa, 2004

Irit Rosenberg in der Carlebachschule, 2007

Irit Rosenberg vor dem Haus Liviastraße 2, 2009

Irit Rosenberg vor dem Haus Liviastraße 2, 2009

Bist du eine überzeugte Israelin?
In Israel fühle ich mich manchmal als Deutsche, in Deutschland bin ich natürlich Israelin. Früher habe ich in Deutschland mit niemandem gesprochen, der älter als siebzig Jahre war. Jetzt laufen die alten Nazis ja nicht mehr herum.

Wie ist dein Verhältnis heute zu Deutschland und den Deutschen?
Die Deutschen kann man nicht verallgemeinern. Ich kann nur bis heute nicht begreifen, wie das kultivierte Deutschland sich hinreißen ließ und mit den Nazis gehen konnte.

Wie gelingt es dir, so jung und so optimistisch zu bleiben? Du hast so viel Schlimmes erlebt.
Daran denke ich nicht jeden Tag. Dreimal in der Woche gehe ich tanzen, ich habe dort einen netten Freundeskreis. Das sind die schönen Seiten des Lebens, die mich gesund erhalten. Ich sage nicht, dass ich das biblische Alter von 120 erreichen will. Ich möchte lieber bis hundert wie zwanzig sein.

In dem Sinn wünsche ich dir von Herzen, dass du so gesund und froh bleibst, und danke dir für das Gespräch.

Siegfried Rose

Herr Rose, Sie haben Ihren Namen Siegfried abgelegt, warum?
Der Name Siegfried war nicht populär in England, meinem ersten Auswanderungsland,
und da habe ich den Namen Frederick angenommen. Das ist so ähnlich wie Siegfried.

Wann sind Sie geboren? Wie war Ihre Kindheit?
Ich bin geboren am 14. März 1921. Das heißt, ich bin jetzt 82 Jahre. Wir lebten in der
Kleinstadt Borna, dreißig Kilometer südlich von Leipzig. Wir waren die einzige jüdische
Familie dort. Mein Vater hatte ein Herren- und Damenbekleidungs- und ein Schuhwa-
rengeschäft. Das hieß Kaufhaus Britania. Darüber werde ich noch später sprechen. Ich
bin dort in Borna aufgewachsen und kam zunächst auf die Volksschule. Was mir noch in
Erinnerung ist, dass im Sommer fünfzig Prozent der Jungen, die mit mir in der Schule
waren, barfuß zur Schule gingen. Schuhe waren teuer, Strümpfe waren teuer und wenn
es nicht zu kalt war, gingen wir eben barfuß in die Schule.

Wir haben auch Fotos aus Leipziger Schulen mit Kindern, die keine Schuhe hatten.
Das ist für die jetzige Zeit unverständlich, aber damals war es eben so. Das war in den
Jahren 1927/28/29. Zu dieser Zeit gab es noch eine ganze Menge Hunger. Viele von meinen
Schulkameraden sind ohne Frühstück in die Schule gekommen. Die Quäker-Organisation
in England,[90] die jetzt Gesellschaft der Freunde heißt, hat Nahrung nach Deutschland
geschickt, sogenanntes Porridge. Das ist eine Haferflockensuppe und da gab es die sogenannten Quäkerspeisungen. Jeder, der ohne Frühstück in die Schule kam, konnte dann
einen Teller von dieser Haferflockensuppe bekommen. Diese Quäker-Organisation hat
später für mich eine besondere Bedeutung gehabt.

Wann kamen Sie nach Leipzig und warum?
Im Jahre 1929 ist unsere Familie nach Leipzig gezogen. Wir waren fünf Kinder und dort in
Borna waren nicht genug gute Schulen. Meine Eltern wollten, dass wir in Leipzig zur Schule
gehen. Das bedeutete, dass mein Vater jeden Tag ganz früh am Morgen nach Borna fahren
musste, um sein Geschäft weiterzuführen. Das dritte und vierte Schuljahr, damals gab es vier
Jahre Volksschule vor dem Gymnasium, habe ich auf der Carlebachschule verbracht und dann
ging ich auf das König-Albert-Gymnasium. Das König-Albert-Gymnasium war eins von zwei
humanistischen Gymnasien in Leipzig. Humanistisch bedeutete, man fängt mit Latein an
und hat Latein bis zum Ende ganz durch und im dritten Jahr beginnt Griechisch. Die andere
humanistische Schule war die Thomasschule. Übrigens, das König-Albert-Gymnasium damals
war die bevorzugte Schule von jüdischen Familien, die ihren Kindern ein etwas weiteres
Gebiet darbieten wollten außer einer jüdischen Erziehung in der damaligen Carlebachschule.

König-Albert-Gymnasium, 1925

Gab es denn im König-Albert-Gymnasium auch Hebräisch?
Interessanterweise hat man dort auch Hebräisch gelehrt, Althebräisch. Damals mussten die Theologen Hebräisch lernen. Das wurde dann später abgeschafft. Natürlich in der Naziherrschaft gab es das dann nicht mehr. Dort bin ich in der Sexta, Quinta, Quarta, Untertertia, Obertertia, Untersekunda, Obersekunda gewesen. Nach der Obersekunda, das war schon 1937, da durften keine jüdischen Schüler mehr auf das deutsche Gymnasium gehen. Da musste ich das verlassen. Das war nach dem sogenannten Einjährigen und ich bin dann wieder zurück auf die Carlebachschule gegangen. Dort habe ich dann die Unterprima und die Hälfte der Oberprima abgelegt. Das hat geendet in der Reichspogromnacht am 9. November 1938. Damit hat die Schule für mich und viele andere aufgehört. Da wurde ich festgenommen und kam mit siebzehn Jahren in das KZ nach Sachsenhausen.

Noch einmal zurück zur Schule: Als Sie dann wieder auf die Carlebachschule gehen mussten, sind Sie da gern gegangen?
Ich bin immer gern auf die Schule gegangen, aber ich hätte lieber mein Abitur auf dem König-Albert-Gymnasium abgelegt. Ich war übrigens der letzte jüdische Schüler, der von der Schule abgegangen ist. Ich weiß nicht, ob Ihnen das bekannt ist, aber Leipzigs einziger Nobelpreisträger Bernhard Katz[91] kam auch vom König-Albert-Gymnasium. Und er ging nach England, weil er hier in Leipzig nicht sein Medizinstudium vollenden konnte. Während des Krieges war er in Australien und kam dann nach England zurück und wurde von der Königin zum Ritter geschlagen, Sir Bernard Katz. Da hat er sein »h« aus dem Namen Bernhard verloren, denn im Englischen ist Bernhard Bernard. Er ist vor zwei Monaten, mit 92 Jahren, in London verstorben. Das stand in der Leipziger Volkszeitung. Man hat mir den Artikel geschickt.

Wann hat sich das denn erstmals vor der Reichspogromnacht angekündigt, dass die Juden nicht nur diskriminiert, sondern total ausgeschlossen werden sollten?
Das war einfach ein Gesetz in allen Schulen, dass Juden nicht mehr in eine deutsche Lehranstalt gehen durften. Und wo eben keine jüdische Schule war, ich weiß nicht, was da geschehen ist. Alle jüdischen Kinder durften nicht mehr in die Schule gehen. Das war 1937.

Wie war es für Sie persönlich im König-Albert-Gymnasium? Gab es dort Antisemitismus?
Das hat man immer gemerkt. Das war Antisemitismus. Die meisten von meiner Klasse waren in der Hitlerjugend und die wurden natürlich in den rassistischen Sachen erzogen. »Juden sind unser Unglück«, »sie vergiften die deutsche Kultur« und so weiter und so fort.

Wie war das für Sie? Ich meine, Sie sind ja vorher, bevor die Nationalsozialisten an die Macht kamen, schon auf dieselbe Schule gegangen. Was hat sich da für Sie verändert?
Tut mir leid, ich habe die Frage nicht richtig verstanden.

Und zwar geht es darum, ob sich das Verhalten von anderen Gleichaltrigen von einem Tag auf den anderen Tag geändert hat. Das wäre ja eigentlich für Kinder nicht vorstellbar. War das denn so?
Es gab einige in meiner Klasse, mit denen ich immer befreundet war und die haben mich sogar nach dem Krieg gesucht und gefunden. Mit denen war ich dann in Verbindung und mit denen habe ich mich auch getroffen. Das waren nur zwei von unserer Klasse. Die anderen sind im Nazi-Sinn aufgezogen worden und wollten nichts mit Juden zu tun haben. Einige Lehrer waren ganz offen antisemitisch.

Wie haben Sie die Pogromnacht erlebt?
Die Pogromnacht ist eine andere Geschichte. Unser Geschäft in Borna wurde angezündet und ist vollkommen ausgebrannt. Wir haben in Leipzig das Geschäft Bamberger & Hertz brennen sehen an der Ecke der Grimmaischen Straße und Augustusplatz. Ich war dort, als das geschehen ist, und bin dort verhaftet worden, aus dem brennenden Haus. Das war ein Wohnhaus, die Eigentümer haben oben gewohnt, aber die Wohnungen waren leer. Das Geschäft war unten.

Haben Sie vorher vielleicht irgendwie darüber nachgedacht, dass es besser wäre zu flüchten?
Es ging nicht. Wohin flüchten? Da musste jemand da sein, der einen am Leben erhält. Manche jüdischen Familien hatten Verwandte in den Vereinigten Staaten oder in England und die haben dann zur Auswanderung verholfen. Wir hatten niemanden. Mein Vater mit fünf Kindern und auf den Geschäften stand: »Kauft nicht bei Juden!« Wirtschaftlich wurden diese Geschäftsleute erdrosselt und wie es weitergegangen wäre, weiß ich nicht. Nach der Novembernacht war alles aus.

Wie ging es weiter, als Sie verhaftet wurden?
Ich sagte Ihnen, dass ich im Konzentrationslager Sachsenhausen war, als 17-Jähriger. Dieselben Quäker von England, die damals die deutschen Kinder ernährt haben, die hungrig waren nach dem Ersten Weltkrieg, haben Geld gesammelt in einer Stadt in der Nähe von London. Als sie hörten, was in der »Reichskristallnacht« oder Reichspogromnacht oder wie das jetzt heißt, geschehen ist, sind sie zum Home Office gegangen und haben für das Geld vierzehn Einwanderungserlaubnisse gekauft und haben einen von ihren Mitgliedern nach

Fred Rose, 1938

Deutschland gesandt. Der ist direkt zu den Kommandanten vom KZ Buchenwald und KZ Sachsenhausen gegangen und hat gesagt: »Wie haben sieben Einwanderungserlaubnisse nach England, ich möchte die sieben jüngsten Insassen haben.« Und ich war einer davon. So kam ich nach England durch die Quäker-Organisation.

Und dann sind Sie auch dort geblieben bis zum Ende des Krieges und auch weiterhin?
Ja.

Aber Sie wohnen jetzt nicht mehr dort?
Während des Krieges war ich noch in Australien. Nach dem Krieg bin ich nach England zurückgekommen und bin dann in den fünfziger Jahren nach Kanada ausgewandert.

Seitdem wohnen Sie in Kanada?
Ja.

Wie denken Sie heute über Deutschlands Schuld?
Die Schuldigen sind nur, die während der Nazi-Herrschaft erwachsen waren und weggeguckt haben oder selbst mitgewirkt haben. Wir als Kinder oder die nachher geboren wurden, die haben keine Schuld. Wir haben überhaupt nichts gegen die. Es ist mir eine große Genugtuung zu sehen, wie die nächsten, die nachkriegsgeborene

Lagertor vom KZ Sachsenhausen, 2008

Generation, zu diesen Teilen der deutschen Geschichte steht. Das ist mir eine sehr große Befriedigung, wenn ich das sehe, dass ich das überhaupt erlebt habe.

Eine ganz andere Frage habe ich noch. War Ihre Familie sehr religiös?
Ja, aber nicht ultraorthodox. Wir hatten einen koscheren Haushalt geführt. Das heißt, Fleischgerichte und Milchgerichte waren separat und wir sind zu Feiertagen in die Synagoge gegangen. Zufällig die einzige Synagoge, die nicht zerstört wurde, weil sie in einer Reihe von Häusern lag. Die Keilstraße, die jetzt vollkommen renoviert ist, ich weiß nicht, ob Sie schon mal drin waren?

Ja klar, ich war dort schon oft. Sie haben gesagt, Sie sind als einer der sieben jüngsten Häftlinge von diesem KZ in Sachsenhausen nach England gekommen.
Sieben aus Buchenwald, sieben aus Sachsenhausen.

Was ist mit Ihrer Familie passiert?
Als ich nach England kam, gelang es mir, meine zwei jüngsten Geschwister auf den sogenannten Kindertransport zu bekommen. Die kamen kurz vor Kriegsausbruch nach England und eine meiner älteren Schwestern, der habe ich eine Position verschafft in England. Die kam auch noch raus. Und die vierte Schwester, meine zweite Schwester, ist nach Palästina damals ausgewandert mit einer Gruppe. Leider war es zu spät, meine Eltern herauszubringen. Wir haben alles versucht, man konnte Visen kaufen, nach Kuba, nach südamerikanischen Ländern. Da haben die Konsulate damals in Deutschland ein Geschäft gemacht, aber es ging einfach nicht. Und allein sind meine Eltern[92] nach Theresienstadt deportiert worden. Dort ist meine Mutter an Hungertyphus gestorben. Mein Vater war zwei Monate später, weil er über sechzig Jahre war, auf einen Transport nach Auschwitz

Reifezeugnis der Carlebachschule, 1928

gekommen. Er kam gar nicht in das Lager hinein, er ging direkt in das Krematorium. Meine Eltern sind leider umgekommen.

Ich möchte Sie noch fragen, welche Erinnerungen Sie haben an Schüler oder Lehrer oder an besondere Ereignisse?

Wir hatten einen ausgezeichneten Prof. Menzel. Er war kein Jude. Es war der, ich würde sagen, der Gebildetste von allen Lehrern. Er kam aus Hamburg oder Bremen. Über den besteht eine Biographie von jemandem. Der ist mir noch im Gedächtnis geblieben, weil er so gut war. Er konnte sogar Sanskrit lesen und sprechen. Außergewöhnliche Person. Und die anderen Lehrer waren gewöhnliche Lehrer Englisch, Französisch und Oppenheimer, unser Chemielehrer. Der war auch im KZ. Weiß nicht, ist eine lange Zeit her. Es war eine gute Schule, ein hohes Niveau. Weil es außer den generellen Fächern auch jüdische Spezialfächer, jüdische Geschichte, Hebräisch und damit verbundene Themen gab.

Ich war in der letzten Abiturklasse, die mit der Reichspogromnacht am 9. November 1938 endete, wonach ich verhaftet wurde und 4 Monate im KZ Sachsenhausen verbrachte.

Die Carlebach Schule ist mir dennoch in bester Erinnerung, und ich danke dem Schulmuseum Leipzig, dass das Andenken an diese Schule auf diese Weise für die Nachwelt erhalten bleibt.

Frederick Rose, Toronto, Kanada

20. Juni 2003

Eintrag im Gästebuch des Schulmuseums, 2003

Sind Sie zum ersten Mal wieder in Leipzig seit damals?
Nein, ich war schon mehrere Male wieder in Leipzig.

Wie war es denn das erste Mal, als Sie wieder zurückkamen nach Leipzig, kurz nach dem Mauerfall? Wenn Sie das jetzt sehen im Vergleich zu damals, was hat sich denn in Leipzig verändert?
Es war alles vollkommen anders. Es war kurz nach der DDR-Zeit. Da war noch nichts renoviert hier. Das war sehr bedrückend für mich. Es hatte sich sehr viel verändert, andererseits hatte sich nichts verändert. Derselbe Farbanstrich, der vor dem Krieg bestanden hat, war noch hier, man hatte nichts gemacht und das war eben schrecklich für mich. Jetzt sieht alles schon viel besser aus.

Wollen Sie noch etwas erzählen?
Das war alles, an was ich mich erinnern kann. Sie möchten das doch auch noch schneiden.

Vielen herzlichen Dank für die Zeit, die Sie für mich hatten.
Bitteschön, es hat mich gefreut.

Clara Ringel, geb. Herc

Sehr geehrte Frau Ringel, bitte verraten Sie uns erst einmal Ihren Geburtstag und wo Sie geboren sind?
Mein Name ist Clara Ringel, ich bin geboren als Clara Herc in Leipzig am 12. Oktober 1929.

Wo sind Sie aufgewachsen und wo haben Sie gewohnt?
Ich bin aufgewachsen am Brühl 2 und bin auch zur Carlebachschule gegangen bis 1938. Im Oktober 1938 ist dann die Polizei gekommen und wir wurden nach Polen ausgesiedelt, weil mein Vater ein polnischer Bürger war. Mein Vater hatte Schwestern und Brüder dort in Polen und wir haben erst einmal mit denen zusammen gelebt, bis mein Vater ein wenig selbstständig werden konnte. Als die Polizei in Leipzig gekommen war, hatten

Wohnhaus Brühl 2, links Hainstraße, rechts Große Fleischergasse, 1910

sie gesagt: »Ein Handtuch, eine Zahnbürste und vielleicht ein bissel Zeug. Nehmen Sie sehr wenig mit, Sie kommen bald zurück.« Und dann habe ich angefangen, in Polen zur Schule zu gehen. Ich konnte kein Polnisch und kam rein in eine Klasse, wo nur Polnisch gesprochen wurde. Das war schwer, aber ich musste es tun. Und nach drei Monaten sprach ich Polnisch. Das hat bis Januar 1940 gedauert, bis wir dann übergesiedelt wurden zum Ghetto. In den ersten Monaten war das Ghetto noch offen, man konnte rausgehen und wieder zurückkommen. Nachher war das Ghetto verschlossen und Soldaten haben mit dem Maschinengewehr am Zaun gestanden. Jede Familie hat ein Zimmer bekommen. Das war ihr Zimmer, wo sie schlafen und essen konnten und wo sie gekocht haben. Die Toilette war draußen. In den ersten zwei Jahren haben sie dort auch Schulen gehabt. Die Schulen wurden dann verschlossen und alle mussten arbeiten. Die Leute, die nicht gearbeitet haben, wurden rausgeschickt vom Ghetto. Sie mussten eine Arbeitskarte haben, so dass sie eine Rationskarte[93] bekommen und essen konnten. Das Leben war schwer, es war viel Hunger, viel Krankheit, keine Medizin, aber die Familie war zusammen.

Wo war das in Polen?
In Łódź, im Ghetto. Als das »Dritte Reich« kam, nannten sie die Stadt Litzmannstadt. Nach der Arbeit musste man nach Hause gehen und konnte nicht mehr auf die Straße. Das Ghetto hatte zwei Teile, weil die Hauptstraße mit einer Straßenbahn in der Mitte dort durchgegangen ist. Und diese Straße war sehr wichtig für die Stadt. Da haben sie eine Brücke gebaut und die Ghettobewohner mussten über die Brücke gehen. Und die Soldaten haben dort unten gestanden mit dem Gewehr. Wenn einer zuviel getrunken hatte, hat er das Gewehr genommen und auf ein paar Menschen geschossen. Da haben sie ihm gesagt: »Oh, du hast heut gut gearbeitet!«
Aber die Hauptsache war, dass man mit der Familie zusammenbleiben konnte. Wir haben immer wieder »Aussiedlungen« gehabt. Die Soldaten sind auf den Hof gekommen und haben gesagt: »Alle raus!« Und die SS kam und wir haben in einer Reihe gestanden: »Du gefällst mir nicht! Dorthin! Du gefällst mir nicht! Dorthin!« Sie haben die Menschen weggeholt und man hat nie wieder von denen gehört. Das Ghetto war so verschlossen. Keiner hat etwas gewusst, was außerhalb des Ghettos passierte. Niemand kam zurück.

Wie lange sind Sie dort im Ghetto geblieben?
Im August 1944 haben sie angefangen, das Ghetto zu liquidieren, weil die Russen näher und näher kamen. Und sie haben uns gesagt: »Nehmt nur eine kleine Valise[94] mit. Was du nicht tragen kannst, wir geben es dir.« Wir haben das übersetzt. »Und ihr werdet arbeiten und mit eurer Familie zusammensein.« Und da ist jeder gegangen. Aber das war es nicht, was geschehen würde! Sie haben uns reingepfercht in Tierwaggons. Hundert Menschen in einen Waggon. Alle konnten nicht sitzen: »Jetzt sitzt du für eine Stunde, nachher sitzt der andere für eine Stunde.« Und das war tagelang. Als der Zug angehalten wurde, waren wir in Auschwitz. Als wir runterkamen, haben sie bald gesagt: »Männer hier, Frauen hier!« Und dann hat da der berühmte Dr. Mengele gestanden mit einem Stock. Und wenn du ihm nicht gefallen hast: »Geh' nach links!« Wenn sie rechts gingen, lebten sie. Links war zum Gas. Und kleine Kinder sind links gegangen, so sind die Mütter mitgegangen. Und dann haben sie uns genommen zu einer Shower[95] und haben gesagt: »Just häng, was du hast, häng es an den Haken. Und wenn du rauskommst, wirst du es finden.« Sie sind nie rausgekommen aus derselben Tür. Eine andere Tür, dort haben sie die Haare rasiert. Und wenn sie groß waren, kriegten sie ein kleines Kleid, wenn sie klein waren, kriegten sie ein großes Kleid. Die Schuhe waren wie Bretter, aus Holz. Dann haben sie uns in die Baracken genommen. Da hatten sie diese Betten, drei hoch übereinander, zehn Personen auf einem. Sie haben Appelle gemacht, um vier Uhr früh für neun bis zehn Stunden. Wenn

es gut gegangen ist, war es zehn Uhr und wir mussten zurück in die Baracken. Das Essen war überhaupt nichts, ein kleines Stückchen Brot und eine Suppe aus Wasser. Wenn man zur Toilette gehen musste, ging das nicht allein. Wir sind marschiert zur Toilette, alle zusammen. Und am späten Nachmittag war wieder Appell. Das war gefährlich, wirklich schlecht. Und nachher hatten sie immer noch diese Selektionen, da musste das Kleid runter und da wurde gesagt: »Du gehst hierhin, du gehst dorthin.« Und für die zur Linken war da ein Lastwagen und der fuhr sofort weg. Ich war dort mit meiner Mutter und meiner Schwester. Und meine Schwester ist krank geworden und sie konnte den Appell nicht durchstehen. Sie hat meiner Mutter gesagt: »Wenn du mich nicht ins Krankenhaus gehen lässt, sterbe ich!« Wer ins Krankenhaus gegangen ist, kam bald ins Krematorium. Wir haben sie nie wieder gesehen.

Und als die Russen immer näher kamen nach Auschwitz?
Nachher haben sie erst mal meine Mutter und mich nach Bergen-Belsen geschickt. Wir waren die ersten 1 500 Frauen nach Bergen-Belsen. Da haben sie uns wieder auf die Tierwaggons aufgeladen und das hat wieder fünf, sechs Tage gedauert. Und als wir dorthin kamen, war es wie ein Paradies. Da war kein Appell, niemand hat uns geschlagen, wir haben nur rumgesessen. Dort war der Zaun, der Kommandant war von der SS. Aber nicht die, die dort aufgepasst haben. Die waren von der Wehrmacht. Ich kann Ihnen überhaupt nicht sagen, wie groß der Unterschied war. Da war ich ein kleines Mädel und ich bin dort rumspaziert. Und wenn ein Soldat dich ruft, da kannst du Angst haben, ob du hingehst. Und er fragt mich etwas und ich antworte ihm auf Deutsch. Und er ist sehr begeistert, dass ich Deutsch spreche. Nach ein paar Tagen hat er mir sein Essen gegeben, durch den Zaun. Das war noch ein paar Tage Leben! Der Unterschied war so groß, weil ich das genommen habe und bin zu meiner Mutter gegangen und wir haben beide das gegessen. Und dann, als die Russen näher kamen zu den Haftlagern im Osten, haben wir ein »Geschenk« bekommen, Auschwitz ist nach Bergen-Belsen gekommen, mit dem Kommandanten. Und das wurde ein zweites Auschwitz. Bergen-Belsen hatte nicht genug Platz für alle die Menschen gehabt. Und zu den vielen Menschen kamen noch mehr und Typhus war gefährlich. Am Ende konnten sie die Menschen überhaupt nicht mehr begraben, da waren nur Haufen toter Menschen. Ich war in einem – was sie genannt haben – »Krankenhaus«, weil ich Typhus hatte. Am 15. April sind die Engländer rein. Aber dies waren die Soldaten, die gekämpft haben an der Front. Dies waren Männer, die haben die Feinde gesehen, wenn sie geschossen haben. Trotzdem, als sie rein sind in das Lager, haben sie sich hingesetzt und geweint. Das waren keine Sachen, die sie sonst sehen, nicht einmal in einem Kino! Hier waren Haufen und Haufen von toten Menschen. Und so viele sind noch gestorben nach der Befreiung!

Es gibt englische Filmaufnahmen von dieser Befreiung in Bergen-Belsen. Die Engländer und die Amerikaner haben diese Filme den deutschen Kriegsgefangenen gezeigt. Die haben es nicht glauben können und hielten es für Feindpropaganda. Aber wie ging es dann mit Ihnen weiter?
Nachher haben sie uns entlaust und dann haben sie uns in Personenwagen genommen. Sie hatten in Bergen die Häuser für die Soldaten, da haben sie uns reingelegt. Und nach und nach haben sie uns ein bissel gepflegt. Sie haben sich Zeit genommen, bis wir gesund wurden. Und dann war in Bergen ein DP-Camp.[96] Da bin ich ein paar Monate geblieben und dann bin ich nach Frankfurt gefahren. Dort gab es auch ein Camp für die, die überlebt haben. Und dann hat das Suchen angefangen: Hat jemand anderes überlebt? Niemand anderes hat überlebt, nicht von meiner Familie.
Nachher bin ich mit dem Kindertransport nach Amerika gefahren, im Januar 1947. Und dort habe ich eine Familie gefunden, habe mit denen gewohnt, bin wieder zu Schule gegangen.

Aber ich konnte kein Englisch. Also habe ich wieder von vorn angefangen. Nachher habe ich meinen Mann getroffen, der war auch ein Survivor.[97] Und wir haben Kinder gehabt.

Wie viele Kinder?
Zwei Kinder. Eine Tochter, sie heißt Barbara, und einen Sohn, Jack.

Barbara ist eigentlich ein alter deutscher Name. Wie kommt es, dass Sie nach diesem schrecklichen Erlebnis einen deutschen Namen wählten?
Es ist auch ein sehr populärer Name in Amerika. Barbara hat einen Ph. D.[98] und unser Sohn ist Rechtsanwalt. Er ist verheiratet, ich habe zwei Enkel, Ivan und Benjamin. Die sind acht und sechs Jahre alt.

Frau Ringel, ich habe noch eine Frage zur Leipziger Zeit, bevor das ganze Schreckliche losging. Sie sagten mir vorhin, dass das Ihre schönste Zeit war, Ihre Kindheit in Leipzig. Erzählen Sie mir doch bitte noch, was Sie wissen von der Schulzeit, von Freundinnen, von Feiern!
Ich kann mich an die Schule erinnern. Ich habe immer meinen Kindern erzählt: »Es ist so ein großes Gebäude, mit so vielen Treppen und sooo groß.« Und dann komme ich her mit meinem Sohn, und der sagt: »Mutti, das ist nicht so groß, das sind nicht so viele Treppen.« Gehe ich mit meiner Tochter, sagt sie dasselbe. Aber man muss verstehen, ich war fünf, sechs Jahre alt. Da war das groß. Ich sagte ihr: »Du kommst von New York und du kennst dort die Wolkenkratzer. Ja, dann ist das klein! Aber für mich war das damals groß.« Und ich kann mich an die Zuckertüte erinnern. Ich habe die Schüler heute gefragt: »Als ihr mit der Schule angefangen habt, habt

Eingang Carlebachschule, 1935

ihr eine Zuckertüte bekommen?« Da haben sie gesagt: »Ja!« Ich habe Onkel, Verwandte und Cousins gehabt, wir sind ins Rosental gegangen, wenn mein Vater nicht gearbeitet hat. Im Sommer haben wir diese Karten bekommen für einen Monat oder sechs Wochen, um zum Zoo zu gehen. Wir gehen jetzt auch zum Zoo. Es war so ein normales Leben, was sehr wichtig ist für Kinder. Ich hatte eine Großmutter, ich hatte einen Großvater. Meine Kinder haben das nicht gehabt. Das war schwer für mich. Hitler hat das meiner Familie angetan. Aber sein Arm war nur so lang, dass wenigstens meine Kinder aufgewachsen sind in einem Land, wo alles normal ist. Alle ihre Freunde und Freundinnen haben Großeltern, haben Onkel und Tanten, Cousins. Meine Kinder haben das nicht gehabt. Und das war, glaube ich, wirklich schwer für mich.

Haben Sie Ihren Kindern Auschwitz gezeigt?
Ich bin nach Polen gefahren, aber ich werde nie dorthin fahren. Meine Kinder wollen fahren, aber ohne mich. Das waren schlechte Zeiten. Hier war meine gute Zeit, meine erste normale Zeit war hier. Und jedes Mal, wenn ich etwas finde mit dem Namen meiner

Eltern oder meiner Familie, ist das gut für mich! Das zeigt mir, hier war ein Leben für uns. Ich habe alle diese Verwandten gehabt. Sie hatten alle ein normales Leben, alles das, was Kinder haben sollen. Daran denke ich, wenn ich an Leipzig denke. Deshalb sammle ich alles. Ich habe eine Kopie der Heiratsurkunde meiner Eltern bekommen. Ich wusste nicht, wann sie geheiratet hatten. Die Urkunde hat sogar einen Stempel.

Sie sprechen so gut Deutsch, gibt es noch etwas Deutsches, das Ihnen geblieben ist?
Ich habe noch eine Sache, woran ich merke, dass ich Deutsche war. Bis zum heutigen Tage bin ich sehr pünktlich. Sehr pünktlich! Manchmal kommen wir irgendwo hin und wir sind zu früh. Dann fahren wir im Wagen herum, weil ich nicht zu pünktlich sein will. Und meine Kinder auch, die haben das allein zu Hause gelernt.

Haben Sie noch eine konkrete Erinnerung an einen Lehrer oder eine Lehrerin oder an Ihr Lieblingsfach in der Schule?
Ich kann mich erinnern an die Turnlehrerin, das war die Frau Carlebach, und ihren Mann, er war der jüdische Historyteacher, auch Carlebach.

Felix Carlebach, mit dem Spitznamen »Schwejzer Galant«.
»Schwejzer Galant«,[99] genau. Ich weiß noch, seine Frau war schlank und hübsch.

Sie hat Turnen unterrichtet, er Geschichte?
Er hat bei uns Religion unterrichtet. Sie hat Turnen gelehrt.

War Turnen Ihr Lieblingsfach?
Ich habe das gern gehabt. Ich hatte eine ältere Schwester, die war drei Jahre älter und ist auch zu dieser Schule gegangen. Sie hat nicht überlebt.

Waren Sie mal wieder am Brühl 2 oder da, wo Ihr Haus mal stand?
Es steht nicht mehr. Ich weiß noch genau, wo das war, gegenüber dem Kaufhaus Brühl.

Können Sie heute sagen, wo Sie zu Hause sind?
Jetzt ist mein Zuhause New York.

just want to success Juni 22, 2003 wish you important work in your perpetuating you're doing the people the memories of no longer with us. Thank you so much. Clara Ringel geb. Hore (New York)

Eintrag ins Gästebuch, 2003

Vielen Dank, Frau Ringel, für dieses Interview. Hoffentlich können Sie viele gute, neue Eindrücke aus Ihrer Geburtsstadt mitnehmen. Good bye!

Ruth Marion Rees, geb. Sabatzky

Ich heiße Ruth Marion Rees, geborene Sabatzky, und ich bin am 12. Juli 1930 geboren.
Ich lebe jetzt in London, seit dem 25. August 1939.

Sind Sie mit einem Kindertransport nach England gekommen?
Nein. Ich bin mit meinen Eltern ausgewandert. Mein Vater ist 1938 ins Konzentrationslager
Buchenwald gekommen, ist aber nach vier Wochen wieder befreit worden, weil er im Ersten
Weltkrieg gekämpft hatte, und dann ist er bis August 1939 in Leipzig geblieben. Er ist viel
gereist nach Dresden, nach Essen, vor allem als Syndikus vom Jüdischen Zentralverein.[100]
Da mussten wir daher sehr viel reisen. Dann sind wir zusammen ausgewandert. Wenn wir
nicht ausgewandert wären, dann wären wir ins KZ gekommen.

Erinnern Sie sich an Ihre Kinder- und Schul-
zeit in Leipzig?
Ein bisschen. Ich war ein ziemlich schwäch-
liches Kind. Ich war ein Jahr in der Schweiz
in einem Erholungsheim in Arosa. Also weiß
ich nicht, ob ich 1936 oder 1937 mit der
Carlebachschule angefangen habe, aber Sie
haben das Foto von der Schultüte.

Ruth mit drei Jahren auf dem Schwan, 1933

War die Carlebachschule die erste Schule?
Sie war die erste Schule für mich. Danach
hatte ich dann Privatunterricht von Babette Carlebach. Die kam jeden Tag ins Haus
und ich musste dann Schreiben lernen. Aber ich hatte nie Schwierigkeiten mit dem
Lesen. Es kann sein, dass die Fibeln hier sehr gut sind.

*Ja, dann sind Sie ja 1937 in die Carlebachschule gekommen. Das war schon die Zeit, wo
viele Kinder aus anderen Schulen dazu kamen. Wurde es in der Schule dann eng?*
Das weiß ich nicht mehr so.

Wie viele Kinder waren Sie in der Klasse?
Wir waren 35, glaube ich.

Haben Sie die Babette Carlebach sehr gemocht?
Oh ja, sie war eine sehr gute Lehrerin. Sie war sehr, sehr nett. Immer sehr freundlich.

Und an wen erinnern Sie sich noch? An welchen Lehrer oder Lehrerin?
An Felix Carlebach.

Und haben Sie noch Kontakt zu Klassenkameradinnen?
Nein. Den haben wir alle verloren. Manche sind in andere Länder ausgewandert. Manche sind umgekommen. Eine habe ich früher mal getroffen: Yvonne Braunsberg. Die wohnt, glaube ich, in Los Angeles oder irgendwo in Amerika. Dann haben wir wieder den Kontakt verloren.

Fanden Sie den Unterricht sehr locker oder streng? Wie waren die Lehrer?
Die waren nicht so sehr streng. Aber ich glaube, ich musste mit der Straßenbahn jeden Tag zur Schule fahren. Ich habe mir einmal die Hand sehr eingeklemmt. Da waren so Türen, wo man so durchging. Damals nannten wir sie die Elektrische und nicht die Straßenbahn.

Wie weit war der Schulweg? Wo haben Sie gewohnt?
In der Windscheidstraße 19.

Das ist weit bis zur Gustav-Adolf-Straße. Und sind Sie dann ganz alleine gefahren?
Ja.

Hatten Sie da nicht Angst?
Nein, eigentlich nicht.

War es nicht gefährlich, als kleines Mädchen so allein durch die ganze Stadt zu fahren?
Damals glaube ich nicht. Heutzutage würde es anders betrachtet werden. Aber damals ... nein, ich habe keine Angst gehabt.

Die Jungen haben erzählt von der Carlebachschule, dass sie immer erkannt wurden an ihren Schülermützen und oft ausgelacht worden sind. Ist Ihnen irgendwann mal so etwas passiert? Dass Sie ausgelacht oder beschimpft wurden?
Nein. Ich weiß auch gar nicht mehr, ob ich eine Schuluniform hatte.

Ruth im Mantel, 1934

Ruth mit Zuckertüte, 1936

Eine Schuluniform gab es sicher nicht, nur Mützen. Die Jungs hatten diese Schiebermützen mit braunen und silbernen Streifen und da konnte man sie erkennen.
Die Mädchen hatten nicht so was. Deshalb fielen sie nicht so auf.

Hatten Sie auch Geschwister?
Nein, ich war die Einzige in der Familie.

Ruth mit Eltern Hertha und Kurt Sabatzky, 1939

Und was war Ihr Lieblingsfach in der Schule?
Lesen, glaube ich. Ich habe sehr, sehr viel gelesen.

Haben Sie damals diese Sütterlinschrift gelernt in der Schule?
Ja.

Wir haben da etwas in der ganz alten deutschen Schrift an die Tafel geschrieben. Können Sie das lesen?
Der Kaiser ist ein lieber Mann, er wohnet in Berlin.

Ja genau. Sehr schön. Das ist sogar Kurrentschrift. Die gab es vor der Sütterlinschrift.
Das wird gut angesehen. Zuerst, wie ich nach England kam, habe ich auch noch so geschrieben und es war sehr schwierig, die Handschrift umzustellen auf römische Schrift. Ich habe auch, glaube ich, noch ein paar Briefe zu Hause, die ich an meine Tante und so für Geschenke und Dankesbriefe geschrieben habe in der gleichen Schrift.

Ja, Hitler hat die Schrift ja dann verboten. Ab 1941 durfte die in Deutschland nicht mehr geschrieben werden. Völlig verrückt. Ich habe eine Fibel von 1936. Die hole ich jetzt mal. Vielleicht war das Ihr Schulbuch? Sie sehen, das ist eine jüdische Fibel, 1936 in Leipzig gedruckt.
Ja, M für Matze. O und M. Mutter. Oma, Mama, das kleine Mädchen bringt einen Blumenstrauß. Katze und eine Maus. Schwierig zu lesen.

Vielleicht blättern wir mal ein Stückchen nach hinten, da kommt dann die Druckschrift. Das ist leichter zu lesen. Vom Sabbat. Das, finde ich, ist ein sehr schöner Text. Sind Sie so lieb und lesen ihn?

»Eine feine Decke, helle Kerzen, die schönen Teller, Messer, Gabel, Löffel, fein geputzt, die Sabbatbrote unter der Sammetdecke, Wein. Vater und Leo kommen aus dem Gottesdienst. Sie waschen sich die Hände. Vater macht Kiddusch[101]. Er verteilt Brot und spricht darüber den Segen. Nun essen wir feine Suppe, gute Sachen, Kompott. Dann tönen die schönen Sabbatlieder. Bubi kann fast das ganze Tischgebet. Um halb neun erst ins Bett. Das lasse ich mir gefallen.« – Das ist eine nette Geschichte. Ja, das ist leichter zu lesen als die Schreibschrift.

Wissen Sie, dass die Haare in diesem Buch nach der nationalsozialistischen Zensur alle schwarz koloriert werden mussten? Angeblich haben alle Juden schwarze Haare …

Genau wie jede Frau den Namen Sarah annehmen musste und jeder Mann den Namen Israel. Auf den Pässen stand Ruth Marion Sarah Sabatzky, mein Vater Kurt Israel Sabatzky, bei meiner Mutter Herta Sarah Sabatzky. Da stand das dann drauf. Aber ich wusste nicht, dass die alle nachkorrigiert werden mussten.

Jüdische Fibel, 1936

Ich habe das auch erst jetzt erfahren. Können Sie sich vorstellen, mit diesem Buch das Lesen gelernt zu haben?

Ja. Ich sah noch eins auf dem Korridor, wo die Silben sehr gut geteilt sind, das fand ich sehr gut. »Du bist der Räuber, ich bin der …« Soll das ein Schupo sein?

Ja, die einzige Uniform in diesem ganzen Buch. Es gibt keine Fahnen, keine Soldaten, keine Waffen. Es ist das friedlichste Lesebuch, das ich kenne.

Ja. Ich glaube. Schon mehrere Autos auf den Straßen. Da kann ich mich nicht mehr daran erinnern. Ich weiß, wir waren auf einer Schiffsreise 1938. Wir waren bei Genua und sind bis Bremen mit dem Schiff gefahren, das war, glaube ich, nur Urlaub, Erholung ja.

Was war Ihr Vater von Beruf?

Oh, der war Syndikus vom Jüdischen Zentralverein und war auch beim Jüdischen Kulturbund[102] sehr beschäftigt.

Haben Sie als Kind davon was gemerkt, dass Ihr Vater so ein bedeutender Mann war?

Nein, nicht als Kind. Mehr nachher. Aber wie wir nach England kamen, hat er eine sehr, sehr niedrige Stelle bekommen. Also, die Leute haben gar nichts dort anerkannt, was man hier in Deutschland gemacht hatte.

Wie war es für Ihren Vater, dass er Englisch lernen musste? Hat das lange gedauert?
Es war sehr schwer. Wir hatten ein Buch »Englisch lernen – ein Vergnügen«. Das haben wir mitgebracht. Da war »My bonny is over the ocean« als erstes Lied drin. Es war kein sehr praktisches Buch. Heutzutage ist es ganz amüsant, aber eigentlich um Englisch zu lernen war es nicht sehr gut.

Wie ist es Ihnen selbst als Kind in England ergangen?
Die Kinder wollten nicht, dass man Deutscher ist, dann war das Gespräch zu Ende. Man hatte auch keine Schuluniform wie die anderen Kinder. Also fiel man sehr auf.

Warum gab es keine Schuluniform für die deutschen Flüchtlingskinder?
Man musste das selber kaufen. Wenn das Geld dazu nicht da war, dann konnte man keine kaufen. Deshalb fiel man auf.

Wie lange hat es gedauert bis Sie Englisch gedacht haben? Ich meine, Englisch sprechen und Englisch denken, da ist ja ein Unterschied.
Oh, ich nehme an, ungefähr zwei, drei Jahre. Eher als meine Eltern.

Und das Wiederkommen nach Leipzig, beschreiben Sie das mal bitte? Wie war es Ihnen da zumute?
Zum ersten Mal bin ich nach Leipzig gekommen mit einer Firma. Die machte Exkursionen nach Leipzig zu Ostern, für Ostermusik. Da dachte ich, das wäre eine ganz gute Idee. Das ist eine sichere Idee, rüberzufahren und zu sehen, wie alles ist und ob man sich wohlfühlt oder nicht. Wir waren im Gewandhaus, in der Thomaskirche und in der Oper, das war sehr nett. Einen Tag sind wir zu der alten Wohnung gefahren, die noch steht. Nur Melvyn und

Ehemalige Villa Ury, Wächterstraße 32, 2010

Gedenktafel am Gebäude Wächterstraße 32, 2010

ich. Da haben wir von der Gruppe Abschied genommen für den Tag. Das war das erste Mal und dann sah mein Nachbar ein Inserat in einer Zeitung, die wir in England haben: AJR. Das heißt Association of Jewish Refugees. Da suchte ein Hubert Lang meinen Vater. Da habe ich bei ihm angerufen und bin dann nach Leipzig mit all den Papieren gekommen. Das war das erste Mal, als ich richtig nach Leipzig kam. Sechzig Jahre danach wurde daran erinnert, dass am 28. Oktober 1938 alle Juden nach Polen zurückgehen sollten.[103] Mein Vater hatte sich sehr für sie eingesetzt. Er wollte, dass sie nicht deportiert werden. Und da haben sie sich sehr gefreut, dass wir nun zu dieser Gedenkveranstaltung gekommen sind. Ich war, glaube ich, in der Villa Ury, wo die Polnische Botschaft früher war. Die polnischen Juden wurden alle von dem Ambassador für 24 Stunden versteckt in der Villa Ury.[104]

Ist es Ihnen schwergefallen, in diese Stadt zurückzukommen?
Eigentlich nicht. Denn die Leute sind alle sehr, sehr freundlich und sehr lieb. Alle die, die wir getroffen haben.

Aber es sind doch viele schmerzliche Erinnerungen. Ist das Positive für Sie trotzdem stärker? Sie kommen ja immer wieder. Sie sind seitdem jedes Jahr hier.
Ja, ganz recht. Die letzten vier Jahre.

Ich vermute, dass Sie die Erinnerungen an Leipzig inzwischen mehr mit Freude als mit Schmerz verbinden, sonst würden Sie sich das ja nicht antun.
Ja. Nein natürlich nicht.

Ich finde es sehr schön, dass immer Ihr Sohn Melvyn mitkommt.
Ja, er ist ja interessiert an allem.

Erzählen Sie mal bitte etwas über Ihren Sohn. Er hört jetzt zu.
Mein Sohn war 1956 geboren in London. Er ist ein richtiger Londoner. Er arbeitet jetzt in Cardiff für das Patent Office, das englische Patent Office, das in Newport liegt, in Cardiff.

Warum nehmen Sie ihn immer mit nach Leipzig?
Es ist besser, wenn man zu zweit reist und die ganze Zeit jemanden dabei zu haben.

Vielleicht können wir dann auch mal Ihren Sohn fragen, wie er Leipzig findet. Aber das machen wir nachher. Vielleicht fällt Ihnen noch etwas ein? Eine Geschichte, eine Episode, eine gute, eine schlechte Erinnerung?

Woran ich mich sehr erinnere, ist das Völkerschlachtdenkmal. Und ich glaube, ich bin sehr oft dort vorbeigefahren. Es kann auch sein, wenn man zum Friedhof geht, da sieht man das Völkerschlachtdenkmal, also in der Nähe. Man kann es von der Straßenbahn sehen und es kann sein, dass es das gewesen war.

Was beeindruckt Sie an dem Völkerschlachtdenkmal?

Es ist so groß, riesengroß. Man kann es nicht vergessen. Andere Leute, mit denen ich hier war, die erinnern sich auch noch an das Völkerschlachtdenkmal. Sie sind da als Kind vorbeigefahren.

Ich freue mich sehr darüber, dass Sie immer, wenn Sie hier sind, in die Thomaskirche gehen. Ist es selbstverständlich, dass man als Jüdin auch die Musik des christlichen Komponisten Bach gern hört?

Ja, natürlich. Alle Musik.

Aber was würden Sie sagen, was vermissen Sie, wenn Sie in London sind? Was hat Leipzig, was London nicht hat?

Die Nähe von all den Geschäften. Es liegt alles so eng zusammen, man braucht nicht weit zu gehen. Deswegen fahren wir sehr oft nach Cardiff, wo Melvyn wohnt. Die Geschäfte liegen alle zusammen und auch Konzerte und Theater und so was. Das ist alles in der Nähe. Abends gehe ich nicht sehr gern aus. Wenn man mit der Underground in London fährt, ist es nicht so sehr sicher. Alleine würde ich nicht ausgehen. Hier fühlen sich die Straßen sicher an, ziemlich sicher jedenfalls. Wenn ich in die Stadt in England fahre, nach London, dann nehme ich nie die Handtasche, dann nehme ich meine Weste. Und ich habe schon zweimal mein Portemonnaie verloren, also muss man vorsichtig sein.

Sie haben noch nicht von Ihrer Mutter erzählt. Ihre Mutter hat bestimmt auch eine wichtige Rolle gespielt?

Sie hat sehr viel Heimarbeit machen müssen, als wir nach England kamen. Meine Mutter kam von einer mehr orthodoxen Familie als mein Vater. Wir hielten alle jüdischen Feiertage und sind auch in die Synagoge gegangen. Meine Mutter nicht so viel, aber mein Vater regelmäßig, auch jeden Sonnabend.

In welche Synagoge sind Sie gegangen?

In London?

Nein hier.

Hier waren wir in der Gottschedstraße.

Erinnern Sie sich noch an den Kantor Samuel Lampel?

Ja, der Name sagt mir etwas.

Können Sie ihn beschreiben?

Oh, das ist schwierig. Nur, dass er so eine schwarze Mütze aufhatte und so einen schwarzen Rock, wie ihn die Rabbiner immer tragen. Er hatte eine gute Stimme.

Er war dann auch Musiklehrer in der Schule. Haben Sie ihn als Musiklehrer gehabt?
Kann sein. Meine Mutter war sehr an Musik interessiert und hat auch Klavier gespielt. Aber ich war nie so sehr gut und dann hatten wir auch in England kein Klavier. Also ist das alles weggefallen. Ich höre gern Musik, aber ich bin nicht musikalisch.

Sie haben vorhin erzählt, dass Sie immer gemeinsam Sabbat gefeiert haben. Wollen Sie mal beschreiben, wie das bei Ihnen zu Hause war, wenn Sie Sabbat feierten?
Wir haben die Lichter angezündet und Kiddusch gemacht und dann gab es eine gute Mahlzeit. Es gab Suppe und so was und Nachtisch und dann haben wir vielleicht meine Tante und meinen Onkel dazu eingeladen, die auch in England waren. Eine von meinen Tanten und einen von meinen Onkeln. Die anderen waren in Berlin und sind alle umgekommen mit meinen Vettern.

Wie viele Vettern hatten Sie und wie viele Cousinen?
Es war eine ziemlich ausgebreitete Familie. Ich hatte zwei Vettern in Berlin. Meine Mutter hatte eine Schwester Ilse, die hat auch einen Sabatzky geheiratet, Siegfried Sabatzky. Der ist aber schon vor dem Kriege gestorben, aber sie war mit ihren Söhnen in Berlin geblieben. Ich hatte eine Tante Edith, sie war die Schwester von meinem Vater, sie ist auch umgekommen. Meine Großmutter ist 1942 natürlich gestorben und in Berlin-Weißensee begraben. Ich war schon mal auf dem Friedhof in Weißensee. Es ist aber sehr, sehr schwer, die Grabstätte zu finden. Es kann sein, dass es jetzt besser ist, ich war in der DDR-Zeit dort.

Ich habe gehört, dass es für Juden ganz besonders wichtig ist, den Friedhof und die Grabstätte eines Verwandten oder Freundes zu besuchen, wenn es denn ein Grab gibt. Wie ist es für Sie, dass Sie wissen, für viele Verwandte, die umgekommen sind, gibt es keinen Grabstein?
Das ist schwierig, sehr schwierig. Also, in England jetzt wird sehr viel auf dem Krematorium gemacht. Man hat nicht mehr so viele Grabstellen, weil nicht so viel Platz ist. Es ist zwar ein jüdischer Friedhof neben dem Krematorium, aber die meisten Leute gehen zum Krematorium.

Aber es bleibt nach wie vor wichtig hierherzukommen, um die Gräber zu besuchen?
Oh ja, gestern habe ich Prof. Barnet Licht[105] auf dem Friedhof besucht. Ich habe seine Nichte Ora Zur getroffen und herausgefunden, dass ihr Vater Dr. Soloweetschik war, unser Arzt. Das war sehr interessant.

Gibt es noch eine schöne Geschichte, die Sie uns erzählen können, ein Erlebnis das Sie hatten, vielleicht auch ein schlimmes Erlebnis?
Oh ja, wie wir am 10. November von der Gestapo festgenommen wurden, meine Mutter und ich. Mein Vater war verreist. Ich lag im Bett und hatte hohes Fieber und die Gestapo sagte: »Oh das macht nichts, das Kind krepiert desto eher.«

Wie ging das weiter?
Meine Mutter kam dann in das Gefängnis und ich wurde zu meiner Tante, die hier auch in Leipzig wohnte, geschickt. Nach ein paar Stunden wurde meine Mutter wieder freigegeben, aber nicht bevor sie meinen Vater bekommen hatten. Der wurde dann nach Buchenwald geschickt.

Schlimm! Wie alt waren Sie da?
Da war ich acht Jahre alt damals.

Ruth M. Rees und Sohn Melvyn, 2009

Hatten Ihre Eltern jemals in England wieder Deutsch gesprochen?
Ja, zu Hause hatten wir meistens Deutsch gesprochen. Ich hatte auch mit meiner Mutter bis sie gestorben ist, immer Deutsch gesprochen, am Telefon usw.

Deshalb können Sie noch so fabelhaft Deutsch.
Ja.

Viele haben ja dann kein Wort mehr Deutsch gesprochen, nachdem sie weggegangen sind.
Meine Eltern fanden es leichter, Deutsch zu sprechen. Es war für sie schwierig, weil sie nicht mehr so jung waren.

Wie sprechen Sie mit Ihrem Sohn?
Oh, Englisch. Walisisch spreche ich nicht. Mein Mann kam zwar aus Wales, aber das ist eine sehr schwierige Sprache.

Lieber Melvin, stellen Sie sich bitte noch mal kurz vor? Wie Sie heißen, wann Sie geboren sind und was Sie immer mit nach Leipzig treibt.
Ich bin Melvyn Kurt Rees. Der Mittelname ist nach meinem Großvater. Ich bin 1956 geboren. Mein Großvater war 1955 gestorben. Ich bin in Golders Green aufgewachsen. Golders Green war ein eigenartiger Ort, weil so viele der Einwohner Juden sind. Zu der Zeit waren die Deutschen dort auch in der Mehrheit. Natürlich dachte ich, dass alle Deutschen Juden waren. Erst später habe ich dazugelernt. Ich finde Leipzig eine sehr schöne Stadt und ich finde es auch wichtig, dass Mutti hierherkommt, um mit ihren Gefährten zusammenzukommen.

Wir sitzen hier im Klassenzimmer, Melvyn. Ich glaube, Sie müssten jetzt eine Eins kriegen. Fabelhaftes Deutsch. Für einen Engländer sogar exzeptionell.
Auch wenn ich kein Deutsch zu Hause gelernt habe, habe ich sehr viel Deutsch gehört. Weil die Mutti und die Oma immer zusammen Deutsch gesprochen haben. Als ich mit Deutsch anfing mit zwanzig Jahren, hatte ich schon so viel gehört, dass ich die Ohren dafür hatte.

Vielen Dank. Das war ein sehr nettes Interview mit Ihnen beiden. Vielen Dank.

Hans Last

Lieber Herr Last, wir wollen dieses Gespräch mit der Kamera aufzeichnen, damit Leipziger Schülerinnen und Schüler Ihre Geschichte erfahren können. Darf ich weiter auf Deutsch mit Ihnen sprechen?
Es fällt mir schwer, you know. Aber so langsam fallen mir die Wörter wieder ein. Sagt man in Leipzig eigentlich immer noch Butterbemme?

Ja. Butterbemme versteht jeder.
Und zur Straßenbahn die Elektrische?

Die Elektrische heißt jetzt Bimmel. Ich staune, Sie haben Ihr Sächsisch noch nicht vergessen. Nach mehr als sechzig Jahren sind Sie das erste Mal wieder in Leipzig. Ich kann mir gut vorstellen, dass Ihnen diese Reise nicht ganz leichtgefallen ist. Erzählen Sie mir bitte etwas über Ihre Kindheit in Leipzig?
Mein Name ist Hans Last. Ich bin 1927 in der Nordstraße 27 geboren. Das Haus, glaub ich, steht heute nicht mehr. Später sind wir in die Berliner Straße 64 umgezogen, das war ziemlich weit hinten, kurz vor der Eisenbahnbrücke. 1933 bin ich in die Schule gekommen, es war die 32. Volksschule in der Yorkstraße.

Waren Sie dort das einzige jüdische Kind in der Klasse?
Nein, es waren immer so ungefähr zwanzig Prozent jüdische Kinder in der Klasse. Leopold Bardfeld[106] war in meiner Klasse. Sein Vater hatte ein koscheres Milchgeschäft an der Ecke Yorkstraße / Parthenstraße. Poldi war mein Freund, wir haben bei mir zu Hause immer gern Holz geschnitzt. Aber ich hatte auch nichtjüdische Freunde. Das spielte bei uns Kindern keine Rolle bis 1935, bis die Nürnberger Gesetze herauskamen. In den Schulbüchern, die noch aus der Zeit der Weimarer Republik stammten, waren die Bilder, die eine Referenz[107] an die Weimarer Republik enthielten, mit der Rasierklinge ausradiert. Aber Kinder interessieren sich nicht so sehr für Politik. Vielleicht hatten die Eltern auch Angst, uns etwas über die schlimme Situation zu erzählen, weil sie dachten, dass wir es weitererzählen könnten.

Mussten Sie auch mit »Heil Hitler« grüßen?
Die jüdischen Kinder brauchten das nicht mitmachen, vielleicht durften wir es auch nicht. Wir mussten auch nicht am Samstag zur Schule gehen und am Religionsunterricht brauchten wir auch nicht teilnehmen.

Waren die Lehrer streng?
Oh ja, die Parteigenossen erkannten wir ja an den Abzeichen. Da hatten wir jüdischen Kinder kein Glück. Aber in einigen Fächern war ich sogar der Erste, obwohl ich Jude war.

Wo haben Sie als Kind am liebsten gespielt?
Damals wurde gerade das Rollschuhlaufen modern. Dadurch waren wir viel auf der Straße zusammen, auch mit einem Freund Helmut, der ziemlich gut Rollschuh laufen konnte. Irgendwann sagte mir mein Vater, dass ich nicht mehr mit Helmut spielen kann, weil der Kontakt zwischen Juden und Nichtjuden nicht mehr erlaubt ist. Das ist uns schwer gefallen.

Wie lange konnten Sie in der 32. Volksschule bleiben?
Nach den Olympischen Spielen 1936 durften Juden die Volksschule nicht mehr besuchen. So kam ich dann in die Carlebachschule.

Fiel Ihnen der Abschied von den Klassenkameraden schwer?
Viele jüdische Freunde wechselten ja zusammen mit mir auf die jüdische Schule. Das war nicht schlimm.

Welche Erinnerungen haben Sie an die Lehrer der Carlebachschule?
Besonders an Dr. Grünewald denke ich gern. Er gab Englisch und Französisch. Dann hatten wir Mathematik bei Herrn Levi mit den dicken Brillengläsern.

Gab es irgendein besonders schönes Erlebnis in der Schule, an das Sie sich noch erinnern?
Als wir nicht mehr ins Kino gehen durften, gab es in der Aula manchmal für uns Kinovorstellungen. Aber meistens war das abends nur für die Erwachsenen.

Haben Sie 1938 in der Schule eine Purim-Operette gesehen, die Manfred Samson geschrieben hatte?
Nein, daran kann ich mich nicht erinnern. Aber ich weiß, dass der Jüdische Kulturbund[108] viele Vorstellungen mit jüdischen Künstlern arrangierte.

Können Sie sich noch an den Sportlehrer Daniel David Katzmann erinnern?
Der Name sagt mir was, aber ich selbst hatte nicht bei ihm. Ich war Mitglied in einem jüdischen Sportclub. Mindestens zweimal in der Woche waren wir auf dem Bar-Kochba-Sportplatz.

Wie war der Schulweg? Gab es manchmal Hänseleien von Hitlerjungen?
Mein Vater hat mir immer gesagt, dass ich mich ganz ruhig verhalten soll. Wenn einer mich schlägt, soll ich nicht zurückschlagen, sondern mich umdrehen und abhauen. Das kam schon vor, dass uns die Jungen unsere Mützen vorn runter zogen, dass wir nichts mehr sehen konnten. Aber das waren alles keine gefährlichen Sachen. So richtige Prügel habe ich von dem Lehrer im Talmud-Thora-Verein bezogen. Dort in die Färberstraße bin ich zweimal in der Woche zum Unterricht gegangen. Und wenn ich etwas nicht konnte, sagte der Lehrer es meinem Vater. Und dann bekam ich das zweite Mal Prügel.

Wie denken Sie heute über die Prügelstrafe? Haben Sie Kinder?
Ich habe Kinder, aber Mädels. Und die wurden niemals geschlagen.

Wie würden Sie insgesamt die Qualität der Carlebachschule einschätzen?
Akademisch war es bestimmt eine gute Schule. In sportlicher Hinsicht weiß ich es nicht so genau. Zwar hatten wir jeden Tag einmal Sport, aber nur in der Aula. Da konnte man nicht viel machen.

Wann sprachen Ihre Eltern mit Ihnen das erste Mal über die Flucht aus Deutschland?
Nach den Nürnberger Gesetzen 1935 wollten viele Juden raus. Meine Eltern wollten nach Amerika. Das wussten wir. Aber es ging nicht, weil wir keine Einreisegenehmigung bekamen. Mein Bruder Max und mein Vater sind dann 1939 nach Belgien geflüchtet, wurden aber gefangen genommen und wieder nach Leipzig abgeschoben. Ich sollte zu Bekannten nach Köln, das hat aber auch nicht geklappt. Kurz vor dem Beginn des Krieges kamen wir dann alle nach Belgien bis zum 10. Mai 1940, bis die Deutschen in Belgien einmarschiert waren. Dann sind wir nach Frankreich geflüchtet. Wir waren eigentlich nie in der besetzten Zone. In der Nähe von Angers lebten wir zusammen mit anderen jüdischen Kindern auf einem Bauernhof. Irgend jemand hat uns dort verraten und so wurden wir von der französischen Garde mobile verhaftet und den Deutschen ausgeliefert. Über Casseneuil wurde ich nach Drancy und danach in verschiedene Konzentrationslager überführt, bis nach Schlesien, in der Nähe von Oppeln, wo wir die Autobahn bauen mussten.

Wie wurden Sie dort behandelt? Bekamen Sie wenigstens genug zu essen für die schwere Arbeit?
Am Anfang waren die Wächter noch überzeugt vom Sieg der Deutschen. Die Behandlung war furchtbar. Nach der Niederlage von Stalingrad 1942 fing es an, etwas besser zu werden. Aber genug zu essen gab es nie. Und ich weiß noch, wie ich den ersten Toten gesehen habe. Das war schrecklich. Das kann man gar nicht beschreiben. Das kann man wirklich nicht beschreiben. Da war zum Beispiel ein Doktor aus Wien, der hatte sich die Adern aufgeschnitten. Da haben sie ihm das wieder zusammen genäht. Da ist der Gefreite, kann ich den Namen nennen? Hoheisel war sein Name. Gefreiter Hoheisel hat ihn dann die Schubkarre den Berg rauffahren lassen und das hat diese Adern wieder aufgerissen. Und das Blut rann entlang und der Hoheisel hat ihn immer gepeitscht und gepeitscht, schneller, schneller, schneller, und am Ende ist der Mann über den Sand hingefallen und da war er tot. Er hatte einen roten Pullover an, ich erinnere mich noch ganz genau. Das war eigentlich das erste mal, dass ich einen toten Mann sah. Und da war bei denen überhaupt gar kein Mitgefühl da, ich glaube sogar, die hätten mehr Gefühl gehabt für ein Huhn, das man geschlachtet hat, als für diesen Doktor.

Welche Armee hat Sie befreit? Waren es die Amerikaner oder die Russen?
Als der Krieg zu Ende war, mussten wir laufen[109] und für die Bewachung die Wagen ziehen. Zwischen Zwickau, Stollberg und Glauchau immer laufen und laufen, und irgendwo im Niemandsland blieben wir stehen. Unterwegs sind wir in eine Waldhütte rein und haben vergeblich etwas zu essen gesucht. Dann sind wir alle geflohen, wurden aber plötzlich von einigen Hitlerjungen entdeckt, die vielleicht genauso alt waren wie wir. Sie waren alle bewaffnet und sie wussten nicht, was sie mit uns machen sollten. Schließlich brachte uns einer von der Feldgendarmerie nach Glauchau, um im Rathaus etwas für uns zu essen zu besorgen. Aber er kam nicht wieder. Wir waren inzwischen so abgestumpft, dass wir nicht einmal mehr die Kraft hatten, zu fliehen. Als jemand sagte: »Der Krieg ist aus!«, konnten wir uns nicht einmal richtig freuen. Wir hatten noch zwei russische Juden mit bei uns. Dem einen waren die Füße abgefroren und wir konnten ihn nur im Handwagen transportieren.
Und dann plötzlich kamen die Amerikaner mit einem Jeep. Die sahen aus so wie Weihnachtsbäume, so dekoriert mit so verschiedenen Waffen und Abzeichen. Darunter war auch ein Neger. Ein riesiger Kerl, der hat angefangen zu weinen, als er uns gesehen hat, solche lebenden Skelette. Er weinte, ein Weihnachtsmann voll mit diesem ganzen Zeugs da auf der Uniform und weinte wie ein kleines Kind.

Wie ging es dann weiter?
Die Amerikaner brachten uns mit ihrem Jeep erst einmal in ein Hospital. Dort hat man uns sehr freundlich behandelt, endlich bekamen wir etwas zu essen. Ich hatte Fleckfieber und war vier Wochen schwer krank. Im Juni 1945 wurde ich dann nach Frankreich zurück gebracht. Weil ich aber noch nicht 18 Jahre alt war und meine Eltern verschollen waren, musste der Staat als mein Vormund eingesetzt werden. Ich lernte Radiotechnik und arbeitete dann bei der Firma Schneider, die heute Philipps heißt. Meinen Bruder habe ich dann in Paris auch wiedergetroffen und wir waren uns einig: Und wenn es zum Mond ginge, das wäre uns lieber, als länger in Europa zu bleiben. So füllten wir alle möglichen Ausreisepapiere aus, nach Venezuela, nach Amerika oder nach Australien. Das erste, was ging, war Australien. Mein Bruder ist dann allerdings wieder zurück nach Frankreich und lebt auch heute noch dort.

Ihre Frau stammt ebenfalls aus Deutschland. Haben Sie sich in Australien kennengelernt?
Ja, das stimmt. Meine Frau hat Auschwitz überlebt und spricht seitdem kein Wort mehr Deutsch. Aber sie ist mitgekommen nach Leipzig.

Gedenktafel am Gebäude der Carlebachschule, Gustav-Adolf-Straße 7, 2004

Hans Last (Zweiter von links) mit den Geschwistern Katz vor der Gedenktafel, 2004

Warum sind Sie noch einmal zurückgekommen in das Land, das Ihnen so viel Schlimmes angetan hat?
Es war nicht das Land, das mir das angetan hat. Die neue Generation ist doch auch ganz anders und hat andere Ideen. Ob das immer die richtigen Ideen sind, das kommt drauf an. Außerdem wollte ich das Grab meiner Urgroßmutter noch einmal besuchen. Sie war noch vor 1933 auf dem Alten Jüdischen Friedhof beerdigt worden. Sie hieß Henriette Bauch. Es ist das einzige Grab unserer Familie, wo wir wissen, woher wir kommen.

Wie denken Sie heute über Deutschland?
Das Land ist noch immer ein sehr schönes Land, in vielen Beziehungen. Es ist ein weitaus fruchtbareres Land als Australien. Ich meine, wenn man ins Inland von Australien geht, ist das zur Hälfte eine Wüste.

Hans Last und seine Frau (Bildmitte), 2004

Gruppe der Ehemaligen, 2004

Hans Last im Film des Schulmuseums in der Ausstellung „Begegnung statt Vorurteil", 2006

Haben Sie Ihren Kindern von Deutschland erzählt?
Wir hatten zwei Töchter, eine ist schon nicht mehr da. Aber sie haben uns gefragt, als sie klein waren: »Warum haben alle anderen Kinder Großeltern? Warum haben wir keine?« Es war nicht einfach für sie, damit zu leben.

In England gibt es eine Hilfsorganisation für die »second generation«. Die Kinder der Holocaust-Überlebenden tauschen sich dort aus und helfen sich gegenseitig. Gibt es so etwas auch in Australien?
Nein, dafür sind es zu wenige und sie leben zu weit verstreut. Unsere Töchter hätten diese Hilfe sicher gern gehabt. So mussten sie allein damit zurechtkommen. Das sind alles noch die Auswirkungen von dem, was vorher war. Das sind alles Verbrechen, mit denen sich die Nazis sogar an der neuen Generation vergangen haben.

Lieber Herr Last, das war ein sehr interessantes Gespräch. Mich hat vieles sehr bewegt und ich hoffe , dass Sie dieses Mal mit einem guten Gefühl von Deutschland zurückkehren. Herzlichen Dank für das Interview.
Vielen Dank für die Unterhaltung. Ich freue mich schon auf das Buch.

Rolf und Brigitte Kralovitz

Lieber Herr Kralovitz, wir kennen uns ja schon lange. Trotzdem frage ich Sie für den geplanten Film und für das Buch noch einmal nach den wichtigsten Daten aus Ihrer Kindheit.
Ich bin am 15. Juni 1925 in Böhlitz-Ehrenberg bei Leipzig geboren. Als ich noch sehr klein war, sind wir, meine Eltern Max und Martha, meine Schwester Annemarie und ich, in die Fregestraße 22, in das berühmte Waldstraßenviertel gezogen. Da wohnte meine Großmutter Lina Burgheim seit vielen Jahren, seit dem Jahr 1900. Da war das Haus gerade neu gebaut worden. Mein Großvater war schon gestorben.

Eltern Max und Martha Kralovitz, Anfang der 1920er Jahre

Ihre Familie lebte doch schon seit mehreren Generationen in Leipzig. Ihre Urgroßeltern Bucky wohnten einmal in der Reichsstraße, also mitten in der Stadt. Sie hatten zehn Kinder. Die Grabsteine auf dem Alten Israelitischen Friedhof sind noch da. Nur Ihr Vater war ein Neuleipziger, er war ungarischer Staatsbürger. Deshalb hatten Sie auch den ungarischen Pass, obwohl Sie nie in Ungarn waren. Aber gehen wir noch mal zurück zur Schule. Wann und wo sind Sie in die Schule gekommen?
Da muss ich wohl so ganz normal, sechs Jahre alt gewesen sein, also 1932, und bin in die Blaue Schule gekommen. Die Schule hieß so, weil sie blau angestrichen war. Ich glaube, das war früher Ostern, nicht? Ostern ist man in die Schule gekommen.

Ja. Bis 1941 war das so. Welche Schule war das?
Es war die 40. Volksschule in der Elsässer Straße, das ist jetzt die Max-Planck-Straße. Da waren zwei Eingänge: einmal für Knaben, glaub ich, und dann für Mädchen. Und da ich ein Knabe war, musste ich natürlich durch den Knabeneingang gehen. Wir hatten da ein Klassenzimmer und einen Klassenlehrer, der hieß Brenner[110]. An den kann ich mich noch sehr gut erinnern. Auch Herr Günther[111] war ein guter Lehrer.

Erzählen Sie uns bitte noch einmal die Geschichte vom Kostümfest?
Ja, die Sache mit dem Zylinder.

Schwester Annemarie, 1939 **Rolf Kralovitz, 1939**

Sie wollten ja am liebsten gar nicht in die Schule gehen, weil Sie kein Kostüm hatten?
Wir hatten in Leipzig »Tauchscher«, das gibt's wohl heute auch noch. »Tauchscher« – da kostümieren sich die Kinder und laufen so auf der Straße rum, als Indianer oder Räuber. Unser Klassenlehrer sagte eines Tages: »Also jetzt zum Tauchscher, da kommt ihr alle im Kostüm.« Ich habe das meiner Mutter gesagt. Ein Kostüm hatte ich aber nicht. Nur so einen Indianer-Federschmuck. Da gibt es übrigens ein Bild von mir.

Das «Tauchscher», ein Volksfest im September, Rolf Kralovitz (links), neben ihm Simon Haber und Siegfried Putaschnikoff (ganz rechts), um 1935

Dieser Indianerschmuck auf dem Kopf war mir zu wenig. Aber meine Mutter sagte: »Wir haben kein Geld, um ein Kostüm zu kaufen.« Da habe ich gesagt: »Dann kann ich nicht hingehen, ich muss kostümiert sein.« Und dann hat meine Mutter gesagt: »Ja, wir können was Besonderes machen. Du ziehst einen Schlafanzug an, und dann haben wir noch den Zylinder von deinem Opa.« Damals ging man ja noch mit einem Zylinder in die Synagoge oder zu Beerdigungen. Der Zylinder war in einer Schachtel mit Griff obendrauf. Da sagte meine Mutter: »Du gehst im Schlafanzug und nimmst den Zylinder mit. In der Schule setzt du ihn auf. Dann bist du kostümiert.« Ich habe angefangen zu schreien: »Was, das ist doch kein Kostüm, das geht doch nicht, nein, nein, nein! Das muss doch ein richtiges Kostüm sein!« Aber sie blieb dabei. Na gut, habe ich dann gedacht und bin in die Schule gekommen mit meiner Hutschachtel in der Hand. An der Treppe stand Herr Brenner, mein Lehrer. Er sah mich mit der Hutschachtel, nahm mich an die Hand und brachte mich in den Physikraum oder so was Ähnliches. Das war ein geschlossener Raum mit lauter Gläsern. Ich hatte das alles noch nie so gesehen. Jedenfalls wurde ich da reinbugsiert und musste allein warten. Ich habe mich schon sehr geärgert, weil ich mir nämlich gedacht habe: Ich hatte doch recht, das ist kein Kostüm, deswegen sperrt der mich hier ein! Tja, nach einer gewissen Zeit öffnet sich die Tür, der Herr Brenner kommt herein und sagt: »Komm mit und setz den Zylinder auf!« Wir gingen in die Klasse und alle waren kostümiert mit den tollsten Kostümen. Der Lehrer ging rein mit mir und sagte: »So, das originellste Kostüm kommt jetzt! Das ist der hier mit dem Zylinder!« So wurde ich also prämiert, als Bester der ganzen Klasse. Da hatte meine Mutter recht behalten.

So hatte der Lehrer doch vor allem den Mut ausgezeichnet, ein solches Kostüm überhaupt anzu-ziehen? Die alten Volksschullehrer verstanden oft viel von Pädagogik und Herr Brenner hatte ein mitfühlendes Herz. Waren es eigentlich gemischte Klassen oder gab es nur Jungs in der Klasse?
Ich hatte nur Jungs in der Klasse. Und das waren so Jungens aus der Gegend, aus dem Waldstraßenviertel, das runterging bis zum Naundörfchen, Ranstädter Steinweg, Frank-furter Straße und diese Gegend bis rüber zum Rosental. Dieser Ranstädter Steinweg und die Frankfurter heißen ja jetzt nur noch Jahnallee.

Diese Umbenennung in den fünfziger Jahren machte aus dem «Turnvater» einen »Revolutio-när« und verschwieg dessen Fremdenhass und Antisemitismus. Jahnschulen waren ja typisch für die Nazizeit. Mehr als hundert Schulen wurden 1936 in Jahnschulen umbenannt. Viele von ihnen wollen diesen Namen heute nicht mehr. Wie hat sich denn die 40. Volksschule nach der sogenannten Machtergreifung verändert?
Da war dieses berühmte Jahr 1933. Da kam ein Mann, der hieß Hitler. Und diesen Mann, den hätte man nicht gebraucht, aber der war nun da. Und der hat nun die ganze Politik in Deutschland total verordnet. Entweder man machte mit oder man war dagegen und dann kam man ins KZ. Aber die Juden, ob sie mitgemacht hätten oder nicht, die hat er dann sofort, mehr oder weniger angefangen zu verfolgen. Und '33 war es noch so, dass man in eine öffentliche Schule als jüdisches Kind gehen durfte. Aber dann wurde es immer schlim-mer. Dann kamen vor allem die Nürnberger Gesetze im Herbst 1935. Mit sieben Jahren hat man zwar schon das eine oder andere zur Kenntnis genommen, aber man hat sich nicht so irrsinnige Gedanken gemacht wie die Erwachsenen, was da für Verfolgungen begannen. Ich bin da mit anderen Worten reingewachsen, reingewachsen in diese Verfolgungszeit.

Wann mussten Sie denn auf die Carlebachschule wechseln?
Das muss so 1935 gewesen sein. Da bin ich nun nicht in die Carlebachschule gegangen mit dem Gefühl, dass ich jetzt erlöst bin von irgendwelchen Dingen, die mir da passiert sind oder noch passieren könnten. Aber in der Carlebachschule war natürlich ein ganz anderer Ton. Es waren nur jüdische Kinder, da durften gar keine anderen Kinder mehr auf diese Schule gehen. Aber es waren jüdische und nichtjüdische Lehrer.

An wen können Sie sich noch erinnern?

Einer meiner ersten Lehrer war Felix Carlebach. An den kann ich mich noch genau erinnern, er war ein ganz eleganter Mann. Er hatte seinen Spitznamen längst weg in der Schule, der hieß »Schwejzer Galant«. Warum, weiß ich nicht. Schwejzer weiß ich nicht, woher das kommt, aber galant kann man sich vorstellen, ein galanter Mensch.[112] Und er hatte da auch seine Frau, die er später geheiratet hat: Babette Kohn. Das war auch eine Lehrerin von mir. Dann wurde mein Klassenlehrer 1935 Daniel Katzmann. An den kann ich mich sehr genau erinnern, bis zuletzt, bis er dann wegkam 1942. Der hat eine große Bedeutung für uns alle und auch für mich.

Sie haben sich darum gekümmert, dass in Leipzig eine Straße nach ihm benannt wurde. Wer war der Mathelehrer?

In Rechnen hatten wir einen Mann der hieß Bruckmann, Sally Bruckmann. Den hab ich nicht so gemocht, er mich auch nicht. Rechnen, das war nicht meine Stärke. Dann zig Jahre später konnte ich ganz gut rechnen, aber nicht von Bruckmann, das hatte ich mir irgendwie anders wieder beigebracht.

War Geschichte nicht Ihr Lieblingsfach?

Ja, dann hatte ich Geschichte bei einem Lehrer Secemski. Und da muss ich irgendwie bei ihm, wie das so heißt, einen Stein im Brett gehabt haben. Oder ich war wirklich gut? Denn ich hatte Zensuren, die gingen rauf und runter. Das war wie eine Fieberkurve im Krankenhaus. Ich war kein sehr guter Schüler. Aber warum, weiß ich nicht. Ob es nun daran lag, dass ich nicht gerne lernte oder nicht theoretisch gern lernte? Ich war überhaupt so mittel, ja mittel! Aber der Secemski gab mir die beste Zensur. Das war ganz unten eine Eins und dann kam schon daneben eine Fünf in irgendwas. Damals rechnete man: die Eins war das Beste und die Fünf war das Schlechteste. Und ich hatte in Geschichte eine sehr gute Zensur, zumindest. Nun weiß ich nicht, ob Secemski mich gut leiden konnte. Ich weiß ja bis heute nicht, ob man Zensuren danach kriegt, ob die Lehrer einen leiden können oder wie man wirklich ist, nicht?! Das ist die große Frage.

Letzter Schulleiter Daniel David Katzmann, 1940

Sie haben immer viel von Daniel Katzmann erzählt. Er war ja eigentlich Sportlehrer. Was hat er bei Ihnen unterrichtet?

Wir hatten den Katzmann auch in Deutsch. Ich hab den für sehr klug gehalten. So viel gab es da gar nicht zu verstehen. Wenn man die Aufsätze zu Hause machen sollte, dann hat man das abgegeben. Später hat Katzmann die Hefte verteilt und hat bei jedem irgendwas gesagt. Und dann sagte er zu einem: »Also, diesen Aufsatz hast du nicht geschrieben, das hat irgendjemand geschrieben, der ein Kaufmann ist.« Und da hab ich mir gedacht: Woher weiß der das? Aber jetzt kann ich es mir vorstellen, das ist der Stil. Der Stil des Kaufmanns und nicht des Schülers. Oder ein anderer hat darüber geschrieben, was man an einem Tag in Leipzig macht von morgens bis zum Nachmittag? Und einer hat geschrieben – da hat der Katzmann sich amüsiert –: Ich ging in die Stadt, ich ging in ein Hotel,

Stolpersteine für Daniel David und Inge Katzmann vor der Gneisenaustraße 7, 2010

frühstückte und ging wieder nach Hause. Das war mir sehr komisch und das war ihm auch komisch. Vor allen Dingen, das Komischste daran war, wieso kann man in ein Hotel gehen und frühstücken? Das kostet doch furchtbar viel Geld. Aber so war das in den unterschiedlichen Familien mit den unterschiedlichen Denkarten.

Gab es manchmal auch Streit in der Carlebachschule?
Abgesehen von Antisemitismus waren der normale Streit und die normalen Hänselungen genauso unter jüdischen Kindern wie in normalen Schulen. Da waren keine Unterschiede. Da hat man sich auch geschlagen, da hat man sich auch befreundet oder nicht befreundet. Es war eine normale Schule für meine Begriffe, ich kannte es ja dann nicht mehr anders. Dann wurde ich auch älter, von Jahr zu Jahr merkt man ja mehr von den Dingen, die um einen herum passieren. Es war ein ganz normales Schulleben. Der Unterricht war gut. In meiner Erinnerung war er gut.

Rolf Kralovitz (Zweiter von links hinten) im Schulhof der Carlebachschule, 1938

Und wie war das Leben außerhalb der Schule?
Ich war im jüdischen Sportverein »Schild«. Wir hatten in Thekla einen Sportplatz und konnten im Winter auch in die Turnhalle der Carlebachschule gehen. Mein Lehrer Daniel Katzmann war unser Trainer. Es war ja für Juden vieles verboten, vor allem nach dem November ʼ38. Vorher auch schon mehr oder weniger, aber nicht ganz so streng. Nach dem November ʼ38, wo ja nun alles kaputt war, die Geschäfte waren kaputt, die Synagogen waren zerstört, da wollten die Menschen nur noch raus aus Deutschland.

Synagoge Gottschedstraße

Im Jüdischen Gemeindeblatt Nr. 31 aus dem Jahr 1938 ist eine Annonce nachzulesen. Rolf Kralovitz hatte am 13. August seine Bar Mizwa in der großen Gemeindesynagoge Gottschedstraße. Da stand dieses prächtige Gotteshaus noch. Welche Erinnerungen haben Sie an die Synagoge?

Ich sehe noch den Oberkantor Samuel Lampel, wie er die Thorarollen trägt. Er wiegt sie im Arm wie ein geliebtes Kind. Diesen Anblick werde ich nie vergessen. Er war dann bis zuletzt Musiklehrer in der Carlebachschule.

Sie haben sich auch darum gekümmert, dass es in Leipzig eine Lampelstraße gibt. Wie lange ging die Carlebachschule überhaupt noch?
Das Ende der Schule war für mich ein Ende, aber nicht ein Ende der Schule. Ich bin also ungefähr '39 dann, weil ich vierzehn und nicht mehr schulpflichtig war, aus der Schule rausgekommen. Wir mussten ja innerhalb weniger Tage aus der Fregestraße 22 ausziehen aus dieser Wohnung, wo meine Familie vierzig Jahre gewohnt hatte.

Haus Fregestraße 22, nach 1945

Aber in der Fregestraße gab es nicht nur nette Nachbarn. Erzählen Sie uns bitte noch einmal die Geschichte mit den Brötchen?

Mit den Nachbarn auf derselben Etage standen wir eigentlich immer sehr gut. Damals war es üblich, dass man morgens die Brötchen gebracht bekam. Am Abend wurde an die Klinke der Wohnungstür ein leerer Stoffbeutel gehängt, den der Bäckerjunge dann am nächsten Morgen gegen einen vollen austauschte. Eines Tages war dieser Beutel nicht da. Das heißt, er war da, aber leer. Meine Mutter und ich gingen zur Bäckerei Bienert um die Ecke in der Waldstraße und meine Mutter sagte: »Wir haben heute keine Brötchen bekommen.« Bäcker Bienert und seine Frau waren sehr aufgeregt. »Wir wollten Ihnen das eigentlich gar nicht sagen, aber Ihre Nachbarin hat heute morgen den Bäckerjungen aufgehalten und ihm gesagt, er soll die Brötchen wieder mitnehmen. Juden brauchen keine Brötchen!«

Gab es nicht auch eine andere Frau aus dem Haus, die Ihnen manchmal Schokolade zugesteckt hat?

Ja, die gab es auch. So war das Gute und das Böse dicht beieinander.

Sie waren länger in Leipzig als die meisten anderen jüdischen Überlebenden, die noch bis 1939 fliehen konnten. Wie haben Sie diese Zeit mit dem gelben Stern erlebt in Leipzig?[113]

Weil wir Juden waren, wurden wir in ein sogenanntes »Judenhaus« eingewiesen. Zuerst in die Frankfurter Straße 6 und dann in verschiedene andere. In die damals Walter-Blümel-Straße 21, heute Löhrstraße, dann in die Schule. Wir haben dann längere Zeit in der Schule wohnen müssen. Das wurde ein sogenanntes »Judenhaus«. Da waren ein paar hundert Leute einquartiert.

Sie haben erzählt, dass Sie Totengräber auf dem Ostfriedhof waren.

Ja. Das war die Zwangsarbeit für die Juden. So, wie ich als Totengräber gearbeitet habe, waren andere bei der Müllabfuhr oder ich weiß nicht wo in der Rüstungsindustrie. Und wir bekamen damals wenig zu essen. Das heißt, die Juden in den »Judenhäusern« bekamen Lebensmittelkarten, die es ja damals gab. Sie waren aber mit einem J versehen und sehr gekürzt gegenüber der allgemeinen Bevölkerung. Wir haben keine Fleischkarten bekommen, wir haben ganz wenig Fett bekommen. Wir waren ziemlich hungrig damals. Aber nicht zu verwechseln mit Buchenwald. Da war es fürchterlich! Ja, und als Totengräber musste ich eine Schaufel nehmen und die Gräber ausschaufeln. Heute macht man das maschinell.

Wie haben Sie das als so junger Mensch ausgehalten?

Wie habe ich das ausgehalten? Ich bin an sich kein geborener Totengräber, aber ich musste es machen.

Sie haben doch aber in ständiger Angst leben müssen, dass Sie irgendwann deportiert werden? Sie hatten zwar ein Schreiben des ungarischen Konsulats, das Sie noch etwas vor den Deportationen geschützt hat, aber irgendwann kam der Tag, an dem Sie verhaftet wurden. Können Sie den beschreiben?

Mein Vater hatte noch versucht, uns nach Ungarn zu holen. Das konnten wir aber nicht, weil wir nie in Ungarn waren. Deshalb haben wir auch unsere Pässe nicht verlängert bekommen. Dann aber kam der Oktober 1943, als schon alle sogenannten »Volljuden« weg waren, da waren wir die letzten. Nach uns gab es nur noch »Mischlinge« und »Mischehen«, die sind dann erst 1945 nach Theresienstadt gekommen. Aber in dem Fall, es gab noch jüdische Ungarn, Rumänen und Türken, die wurden alle im Oktober 1943 verhaftet. Eines Morgens um sechs Uhr kam die Geheime Staatspolizei mit zwei Beamten. Sie haben meine Mutter, meine Schwester und mich aufgefordert, je einen Handkoffer oder einen

Rucksack zu packen. In einer halben Stunde haben sie uns dann abgeholt und in die Löhrstraße 10 gebracht.

Haben Sie da noch an Flucht denken können?
Nein. Eine Flucht war überhaupt nicht möglich zu dieser Zeit. Obwohl es viele versucht haben. Die sind dann in den Untergrund gegangen, in Berlin vor allem, in Leipzig weniger. Da gab es nur zwei Fälle. Eine Frau, Käthe Leibel, sie lebt heute noch in Hamburg, und ihr Sohn Jochen lebt in Paris als Journalist. Er war damals zwei Jahre alt.

Wussten Sie, was mit Ihnen passieren würde?
Na, so einigermaßen wussten wir schon, was passiert. Aber so viel Phantasie hat niemand besessen, sich vorzustellen, dass wir alle vergast werden.

War Ihnen da auch schon klar, dass Sie getrennt werden würden?
Natürlich, das war klar. In der Löhrstraße war nur noch ein einziger Raum für die jüdische Gemeinde. Dort war ein Gestapo-Beamter in Uniform. Das war selten. Sonst waren sie immer in Zivil. Es war also ein SS-Offizier, der meiner Mutter ein Formular gegeben hat, das sie unterschreiben sollte. Da stand drauf: Das Vermögen der Juden Kralovitz wird als »staatsfeindliches Vermögen« beschlagnahmt zugunsten des Deutschen Reiches. Warum das »staatsfeindlich« war, weiß ich bis heute noch nicht. Jedenfalls hat meine Mutter das unterschrieben, weil sie dachte, nun sind wir schon verhaftet, da ist auch alles egal. Plötzlich kam eine Gestapo-Beamtin rein und schrie: »Frauen und Kinder raus!« Da hat sich meine Mutter von mir verabschieden wollen. In dem Moment hat diese Beamtin meine Mutter an den Haaren gezogen und sie zusammen mit meiner Schwester die neun Treppenstufen zum Hof hinuntergeschubst. Das war alles. Ich habe die beiden nie im Leben wieder gesehen. Dann kamen wir dran. Wir waren vier Männer mit zwei Gestapo-Beamten und sind von der Löhrstraße über den Ring zum Bahnhof gegangen. Es war herrliches Wetter im Oktober. Da liefen auch überall Menschen rum, die Straßenbahn fuhr. Wir sind auf den Bahnsteig gegangen und sollten im voll besetzten Zug ein extra Abteil bekommen für diesen Häftlingstransport. Da haben die Leute geschimpft: »Was, wegen der Juden sollen wir aufstehen?« Aber sie mussten raus und wir kamen nach Weimar für eine Nacht ins Polizeigefängnis und am nächsten Tag nach Buchenwald. So war die Geschichte. Auf dem Bahnsteig hatte noch der Gestapo-Beamte gesagt: »Sie hätten schon längst weg sein können!« Darüber denke ich heute noch nach, wie er das gemeint haben könnte.

Träumen Sie manchmal nachts noch davon?
Ich träume Gott sei Dank nicht davon. Es gibt Leute, die träumen nur solche Sachen. Im wachen Zustand denke ich aber oft daran. Ich wurde nach Gedenktagen gefragt. Die sind bei mir 365 Tage im Jahr. Ich werde damit nicht fertig. Stellen Sie sich mal vor, Ihre ganze Familie wird ermordet.

Wie war es für Sie in Buchenwald, diese Nummer Zehnnullneunzig zu bekommen. Waren Sie damit sozusagen ein Leben lang gebrandmarkt?
Das ist nicht wie eine Telefonnummer, die man sich merkt oder nicht. Die Häftlings-nummer war die Aberkennung des Namens. Natürlich unter den Häftlingen behielt ich meinen Namen. Aber für die SS war ich nur die Nummer. Zehnnullneunzig sofort zum Tor! Zehnnullneunzig sofort dahin! ... Da kamen die Befehle.

Wurden die Nummern angeheftet?
Angenäht auf die linke Brustseite. Es gab ja Winkel, rote, gelbe, grüne, schwarze, was weiß ich. Politisch war rot, der ging nach unten. Und drunter war ein gelber Winkel, der ging nach oben. Das war dann ein sogenannter Judenstern. Da musste man damit rumlaufen. Und unter diesem Winkel stand die Nummer. Und am linken Hosenbein dasselbe noch mal.

Wie war sonst die Häftlingskleidung?
Eigentlich gestreift. Aber die gab es in meiner Zeit kaum noch, da waren die schon »ausverkauft«. Im wahrsten Sinn, die kamen nicht nach, die Häftlingskleidung mit den Zebrastreifen herzustellen, so Drillichzeug. Da bekam man dann »Räuberzivil«. Ich habe mal eine Jacke gehabt, da war noch ein Etikett drin. Das war eine Jacke von einem Budapester Maßschneider. Da kann ich mit Sicherheit annehmen, das war die Jacke von einem vergasten ungarischen Juden.

Rolf Kralovitz als ungarischer Staatsbürger, 1943

Wie kamen die Sachen nach Buchenwald?
Die kamen von Auschwitz nach Buchenwald und man hat sie dort verteilt in der Kleiderkammer. Die Jacke durfte natürlich nicht so getragen werden, sondern da musste hinten am Rücken ein Stück ausgeschnitten sein und ein Stück Zebrastreifen eingenäht werden. Oder, wenn das auch nicht da war, wurde mit roter Lackfarbe ein Kreuz gemacht, damit man um Gottes willen nicht damit fliehen konnte. So war das bei meiner Jacke. Vorher hatte ich eine Uniformjacke von irgendeinem Soldaten. Als ich eingeliefert wurde, sind ja von mir zwei Bilder gemacht worden, eins mit Brille und eins ohne Brille. Da sieht man das, es fehlt der Kragen, da war nur so ein Stehkragen. Die Hose war leider nur ein dünner Stoff.

Wo waren Sie in Buchenwald untergebracht?
Ich hatte noch das Glück, in dem Großen Lager auf Block 22 zu sein. Da war ja noch eine sogenannte Ordnung. Da gab es einen Tagesraum mit langen Tischen und Bänken und jeder hatte dort seinen Platz. Dahinter war der sogenannte Schlafsaal. Da waren zwei eiserne Betten nebeneinandergerückt und drei übereinander. Und in diesen zwei Betten nebeneinander schliefen ungefähr vier Personen, wenn nicht fünf. Wenn man sich umdrehte, drehten sich alle anderen mit um. Das war nicht schön, aber man hatte noch seinen Platz auf der Bank. Wenn man sich abends schlafen legen wollte, hat man seine Sachen auf die Bank gelegt und die hat auch keiner weggenommen. Im Kleinen Lager konnte man überhaupt nichts weglegen. Da haben die Leute ihre Schuhe unter den Kopf gelegt, sonst waren sie sofort weg.

Haben Sie zu dem Zeitpunkt daran geglaubt, dass Sie dort jemals wieder rauskommen?
Nein. Ich habe daran nicht gedacht. Viele meinten, sie hätten die Hoffnung immer gehabt. Ich habe nur gedacht, hoffentlich bleibe ich am Leben. Buchenwald war nicht ein ausgesprochenes Vernichtungslager wie Auschwitz oder Treblinka oder Majdanek, wo man die Menschen vergast hat. Als wir hinkamen nach Buchenwald, waren wir nach einem Jahr

wieder die ersten Juden. Denn es gab vom Reichssicherheitshauptamt eine Anordnung, dass alle jüdischen Häftlinge aus den innerdeutschen Konzentrationslagern wie Buchenwald, Ravensbrück oder Dachau nach Auschwitz zu bringen sind. Die Juden durften sonst in Buchenwald nur die allerschlimmsten Arbeiten machen, im Steinbruch usw. arbeiten. Aber da gab es einen Maurer-Kapo[114], Robert Siewert, er war ein sehr anständiger Mann. Er hatte den Auftrag, ein großes Rüstungswerk aufzubauen, das Gustloff-Werk. Das konnte er aber nur mit drei- bis vierhundert Maurern aufbauen. Es waren aber keine da. So ist er beim Kommandanten damit durchgekommen, dass er auch Juden zum Maurer ausbilden darf. Ein Teil war theoretischer Unterricht und ein bisschen Praxis auch schon. Und dann kam der Befehl, die Juden müssen weg. Da ist der Siewert wieder zum Kommandanten gegangen und hat ihm erklärt, wenn keine Juden mehr die Maurerarbeiten machen dürfen, dann gibt es auch keine Rüstungsfabrik. So ist es ihm gelungen, er hat die jüdischen Maurer in Buchenwald behalten können und die waren auf dem Block 22.

Gab es nicht auch jüdische Häftlinge in der deutschen Rüstungsindustrie?
Ab 1942 war die SS auf den Gedanken gekommen, die Häftlinge könnten doch eigentlich sogar in der Rüstungsindustrie arbeiten. Nach zwei, drei Monaten sterben sie dann sowieso, weil sie das nicht aushalten ohne Essen und so. Aber die könnten das doch machen. Von diesem Zeitpunkt an hat man davon abgesehen, die Leute systematisch umzubringen, zumindest nicht in Buchenwald. Vorher hatte man sie erschlagen oder »abgespritzt« in der Krankenbaracke. Das gab es dann auch noch weiter. Es war aber etwas besser geworden, weil man die Juden für die Rüstungsindustrie ausnutzen konnte. Man hat die Menschen in Buchenwald also nicht direkt umgebracht, sondern man hat sie getötet, indem man ihnen nicht genug zu essen gegeben hat.

Sie hatten doch auch einmal eine schlimme Krankheit?
Ja. Ich war auch schon fast tot gewesen. Ich hatte Ruhr, das war gefährlich. Da starben jeden Tag mindestens vier bis zehn Leute.

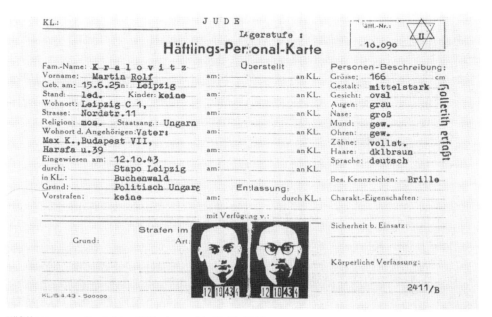

Häftlingspersonalkartei im KZ Buchenwald, 12.10.1943

Als die Amerikaner im April 1945 kamen, war Ihnen da sofort klar, dass dies jetzt die Rettung sein wird?

Ja, das war klar. Aber begriffen habe ich es erst Tage später, als ich zu diesem Bauernhof gekommen bin. Das beschreibe ich im Buch »Zehnnullneunzig in Buchenwald«.

Dieses Buch schildert sehr genau und auch sehr differenziert die Verhältnisse in Buchenwald. Da gibt es auch – wie bei den Nachbarn in der Fregestraße – den guten und den bösen SS-Mann. Also gab es Handlungsspielräume für den Einzelnen, auch in der Diktatur?

Ja, die gab es. Jeder ist für sein Tun verantwortlich.

Diesmal sind Sie in Leipzig, weil Sie zusammen mit Ihrer Frau die Ehrenmedaille der Stadt Leipzig bekommen. Welche Bedeutung hat diese Ehrenmedaille für Sie?

Ich kann dazu nur sagen, vor sechzig Jahren sind wir hier an den Häusern entlang

Rolf Kralovitz

ZehnNullNeunzig
in Buchenwald

Ein jüdischer Häftling erzählt

Titelseite des Bestsellers

gegangen voller Angst und wurden gedemütigt mit dem Judenstern auf der Brust. Und das jetzt mit der Ehrenmedaille zu vergleichen geht nicht. Aber dass das so passiert in diesen Gegensätzen, ist eigentlich unglaublich, das damals und das heute. Das hat schon eine große Bedeutung für mich.

Sie sind ja nach 1945 in Leipzig noch einmal diskriminiert worden, zumindest wurden Sie degradiert zum Opfer zweiter Klasse. Wollen Sie kurz erzählen, was Ihnen da widerfahren ist?

Das ist eine lange Geschichte. Ich erzähle sie kurz. Wir haben hier als KZ-Überlebende einen roten Winkel bekommen. Das war ein Ehrenzeichen. Wir haben ja den Winkel auch in Buchenwald tragen müssen. Eines Tages sollte ich zur Betreuungsstelle kommen und da hat man mir gesagt, ich müsse den Winkel abgeben, denn ich bin kein Genosse. Und da habe ich gesagt: »Das hat mit Genosse nichts zu tun. Ich habe in Buchenwald den Winkel tragen müssen.« Da sagte der Mann: »Die Anordnung kommt von oben, leider, leider. Aber Sie können den Winkel jetzt auch weiter behalten, wenn Sie in die SED eintreten.« Das habe ich abgelehnt. Ich bin nie in die Partei eingetreten, bin auch nie in eine andere Partei eingetreten. Ich bin frei und möchte es auch so bleiben.

Sie haben dann Leipzig verlassen und sind nach Amerika gegangen. Oft wurden Sie von Leipziger Schülern gefragt, warum? Ihre Antwort, weil Ihnen die Deutsche Demokratische Republik nicht demokratisch genug war, haben sicher nicht alle verstanden, weil sie den Unterschied zwischen Diktatur und Demokratie nicht kennen. Ist es eine Genugtuung nach allem, was Sie hier erlebt haben, wenn Sie gerade in dieser Stadt eine Ehrenmedaille bekommen?

Eine Genugtuung ist es, aber eine sehr schmerzliche. Meine Mutter, die man in Ravensbrück ermordet hat, würde sich sehr freuen darüber. Vor allen Dingen über die Gründe, warum wir die Medaille bekommen: weil wir erzählen, was mit den Juden und allen Freunden und Verwandten passiert ist.

Wie wichtig ist bei alledem Ihre Ehefrau?
Meine Frau ist wichtiger als ich. Wir machen alles zusammen. Wir schreiben alles zusammen. Wir organisieren alles zusammen. Meine Frau ist ja ebenso eine Überlebende. Sie ist beinahe nach Auschwitz gekommen mit ihren Eltern und ist da in allerletzter Minute in Nizza, obwohl sie schon verhaftet waren, noch rausgekommen und in die Schweiz geflüchtet. Wir sind beide Überlebende. Das ist unsere Pflicht zu erzählen, was war.

Frau Kralovitz, was bedeutet Ihnen diese Medaille?
Die Ehrenmedaille ist eine sehr, sehr große Auszeichnung für uns beide. Es ist eine Anerkennung für die Arbeit, die wir machen. Ich freue mich, dass es verstanden worden ist, was wir wollen und tun seit vielen Jahren. Und dass natürlich speziell aus Leipzig diese Ehrung kommt, weil mein Mann aus Leipzig stammt und die Beziehungen hierher noch sehr stark vorhanden sind. Das ist eine wunderbare Sache, dass dies anerkannt wird.

Wie teilen Sie sich denn die Aufgaben, wenn Sie als Team arbeiten?
Die Aufgaben teilen sich kaum. Wir besprechen alles miteinander, diskutieren. Das Aufschreiben übernehme ich, weil mein Mann ja nicht sieht, aber wir müssen eben alles gemeinsam erarbeiten.

Wo ist da der Schwerpunkt Ihrer Themen bei Büchern und Hörspielen?
Das sind die Verfolgungen und dass man den jungen Generationen mitteilt, was gewesen ist. Und das alles in einer Form, die sie verstehen sollen. Es ist so, dass zum Beispiel dieses »Zehnnullneunzig in Buchenwald« einen Riesenerfolg gerade bei Jugendlichen hat. Es wird von Schulen angefordert, es wird sehr viel gelesen. Manche sagen, sie konnten es nicht aus der Hand legen und haben es die Nacht durch gelesen. Also, das ist die Hauptsache, dass wir gehört und gelesen werden.

Wie kommt es, Frau Kralovitz, dass Sie sich so stark mit der Leipziger Geschichte identifizieren? Es ist doch die Geburtsstadt Ihres Mannes?
Es gibt keine deutsche Stadt, auf die ich meine Kindheit und Jugend beziehen könnte. Ich war mit meinen Eltern ständig auf der Flucht.

Sie haben dies in einem interessanten Buch geschildert: »Summary of my Life – Die Adressen meines Lebens«. Auch Ihr Schicksal ist exemplarisch für viele jüdische Familien, die zwar aus Deutschland fliehen konnten, aber dennoch jahrelang in Todesgefahr waren. Ihre Rettung hing an einem seidenen Faden. Fühlen Sie ebenso dieses Vermächtnis, dafür zu sorgen, dass dies nicht vergessen wird?
Ja, das schulden wir als Überlebende den vielen Opfern, die nicht mehr sprechen oder schreiben konnten.

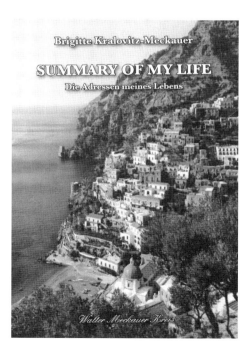

Titelseite der Lebenserinnerungen von Brigitte Kralovitz

»Zehnnullneunzig«, was erzählen Sie da genau, Herr Kralovitz, und wie erzählen Sie es?
Ich erzähle in »Zehnnullneunzig« den Alltag. Alles, was mir passiert ist, wie ich es erfahren habe, was für Menschen ich getroffen habe, welche Krankheiten ich hatte, welchen Demütigungen ich ausgesetzt war. Ich erzähle eigentlich die Dinge, so wie sie waren, also ganz einfach. Und das bestätigen mir die Leute, die es gelesen haben. Das ist endlich mal nichts Wissenschaftliches, nichts Trockenes, endlich mal so, wie wir es uns vorstellen können. Und das ist ja schon erfreulich.

Ehepaar Meckauer (Eltern von Brigitte Kralovitz)

Kommt das deswegen bei Jugendlichen so gut an, weil Sie selbst in der Zeit auch so jung waren, als Sie Buchenwald erlebt haben?
Ja, ich nehme an. Ich war damals achtzehn, als ich in Buchenwald war. Das ist immer noch besser, als wenn ein alter Mann erzählt. Dann sagen sie, der ist doch so alt wie mein Großvater.

Sie kehren immer wieder zurück nach Leipzig. Ist es nicht immer wieder schmerzlich? Warum tun Sie es überhaupt?
Nach Leipzig zu kommen, ist immer schön. Es ist eine komische Sache, aber es ist wahr. Ich höre so gerne Sächsisch. Ich kann es sogar noch sprechen. Und ich habe es tatsächlich von Kindheit an gesprochen. Meine Frau ist in Breslau geboren, heute Wrocław. Sie hat mit ihren Eltern immer Deutsch gesprochen, obwohl sie viele Jahre im Ausland war, in Italien und Frankreich. Aber sie spricht eigentlich besser Deutsch als ich, obwohl sie in Deutschland überhaupt nicht in die Schule gegangen ist.

Sie haben Ihr Augenlicht vor dreißig Jahren verloren. Kennen Sie sich trotzdem in Leipzig noch aus?
Gerade weil ich nicht alle Veränderungen von heute sehe, kenne ich mich bestens aus. Ich sehe die Stadt natürlich, wie sie damals aussah. Ich kann Ihnen genau sagen, wo welche Straße ist, was da war, was dort ist. Das ist interessant, das so genannte innere Auge.

Sie sind bald achtzig Jahre alt und sind natürlich ein Zeitzeuge. Welche Aufgabe haben Sie sich als Zeitzeuge vorgenommen?
Es gibt Zeitzeugen, die können erzählen und es gibt Zeitzeugen, die können nicht gut erzählen. Ich bilde mir ein, dass ich ein bisschen erzählen kann und den Leuten sagen kann, was gewesen ist. Ein Zeitzeuge weiß immer viel, viel, viel mehr als andere, weil er es erlebt hat. Andere müssen sich das erzählen lassen oder aus Büchern lernen oder woher auch immer. Gott sei Dank habe ich auch jetzt in meinem Alter noch ein gutes Gedächtnis.

Wen wollen Sie aufrütteln mit den Geschichten?
Aufrütteln will ich nun überhaupt nicht, das ist nicht richtig. Ich will nur aufklären, was gewesen ist. Ich könnte mir eines vorstellen: Meine Mutter, wenn sie überhaupt noch Gedanken gehabt hat in der Gaskammer, bevor sie erstickt ist ... Das müssen Sie sich vorstellen, dass die Menschen erstickt sind innerhalb von drei oder fünf Minuten ... Meine Mutter könnte sich gedacht haben, sollte jemand von uns überleben, dann müsste er das alles erzählen. Wer soll das denn sonst tun?

Können Sie verstehen, dass heutzutage die NPD in den Landtag gewählt wird? Können Sie verstehen, dass hier in Leipzig regelmäßig die Neonazis aufmarschieren?

Ich kann es nicht verstehen. Aber ich weiß es. Das ist eine andere Frage. Ich weiß, dass es Wähler gibt, die meinen, dass heute alles schlecht ist und die glauben, die Leute von der NPD würden es besser machen. Vielleicht begreifen sie es später mal oder nie. Ich nehme an, dass sehr viele Wähler nicht wissen, was die Nazis getan haben. Aber sie haben zwölf Sitze in Dresden, und das ist nicht wenig.

Was empfehlen Sie, was man tun sollte?

Ich empfehle gar nichts. Ich bin politisch überhaupt nicht tätig. Ich will es auch nicht sein. Ich wüsste auch gar nicht, was ich mit denen machen soll. Ich wüsste auch nicht, was ich denen beibringen könnte. Ich weiß es nicht. Dazu haben wir unsere Politiker.

Was erwarten Sie von einem Land, in dem Sie so verfolgt wurden?

Moment, das ist doch nicht der Staat, von dem ich verfolgt worden bin. Es gab auch im Bundestag in den ersten Jahren Parteien, die ziemlich rechts waren. Aber in der Hauptsache waren das richtige, demokratische Parteien. Sie haben demokratisch regiert und da war sehr viel Gutes. Das kann ich nun nicht unbedingt verwechseln mit der Nazizeit. Nur leider sind in diese demokratische Ordnung Leute hineingekommen, die nicht demokratisch sind. Das ist das Einzige, was ich dazu sagen kann.

Ich wünsche Ihnen beiden weiterhin so viel Schaffenskraft und Freude am Leben und danke sehr herzlich für das Gespräch.

Brigitte und Rolf Kralovitz in Köln, 2009

Rolf Kralovitz und Elke Urban in Köln, 2009

Mary Katz-Gilbert

Liebe Frau Katz, bitte erzählen Sie uns, wann Sie in Leipzig geboren wurden und wo Sie damals gewohnt haben?
Ich wurde 1924 in Leipzig geboren und wir haben in der Löhrstraße gewohnt.

1924 geboren, da sind Sie 1930 zur Schule gekommen in Leipzig. Wissen Sie noch, welche Schule das war?
Nein. Ich kann mich nicht erinnern.

War es die Carlebachschule?
Nein, die war es nicht!

Wenn es nicht die jüdische Schule war, dann kann es nur die 32. Volksschule gewesen sein?
Nein, es war eine andere.

Marie mit Vater Leo Katz, 1927

Marie mit Wolfgang und Helene Katz, 1937

Marie mit Mutter Golda Katz im Park, 1926

Marie im Ledermantel mit Puppe, 1930

Marie mit Zuckertüte, 1930

David und Wolfgang kommen zur Schule im
Auto Helene und Marie, 1935

Mutter mit Tante Regina, Wolfgang, Marie und David, 1931

Vater mit Wolfgang und Marie beim Taubenfüttern auf dem Augustusplatz, 1932

Können Sie sich noch an etwas aus der Schulzeit erinnern? Eine Geschichte, die Sie uns erzählen können?
Ich erinnere mich nur, ich hab immer eine Freundin gehabt, die war viel größer als ich. Einen ganzen Kopf größer. Sie war ein christliches Mädel. Es war eine ganz gute Freundschaft. Und dann viele Jahre später, als ich nicht mehr in die öffentliche Schule gehen konnte, hatte ich keine Freundschaften mehr. Ich würde vielleicht noch mit ihr befreundet sein, aber ihre Eltern haben das nicht erlaubt. Ich konnte mir das nicht an-

Maries Schulklasse an der Volksschule, 1933

ders denken. Heute, viele Jahre später, verstehe ich das. Das ist von den Eltern gekommen, nicht von den Kindern. Kinder wissen doch nicht, warum so etwas sein soll. Die Eltern haben es vielleicht auch nicht gewusst, aber sie mussten so handeln.

Wissen Sie noch den Namen dieser Freundin?
Kann ich mich gar nicht dran erinnern.

Kommen wir zur Carlebachschule. Wann sind Sie in die Carlebachschule gekommen?
Das weiß ich auch nicht, in welchem Jahr das war. Ich weiß nicht, vielleicht war es 1936. Wenn du ein Kind bist, musst du dahin gehen und dahin. Keiner hat einen Kalender an die Tür gemacht.

Marie in der letzten Reihe links neben dem Lehrer Salomon Steinberg, 1938

Wie war der Schulweg? War das gefährlich?
Nein. Ich bin mit einer anderen Freundin zusammen gegangen. Ihren Namen weiß ich, Lili Borgenicht. Sie hat eine Etage höher gewohnt und war ein Jahr älter als ich. Ein sehr hübsches Mädel, sehr hübsch, schwarze Haare. Und wir sind jeden Tag zusammen zur Schule gegangen. Im Winter war es noch dunkel draußen. Ich weiß, wir sind um die Ecke gegangen um einen Block und dann … es waren vielleicht zwanzig Minuten bis zur Schule. Und manchmal sind wir auch mit dem Fahrrad gefahren. Viele andere haben dasselbe gemacht. Ich habe ein Bild von meiner Klasse. Herr Steinberg war mein Lehrer und ich erinnere mich, dass seine Frau die Tochter vom Präsidenten der Schule war …

Vom Schulleiter?
Okay, vom Schulleiter. Sie war die Tochter, eine sehr schöne Frau. Und sie war sehr fromm, religiös und sie hat immer einen Scheitel gehabt. Und als Kinder haben wir gelacht wegen so was. Kinder sind Kinder, nicht? Und ich war sehr gut in Sport, in der Schule auch. Da hatte ich die besten Zensuren, das hab ich sehr gerne gehabt. Ping-Pong, Tischtennis, daran erinnere ich mich. Als ich acht oder neun Jahre alt war, bin ich zum Bar-Kochba-Sportplatz gegangen. Ich habe sogar eine Urkunde bekommen vom Hundertmeterlauf und vom Weitsprung. Und was war das mit der Kugel?

Kugelstoßen?
Im Kugelstoßen war ich nicht gut und auch nicht im Diskuswerfen. Aber auf mein Diplom war ich stolz. Leider habe ich es nicht mehr. Mein erster Mann war Amerikaner. Viele Jahre später war er sehr krank und er hat nie etwas im Haus geholfen. Aber an einem Tag hat er alle Kartons rausgeworfen und da war das Diplom drin. Und auch ein ganzer Karton mit

Briefmarken, die ich von hier mit mir gebracht habe. Es war sehr viel Geld wert. Und mein Mann hat es nicht gewusst und hat alles rausgeworfen. Und ich habe Platten gehabt von Caruso, alte Schellackplatten! Die ganze Kollektion hat er rausgeworfen!

Vom Bar-Kochba-Sportplatz habe ich auch mehrere Fotos. Da ist Simche Friedmann mit drauf. Können Sie sich an den erinnern? War Babette Kohn ihre Sportlehrerin?
Ich kenne keine Namen! Das bleibt weg, sorry!

Aber Babette Kohn und Felix Carlebach haben geheiratet in der Schule. Waren Sie bei dieser Hochzeit dabei?
No! Da kann ich mich nicht erinnern. Sie haben die Kinder eingeladen? Wann war das?

1936. Felix Carlebach lebt übrigens noch in England.
Oh, wie alt ist er denn?

Felix ist 92. Er lebt in Manchester.
In England. Ich habe eine Freundin gehabt hier in der Carlebachschule und sie wurde meine Freundin vom ersten Tag an, als ich sie getroffen habe. Ich bin Marie. Und ihr Name war auch Marie. Marie Rubin. Und so 1937 sind sie nach Wien gefahren und wir wollten sie besuchen dort. Wir haben sie nicht gefunden. Ich weiß nicht, ob sie noch gelebt hat.

Also, von Lili Borgenicht habe ich die Familiendatei. Da könnte ich eine Spur verfolgen. Marie Rubin habe ich bisher nicht gefunden.
Lili Borgenicht, da weiß ich, wo sie ist. Meine Schwester und ich haben ein Antikgeschäft gehabt in Florida. Und an einem Tag ist jemand reingekommen und guckte und sprach mit einem Akzent. Ich habe sie gefragt: »Wo kommen Sie her?« Und sie sagt: »Montreal!« »Ja, aber vorher?« Und da sagt sie: »Israel.« Und ich: »No, no! Before!« »Germany, Deutschland.« »Aha und von wo?« And she says: »Leipzig.« Ich habe gesagt: »Was war Ihr Name?« Und sie sagt: »Thea Borgenicht.« Und ich sage: »Thea, hast du eine Schwester, Lili Borgenicht? Mein Name war Marie Katz.« Wir haben beide geweint und zwei Jahre lang haben wir sie oft gesehen. Lili war in Israel und Lili und Thea haben beide Söhne in Toronto. Ich habe achtzehn Jahre lang in Toronto gewohnt mit meinem Mann und den vier Söhnen. Und dann sagte sie, dass Lili nach Toronto ziehen wird. Aber ich habe sie nie getroffen. Ich habe einen Cousin von ihr in Florida getroffen. Wie sagt man, es ist eine sehr kleine Welt.

Die Welt ist ein Dorf.
Ja, sie wird kleiner jedes Jahr, jeden Tag.

Okay, acht Jahre Schule, von 1930 bis '38, wie ging es dann weiter?
Wir konnten dann nicht mehr zur Schule gehen und meine Mutti hat gesagt: »Du musst doch etwas lernen.« Sie hatte eine Freundin, die war eine Schneiderin. Da bin ich hingegangen jeden Tag und habe das Nähen gelernt. Ich sollte lernen, die Schnitte zu machen und das hab ich getan und gelernt

Marie mit Wolfgang und Helene, 1936

Vater Leo Katz mit Wolfgang, Helene und Renée auf dem Schiff, 1939

ein bisschen hier und da. Es gab da keine Schule, für zwei Jahre war da gar nichts. Und dann war »Kristallnacht«, das war sehr schrecklich. Ich bin doch die Älteste. Sechs Jahre lang war ich das einzige Kind. Und die sagen mir alle, das kann man auch auf den Bildern sehen. Ich war sehr verwöhnt, ich hatte alles. Einen sehr schönen roten Ledermantel mit Hut und den passenden Schuhen und mit blauem Samt und Pelzkragen, wie eine Puppe. Für die ganze Familie war ich die Puppe. Und dann ist mein Bruder Wolfgang noch geboren und dann waren wir drei und dann vier Kinder.

Wie ging es dann weiter nach der Schule? Da haben Sie den Beruf Schneiderin gelernt?
Ein bisschen, nicht zuviel. Meine Mutter hat immer von mir gewollt, dass ich helfe, mein ganzes Leben, weil ich die Älteste war. So ist alles immer zu mir gekommen. Mariechen, Mariechen war mein Name. Wir haben eine Ecke von den Großeltern weg gewohnt. Auch

Eltern Leo und Golda Katz, 1968

Großeltern Salomea und Hermann Jedlitzki

181

der Cousin und seine Eltern wohnten dort. Meine Großmutter kam zu mir. Und wir sind immer zusammen gewesen, am Freitag und am Sabbat. Man hatte kein Telefon, also ist man hingegangen in den Jahren. Wie viele Kinder fragen heute: »Wie hast du gelebt ohne Telefon, kein Radio, kein Fernseher? Was hast du gemacht?« »Gelesen! Gesprochen!« Dann war »Kristallnacht«. Ich hab mehr verstanden als die kleinen Kinder. Und eines Morgens sagte meine Mutter: »Ich gehe rüber zu den Großeltern, ich komme gleich zurück. Bleib hier und pass auf die Kinder auf!« Mein Vater war nicht da, also waren wir allein. Und ich hab gewusst, das ist nicht gut! Als ich jünger war, habe ich die Paraden von den Soldaten an unserer Straße gesehen und gehört, wie sie gesungen haben. Ich habe nachts geschrien und bekam schwere Alpträume davon für viele Jahre.

Meine Mutter war also weg bei den Großeltern und dann kam mein Vater: »Wo ist Mutti?« Und er ist auch zu meinen Großeltern gegangen. Sie sind zurückgekommen. Meine Mutter hat geweint und sie haben gesagt: »Bitte, hört zu!« Auch die kleinen Kinder haben zugehört, sie haben gewusst, es ist etwas Schlimmes passiert. Und mein Vater hat gesagt: »Unser Chevrolet ist um die Ecke, zwei SS-Männer stehen da bei dem Auto. Wir werden rausgehen, zieht euch den Mantel an. Wir werden nicht hinsehen.«

Nicht umdrehen, nicht zurückschauen?

Wir sind zur Straßenbahn gegangen. Ich habe die Straßenbahn oft allein genommen, aber zusammen mit meinem Vater sind wir niemals mit der Straßenbahn gefahren. »Wir werden mit der Straßenbahn fahren. Kein Wort reden, bitte nicht, bitte, seid alle sehr ruhig.« Wir haben uns angezogen und sind losgegangen. Ich denke, es war ungefähr um elf, ich weiß es nicht genau. Wir sind um zwei Ecken gegangen zur Straßenbahn und sind eingestiegen. Viele Leute mit Kindern und nicht ein Wort! Keiner hat geredet! Es war so still, keiner hat ein Wort gesagt. Und man konnte sehen, dass sie alle gezittert haben. Am polnischen Konsulat[115] hat die Bahn gehalten. Ich erinnere mich, da waren andere jüdische Leute und die haben an beiden Seiten der Türen gestanden. Zwischen diesen Leuten sind wir durchgegangen zu dem großen Tor und dann unten in den Keller. Da waren viele andere Leute und noch mehr sind dazugekommen. Meine Mutter war krank. Ich habe das Baby gehabt, meine andere Schwester war vier Jahre alt, mein Bruder war acht. Das waren doch alles noch Kinder und die haben das alles nicht verstanden! Wer kann das überhaupt verstehen? Mein Deutsch ist auch noch ein Deutsch von einem Kind. Es ist kein Hochdeutsch. Ich habe doch keine Gelegenheit zu sprechen. Ich möchte mich entschuldigen, dass es nicht so gut ist. Aber ich spreche viel besser Englisch.

Erzählen Sie uns bitte diese Erlebnisse von der so genannten »Kristallnacht« noch mal in Englisch?

Kristallnacht when that happened my mother left to go to see my grandparents. She says: I am going over to Oma and Opa! Please watch the children, I´ll be right back. My father wasn´t home, we thought he went to work but he didn´t. And she went over there and my father came home, she wasn´t back yet, asked where she was and we told him, she´d gone over there. He quick ran out and said: Stay home, be quiet, I´ll be right back! And he went over there and by the time he got there, he saw my mother was about to scream, because he saw my grandparents being put on a truck. They were taken back to what we realised was Poland. So all he could do was to take my mother back quietly, walk her back for that block. He said to her: We have to think of the children. They came back home and my father asked us: Please, please this is very, very important to all the children, I understood more than they did. Please, please today you have to be extra, extra good! The car is standing around the corner, there are two SS men standing next to it. We gonna go out the door, please do not turn around, like we have no reason to turn around for. We're going across the street, down to the next corner where the streetcar is. We gonna get on the streetcar and we gonna go to the polish consulate. Where we had never been, we never knew, there was no reason for us to ever know that. And he said: There will be other people doing the same thing, so no talking nothing. So please, please behave, this is very, very important. So the children understood, I think we all had a feeling, the youngest ones too! So we walked that block just taking a walk. We got to the streetcar, it came in very short time. Other people like us were on that streetcar with small children also. And it was quiet, still, like there wasn´t anybody on it. It was absolutely irreal. But everybody, you could see it, they were all scared. But everybody evidently had enough brain, the men or whatever one called the other to see this is the only way we're gonna save ourselves. When we got there, the streetcars door opened and on either side of the door, there were people standing with their arms crossed making like a lane for us to walk through to the gate of the consulate. And we went in and they guided us to the basement. And we were there for two days and two nights I think till we were able to leave. And I remember that other jewish people, the german jews brought food for us and clothing and diapers, I mean after all there were children there, and all kinds of other things that were necessary. And one think I remember and I think back now that I am 80 years old, that there was a constant line for the bathroom on that floor. We were not allowed on the upper floors of the building. I remember there was always a line for the bathroom, constant! And today, knowing what men are going through with prostate problems and things like that I understand that they would probably come out of the bathroom and go to the end if the line and wait again. Even though there wasn't that much to drink or there wasn't that much food, but there was enough. They were bringing enough for us to manage. It was just, it was a wonderful thing. And even though, they were many here, it took a while for me to understand, the german jews usually, not that they had anything against each other, but they sorted thing on their own and the emigrated jews from Poland or Russia wherever they came from, they sort of stuck together in a separate group. And yet I had a boyfriend who was a german jew, that was hiding across the street. And his name was Heinz Muscatblatt, I don't know whether he is still alive.

Und Sie hatten mit diesem Heinz Muskatblatt eine kleine Kinderfreundschaft?
Ja, wir haben eine Freundschaft gehabt. Wenn er Geburtstag hatte, bin ich hingegangen. Und die hatten ein Telefon. Die Mutter war klein und der Vater war sehr groß. Und ein anderer Freund von ihm ist nach New York gefahren. Ich hab ihn wiedergesehen nach vielen Jahren. Sein Nachname war Maletzki.
Ich freue mich so, dass wir alle hier zusammen kommen, weil meine Schwestern und meine Brüder ja keine Erinnerungen haben.[116] Sie haben amerikanische Frauen und die sind auch hier. Sie können nicht glauben, wie schön die Stadt ist. Ich weiß, als die Russen hier waren …

Da war es nicht so schön.
Die alte und die neue Kultur in Leipzig, das ist beeindruckend. Wir haben auch Kultur, aber nicht jeder ist daran interessiert. Sie gehen alle ins Pub und die jungen Leute interessieren sich mehr für Rock´n Roll und Pub. Ich sage nicht, dass dies schlecht ist!

Schön, dass es Ihnen hier so gut gefällt. Sie sagen es hoffentlich weiter? Ich danke Ihnen für das interessante Gespräch.
Wann wird das Buch fertig sein?

In ein paar Jahren hoffentlich. Sie bekommen sicher eins.

Drei Katzschwestern in Leipzig, 2004; v. l.: Mary Katz-Gilbert, Renée Katz Snyder und Niecie Katz

Wolfgang Katz

Herr Katz, erzählen Sie uns bitte, wie Sie heißen, wo Sie geboren sind und wo Sie aufgewachsen sind?
Ich heiße Wolfgang Katz. Ich bin am 1. Februar 1930 geboren auf der Nordstraße 41 in Leipzig.

Sind Sie dann auch in einen Kindergarten gegangen?
Ich war in einem Kindergarten, ich habe aber vergessen in welchem.

War es ein jüdischer Kindergarten?
Das weiß ich nicht mehr. Es war ein Kindergarten. Nach dem Kindergarten bin ich dann zur Carlebachschule. Dort war ich ungefähr eineinhalb Jahre. Ich war achteinhalb als ich weggegangen bin. Das ist alles.

David und Wolfgang Katz vor der Nordstraße 41, 1932

David und Wolfgang Katz, Foto 2004

Erinnern Sie sich an irgendeine Geschichte, die Sie erlebt haben, zum Beispiel an den Schulanfang oder ähnliches?
Nein, ich habe angefangen 1937. Und 1938, an einem Montag war es, bin ich in die Schule gegangen und die Schule war zu. Sie haben die Schule zugemacht und dann bin ich heimgegangen. Und unterwegs nach Hause bin ich an der Synagoge vorbeigekommen und die hat gebrannt, die haben sie runtergebrannt. Ich weiß nicht, was der Name der Synagoge war, ich denke, das war auf der Keilstraße. Und unterwegs nach Hause, da war die Hitlerjugend auf der Straße und die haben mir meine Bücher weggenommen. Da bin ich nach Hause gelaufen. Und zu Hause habe ich meine Mutter gesehen. Sie war sehr aufgeregt, weil die Polizei meine Großeltern und Onkel Jack nach Polen geschickt hat. Zuerst waren sie in Łódź, dann später im Warschauer Ghetto. Von da sind sie nach Treblinka gebracht worden und in der Gaskammer ermordet worden. Aber wir waren noch da. Mein Vater kam nach Hause und wir sind am selben Tag zum polnischen Konsulat gegangen. Wir sind den ganzen Tag dort geblieben und ich erinnere mich nicht genau. Wir haben bis zum Abend gewartet und dann sind wir nach Hause gegangen und haben gepackt. Wir wollten weggehen, weil mein Vater ein Visum hatte. Mein Vater hat Wein verkauft und er hatte ein Visum für andere Länder. Wir wollten am nächsten Tag raus aus Deutschland und nicht nach Polen zurück, also sind wir in die Schweiz gegangen für drei Monate. Aber nach drei Monaten durften wir da nicht länger bleiben. Dann sind wir von Zürich nach Triest gefahren, wo wir noch drei Monate geblieben sind. Nach drei Monaten hatte sich das meiste ein wenig abgekühlt. Viele polnischen Juden waren schon raus und es waren nur noch deutsche Juden in Leipzig. Und mein Onkel wohnte doch in Amerika, er hat uns ein Affidavit[117] geschickt, dass wir rüber nach Amerika kommen. Das hat dann noch lange gedauert, es gab noch viele Probleme. Dann sind wir nach Rotterdam gegangen ins polnische Konsulat und haben auf ein Schiff nach England gewartet. Zwei Nächte waren wir dort und dann sind wir über den Kanal nach Liverpool. Das war eine schöne Fahrt. Wir sind dort auch für zwei Tage geblieben und warteten auf ein Schiff, das uns mit nach Amerika nehmen konnte. Am 21. März 1939 kamen wir dann endlich mit dem Kreuzfahrtschiff »Cunard Ansonia« auf Ellis Island an. Onkel Irving hat uns dann in New York getroffen und mitgenommen nach Buffalo.

Das war eine aufregende Fluchtgeschichte.
Das waren viele Wochen.

Und Sie waren ja erst neun Jahre alt. Kommen wir noch mal zurück nach Leipzig. Sie sind in die Schule gekommen und haben bestimmt erstmal eine Zuckertüte bekommen? Können Sie sich noch an die Zuckertüte erinnern?
Mein Bruder hat ein Bild davon, von der Zuckertüte.

Wie groß war die Zuckertüte?
Bis zu meiner Schulter. Die war groß.

Und wissen Sie noch, was drin war?
Geschenke. Geschenke von meiner Familie. Süßigkeiten, Strümpfe, was man halt bekommt. Ich habe es vergessen.

Finden Sie diese Tradition gut, dass man den Kindern Zuckertüten schenkt, wenn sie in die Schule kommen?
Das ist eine gute Idee.

Sie haben das in Amerika aber nicht gemacht mit Ihren Kindern?
Nein, das gibt es dort nicht.

Haben Sie dann in der Schule mit dieser jüdischen Fibel lesen gelernt?
Vielleicht, es kann sein. Ich kann mich nicht erinnern, es ist zu viel passiert. Es ist zu lange her.

Erinnern Sie sich noch an irgendeinen Lehrer der Carlebachschule?
Nein, ich hab das vergessen. Es kann sein, dass meine Schwester noch etwas weiß. Ich war zu jung.

Sie reden von David Katz als Ihrem Bruder. Sie sind ja auch im gleichen Jahr geboren.
Er ist eigentlich mein Cousin, seine Mutter ist gestorben. Ich bin zwölf Tage älter.

Ist Ihr Vater auch in Amerika Weinhändler geblieben?
Ja. wir haben ein Geschäft in den Staaten.

Und Ihre Mutter, hatte sie etwas von der Musikalität der großen Katzfamilie?
Nein, meine Mutter ist Hausfrau. Die Familie meines Bruders sind Musiker, unsere Familie sind keine Musiker. Meine Schwestern spielen ein bisschen, aber ich nicht.

Erzählen Sie bitte etwas über Ihren Anfang als deutscher Jude in Amerika?
Es war am Anfang schwer, die Sprache zu lernen und neue Freunde zu finden, aber wir waren nicht mehr in Gefahr. Gleich nach dem Schulabschluss musste ich eine Arbeit suchen, um Geld zu verdienen. Die größten Probleme hatte unsere Mutter, weil sie schwer hörte. Deshalb konnte sie nicht gut Englisch lernen. Aber wir waren wenigstens zusammen. Nach und nach haben wir über das Rote Kreuz erfahren, dass sonst niemand überlebt hatte.

Fünf Katz-Geschwister, 2004 v. l.: David, Helen, Mary, Renée, William

Haben Sie keinen Hass auf Deutschland?
Nein, ich bin ein paar Mal zurückgekommen, viermal war ich schon in Deutschland, in München und Frankfurt. Ich war 1951 mit der Armee in Kaiserslautern. Aber das erste Mal bin ich jetzt in Leipzig.

Was sagen Sie zu Leipzig, wie es heute aussieht?
Es ist schön. Es wundert mich, dass ich nicht schon vorher hergekommen bin. Das ist eine schöne Stadt. Aber es ist schrecklich, was passiert ist hier in Deutschland.

Was haben Sie Ihren Kindern über Deutschland erzählt oder haben Sie nie darüber gesprochen?
Wenig. Die Kinder wissen nicht viel von Deutschland, nein. Wir sprechen nicht davon. Aber die sind glücklich, dass wir hier sind. Sie wollen immer wissen, von wo ich komme. Meine Frau weiß es, sie ist aus Amerika und fragt mich immer.

Was sagen Sie zu den vielen Deutschlandfahnen wegen der Fußball-Weltmeisterschaft?
Für mich ist Deutschland gut! Ich habe immer gute Sachen hier gehabt. Ich komme zurück und es ist schön. Der Krieg ist vorbei, es ist ein neues Deutschland jetzt. Ich gehe die Straße runter und die Leute sind fröhlich. Nicht mehr so verbissen. Das gefällt mir.

Glauben Sie, dass Leipzig im Vergleich zu anderen deutschen Städten etwas Besonderes ist?
Die Kultur hier ist viel besser. The people are happier here. And there are good things happening here, you can feel it. That's nice. I like what's happening. I'll come back here!

Okay, thank you very much!
Vielen Dank an Sie!

David Katz

Erzählen Sie uns bitte zunächst, wer Sie sind, wo Sie geboren sind und wo Sie als Kind in Leipzig gewohnt haben!
Ich bin in Leipzig am 12. Februar 1930 geboren und von Anfang an wohnte ich mit meinen Eltern und Großeltern in der Nordstraße 49.

In welche Schule sind Sie dann 1936 gegangen?
Während der Nationalsozialisten konnte ich nicht mit den deutschen Kindern in die Schule gehen und so bin ich in die Carlebachschule gegangen von 1937 bis »Kristallnacht« 1938.

Waren Sie vorher auch in einem Kindergarten?
Nein. Ich habe mit der Schule 1937 angefangen, als ich sieben Jahre alt war. Und natürlich hat der November 1938 alles verändert.

Erinnern Sie sich noch an das erste Lesebuch in der Carlebachschule?
Mein erstes Lesebuch? Nein! Seit damals ist soviel passiert. So viele Erinnerungen sind nicht mehr im Kopf.

Aber vielleicht schauen Sie sich mal diese Fibel an, das ist die Fibel für jüdische Schulen von 1936, in Leipzig gedruckt. Vermutlich ist das Ihr Lesebuch gewesen.
Dafür brauche ich meine Brille.

Haben Sie diese alte deutsche Schrift gelernt?
Deutsche Schrift habe ich gelernt, yes! Aber jetzt kann ich es nicht mehr lesen. Eins habe ich in der Schule gelernt: Ich habe eine sehr gute Handschrift. Die Amerikaner können nicht schreiben, die haben keine gute Handschrift. Das kann ich nicht mehr lesen.

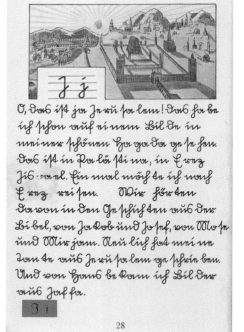

O, das ist ja Jerusalem! Das habe ich schon auf einem Bilde in meiner Hagada gesehen. Das ist Palästina, in Erez Jisrael. Einmal möchte ich nach Erez reisen. Wir hörten davon in den Geschichten aus der Bibel, von Jakob und Josef, von Mose und Mirjam. Neulich hat meine Tante aus Jerusalem geschrieben. Und von Hans bekam ich Bilder aus Jaffa.

Gib fein acht:

i   e   a   o   u   n   m

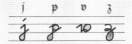

r   w   l   b   k   h   d

t   f   ſ   ſch   f

o, die find nicht ſchwer, wir ler nen fie gut, wir find
ſchon ſo weit, wir le ſen, wir rech nen ſchon gut, wir
ma len ſo fein, al les, was wir ſe hen; wir hal ten
uns rich tig, wir ſe hen uns nie um, nur wenn wir
her un ter ge hen, find man che wild und laut.

j   p   v   z

raſch noch ein paar neu e, es find uns nicht zu vie le,
wir find ja ſo eif rig, nun noch ein mal von vorn,

29

Die kleinen Buchstaben in Sütterlinschrift

*Diese Handschrift ist ja viel schwieriger.
Aber es kommt dann noch eine Seite mit
gedruckten Buchstaben. Hier ist eine Seite
über Jerusalem, hier zum Beispiel, in diesem
Text kommt Amerika vor.*
Das kann ich lesen.

*Sind Sie so lieb und lesen uns das mal vor,
diesen Text?*
»In Hamburg kenne ich welche und in Berlin, in Köln. Aber erst in Amerika. Sie gehen
beinahe bis an den Himmel.« – I can still
read it, ich kann es noch lesen.

*Es geht um die Wolkenkratzer, um das Hoch-
haus.* Das ist ein schönes Buch.

*Danach haben die jüdischen Kinder nach
1936 lesen gelernt in Deutschland. Es war die
Fibel für alle jüdischen Schulen in Deutschland. Und wenn Sie diesen Namen lesen,
das ist der Verlag Rudolf Schick in Leipzig.
Kannten sie Herrn Schick?*
Nein.

wir wol len ſe hen, ob wir ſie be hal ten ha ben, dies
iſt das j, und das iſt das p, du lieſt das z und du
das k.

A   O   U   E   J   N   M

S   T   D   F   G   H   B J

30

Die großen Buchstaben in Sütterlinschrift

Das Hochhaus

In Hamburg kenne ich welche,
in Berlin und in Köln. Aber
erſt in Amerika! Sie gehen
beinahe bis an den Himmel, ſie
heißen auch Wolkenkratzer, ſie
find beinahe ſo hoch wie der Kölner Dom oder der
Turm zu Babel. Ich war einmal im Hochhaus. Auf-
züge find da und auch eine Rolltreppe wie im Warenhaus, das iſt luſtig, hinauf zu rollen, aber Mutti
will nicht, die ſitzt lieber im Aufzug. Unten iſt auch
ein Kino und eine feine Konditorei.

Kochen

Eſter und Mirjam kochen heute. Mutti hat Scho-
lade hergegeben und noch allerlei feine Sachen. Sie
decken den Puppentiſch mit dem feinen Geſchirr, das
ſie zum Chanukkafeſt bekommen haben; ſie putzen

36

Amerika und die Wolkenkratzer

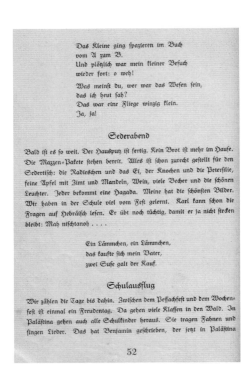

Das Kleine ging spazieren im Buch
vom A zum B.
Und plötzlich war mein kleiner Besuch
wieder fort: o weh!

Was meinst du, wer war das Wesen sein,
das ich heut sah?
Das war eine Fliege winzig klein.
Ja, ja!

Sederabend

Bald ist es so weit. Der Hausputz ist fertig. Kein Brot ist mehr im Hause. Die Mazzen=Pakete stehen bereit. Alles ist schon zurecht gestellt für den Sedertisch: die Radieschen und das Ei, der Knochen und die Petersilie, feine Apfel mit Zimt und Mandeln, Wein, viele Becher und die schönen Leuchter. Jeder bekommt eine Hagada. Meine hat die schönsten Bilder. Wir haben in der Schule viel vom Fest gelernt. Karl kann schon die Fragen auf Hebräisch lesen. Er übt noch tüchtig, damit er ja nicht stecken bleibt: Mah nischtanoh . . . .

Ein Lämmchen, ein Lämmchen,
das kaufte sich mein Vater,
zwei Sufe galt der Kauf.

Schulausflug

Wir zählen die Tage bis dahin. Zwischen dem Pessachfest und dem Wochen=fest ist einmal ein Freudentag. Da gehen viele Klassen in den Wald. In Palästina gehen auch alle Schulkinder heraus. Sie tragen Fahnen und singen Lieder. Das hat Benjamin geschrieben, der jetzt in Palästina

52

Sederabend und Schulausflug

ist. Gestern bekam ich wieder einen Brief von ihm. Soll ich ihn einmal vorlesen? Lieber Jakob, jetzt gehe ich schon drei Wochen hier zur Schule. Denke Dir, hier wird nur hebräisch gesprochen! Und alle Bücher sind hebräisch gedruckt. Ein Glück, daß ich hebräisch lesen kann! Aber schade, daß ich nicht auch sprechen gelernt habe! Zuerst habe ich kein Wort verstanden und konnte nicht einmal mit den Kindern spielen. Ich bin sehr gern hier. Vater und Mutter arbeiten in einem Pardes. Das ist ein großer Garten, in dem viele, viele Orangenbäume stehen. Meine Eltern helfen beim Pflücken. Wenn ich meine Aufgaben gemacht habe, darf ich zu ihnen kommen und zusehen. Viele Grüße an die ganze Klasse von
Deinem Benjamin

Sommer

Tra, ri, ra,
der Sommer der ist da!
Wir wollen hinaus in'n Garten
und woll'n des Sommers warten;
tra, ri, ra, der Sommer, der ist da!

Langschläfer

Was? Du liegst noch im Bette?
Geschwind heraus! Geschwind, geschwind!
An die Scheiben pocht der Morgenwind,
im Garten blüht ein neuer Mohn,
die Sonne scheint drei Stunden schon.
Der Kuckuck ruft vom Walde her
ein Dutzend mal und mehr:
Kuckuck, Kuckuck!

53

Brief aus Jerusalem

Nette Sachen zum Essen und Lachen

Berliner Pfannekuchen
Münchener Bier
Kölner Hänneschen
Hamburger Dom
Dresdener Kasperle
Nürnberger Lebkuchen
Jaffa-Apfelsinen
Lübecker Marzipan
Frankfurter Würstchen

49

Weihnachtsmarkt?

Er ist nach New York gekommen und hat nach 1945 wieder einen Lehrmittelverlag gegründet. Hätte ja sein können. Seine Tochter Eva Schick war übrigens auch in der Carlebachschule, aber sie war älter. Sie ist schon 1920 zur Schule gekommen.
Ich bin nur für eineinhalb Jahre zur Carlebachschule gegangen, von 1937 bis 1938.

Gibt es Erinnerungen an die Schule? An den Schulanfang oder an irgendeine schöne Geschichte?
Ich erinnere mich wirklich nicht mehr viel an die Carlebachschule. Aber Herr Steinberg zum Beispiel war ein Professor in der Carlebachschule und ich glaube, dass seine Frau[118] dort auch gearbeitet hat. Aber ich habe sehr wenige Erinnerungen.

Erinnern Sie sich noch an den Schulanfang? Wie groß war Ihre Zuckertüte?
Eine große Zuckertüte! Und an eins kann ich mich noch erinnern. Wir hatten einen kosheren Fleischmarkt, und der Inhaber hat zwei Wiener Würstchen in meine Zuckertüte gelegt.

Und waren es nur Jungen oder auch Jungen und Mädchen in der Klasse?
Jungen und Mädchen.

Und hatten Sie eine gute Zeit in dieser Schule, waren Sie geschützt vor Diskriminierung? Hatten Sie einen sicheren Schulweg?
Der Schulweg war sehr schwer. Die Hitlerjugend hat uns geschlagen. Wir hatten alle Angst, aus dem Gebäude herauszukommen. Wir sind jeden Tag zur Schule gegangen, es war sehr schwer, es war keine Kleinigkeit. Aber unser Leben in Leipzig war trotzdem sehr gut und schön, bis auf die letzten paar Monate 1938. Meine Eltern waren beide Musiker, klassische Musiker. Meine ganze Familie. Eine Tante war Violinistin, die hat in der ganzen Welt gespielt. Mein Großvater war ein Konzertviolinist. Mein Vater hat die Kapelle im Palasthotel hier in Leipzig dirigiert und hat Klavier und Geige gespielt und er hatte auch Studenten. Meine Mutter war eine Konzertpianistin, die hatte auch Studenten hier. Mein Vater hatte einen Bruder, der Konzertmeister der New York Philharmonic war in den Vereinigten Staaten. Und mein Vater hatte auch zwei Brüder, die in St. Petersburg Professoren am Musikkonservatorium waren, aber die sind alle im Zweiten Weltkrieg gestorben. Meine Eltern sind 1942 in Auschwitz gestorben, meine Großeltern und mein Onkel entweder in Auschwitz oder im Ghetto in Warschau. Und aus ungefähr vierzig Familienmitgliedern, die in Leipzig und Deutschland gewohnt haben, haben nur drei den Zweiten Weltkrieg überlebt. Meine Tante, die 1900 geboren wurde und zwei Jahre in Auschwitz war, ist 2003 gestorben. Sie ist die älteste Holocaust-Überlebende. Und ihre Tochter, die jetzt achtzig Jahre alt ist, und ich. Die anderen sind alle während des Krieges gestorben.

Wie sind Sie aus Deutschland rausgekommen?
Nach der »Kristallnacht« ist mein Vater nach Belgien gegangen und meine Mutter und ich waren hier in Leipzig bei einem katholischen Freund von meinem Vater versteckt bis Februar 1939. Dann sind wir nach Aachen gegangen und von Aachen illegal über die Grenze nach Belgien. Und wir haben in Brüssel bis 1940 gewohnt. Und im Mai 1940 sind wir nach Frankreich geflohen und die Franzosen haben uns gleich verhaftet und dann waren wir im Konzentrationslager, im KZ in Frankreich für zwei Jahre, und 1942 sind meine Eltern von dort nach Auschwitz abgeschoben worden. Ich war zurückgeblieben in Frankreich. 1945 bin ich nach Paris gegangen und 1946 habe ich Frankreich verlassen und bin in die Vereinigten Staaten ausgewandert.

Da waren Sie erst sechzehn Jahre alt.
Ich war sechzehn Jahre alt und ich hatte einen Onkel und eine Tante, die 1939 in die Vereinigten Staaten ausgewandert sind. Die haben mich aufgenommen. Ich war ein Einzelkind und jetzt habe ich vier Schwestern und Brüder, die waren vorher meine Cousinen.

Waren Sie in Frankreich in einem Versteck?
Von '42 bis '46 wollte ich in die Schweiz gehen. Ich konnte aber nicht über die Grenze gehen, die deutsche Armee hatte die Grenzen verstärkt. Nein, da war ich überall in Frankreich, von einer Stadt zur anderen.

Das war sicher sehr schwer für einen Jungen allein.
Das war sehr schwer. Die Franzosen haben doch mit der Naziregierung kollaboriert. Es war sehr schwer, man war immer versteckt, bis 1944, bis die amerikanische Armee in der Normandie und in Südfrankreich gelandet ist.

Da konnten Sie auch keine musikalische Ausbildung haben.
Ich habe nicht Musik studiert, aber ich habe Musik sehr gerne. Zwanzig Jahre lang habe ich mit dem Chor in der Buffalo Philharmonie gesungen. Aber ich spiele keine Instrumente. Ich habe Klavier und Geige gelernt von meinen Eltern. Als ich drei Jahre alt war, hatte ich eine Geige, so klein, und ein Klavier auch. Aber 1938 endete alles.

Erinnern Sie sich noch an Namen von Klassenkameraden aus der Schule?
Nein, an keinen! So viel ist seitdem passiert und meine Eltern ... Ich war zwölf Jahre alt, als meine Eltern nach Auschwitz geschickt wurden. Dann musste ich flüchten vor den Deutschen und den Franzosen. Die Franzosen haben 79 000 Juden von Frankreich nach Auschwitz geschickt. Ich habe großes Glück gehabt, dass ich noch am Leben bin.

David Katz, 1964

Und wie haben Sie in Amerika angefangen?
In Amerika bin ich zur Schule gegangen, zur Hochschule, und dann habe ich gearbeitet. Wir waren im Restaurantgeschäft, wir haben Restaurants gehabt und ich habe das von 1946 bis 1986 gemacht. Und dann habe ich neun Jahre lang für die amerikanische Regierung gearbeitet. Ich weiß nicht, was es auf Deutsch heißt, im Finanzwesen für die amerikanische Armee. Außerdem war ich von 1951 bis 1953 mit der amerikanischen Armee, der Militärpolizei, in Frankfurt. Ich konnte nicht nach Leipzig kommen, Leipzig war doch in der russischen Zone, aber ich war in Frankfurt für eineinhalb Jahre. Und seit 1996 arbeite ich nicht mehr. Und meine Frau und ich leben in Virginia, wir haben vier Kinder, drei Enkel und ein Sohn wohnt in der Nähe von uns. Das ist alles. Meine Frau ist eine Künstlerin, sie macht sehr schöne Gemälde und jetzt reisen wir, um die Kinder und die Enkel zu besuchen. Wir sind sehr glücklich. Wir sind seit 52 Jahren verheiratet, meine Frau hat Kunst studiert in Paris. Ich war mit der amerikanischen Armee in Frankfurt und ich reiste zwischen Paris und Frankfurt zweimal die Woche. So haben wir uns jede Woche zweimal gesehen und 1953 haben wir geheiratet in Paris.

Und was denken sie über Leipzig?
Leipzig?! Ich freue mich sehr, dass Leipzig wieder so schön aussieht. Leipzig war immer eine sehr schöne Stadt. Vor dem Krieg war Leipzig der »Diamant von Deutschland«. Ich habe meiner Frau gesagt, wie schön Leipzig war. Und es freut mich sehr, dass es heute wieder so aufgebaut ist. Sehr schön!

Dann bedanke ich mich sehr herzlich! Sie haben sehr gut Deutsch gesprochen.
Ich entschuldige mich für mein Deutsch, ich habe so lange kein Deutsch mehr gesprochen, seit 65 Jahren. Wenn man eine Sprache nicht jeden Tag spricht, dann vergisst man das.

Manchmal rede ich mit Hans Last Englisch, Deutsch, Französisch, alles durcheinander. Ich habe eine Autobiographie geschrieben und der jüdische Verein in Virginia wird diese bis Juli oder August drucken und ich möchte Ihnen ein Exemplar schicken.[119]

Darauf freue ich mich, vielen Dank!

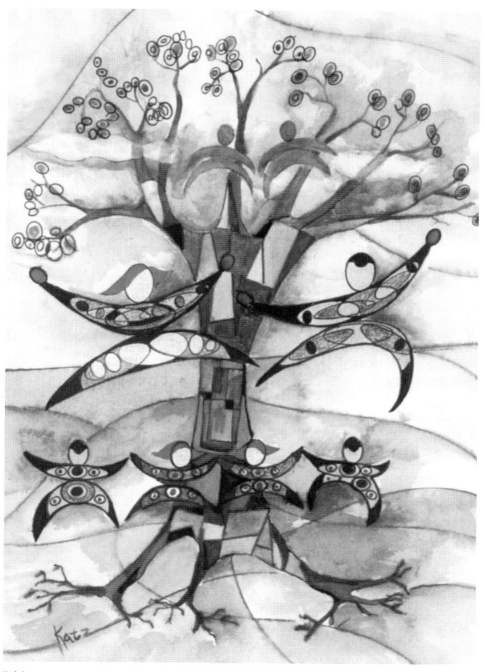

Zeichnung von Mary Katz aus dem Buch „A Story of Survival During the Holocaust", 2004

Lore Jonas, geb. Wronker

Mein Name ist Lore Jonas. Ich wurde geboren am 28. August 1927 in Leipzig. Meine Eltern waren Dr. Siegfried Wronker und Toni Weissmann-Wronker. Man nannte mich oft »Motte«. Mein Vater hatte seine Praxis in der Hallischen Straße 174 und war der einzige jüdische Arzt in Möckern und Wahren.

In welche Schule sind Sie gegangen?
Mit sechs Jahren, also 1934 kam ich in die 39. Volksschule in der Knopstraße. Dort durfte ich aber nicht bleiben, weil jüdische Kinder dann nur noch in die jüdische Schule gehen durften. Deshalb bin ich 1938 in die Carlebachschule gewechselt. Da konnte ich aber auch nur ein Jahr bleiben.

Haben Sie noch Erinnerungen an Lehrer oder an Klassenkameraden? Wissen Sie noch Namen? Gibt es noch Fotos vom Schulanfang, von der Klasse, von Ausflügen oder Reisen mit den Eltern?
Meine beste Freundin Elfriede Luft aus Gohlis kam mit mir in die jüdische Schule. Aber sie und ihre Familie wurden im Herbst nach Polen abgeschoben, weil sie staatenlos waren. Ich habe sie nie wieder gesehen. Eine andere gute Freundin war Tutti Sprung.

Vater Dr. Siegfried Wronker, 1939

Mutter Toni Wronker, 1939

Leipzig-Möckern   Schule

39. Volksschule, Knopstraße, 1928

*Hat sie überlebt? Sie haben den Bruder von Tutti, den Heinz Sprung, in New York getrof-
fen. Was hat er erzählt? Er war mit seinem Vater im KZ Sachsenhausen, wie ist er dort
rausgekommen?*
Heinz war der einzige Überlebende. Er sowie andere Jugendliche überlebten noch, weil
sie auf Kommando der Nazis in den Lagern schwer arbeiten konnten.

*Welche Erinnerungen haben Sie an den 9. November 1938? Sind dort auch die Männer aus
Ihrer Familie verhaftet worden?*
Ja, zu dieser »Kristallnacht« war meine Cousine Ursel, die jetzt in Israel lebt, bei uns.
Ich glaube, ihre Brüder hatten die Masern oder irgendwas. Wir hörten im Radio etwas
über die »Kristallnacht«. Ansonsten in Wahren, wo wir wohnten, hat man nicht viel da-
von gehört. Meine Mutter war sehr besorgt, dass meine Cousine zurück zu ihren Eltern
kommt. Am nächsten Morgen sehr zeitig hat sie meine Cousine mit der Straßenbahn in
die Steinstraße gebracht.
Ich hatte schon viel gelernt in der jüdischen Schule. Es waren auch schon viele Leute weg.
Wir wussten, wenn man deportiert wird, soll man Sachen mitnehmen, mehrere Sachen
übereinander tragen. Ich fand, dass ich ein Experte in solchen Fragen war. Am nächsten
Morgen kam die SS und sagte allen Juden, dass sie zu der Polizeistelle gehen müssen. Ich
ging mit meinen Eltern runter. Die Polizeistation war nicht ganz zehn Minuten entfernt
von unserer Wohnung. Es war auch ein älterer Mann in unserer Gruppe, der nicht so schnell
gehen konnte. Ich war das einzige Kind, das dort mitlief. Da hielt mir der SS-Mann sein
Gewehr in den Rücken und drohte dem Mann: »Wenn du nicht schneller gehen kannst,
erschießen wir das Kind!«

Schrecklich! Wie war es dann auf der Polizeistelle?
Dort haben wir nur unsere Namen aufgeschrieben und wurden in einer Liste registriert.
Am nächsten Tag haben sie meinen Vater abgeholt. Da wurden schon die Männer in die
Konzentrationslager gebracht.

Lore, genannt Motte, 1939

Kam Ihr Vater nach Buchenwald oder Sachsenhausen?
Nein. Mein Vater mit dem Buchstaben W war als letzter dran und da war kein Platz mehr für den Transport. Da haben sie diese Leute mit den letzten Buchstaben in den Gefängnissen in Leipzig behalten. Dort blieb er ungefähr einen Monat oder so.

Haben Sie schon vorher über eine Flucht aus Leipzig nachdenken können?
Meine Mutter war schon im Kontakt mit ihren Verwandten in Guatemala. Dadurch haben wir ein Visum bekommen. Zu der Zeit konnten die Juden noch gehen, wenn sie ein Visum hatten. Aber es war nur erlaubt, zehn Reichsmark pro Person mitzunehmen. Am 21. März 1939 haben wir Leipzig verlassen. Erst fuhren wir mit der Eisenbahn nach Bremen, um ein Schiff zu nehmen. Aber ich erinnere mich, als wir ankamen in Bremen, haben wir in einem Hotel übernachtet. Es war ein gutes Hotel. Im Hotelzimmer lag ein Zettel, auf dem stand, dass wir als Juden nicht in das Esszimmer kommen dürfen. Aber sie können uns das Essen aufs Zimmer bringen. Und noch etwas habe ich mir gemerkt, als wir auf das Schiff zur Passkontrolle gingen. Ich hatte einen neuen Wintermantel und sie fragten mich, was ich da drin versteckt habe. Ich hatte nichts versteckt. Aber sie haben den ganzen Mantel zerschnitten und am Ende in einer Tasche eine Glasmurmel gefunden. Das war alles. Da war ich nicht sehr begeistert, mein neuer Mantel war hinüber. Wir fuhren dann auf einem Frachter nach Guatemala, das hat vier Wochen gedauert.

Das mit dem Mantel war doch Schikane. Man hat wohl vermutet, dass dort Schmuck eingenäht wurde? Das konnte man ja auch niemandem verdenken. Wie lange sind Sie dann in Guatemala geblieben?
Zunächst bin ich acht Jahre dort geblieben. Es war sehr schwer für uns. Wir hatten doch kein Geld und wohnten bei der Cousine meiner Mutter. Sie kannten sich fast gar nicht und die Cousine meiner Mutter hatte selbst auch Kinder. Für meine Mutter war es besonders schwer, dass man so abhängig war. Wir wohnten sechzehn Monate bei der Cousine und ich ging dann dort in die Schule. Durch ein Gespräch, das mein Vater mit dem Präsidenten hatte, wurde es ihm erlaubt, medizinische Massagen zu geben. Man konnte als Arzt dort nicht arbeiten. Sie wollten da keine Ausländer und keine Juden haben. Er hätte noch einmal ein ganzes Medizinstudium machen müssen. So haben meine Eltern beide medizinische Massagen gegeben. Am Anfang konnte ich weder Spanisch noch Englisch, da war es auch für mich nicht so leicht. In der Schule habe ich das schnell gelernt. Mit fünfzehn Jahren habe ich dann angefangen zu arbeiten, um Geld zu verdienen. 1947 ging ich dann in die Staaten, nach New York, und habe neben der Arbeit noch Abendabitur gemacht. Anschließend habe ich vier Jahre an einer Universität studiert. Meine Eltern kamen dann auch nach New York und als mein Vater starb, ist dann meine Mutter mit zu

uns nach Michigan gezogen. Meine Mutter starb 1993. Ein Jahr später wollte ich dann noch einmal für einen Monat zu Besuch nach Guatemala fahren, aber ich blieb neun Jahre dort. Seit dem Jahr 2003 bin ich wieder in den Staaten, in der Nähe von meiner Tochter in einem Seniorenwohnheim in Pennsylvania.

Noch mal zurück nach New York. Als Sie dort ankamen aus Guatemala, haben Sie da noch andere ehemalige Leipziger getroffen?
Ja, ich habe einen Freund meiner Eltern, einen Arzt, getroffen. Ade Stein[120] wohnte inzwischen in New Jersey. Und einen Dr. Slonitzky. Heinz Sprung war da, der mir in Leipzig hebräischen Unterricht gegeben hatte. Es waren verschiedene Leute, Ruth Goldstein und Judith Litwak.

Und wie war das in Guatemala und in Michigan? Gab es dort auch noch deutsche Emigranten?
Ja, eine ganze Menge in Guatemala, aber nicht in Michigan. Da habe ich dann auch nicht mehr Deutsch gesprochen. Ich habe in Guatemala und in New York auch gelernt, richtig Deutsch und nicht Sächsisch zu sprechen. Alle Leute haben mich ausgelacht und da musste ich Hochdeutsch lernen.

Aber mögen Sie den Dialekt oder sind Sie jetzt schockiert, wenn Sie ihn hören?
Nein. Mich schockieren nur noch wenige Sachen. Wenn man so viel schon durchgemacht hat.

Mit wem sprechen Sie jetzt noch Deutsch?
Mit wenigen Leuten. In New York waren es mehr. Meine Mutter hat ungern Deutsch gesprochen, weil sie die Deutschen so hasste. Sie wollte nie wieder nach Deutschland kommen. Mein Vater war ja schon eher gestorben. Das erste Mal war ich 1977 in Deutschland. Ich war in Schweden bei meinem Cousin. Von dort habe ich eine kurze Reise nach Heidelberg gemacht, weil ich sehen wollte, wo mein Vater ein Semester studiert hatte. Und ich hatte Angst davor, dies meiner Mutter zu erzählen. Aber sie hatte dann doch Verständnis für mich.

Waren Sie auch mal in der DDR und in Leipzig?
Mein Cousin in Schweden stammte auch aus Leipzig. In den achtziger Jahren habe ich mit ihm zusammen eine Rundreise durch Ostdeutschland gemacht. Diese Reise dauerte sechs Tage. Für Dollars konnte man das machen. Da war auch eine Nacht in Leipzig dabei. Alle Leute sprechen jetzt so schlecht über diese Zeit in der russisch besetzten Zone. Aber ich habe Bibliotheken für Kinder gesehen, das waren richtige Kinderhorte für den Nachmittag und sie hatten wunderbare Spielzeuge.

In welchem Hotel haben Sie da in Leipzig gewohnt?
Ich habe mit meinen Dollars im elegantesten Hotel, dem Hotel Merkur, gewohnt. Eine Frau kam das Zimmer saubermachen und erzählte mir, dass sie den Abend vorher in der Oper war. So etwas hatte ich nie vorher gehört, dass jemand, der saubermacht, in die Oper geht. Und ich habe einen Taxifahrer kennengelernt, der mich überall herumgefahren hat. Er war auch sehr nett. Meine Eindrücke waren nicht so schlecht. Mein Cousin meinte nur, es sei alles so dunkel.

Welcher Unterschied ist Ihnen jetzt in Leipzig am meisten aufgefallen im Vergleich zu damals in den achtziger Jahren?
Leipzig hat sich sehr verändert. Die Innenstadt ist aufgebaut und es kommt mir vor wie eine Stadt von reichen Leuten. Es stehen viele Wohnungen leer und es wurde uns gesagt, dass keiner das Geld dafür hätte.

Der Hauptgrund ist der, dass wir nicht mehr genug Menschen haben, die hier wohnen und arbeiten können. Es fehlen die Arbeitsplätze.
Die Stadt kommt mir sehr elegant vor. Die Leute auf der Straße sind alle sehr freundlich, aber das war in der DDR auch so.

Wie war es denn heute im Rathaus beim Oberbürgermeister?
Da sollten wir alle in das Goldene Buch einschreiben. Ich wollte etwas mehr schreiben, aber man hat mir gesagt, dass ich nur den Namen schreiben darf. Als ich dem Oberbürgermeister das erzählt habe, sagte er, dass ich doch gern etwas mehr reinschreiben kann. »Mit Vergebung zum Ergebnis und mit großer Hoffnung auf Frieden für alle in der ganzen Welt.« Das hat ihm gefallen. Dann habe ich es doch noch hingekritzelt. Ich habe mich darüber sehr gefreut.

Und die anderen Leipziger außer dem Oberbürgermeister?
Sie empfangen uns alle sehr nett. Im vorigen Jahr war ich nur für einen Tag mit meiner ganzen Familie hier und habe in der Carlebach-Stiftung die Martina Wilke kennengelernt. Und jetzt habe ich mich gefreut, sie wiederzusehen. Auch mit Andrea Lorz habe ich Kontakt, weil sie ein Buch über die jüdischen Ärzte macht.

Das klingt so, als hätten Sie jetzt Ihren Frieden mit Leipzig wieder geschlossen. Kann man das so sagen? Nachdem, was Ihnen Schlechtes passiert ist, haben Sie ja einen großen Abstand gebraucht.
Mit dem Frieden ist das so eine Sache. Es gibt auch jüdische Leute, die davon reden. Ein Film in den Staaten zeigt eine Frau, die mit ihrer Zwillingsschwester im Konzentrationslager war und überlebt hat. Diese Frau sagt, ich muss Frieden schließen, ich muss ihnen allen vergeben, damit ich leben kann. Ich habe oft darüber gehört. Es waren nicht ganz meine Eindrücke in dieser Woche, aber die Idee, dass man Frieden macht, ist wichtig. Ich würde aber nicht wieder nach Leipzig ziehen.

Als Sie in den achtziger Jahren hier waren, liefen ja auch noch alte Nazis auf den Straßen herum. Hatten Sie nicht Angst vor einer Begegnung mit einem ehemaligen Nazi?
Ich war nur eine Nacht in einem eleganten Hotel. Da hatte ich keine Angst.

Haben Sie Ihren Kindern das vermittelt, was es bedeutet, jüdisch zu sein?
Ich bin sehr glücklich darüber, dass Susi mich hierher begleitet hat. Ich habe nicht so viel davon gesprochen. Aber meine Mutter hat sehr viel davon erzählt, von der Hitlerzeit. Meine Kinder sind auch sehr interessiert daran. Sie wissen viel, vermutlich mehr als die meisten Kinder in den Vereinigten Staaten.

Und wie ist das heute mit Ihrem Jüdischsein?
Ich fühle mich total jüdisch, das ist meine Identität. Aber ich bin nicht besonders religiös, meine Tochter auch nicht. Aber mein Sohn und meine Schwiegertochter gehören einer Synagoge an und meine jüngste Enkeltochter hatte gerade ihre Bat Mizwa, das ist wie eine Konfirmation, wenn man dreizehn ist. Sie können gut Hebräisch lesen und führen ein jüdisches Heim. Sie essen zwar nicht koscher, aber sie feiern die jüdischen Feste.

Freuen Sie sich darüber, wenn Ihre Enkelkinder das fortführen?
Ja, das ist schön. Vor allem war ich froh, dass ich ihnen hier alles zeigen konnte.

Wissen Ihre Enkelkinder jetzt, wo Sie in der Schule waren. Gibt es das ehemalige Wohnhaus in Wahren noch?
Ich glaube, ja. Wir haben auch etwas Entschädigung bekommen von meinem Großvater. Er hatte eine Porzellanfabrik en gros[121] gehabt in der Wittenberger Straße 17.

Gibt es auch noch Verwandte, die hier auf dem jüdischen Friedhof begraben sind?
Ja. Das Grab meines Großvaters haben wir zufällig auf dem neuen Friedhof gefunden. Er ist genau hundert Jahre und einen Tag vor meinem Sohn Michael geboren. Und Susi fand einen Bruder meiner Mutter, der als dreijähriges Kind gestorben war. Sein Grabstein auf dem alten Friedhof hatte eine Fotografie.

Glauben Sie, dass die nächste und die übernächste Generation weiter an der Brücke bauen kann? Davon sprach heute der Oberbürgermeister. Geben Sie dieser Idee eine Chance?
Es wäre schön, aber ich weiß nicht, wie das gehen soll. Man muss jemanden haben, der wirklich daran arbeitet. Meine Kinder sind seit Jahren immer sehr interessiert. Wir sind auch ohne die Einladung nach Leipzig gekommen. Und ich habe mich so gefreut über die Schüler in Gohlis, im Schillergymnasium. Sie haben so viele Arbeiten gemacht und nachgeforscht.

Sie haben wunderbar gesprochen und viel Persönliches preisgegeben. Vielen Dank dafür. Ich wünsche Ihnen noch viele schöne Erlebnisse in Leipzig.
Ich danke Ihnen auch für die Zeit und das Gespräch.

Kurzes Gespräch mit Susi Jonas

What do you think about Leipzig? Now you can imagine, how your mother lived, where she learned here and so on. What do you think about Leipzig?
I think, it's very nice here. I think, it's nicer now than the first time. Your welcoming here and a lot of reconstruction in the city. Now we can visualise it better. My mother told so much about Leipzig. She describes, where she went to the parks or to look at the trains. It helps to understand her better.

Tochter Susi Jonas, 2008

Marion und
Wolf Grünberg

Bitte stellen Sie sich beide erst einmal mit Namen und Geburtsdatum vor, vielleicht auch die Adresse in Leipzig, wenn Sie die noch wissen.

Ich bin Marion Grünberg. Ich bin hier in Leipzig geboren, am 17. April 1935. Meine Eltern wohnten in der Karl-Rothe-Straße 15. Das ist alles, was ich weiß. Ich bin sehr früh weggefahren. Ich war erst sieben Monate alt, als ich von Leipzig weg bin. Also, ich kann mich nicht an viel erinnern.

Das Haus in der Karl-Rothe-Straße, das steht ja noch.

Ja, das steht noch. Wir sind vorbeigefahren und es war sehr rührend zu sehen, wo wir gewohnt haben. Man hat es renoviert. Es sieht gut aus von außen, ich war nicht drin.

Wollen Sie sich bitte auch vorstellen, Herr Grünberg?

Ich bin Wolf Grünberg und ich bin am 3. August 1929 in Leipzig geboren. Wenige Jahre später musste dann die ganze Familie in die Emigration. Ich kam nicht dazu, hier in Leipzig zur Schule zu gehen. Es war sogar so, dass ich niemals richtig Deutsch gelernt habe, weil wir zuerst nach Frankreich emigriert sind. Dort haben wir ein paar Jahre gelebt. Ich habe erst dort angefangen, zur Schule zu gehen. Aber da durften wir kein Deutsch sprechen. Also praktisch war meine erste Sprache Französisch. Aber inzwischen hatte der Krieg angefangen und 1940, zwei Tage bevor die Deutschen einmarschiert sind, haben wir von unserem Polizeichef

Wohnhaus Karl-Rothe-Straße 15, 2010

Eingang zum Wohnhaus, 2010

die Anweisung bekommen, dass wir weggehen müssen. Wir hatten in einem Vorort von Paris gewohnt. Dann sind wir über einen Zwischenaufenthalt in Vichy weiter in den Süden Frankreichs, wo wir mit unseren früheren Freunden verabredet waren. Dort war auch unser großes Gepäck. Da saßen wir noch eine Weile fest und probierten rauszukommen aus Europa. Mein Vater war erfolgreich, ein brasilianisches Visum zu bekommen. Dann sind wir nach Marseille gefahren und im Januar 1941 sind wir bis nach Dakar gekommen. Das ist in Äquatornähe, in Zentralafrika.

Das war aber noch lange nicht Brasilien?
Das war weit von Brasilien entfernt. Unser Schiff, die »Asina«, durfte nicht weiterfahren, weil die Briten es verboten hatten. Die Briten hatten zwar die Genehmigung gegeben, dass ein Schiff mit Flüchtlingen nach Amerika fahren kann, aber inzwischen hatten sie erfahren, dass die »Asina« ein Refrigationsschiff[122] war. Der Sinn der Fahrt war, die Flüchtlinge in Südamerika zu lassen und danach in Argentinien das Schiff voll mit Fleisch zu beladen und damit die deutsche Armee zu versorgen.

Wie lange mussten Sie in Dakar bleiben?
Ich kann mich nicht erinnern, ob es drei oder vier Monate waren. Sie haben uns nach Casablanca zurückbefördert und dort in ein Lager gebracht. Leute mit Kindern kamen in ein Lager in der Nähe von Casablanca, Leute ohne Kinder kamen in ein Lager, das ein bisschen weiter entfernt war. Und Leute, die alleinstehend waren, hat man am Eingang der Sahara untergebracht. Eines Tages habe ich Bauchschmerzen bekommen und bin mit meiner Mutter zum Camparzt gegangen. Der Camparzt hat mich untersucht und mit meiner Mutter gesprochen. Da hat meine Mutter gehört, dass er ein Ausländer war. Meine Mutter fing an, mit ihm Tschechisch zu sprechen, und da war er ganz besonders gerührt. Dann hat dieser Arzt ein Zertifikat ausgestellt, dass mein Vater und ich ins Krankenhaus nach Casablanca müssen. Am nächsten Tag haben wir uns in einen Bus gesetzt und sind nach Casablanca gefahren. Wir kamen dort zu spät an, um ins Krankenhaus zu gehen. Also sind wir ins Ghetto gegangen. Dort am Eingang vom Ghetto war ein schöner großer Neubau, die Synagoge. Wir gingen hin und da war der amtierende Rabbiner da. Der Rabbiner hat uns in einer ganz besonders warmen und freundlichen Fasson aufgenommen und hat uns über ein Mitglied der Gemeinde eine schöne Wohnung vermittelt. Am nächsten Morgen ist mein Vater mit mir ins Krankenhaus gegangen. Natürlich waren meine Bauchschmerzen schon nicht mehr da.

Konnten Sie dann wenigstens in Casablanca bleiben?
In der Zeitung stand, dass der Gouverneur von Marokko auf Besuch in Casablanca sei. Da ist mein Vater losgestürmt, um zum Gouverneur zu gehen. Mein Vater hatte den Gouverneur schon gekannt, weil wir in Paris sein Haus gemietet hatten. Als mein Vater sich mit dem Gouverneur ausgeschmust[123] hatte, sagte der Gouverneur: »Du bist ein ganz legaler Einwohner Frankreichs, ein Ausländer, der in Frankreich wohnt, und Marokko gehört weiterhin zu Frankreich. Du brauchst also keine Bedenken haben, so lange wie du willst, weiter in Marokko zu bleiben.« Mit dieser Nachricht war mein Vater natürlich sehr beruhigt.

Und die jüdische Gemeinde konnte sich über ein neues Mitglied freuen?
An dem Tag war ein bestimmter Fastentag. Da wurde am Nachmittag in der Synagoge gebetet und die Thora vorgelesen, die sonst immer früh vorgelesen wird. Wir sind in die Synagoge gegangen und der Rabbiner hat meinen Vater gefragt: »Wie ist es dir ergangen?« Da hat mein Vater gesagt: »Ich bin jetzt ganz legal hier in Casablanca.« Darauf meinte der Rabbiner: »Dann zählen wir dich schon als Mitglied von der Gemeinde.« So waren wir ein paar Wochen in Casablanca.

Wollten Sie nicht nach Brasilien?
Mein Vater bemühte sich, ein Schiff zu finden, um weiterzukommen. Er hat auch eins gefunden. Da mussten wir von Casablanca nach Cadiz in Spanien. In Casablanca hatten sie uns gewarnt: »In Spanien gibt es nichts zu essen. Ihr müsst euch das Frühstück, Mittag und das Abendbrot, alles von Casablanca mitnehmen oder zumindest in Tanger kaufen, ehe ihr Afrika verlasst.« Das haben meine Eltern auch getan und wir kamen nach Spanien. Von Tanger ging es nach Algeciras und dann mit dem Zug nach Cadiz weiter. Als wir in Cadiz am nächsten Tag zum Frühstück in ein Kaffeehaus gingen, war es sehr erschreckend, dass spanische Kinder auf den Boden fielen und die Krümel aufgeleckt haben, die wir fallen gelassen haben. Das ist eine Erinnerung, die ich immer noch habe.

Wie kam es, dass in Spanien solch eine Hungersnot war?
Das war nach dem spanischen Bürgerkrieg, 1941. Danach haben wir uns also eingeschifft, sind weitergefahren nach Südamerika und kamen in Brasilien an. Die Brasilianer wollten aber unser Visum nicht anerkennen und haben uns nicht runtergelassen. Danach sind wir weitergefahren nach Montevideo und da wollten sie auch nichts von uns wissen. Von da ging es weiter nach Buenos Aires und da haben sie uns auch nicht runtergelassen. Aber in Buenos Aires lebte schon ein früherer Geschäftspartner meines Vaters. Mit ihm war er 1932 von Leipzig nach Paris gegangen, um dort ein Geschäft zu machen, weil mein Vater von Hitler absolut nichts wissen wollte. Dieser Herr hieß Kalb. Er ist ans Schiff gekommen und hat meinem Vater gesagt: »Komm runter, lass dein Gepäck auf dem Schiff weiter-fahren. Aber du komm runter mit deinen Kindern, du wirst schon hier unterkommen.« Aber mein Vater wollte das nicht. So blieben wir auf dem Schiff und danach sollten wir wieder zurück nach Europa.

Das wäre der Weg in die Vernichtungslager gewesen.
Auf dem Rückweg nach Europa hatte eine jüdische Organisation mit der holländischen Königin verhandelt, damit sie erlaubt, dass wir in Curacao landen und dort untergebracht werden. So kam es, dass wir nach Curacao kamen und dort zwei Jahre lang bleiben konnten. Zumindest sind wir nicht zurück nach Europa gebracht worden.

Das war ja eine Odyssee. Sind Sie die ganze Zeit immer als Familie zusammengeblieben?
Ja, Gott sei Dank. In Curacao haben sie uns zuerst in Lagern untergebracht, Männer in einem anderen Lager als die Frauen. Aber danach haben sie die Familien vereinigt. Als wir in Curacao ankamen, hat sich die jüdische Gemeinde außergewöhnlich mit uns beschäftigt. Sie haben bei der Regierung durchgesetzt, dass man erlaubt, die Kinder aus dem Lager herauszube-kommen und in die Schule zu schicken. Aber Curacao liegt in einem heißen Land. Da gibt es eine längere Mittagspause. So hat man die Kinder zur Pause bei verschiedenen Familien Curacaos untergebracht. Ich war bei einer Familie Weißinger. Mit der ältesten Tochter, Martha Weißinger, war ich bis vor zwei Jahren in Verbindung, bis sie in Jerusalem gestorben ist.

Und Ihre Schwester war bei einer anderen Familie?
Meine Schwester war bei einem Advokaten, Dr. Papier, untergebracht. Sie hatten eine Tochter in Marions Alter. Meine Schwester hat dann diese junge Frau in New York wieder getroffen, viele Jahre später.

Und wie kamen Sie dann nach Kolumbien?
Einmal wurden meine Eltern bei Dr. Papier eingeladen, um Bridge zu spielen. Da war auch der kolumbianische Konsul. Mein Vater erzählte ihm, dass er Kürschner sei. Da hat der kolumbianische Konsul gesagt: »Na ja, bei uns in Bogotá werden Pelze getragen. Warum

kommst du nicht und widmest dich deinem Beruf?« So haben wir zwei Jahre später ein Visum bekommen und sind nach Kolumbien. In der Zwischenzeit aber, noch in Curacao, bin ich dreizehn Jahre alt geworden.

Da war es doch Zeit für die Bar Mizwa? Hatten Sie denn jüdischen Religionsunterricht im Lager?
Die Lehre für die Bar Mizwa hatte mein Vater vom Rabbiner mit gelernt, so dass mein Vater mich im Lager unterrichten konnte. Am Tag meiner Bar Mizwa hat die jüdische Gemeinde einen sehr großen Gottesdienst organisiert. Da wurde der Gouverneur mit eingeladen und der Erziehungsminister, der Direktor von der Schule und allerlei andere Persönlichkeiten, um diesen Autoritäten beizubringen, dass wir keine Banditen sind, dass wir wohl eingestellte Leute sind und dass es angebracht wäre, die Verhältnisse unseres Daseins zu stabilisieren.

Und wie ging der Umzug nach Kolumbien?
Zwei Jahre später sind wir mit Visum nach Kolumbien gefahren. Mein Vater ist vorgefahren, um zu sehen, wie das eigentlich ausschaut. Von Curacao 1943 konnte man nur in einem gepanzerten Flugzeug fliegen, da waren die Fenster zu. Er kam zunächst in Barranquilla, der Hafenstadt, an und fuhr mit dem Schiff auf der Magdalena und dann mit dem Zug rauf nach Bogotá. Das ist eine Stadt, die 2.500 Meter hoch im Berg liegt. Als er aus dem Zug ausgestiegen ist, trat ein Mann vom jüdischen Hilfsverein an ihn heran und brachte Samuel Gerstenblüth, einen alten Freund aus Leipzig, mit. Sie haben sich umarmt und geweint, dass man sich so weit von Leipzig in Bogotá am Bahnhof trifft. Das hatte sich natürlich niemand träumen lassen. Dann haben sie zusammen eine kleine Wohnung gesucht. Am vierten Tag hat er uns ein Telegramm nach Curacao geschickt, dass wir so bald wie möglich auch nach Bogotá kommen sollen.

Da war das Lagerleben endlich vorbei?
Danach hat das richtige Leben angefangen. Die Schwiegertochter von Herrn Gerstenblüth war auch eine Deutsche. Sie hieß Lore Katz und war eine Turnlehrerin. Sie ist mit meiner Mutter und mir in eine der Schulen gegangen, hat mit dem Direktor gesprochen und mich dort reinbekommen mitten im Schuljahr. Sie hat dem Direktor erklärt, von Spanisch habe ich gar keine Ahnung, aber Französisch spreche ich. Er hat mich angenommen und dann habe ich ein paar Monate auf dieser Schule Spanisch gelernt, habe ein paar Leute kennengelernt und kam in das kolumbianische Milieu herein. Meine kleine Schwester wurde in einer Schule angemeldet, die ganz in der Nähe von unserer Wohnung war. Und danach fing das 44er Schuljahr an. Da hat man mich in eine amerikanische Missionsschule eingetragen, die allerhand jüdische Kinder hatte, weil sie am Samstag nicht geöffnet war. So hatten wir den Sabbat frei. Diese Schule habe ich 1948 abgeschlossen. Es hatte mir ganz besonders geholfen, dass dort intensiv Englisch gelehrt wurde. Als ich aus der Schule rauskam, konnte ich nicht nur Spanisch sprechen, sondern auch Englisch. Danach sollte ich etwas studieren. Da hat man mich eingeschrieben an einer Universität. Aber ich konnte mich da nicht einleben.

Warum nicht?
Ich konnte einfach nicht mitkommen. Mein Vater schrieb dann einer früheren Leipzigerin in New York, dass sie mich in den USA für ein Studium einschreiben soll. So bin ich in die Vereinigten Staaten, um auf die Universität in Philadelphia zu gehen. Aber in der Zwischenzeit war ich in der zionistischen Arbeit sehr, sehr aktiv. Am 15. Mai 1948, als Israel zustande kam, war ich im Büro von der jüdischen Agentur[124] und habe Telegramme bekommen, die ins Spanische übersetzt und an die Zeitungen geliefert werden mussten. Wir hatten auch einen aktiven Makkabi-Club[125]. Da habe ich allerdings nicht viel mitge-

macht, weil mein linker Fuß nicht ganz gesund ist. Als ich 1948 nach New York kam, haben sie mich sofort mobilisiert und ich musste mit denen jeden Tag auf die United Nations gehen. Das Gebäude, das heute dasteht, war noch lange nicht gedacht. Da saßen wir in Lake Success, in einem Vorort. Es war interessant. Da habe ich so manches gelernt über Diplomatie. Ich kann mich ganz besonders an eine bestimmte Sitzung erinnern, wo der US-Vertreter Ralph Bunche in Palästina einen Waffenstillstand verhandelt hatte und bei den Vereinten Nationen war irgendjemand aus Lateinamerika, der sehr streng dagegen Einwand erhoben hatte. Bunche hatte eine Landkarte aufgestellt und gezeigt, wie absurd die Vorschläge waren. Im Jerusalemer Pfarrerseminar werden die Studenten auf der israelischen Seite schlafen und sie müssen auf die arabische Seite, wenn sie auf Toilette gehen und wenn sie in den Garten raus wollen zur Meditation, da sind sie im »Nomansland«.

Niemandsland.
Da habe ich dem Vertreter Israels gesagt: »Weißt du was, das ist mir ein bisschen langweilig. Ich gehe mal raus, frische Luft schnappen. Vielleicht trink ich eine Tasse Kaffee.« Da hat er seine Hand ganz fest auf meinen Unterarm gelegt und gesagt: »Du gehst nirgendwo hin. Du musst es wahrhaben und immer daran denken, dass das jüdische Volk 2000 Jahre gewandert ist und von niemandem als Volk anerkannt wurde. Jetzt stehen wir am Vortag der Annahme in das Konzert der Völker. Aber bevor wir so weit sind, unser Instrument zu spielen, müssen wir lernen zu hören, wie die anderen Völker ihre Instrumente spielen.« Ich muss Ihnen sagen, ich habe diese Lehre niemals vergessen. Und ich war weiter bis zum heutigen Tage sehr eng mit Israel verbunden. Wir sind nach Leipzig über Israel gekommen.

Aber wie ging es damals mit Ihnen weiter?
Als ich mit meinem Studium fertig war, habe ich angefangen zu arbeiten. Nach fünf Jahren bin ich automatisch amerikanischer Bürger geworden und ich fahre mit einem amerikanischen Pass herum. Ein paar Jahre später wurde ich engagiert, nach Kolumbien zu kommen. Bei einer großen jüdischen Firma habe ich da fünf Jahre gearbeitet als Betriebsleiter. Aber danach bin ich zurück nach Amerika und bin ich eine Weltfirma eingetreten, die sich mit Pigmentdispersion beschäftigt. Das hat in der Zwischenzeit die Firma Hoechst auch angefangen, aber damals war unsere Firma die einzige auf der Welt.

Was haben Sie selbst dort in der Firma getan?
Ich musste durch die Welt reisen, um Kunden zu besuchen und Ratschläge zu geben oder technische Probleme zu lösen. Ich war überall in Südamerika, außer in Bolivien und Paraguay. Es war eine sehr interessante Zeit für mich, denn wo man auch hinkam, Mexiko, Mittelamerika, Südamerika, und neue Fabriken besuchte, das waren hauptsächlich Unternehmen von jüdischen, neuen Einwanderern. Man hat gar nicht so viel Spanisch gesprochen, wie man Deutsch gesprochen hat.

Deswegen können Sie so gut Deutsch?
Das war sehr interessant. Als ich nach Brasilien kam, da habe ich sogar Bekannte meines Vaters aus Leipzig wieder getroffen.

Sie haben gesagt, dass Sie über Israel nach Leipzig gekommen sind. Warum über diesen Weg? Was hat Sie nach Israel geführt und wie sind Sie von dort nach Leipzig gekommen?
Gefahren sind wir mit dem Flugzeug.

Das ist ja klar. Aber ich meinte mental.
Schauen Sie, ich hatte sehr große Bedenken, nach Leipzig zu kommen. Das war für mich

eine sehr schwere Entscheidung. Ich sollte schon voriges Jahr herkommen. Da sollte ich zusammen mit Herrn und Frau Gerstenblüth fahren. Aber am Tag, an dem ich meine Fahrkarte bezahlt hatte, bin ich abends ins Bett und bin in der Nacht wach geworden und war irgendwie verdreht und bin durch die Wohnung gelaufen. Ich weiß nicht, wie das war. Aber ich kam im Schlafzimmer meiner Schwester an. Sie hat mich gehört und hat mich gefragt: »Wo gehst du denn da hin?« Das hatte ich gehört und bin dann hingefallen und da habe ich mir meinen rechten Fuß angebrochen.

Ein schlechtes Omen.
Ein schlechtes Omen. Das war wohl an einem Donnerstagabend. Also Freitag bin ich zu Hause geblieben, um meinen Fuß zu schonen, der war sehr angeschwollen. Samstag und Sonntag, auch bis Montag war er immer noch angeschwollen. Der Arzt Klaus Mieth ist ein Deutscher. Er hatte mir einen Gips gemacht, den ich an- und ausziehen konnte. Ich schrieb nach Leipzig, dass ich aus Gesundheitsgründen nicht fahren kann. Da haben sie mir gleich ein Fax zurückgeschickt: »Wir wünschen dir baldige Genesung und wir erwarten dich nächstes Jahr.« Also, heute ist nächstes Jahr und so bin ich in Leipzig.

Diesmal ohne Zwischenfall.
Aber zuerst waren wir in Jerusalem und in Shiloh, einem Vorort von Jerusalem. Da sollte man nicht hinfahren, weil dort die Araber sehr aggressiv sind. In Shiloh haben wir eine Thorarolle liegen, die schon ungefähr 120 Jahre bei uns in der Familie ist. Diese Thorarolle wollte ich sehen. Jahre zuvor hatte sie mein Vater gesehen. Er hatte eine Krone gekauft, in der alle Namen unserer umgekommenen Verwandten eingeschrieben sind. Es ist also ein besonderer Gegenstand. Wir waren dort und wir haben Bilder gemacht von dieser Thora. Danach sind wir zurück nach Tel Aviv. Wir waren zwei Wochen in Israel, weil wir jeden Tag bei einer anderen Familie unserer Verwandten waren. Die älteren Herrschaften sind nicht mehr da, aber die jüngeren haben ihre eigenen Familien und jeder zwei oder drei Kinder. Ich musste jeden Tag woanders zum Abendessen gehen. Aber wir haben es durchgeschaukelt. Am Abend, bevor wir weggefahren sind, waren wir bei der letzten Verwandten.

Haben Sie mit denen Deutsch gesprochen oder haben Sie noch Ivrit irgendwann gelernt?
Nein, wir haben nur Deutsch gesprochen. Ivrit hatte ich als Kind gelernt. Aber als ich vor ein paar Jahrzehnten das erste Mal nach Israel kam und mit den Kindern unserer Familie gesprochen habe, wollten sie von mir kein gebrochenes Ivrit sondern lieber Englisch hören. Dadurch kam ich niemals dazu, Ivrit zu sprechen.

Sie können ja genug Sprachen sprechen. Da kann man sich doch immer verständigen – mit Englisch, Französisch, Spanisch, Deutsch. Welche Bedeutung hat für Sie die Religion in Ihrem Leben gehabt und welche hat sie heute?
Schauen Sie, als wir noch in Europa lebten, waren wir orthodox eingestellt. Wir hatten einen koscheren Haushalt. Seit wir in der Emigration sind, sind wir viel liberaler, viel freier eingestellt. Wir haben keinen koscheren Haushalt mehr. Meine Schwester hat seinerzeit nach New York geheiratet und dort einen koscheren Haushalt geführt. Aber als sie danach nach Kolumbien kamen, war es sehr schwer, das durchzuhalten. Da haben wir das gelassen. Meine Schwester und ich sind die einzigen von der Familie, die noch in Bogotá sind. Wir gehen jeden Freitagabend und jeden Sabbat in die Synagoge. Das war ursprünglich eine deutsch-jüdische Gemeinde, heute nach siebzig Jahren gibt es die deutsche Sprache dort nicht mehr. Aber es ist eine konservative Gemeinde, wo Männer und Frauen zusammensitzen, aber nur Männer an die Thora aufgerufen werden. Die Gebete sind teils auf Hebräisch, teils auf Spanisch geleitet. Wir haben im Moment keinen Rabbiner, nur zu den

hohen Feiertagen wird unser früherer Rabbiner engagiert. Aber dieser Rabbiner hat zwei junge Leute trainiert, die als Vorbeter fungieren. Die tun das phantastisch. Sie haben beide eine sehr schöne Stimme. Einer hat allerdings Medizin studiert und muss es so schaukeln, dass er nicht ausgerechnet am Samstagmorgen eine Operation hat. Er heißt Blumenthal. Da können Sie sich denken, woher seine Familie kommt. Das war eben der Anstoß meiner Ansprache in der Synagoge. Die Leipziger Gemeinde geht auf die Lehren von Rabbiner Dr. Carlebach zurück und unser Gemeindevorsteher in Bogotá ist ein Urenkel von Dr. Carlebach.

Wie sehen Sie die jüdische Gemeinde in Leipzig heute? Sie haben ja gemerkt, dass sehr viele aus Russland kommen. Also überwiegend wird Russisch gesprochen. Die wenigen, die noch Deutsch sprechen, die können Sie an zwei Händen abzählen.
Nein, da brauchen Sie gar keine zwei Hände.

Es hat ja schon mehrere Male in der Geschichte solche Situationen gegeben.
Ganz richtig, das wollte ich gerade sagen.

Ja, die Geschichte wiederholt sich im Grunde. Vor achtzig Jahren, als die vielen Juden aus Galizien kamen, sprachen sie aber Deutsch. Sie sprachen nicht Polnisch.
Schauen Sie, mein Vater war im Ersten Weltkrieg in einer Kürschner-Firma tätig, die das Kaiserhaus belieferte. Dadurch war er vom Militär freigesprochen worden. Sein Freund Samuel Gerstenblüth war beim Militär. Nach dem Krieg sind sie beide nach Leipzig gekommen, um in der Pelzbranche zu arbeiten. Mein Vater heiratete 1928, ein Jahr später bin ich geboren und 1935 meine Schwester. Aber die Juden, die aus dem Osten kamen, waren keine Deutschen. Sie waren alle Galizier. Am Ende des Ersten Weltkrieges hat mein Vater sich entschieden. Anstatt ein Österreicher zu bleiben – das war eine Macht, die den Krieg verloren hatte – wollte er lieber ein Pole werden und zu einem wieder aufgestandenen, neuen Land gehören. So ist er Pole geworden. Gott sei Dank, diese polnische Staatsbürgerschaft hat ihm das Leben in Deutschland sehr erleichtert, denn als Ausländer konnte er rein- und rausfahren, ohne dass der Hitler irgendwelche Genehmigungen geben musste. Aber als Hitler an die Macht kam, ist mein Vater mit seinen Kompagnons nach Paris gegangen. Er hat dort eine Firma aufgebaut und Geld angelegt und danach ist er zurück nach Leipzig gekommen, um seine Firma zu liquidieren. Der Export wurde damals sehr gefördert. Wer etwas exportierte, bekam zehn Prozent Ermäßigung. Das haben viele Leute ausgenutzt, um auf diese Weise noch ihr Geld aus Deutschland rauszubekommen. Eines schönen Tages war mein Vater auf der Messe und meine Mutter mit uns Kindern zu Hause. Da hat das Telefon geklingelt. Jemand von der Reichsbank wollte wissen, ob Mendel Grünberg in Leipzig oder in Paris wohnt. Meine Mutter reagierte sehr besonnen: »Grünberg ist ein sehr bekannter Name. Ich weiß nur, dass mein Mann heute auf der Messe ist. Von Paris weiß ich nichts.« Dann hat meine Mutter den Koffer für den Vater gepackt. Es wurde gefährlich zu bleiben. Also ist mein Vater nach Karlsbad gefahren.

Und Sie blieben mit der Mutter allein in Leipzig zurück?
Wir bekamen einen verschlüsselten Anruf von meinem Onkel, dass wir nachkommen können.

Wurden denn damals die Telefongespräche auch abgehört?
Ich vermute es. Als wir zur Grenze kamen, zur Passkontrolle, kam ein ziemlich widerlicher Inspektor in den Wagen. Er hat den Pass meiner Mutter angeguckt und gesehen, dass er vollkommen in Ordnung war. Dann hat er den Koffer durchwühlt, hat alles auf den Fußboden geschmissen und ist weg. Er scheint probiert zu haben, meine Mutter aus der Ruhe zu bringen. Aber er hat es nicht geschafft. So sind wir nach Karlsbad. Dies war die letzte

Haltestelle vor unserer Emigration. Außer dem Vorfall mit dem Zollbeamten habe ich absolut keine Erinnerungen an Deutschland oder an Leipzig. Wohl aber erinnere ich mich an Karlsbad.

Wie waren Ihre Gefühle, als die Einladung aus Leipzig kam?
Ich habe mich mit Leipzig in Verbindung gesetzt und gesagt: »Kindersch, mich habt ihr eingeladen, aber meine Schwester, die ja auch in Leipzig geboren ist, habt ihr nicht eingeladen?« Also haben sie meine Schwester auch mit eingeladen. Ich wollte gern, dass meine Schwester auch ein bisschen Europa kennenlernt. Zumindest das, was ich noch kannte.

Sie sind jetzt das erste Mal in Deutschland, Frau Grünberg? Wie finden Sie dieses Land, wie erleben Sie das jetzt?
Ganz gut. Es ist wunderbar, wie wir empfangen wurden, wie sich alle benehmen. Wirklich phantastisch die ganze Reise, der ganze Besuch. Es ist wirklich sehr schön. Es ist auch sehr interessant, Leipzig zu sehen. Es ist eine schöne Stadt, schöner als ich gedacht hatte. Man sieht, dass es noch viel Arbeit braucht, aber es ist sehr schön. Die Stadt ist größer, als ich gedacht hatte. Die Leute sind alle sehr nett.

Nicht alle. Es sind nicht alle nett.
Das gibt es überall. Aber zumeist haben wir solche Leute getroffen. Sehr behilflich. Sehr nett.

Gott sei Dank.
Ich hatte auch so gemischte Gefühle. Ich wollte niemals nach Europa zurückkommen. Aber es freut mich, dass es dazu gekommen ist.

Ich würde Sie gern zum Abschluss bitten, dass Sie noch etwas sagen in Bezug auf Ihr Jüdischsein, weil viele Leute hier nicht wissen, was das ist. Sie können sich das nicht vorstellen, was eine Religion bedeutet, dass sie einen Halt geben kann und in der ganzen Welt immer ein Zuhause bietet.
Lernen sie überhaupt nichts in der Schule darüber?

Nein, die meisten nur theoretisch. Wer nicht am Religionsunterricht teilnimmt, und das sind die meisten, geht auch so gut wie nie in eine Kirche oder in eine Synagoge rein. Im Schulmuseum decke ich manchmal einen Seder-Tisch, damit die Kinder wissen und auch schmecken, was die Geschichte von der Wanderung der Israeliten durch die Wüste bedeutet. Das erzähle ich ihnen. Ob sie viel in der Schule darüber erfahren, weiß ich nicht. Sie sind meistens nicht neugierig auf Religion.
Überhaupt nicht? Nicht jeder ist katholisch und nicht jeder ist evangelisch?

Nicht jeder? In Leipzig sind nur noch zwanzig Prozent Christen, Juden oder Muslime, und achtzig Prozent sind Atheisten. Die DDR mit ihrer kommunistischen Regierung hat da ganze Arbeit geleistet.
Kirchen gibt es ja genug. Sind die meisten leer?

Ja, die Kirchen stehen noch. Hier in der Innenstadt sind sie auch besucht, weil sie berühmt sind, die Nikolaikirche und die Thomaskirche.
Sie werden nur so von Touristen besucht?

Sonntags zu den Gottesdiensten ist die Thomaskirche auch voll. Ich gehöre zur Thomasgemeinde, deswegen weiß ich das. Es gibt aber kleinere Kirchen, die sind nicht so gut besucht. Da sitzen manchmal sonntags nur zehn Leute.
Und interessiert es die Kinder, so etwas zu hören oder zu lernen?

Synagoge in der Keilstraße 4

Schulklasse in der Synagoge, 2008

Landesrabbiner Almekias-Siegl im Gespräch, 2008

Das ist verschieden. Wenn sie keine Möglichkeit haben, etwas davon zu erfahren, dann können sie sich nicht dafür interessieren. Es muss jemanden geben, der sie neugierig macht, der sagt: »Kommt, wir besuchen jetzt mal die Synagoge.« Ich gehe mit Schulklassen dorthin. Dann erklärt der Rabbiner, was eine Synagoge ist und warum die Thorarollen hinter dem Vorhang sind und was das alles bedeutet.

Man ist zusammen mit den Juden in der Gemeinde, auch wenn man sie nicht alle kennt. Ich hätte nicht gedacht, dass hier so ein großer Prozentsatz Atheismus ist. Es ist also nicht nur mit den Juden so. Ich finde, wenn man von zu Hause aus so erzogen ist, dann reizt das einen nicht so sehr, dahin zu gehen. Wenn man es zu Hause nicht gelernt hat, sollte es wenigstens in der Schule drankommen, welche Religion es auch ist. Wie viele Kinder das begreifen, weiß ich nicht. Wird denn zu Hause absolut keine Religion praktiziert?

Viel weniger als in Russland. Russland hatte ja siebzig Jahre Kommunismus. Aber die Russen sind immer religiös geblieben. Sie haben dann eben ihren Lenin angebetet. Das war eine Ersatzreligion. Jetzt sind sie wieder russisch-orthodox.

Warum ist das in Deutschland anders?

Sie wissen ja, wenn die Deutschen etwas machen, dann machen sie alles sehr gründlich. Da war auch die antikirchliche Propaganda sehr gründlich und Christen hatten große Nachteile in ihrer Entwicklung, wenn sie Christen geblieben sind.

Ich finde, wir könnten im 21. Jahrhundert gewandelt werden. Wir sind im 20. Jahrhundert von einem Extrem ins andere gekommen mit einer Geschwindigkeit und mit einer Leichtigkeit. Das ist sehr erstaunlich.

Ich bin nicht überzeugt davon …

Wie sich die Deutschen benehmen, wenn das Licht rot ist auf der Straße. Es bleibt jeder stehen. Bei uns in Kolumbien machen sich die Leute einen Spaß draus und gehen weiter. Es ist so eine gute Erziehung in Deutschland. Wieso konnte solch ein Volk zu dem kommen, was im Zweiten Weltkrieg verbrochen wurde?

Das ist genau diese Erziehung gewesen, die Erziehung zum Untertan. Nicht selber denken, nicht widersprechen und möglichst nicht auffallen, dann geht es dir gut. Wenn du auffällst und wenn du Außenseiter bist, dann geht es dir nicht gut. Das ist ein Erziehungsmuster, was uns drei Generationen, vier Generationen lang geprägt hat – mit Ausnahmen.

Wenige Ausnahmen.

Es gab immer eine Minderheit, die nicht mitgemacht hat. Auf die können wir heute stolz sein.

Moritz Groß

Herr Groß, darf ich das Interview mit Ihnen auf Deutsch führen?
Was wollen Sie denn von mir wissen?

Am meisten interessiert mich, was Sie noch von Leipzig erzählen können, von Ihrer Kinderzeit, wer Ihre Eltern waren, wann Sie geboren sind, wo Sie gewohnt haben und wo Sie zur Schule gegangen sind.
Ich bin am 14. November 1925 in Leipzig geboren. Mein Vater, Ephraim Groß, hat Herrenstoffe verkauft, er hatte einen Stand bei der Leipziger Herbstmesse und bei der Frühjahrsmesse. Er war ein Reisender, in Halle, in Rostock, in Magdeburg, verschiedene Städte oben im Norden, er war immer unterwegs. Wir haben eine Wohnung gehabt in der Seitenstraße 8[126] und meine Eltern waren immer auf Reisen. Dann war ich bei meinen Großeltern, die haben im Ranstädter Steinweg 14[127] gewohnt. Ihr Name war Familie Aron Sternberg. Ich habe das im Adressbuch von 1933 gefunden. Das heißt, die meiste Zeit war ich bei den Eltern. Und ich kann mich erinnern, ich bin in den Kindergarten gegangen. Es war ein normaler Kindergarten und nachher bin ich in die Schule gekommen. Ich habe die Zuckertüte gekriegt und stand neben einer großen Tafel. Daneben war das Datum geschrieben.

Moritz Groß im Kindergarten, 1930

Moritz im Matrosenanzug und Sonja Groß mit den Eltern Klara und Ephraim, 1930

Und ich bin in die erste Klasse gegangen in die Volksschule und eine kurze Zeit noch in die zweite Klasse. Das war schon 1933, als die Nazipartei im Parlament ein paar Plätze kriegte. Da gab es schon die Hitlerjugend. Ich kann mich erinnern, dass da zwei, drei Buben schon mit dem Gürtel gekommen sind, mit dem Hakenkreuz auf dem Arm, und der Lehrer konnte nichts dagegen machen. Die Lehrer haben Angst gehabt, schon damals. Und einen Tag bin ich runtergegangen von den Treppen zum Hof und diese Jungen haben auf mich gewartet. Da hab ich etwas mit dem Knüppel auf den Hals gekriegt. Ich bin nach Hause gekommen und habe gesagt: »Ich geh nicht mehr in die Schule!« Und mein Vater war ein sehr kluger Mensch, der immer vorgesorgt hat. Er hat nie für das Heute gelebt. Er hat gesehen, was passiert ist. Da hat er mich in der Carlebachschule eingetragen, aber nur für eine sehr kurze Zeit. Dann ist er bald allein über Saarbrücken nach Metz gegangen. Er hat dort eine Wohnung für uns besorgt und alles vorbereitet.

Wann war das?
Das war alles Ende '33. Und wir sind bei Nacht mit einem Chauffeur im schwarzen Taxi über die Grenze. Wir hatten kein Visum für Frankreich, aber der Vater hatte sich schon gekümmert. Dann haben wir uns eine kurze Zeit in Metz aufgehalten und mein Vater ging nach Paris. Er hat dort auch eine Wohnung vorbereitet und wir haben auf ein Zertifikat gewartet. Unterwegs war es schlechtes Wetter und ich habe eine Lungenentzündung gekriegt. Die jüdische Gemeinde in Paris hat die jüdischen Flüchtlinge nach der Schweiz geschickt. Ein paar Schweizer Familien wollten vor allem den Kindern helfen. So bin ich für drei Monate in ein Dorf gekommen. Und dort hat mich die Familie sehr liebevoll aufgenommen. Ich war so wie ein Sohn. Sie hatten keine eigenen Kinder und als ich weggefahren bin, das war schrecklich. Da haben sie richtig geweint. Sie haben sich sehr mit mir verbunden, ich habe damals Französisch gelernt. Wissen Sie, wenn man acht Jahre alt ist und man kommt in eine Familie rein, lernt man schnell. Und nach drei Monaten kam ich zurück nach Paris. Mein Vater hat mich am Bahnhof abgeholt und ich konnte mit ihm kein Deutsch sprechen. Ich hatte alles vergessen. Ja, so war es!
Eine kurze Zeit haben wir in Paris gewohnt. Und von dort sind wir nach Marseille und von Marseille mit dem Schiff nach Haifa. Wir sind Anfang 1934 in Haifa angekommen. Und seitdem lebe ich in Haifa. Mein Vater hat angefangen zu arbeiten auf dem Bau, so

Betonbauten. Er hat schwer gearbeitet. Aber damals haben alle Juden schwer gearbeitet, nur selten gab es arabische Arbeiter. Heute ist es ein bisschen anders, so wie überall. In Europa gibt es auch so viele Fremdarbeiter. Und nachher ist mein Vater Händler geworden und ich bin acht Jahre in die Volksschule gegangen. Danach habe ich die Technische Hochschule besucht in den Bereichen Feinmechanik, Optik und Elektronik. Das war 1945. In unserer Klasse waren bloß Jungen, es war eine Technische Schule. Wir waren verbunden mit einer Landwirtschaftsschule. Und dann haben wir uns getroffen und sind in einen Kibbuz gegangen. Wir waren in der Palmachtruppe. Das war damals eine militärische Untergrundorganisation. Wir haben ausgelernt und wir haben Glück gehabt, dass der Palmach existierte. Ohne Palmach wäre der Krieg nicht gut ausgegangen. Sie müssen rechnen, es waren im Ganzen vielleicht etwas mehr als 2 000 im Palmach. Aber es sind noch viele dazugekommen und wir haben gekämpft gegen sieben Länder, die arabischen Länder.[128] Es war nicht so einfach und wir haben viel Blut bezahlt.

Sie sind ja auch verwundet worden, habe ich vorhin erfahren.
Ja, ich habe in Negev unten in der Wüste einen Lungenschuss gekriegt in der Nacht. Aber so wie meine Mutter mich gut gepflegt hat hier in Leipzig, hat mir der Doktor gesagt, dass ich nach zwei Wochen schon ziemlich gesund war. Ein Glück, in der Nacht wo man mich in ein Krankenhaus gebracht hat, hat ein Dakotaflieger aus Amerika das erste Penicillin gebracht. Aber damals war Penicillin nicht so wie heute, damals war Penicillin wie Creme, wie Soße, wissen Sie, ganz dick. Nach der Schule, nachdem ich befreit war, war ich beim Militär Fotograf. Ich habe dabei viel Erfolg gehabt. Das hat mir gefallen und 1960 habe ich auch bei der Elektrizitätsgesellschaft gearbeitet als Elektroniker. Da bin ich weg und habe mich selbstständig gemacht. Ich habe eine Firma in Haifa. Da habe ich mich spezialisiert auf technische Aufnahmen, also keine Porträts und solche Sachen. Und ich habe sehr gut gearbeitet. Ich war einer von zweien, die richtige Aufnahmen machen konnten. Ich habe viele Verbindungen zu den größten Firmen in Deutschland gehabt. Alle zwei Jahre fliege ich nach Köln zu der Fotokina. Ich habe viele Freunde, die sind heute alle schon pensioniert. Ich habe sehr viele Apparate und ich habe ein fotografisches Leben gelebt, kann man sagen, 24 Stunden am Tag, mit meiner Frau zusammen.

Sie sind schon so lange glücklich verheiratet, dazu kann ich Sie nur beglückwünschen. Wie denken Sie denn jetzt über Leipzig? Sind Sie zum ersten Mal wieder hier?
Wir haben vor fünf, sechs Jahren eine Gruppenreise nach Osteuropa gemacht, Tschechei und polnische Grenze. Und wir sind zurückgefahren über Dresden und Leipzig. Aber in Leipzig konnte der Bus nicht stehenbleiben, der Chauffeur kam von Slowenien. Die Gruppe hatte das Auto in Slowenien gemietet, weil dort Auto und Fahrer billiger sind. Da hat er Angst gehabt, der Slowene, dass die Polizei ihm die Lizenz wegnimmt. Aber er stand neben dem Hauptbahnhof und ich konnte mich erinnern, dass vom Hauptbahnhof die Straße herunterging zum Ranstädter Steinweg. Und da habe ich mit meiner Frau schnell, schnell das Haus angeguckt und geknipst – das Auto hat gewartet –, aber es war ein wenig komisch. Das Haus hatte ein großes Tor. Und jetzt haben wir nachgefragt bei den Nachbarn und wissen, das ist nicht das Haus. Die Russen haben alles, auch durch Bombardierung kaputt gemacht[129] und haben neue Häuser gebaut. Aber die sind jetzt auch schon alt, es sah schrecklich aus. In der Stadt hat mir jemand erzählt, das wird alles weggerissen und neu gebaut.

Welche Hausnummer war das?
Die Nummer 14. Ich wollte mal in das Haus reinkommen und in die Wohnung von meinen Großeltern, dort wo ich gelebt habe. Ich wollte das Haus besichtigen. In der linken Ecke

war ein Berliner Ofen, grüne, türkisfarbene Kacheln. Und der Ofen hatte in der Mitte ein Loch gehabt, mit einer eisernen Tür, und da hat die Oma immer Äpfel mit Zucker reingelegt. Und ich habe mal zu Pessach dort etwas versteckt. Und da habe ich gedacht, ich finde das jetzt. Ich habe da unten ein paar ältere Leute getroffen und habe das erzählt. Und ein Mann sagte: »Die Ranstädter Straße 14, die ganze Reihe hier war bombardiert und die Russen haben das neu aufgebaut.« Aber es ist schlecht gebaut. Das Haus sieht jetzt schon aus, als ob es 1000 Jahre steht. Man wohnt dort glaube ich nicht mehr, es ist alles geschlossen.

Noch eine Sache, an die ich mich gut erinnern kann. Vater und Mutter waren immer fleißige Leute, sie haben fleißig gearbeitet. Mein Vater ist von Polen nach Leipzig gekommen, ohne Geld, ohne gar nichts. Er musste weg von Polen, weil er im polnischen Militär keine koschere Küche bekommen konnte. Deshalb ist er dort weg. Wohin geht nun ein Jude in Leipzig, um einen Juden zu treffen? In die Synagoge. Dort hat er meinen Opa getroffen. Mein Vater war sehr fähig. Er hatte zwei rechte Hände, nicht linke. Er war ein sehr guter Fachmann. Da hat mein Großvater gefragt: »Was kannst du?« »Ich bin Schneider«, sagte er. Und so ist er in den Ranstädter Steinweg in die Schneiderei gegangen und hat alles gut gemacht. Und nun hatte er doch keinen Platz gehabt, um zu wohnen und um zu essen. Und da sagte meine Großmutter: »Kurt, iss bei uns und schlaf bei uns.« Und so hat die Romanze zwischen meinem Vater und meiner Mutter angefangen. Er hat ein Auge geworfen auf die schwarze Klara, meine Mutter. Das war eine bildschöne Frau, ich habe Bilder von ihr.

Er hat ihr Geschenke geschickt und sich gut benommen und sie haben geheiratet. Sie hatten noch zwei Kinder vor mir, die sind gestorben bei der Geburt. Sie waren zu groß geboren. Und ich war im Krankenhaus geboren. Und der Doktor, der mich zur Welt gebracht hat, war Professor Zundek. Ich glaube, sein Sohn ist auch in Jerusalem Gynäkologe. Und ich wurde sehr verwöhnt. Mein Großvater hat sieben Kinder gemacht und so hatte ich sechs Tanten. Und ich war das erste Enkelkind in der Familie. Da können Sie sich vorstellen …

Das ist anstrengend.
Und die sechs Töchter haben in einer Reihe gewohnt, in vier Zimmern, kann ich mich erinnern. Da bin ich früh immer reingegangen von Zimmer zu Zimmer und die haben mich immer verrückt gemacht. Ich war sehr verwöhnt als Kind.

Wohnten Sie noch alle zusammen mit den Großeltern in einer großen Wohnung?
Ich war bei denen. Wenn die Eltern von den Reisen gekommen sind, dann waren wir in der Seitenstraße. Ich kann mich an eine Sache erinnern, aber lachen Sie nicht: Wir haben im Winter nicht die Wohnung heizen müssen. Unsere Wohnung war über einem Bäcker, da war es schön warm.

Sehr praktisch.
Noch eine kleine pikante Sache. Mein Vater war sehr befreundet mit dem Polizeichef. Vis à vis war die Polizei. Und als er sich entschieden hatte, Leipzig zu verlassen, ist er zu dem Polizeichef gegangen und hat ihm Schalom gesagt. Und da hat der Offizier geantwortet: »Herr Groß, warum fahren Sie weg? Sie sind so ein angenehmer Mensch und Sie machen jede Messe mit. Sie fahren viel rum und haben Stoffe und alles.« Und da sagte mein Vater: »Na guck doch mal, was die Nazis tun.« Und da sagt er: »Die Nazis werden nie zur Macht kommen, das ist ja unmöglich. Und sie sind nicht gegen die Juden, so wie Sie einer sind! Verstehen Sie? Sondern gegen diese Orthodoxen oder ich weiß was. Fahren Sie nicht weg, es wird Ihnen nichts passieren.« Aber mein Vater hat ihm nicht geglaubt, wir waren bald weg.

Vielleicht hatte er Hitlers »Mein Kampf« gelesen und wusste, was da geplant war? Das Buch haben ja nur die wenigsten gelesen, obwohl sie es fast alle hatten. Die meisten haben ja wirklich lange Zeit gedacht, der Spuk geht vorüber und die Nazis verschwinden schnell. Ich wollte aber gerne noch etwas wissen: Wie fühlen Sie sich heute in Leipzig? Ist das für Sie sehr belastend oder haben Sie auch viel Freude dabei?

Sehen Sie, die Gefühle, die uns die Deutschen angetan haben, die liegen da tief drinnen. Aber das Leben geht weiter! Man kann nicht immer in der Vergangenheit leben. Trotzdem gibt es viele Freunde von mir, Juden in Israel, die sagen: »Moshe, ich kann auf Deutschland keinen Fuß setzen!« Aber ich habe über die ganzen Jahre so viele Verbindungen gehabt nach Deutschland und alle Leute haben mich so erfreut und gut behandelt. Lachen Sie jetzt nicht. Ich bin sehr ordentlich, sehr, sehr organisiert. Und das ist in Israel schwer. Heute ist es nicht mehr so, aber ich rede von der Zeit vor zehn, zwanzig, dreißig Jahren. Alles hat so gut geklappt mit der Zeit und auf die Stunde genau, ich bin doch hier aufgewachsen. Das hat mir sehr gefallen. Schau mal, wir haben drei Schwestern mit ihren Männern und Kindern hier in der Nazizeit verloren. Zwei Familien waren in Paris. Eine Familie ist vor dem Krieg nach Danzig gegangen und sie sind verschwunden, richtig verschwunden.

Und heute?

Wie ich mich heute fühle? Ehrlich, ich bin immer, wenn ich nach Deutschland gekommen bin, gut aufgenommen worden. Wie ich mich fühle? Sehen Sie, der Strom geht in eine gewisse Richtung, da geht man mit. Die etwas gegen Deutschland haben, die kommen einfach nicht her.

Kennen Sie ehemalige Leipziger in Haifa?

Ja! Ich kenne aus Leipzig gute Freunde von meinen Eltern, der Sohn hat mit mir gearbeitet. Er heißt Mordechai Holzer. Und es war eine Familie Haller, die leben schon nicht mehr. Und ich kenne eine Familie Klein, das ist auch ein guter Freund von mir, Nathan Klein. Und ich hab mich gewundert, er war nicht eingeladen. Ich habe ihn im letzten Jahr nicht getroffen. Aber wenn ich jetzt komme und es ihm erzähle, wird er sicher das nächste Mal auch kommen.

Und Mordechai Holzer?

Der Holzer war schon hier. In der Ausstellung, die ich gestern gesehen habe, da ist er fotografiert mit seiner Frau. Ein Bild, das hat die deutsche Fotografin Sylvia Hauptmann gemacht. Das hat sehr viel Gefühl, das ist gut gemacht, sie ist ein Fachmann. Sie arbeitet sehr schön. Man hat uns hier sehr gut aufgenommen, besser kann es gar nicht sein.

Na gut.

In Leipzig, das Hotel, die Stadt, die Leute, die Carlebach-Stiftung ...

Und die neue jüdische Gemeinde? Haben Sie Hoffnungen, dass das wieder eine ganz normale jüdische Gemeinde wird? Irgendwann sprechen die ja auch Deutsch und Sächsisch und nicht mehr Russisch. Können Sie sich vorstellen, dass es noch mal ein Gemeindeleben hier gibt wie vor sechzig Jahren?

Das hängt alles an der Politik von Deutschland, welche Regierung gewählt ist, welche Einstellung die Deutschen zu den Juden haben. Ich glaube, wenn es so wird, wie in den Jahren vor dem Ersten Weltkrieg, da sind ja viele Juden hergekommen, die gut waren. Und es waren viele Schauspieler und Sänger hier, Richard Tauber[130] war auch einer. Und wenn es eine normale Beziehung sein wird, glaube ich, dass die jüdische Gemeinde hier weiter wachsen wird. Sie haben Kinder. Und sehen Sie, wenn ein Mensch arbeitet und ist zufrieden mit seiner Arbeit und mit seinem Leben und er hat das, was er möchte, dann geht er auch nicht weg. Warum wandert er? Warum sind die Juden früher vor 2000 Jahren gewandert? Es gab kein Wasser und kein Essen. Da ist Jakob nach Ägypten, der hat von König Faruk Essen verlangt. Und nach sieben Jahren ist er zurückgekommen. Das ist normal. Das heißt, die jüdische Gemeinde hier wird wachsen. Und wie ich die Geschichte vom jüdischen Volk sehe, haben die Juden jedem Land, in dem sie gelebt haben, sehr viel gegeben. In Kultur, in Kunst, in vielem. Sie wissen das doch, ich brauche das nicht erzählen. In der Medizin und in der Computertechnik, da ist Israel die Nummer eins.

Die ganzen Handybauteile, ich weiß!
Wenn einer Arbeit hat in Israel und er kann leben, warum soll er auswandern? Wandert der, weil ihm das Leben nicht gefällt, weil es schwer ist. So, wie Wasser den Berg runterfließt, so sucht er den Weg.

Sind Sie traurig darüber, dass die Juden die jetzt aus Russland hierher gekommen sind, nicht nach Israel gekommen sind?
Sehen Sie, wir sind heute ungefähr sechseinhalb Millionen Juden und der Mehrheit geht es immer gut. Und wenn Familien von Osteuropa, von Russland hierhergekommen sind nach Leipzig, sind sie gekommen, weil in Russland das Leben schwer war. Und wenn es hier leicht ist und gut und sie haben alles, was sie brauchen, warum sollen sie nach Israel kommen? Das heißt, wenn sie früher keine Bildung bekommen haben als Zionist in der Jugend, dann ist es schwer. Diese Leute mit fünfzig oder sechzig Jahren wollen schon nicht mehr so wandern, aber die Kinder. Die Jugendlichen von der jüdischen Gemeinde werden zum Teil gern nach Israel kommen. Man kann es nicht wissen.

Wir versuchen eine Partnerschaft zu Herzlyia aufzubauen, damit es ganz konkrete Partnerbeziehungen werden, also eine richtige Städtepartnerschaft.
Leipzig und Herzlyia? Es ist schon eine Schwesterstadt von Leipzig, dachte ich.

Postkarte von Herzlyia, 2004

Nein, leider nicht. Bis jetzt leider nicht. Wir versuchen es, dass die erste ostdeutsche Partnerstadt in Israel Herzlyia wird. Aber es ist schwer, weil viele israelische Städte schon Partnerschaften mit westdeutschen Städten haben. Es gibt über hundert Städtepartner-schaften in Israel mit Deutschland. Nur nicht mit Leipzig, also mit ostdeutschen Städten. Wir haben nach 1989 überhaupt erst daran denken können. Durch die Kommunisten war das ja völlig unmöglich vorher.

Wir haben jetzt zweieinhalb Millionen Juden von Russland. Und vielleicht achtzig bis neunzig Prozent sind nicht religiös, weil in Russland die Religion sehr unterdrückt war. Das ist auch ein Problem. Das heißt, im Krieg 1948 waren wir 600 000 gegen zweieinhalb Millionen Araber, bloß in Palästina und außer den Ländern rings herum. Viel mehr Juden waren damals religiös. Heute, wenn da zweieinhalb Millionen Russen zusätzlich da sind, da ist das Niveau durchschnittlich etwas niedriger geworden. Aber ich spüre, ich sage es auf Englisch, es gibt ein Comeback. Viele junge Leute, die nicht religiös waren und die Eltern auch nicht, kommen zurück, weil sie sehen, dass das Leben ohne Religion nichts bringen wird, nichts Anständiges. Die Jugend geht in Nightclubs, macht Dummheiten. Dann kommen Haschisch und die Drogen. Und so wollen sie die Kinder nicht erziehen. Viele Jugendliche wohnen in unserer Straße und da steht eine Synagoge. Wir wohnen da schon zehn Jahre. Und wenn der Sabbat kommt und Freitagabend, dann sehen wir immer mehr junge Menschen zu der Synagoge gehen und beten. Das war vor zehn Jahren nicht. Also es ist eine Rückkehr zur Religion. Nicht fanatisch! Aber so Sabbat halten, kein Schweinefleisch essen, koscher essen, am Sabbat nicht mit dem Auto fahren.

Was wünschen Sie sich für Leipzig, für das Wachsen der jüdischen Gemeinde? Wir haben vorhin mit Herrn Steinberg darüber gesprochen, er sagte man müsste hier jüdische Schulen haben, man müsste ein koscheres Restaurant haben, damit die Gäste, die hier als Juden zu Gast sind, sich auch wirklich wohlfühlen können. Das ist das, was fehlt und was Berlin eben alles hat. Sehen Sie das auch so?

Mit uns sind zwei, drei Familien gekommen, die auch religiös sind. Ich weiß nicht, ob die im Restaurant essen, vielleicht essen sie im Zimmer. Ich habe eine Familie, die hat ins Ausland Konserven mitgenommen. Aber in Frankfurt ist ein koscheres Restaurant mit koscherem Essen. Wenn da genug Juden sind ...

Wieso, wir können doch auch in ein koscheres Restaurant gehen, wir dürfen doch koscher essen. Und deswegen lohnt sich das immer, ein koscheres Restaurant, das ist doch nicht nur für Juden ...
Nein.

Eben, koscheres Essen schmeckt doch wunderbar.
Was ist das, koscher? Koscher ist, dass man Milch nicht mit Fleisch zusammen essen darf und kein Schweinefleisch. Das ist alles.

Dann danke ich Ihnen, Herr Groß. Sie haben Ihren Vornamen noch nicht gesagt.
Ich heiße Moshe, Moses. Aber in Leipzig war mein Name Moritz.

Ah, wie Max und Moritz.
Der Moritz war neben mir. Ich kann mich erinnern an Max und Moritz und an den Struw-welpeter, da habe ich kleine Bücher gehabt. Daran kann ich mich noch erinnern.

Esther Goshen-Gottstein, geb. Hepner

Mein Name ist Esther Goshen-Gottstein. Ich bin 1928 in Leipzig geboren. Wir haben in der Thomasiusstraße Nummer 28 gelebt. Mein Vater hieß Max Hepner und meine Mutter hieß Margot. Wir waren vier Geschwister und ich bin die älteste von ihnen. Ich bin vier Jahre auf die Carlebachschule gegangen. 1939 sind wir in die Schweiz gefahren, um auf meinen Vater zu warten, der in England war, um für uns Visen zu besorgen. Eine Woche vor Ausbruch des Krieges kamen die Visen an und wir fuhren nach England.

Ja, das war ein Glücksfall. Und die Schulzeit in der Carlebachschule, gibt es da noch konkrete Erinnerungen? Wissen Sie noch Namen, Geschichten ...?
Namen... Da weiß ich nur eine Cousine von mir, die hieß Mirly Hepner, die lebt heute nicht mehr. Und Edith Kroch, die Tochter von dem Kroch-Hochhaus.[131] Aber leider kann ich mich an keine anderen erinnern. Das ist irgendwie ausgelöscht. Ich weiß nur noch, dass Felix Carlebach mein Lehrer war. Er hat mir auch privat Klavierunterricht gegeben.

Leo, Rita, Gershon und Esther, 1938

Eltern Margot und Max Hepner in Nizza, 1940   Esther mit Rita und Leo, 1932

Esther mit Zuckertüte, 1934

Esther mit Doktorhut, 1950

Wir waren polnische Staatsbürger, obwohl weder mein Vater noch meine Mutter je in Polen waren. Aber die Familie meines Vaters kam aus Polen. Er selber war schon in Leipzig geboren und wir wurden nicht abgeschoben, weil mein Vater sich versteckte im polnischen Konsulatsgarten, am Tag der Abschiebung.[132] Meine Mutter, die kurz davor ein Baby bekam, erlitt einen Gallenanfall, als die Polizei sie abholen wollte. Aus dem Grund haben die Nazis sie nicht mitgenommen. Kinder ohne Eltern wurden damals nicht verschickt, sodass wir in Leipzig blieben. Zur »Kristallnacht«, Sie nennen sie hier Pogromnacht, kamen Felix Carlebach und Babette zu uns, um sich bei uns zu verstecken, da wir ja Polen waren. Babette lebt nicht mehr, aber Felix hat es nie vergessen. Immer am 9. November ruft er meine Mutter an, die heute noch lebt und im Juli hundert Jahre wird. Immer ruft er sie dann an – »Tante Margot« – und bedankt sich bei ihr.

Also Felix kam dann nach England, nach London, wusste nicht, wie er an Geld kommen sollte, was zu tun war. Da sagte mein Vater zu ihm, er solle doch seinen Kragen umdrehen: »Werden Sie Geistlicher!« Und so ist er wirklich eine Art von Rabbiner geworden und hat eine große Gemeinde in der Nähe von Didsbury neben Manchester gehabt.

Und meinen Sie, dass Ihre Schule, die Carlebachschule, Ihnen das beigebracht hat, was Sie später einmal brauchten?

Ich weiß nur noch, dass ich Deutsch Schreiben gelernt habe, auch zu lesen. Und auch die gotische Schrift. Und das hilft mir, wenn ich die Bücher studiere, die wir natürlich haben, Heine, Goethe usw., sind alle in dieser Schrift.[133] Daran erinnere ich mich noch. Aber sonst kann ich mich nicht an Einzelheiten erinnern.

Sie sprechen so fabelhaft Deutsch, als wären Sie die ganze Zeit hier gewesen.

Während des Krieges sprach niemand Deutsch, weil es language of the enemy (Feindsprache) war. Aber ich heiratete einen Mann, der aus Berlin stammte und in Israel lebte. Er sprach noch fließend Deutsch und war drei Jahre älter als ich. Er war Professor und schrieb auch Artikel in Deutsch und seine Eltern sprachen so gut wie gar kein Hebräisch, so dass ich mit ihnen Deutsch sprechen musste. Ich hatte einen Analytiker in Tel Aviv, der sprach kaum etwas anderes als Deutsch, so dass auch meine Analyse in Deutsch war. Freunde und Bekannte in Jerusalem sprachen Deutsch, so dass ich die Gelegenheit hatte, mein Deutsch wieder aufzufrischen.

Ist es Ihnen nicht schwergefallen, weiterhin diese Sprache zu sprechen?
Nein, ich liebe Sprachen, immer schon habe ich Sprachen geliebt. Ich hab dann auch Kurse in deutscher Literatur genommen. Dieses Jahr erst hatte ich einen fantastischen Kurs an der Hebräischen Universität genommen, mit einem Professor aus Gießen, eine große Freude.

Ich staune darüber, weil ich auch andere ehemalige Leipziger gefragt habe, die dann sechzig Jahre lang kein Wort mehr Deutsch gesprochen haben, weil sie sich einfach von dieser Sprache und diesem Land distanzieren wollten. Sie können das trennen?
Ich kann das trennen, ich war ja auch schon öfters in Deutschland. Mein Mann fuhr in den achtziger Jahren nach Berlin und ich begleitete ihn als alten Berliner. Ich habe ja auch viele Freunde in Deutschland, zum Beispiel Marianne Meyer-Krahmer,[134] die jedes Jahr ein paar Wochen bei mir wohnt. Und somit habe ich oft Gelegenheit, Deutsch zu sprechen.

Marianne Meyer-Krahmer und Esther Goshen-Gottstein im Schulmuseum, 2006

Schön, ich freue mich darüber sehr, weil wir immer Komplexe haben und Probleme, mit unserer deutschen Vergangenheit umzugehen. Wir werden damit irgendwie nie fertig.
Das verstehe ich ja. Aber die deutsche Literatur Schiller, Heine und Goethe haben ja nichts damit zu tun. Das ist kein Grund, dass man die große Literatur nicht lesen darf.

Haben Sie schon in Leipzig damit begonnen, Musik zu lieben, haben Sie dazu einen Bezug?
Ja, Musik ist mir beinahe mit der Muttermilch eingeflößt worden. Es war eine große Liebe, die Musik. Wenn ich nach Leipzig komme, gehe ich immer in die Thomaskirche, um dort die Bach-Kantaten zu hören, von den Thomanern gesungen.

Esther Goshen Gottstein im Taschentuchzimmer des Schulmuseums, 2006

Und sind Sie als Kind auch schon im Konzert gewesen oder war das in der Zeit für Juden schon nicht mehr möglich?
Daran erinnere ich mich überhaupt nicht, obwohl ich Klavierstunden bei Felix Carlebach hatte. Aber ich erinnere mich, als ich vierzehn Jahre alt war, gab es in London die Promenaden-Konzerte, die es heute noch gibt, wo man in der Albert Hall unten im Auditorium steht. Als vierzehnjähriges Mädchen bin ich im Krieg, wo es die Bomben gab, eine Stunde lang mit der Untergrundbahn gefahren und dann noch zehn Minuten gelaufen, um dorthin zu kommen. Ich erinnere mich noch an mein

Esther Goshen-Gottstein im Carlebachzimmer des Schulmuseums, 2006

erstes Konzert, wo Mendelssohns Violinkonzert mit Menuhin als Geiger gespielt wurde. Das werde ich nie vergessen und die Leute um mich herum waren neidisch auf meinen Enthusiasmus. Da habe ich die Konzertbesuche angefangen, die Liebe zur Musik hat sich seitdem vergrößert.

Sie haben selbst Familie. Sie haben geheiratet, haben Kinder, erzählen Sie uns bitte noch etwas darüber?
Ich war verheiratet mit meinem Mann Moshe, den ich 1952 kennengelernt habe. Ich war noch in London und er kam nach Oxford mit einem Postdoc für ein Jahr. Er war Semitist und Bibel-

Sohn Yonathan und Enkelin Tal

Yonathans Tochter Maayan mit Puppenwagen

Sohn Alon

Alons Söhne Elisha und Neri mit Hund

forscher und wir trafen uns unterwegs, nachdem er einen Vortrag hielt. Wir heirateten '53 und ich blieb noch ein Jahr länger in London, denn ich wurde an einem Krankenhaus angenommen, dem Maudsley Hospital für Geisteskranke. Moshe wollte, dass ich eine fertige Ausbildung als Psychologin habe, wenn ich nach Israel komme. Er musste zurück, um an der Universität zu unterrichten. Ich kam dann 1954 nach Jerusalem. Wir hatten zwei Söhne zusammen und heute habe ich vier Enkelkinder. Mein Mann ist leider vor dreizehn Jahren gestorben. 1985 hatte er eine Herzoperation. Er war dreieinhalb Monate im Koma und wachte dann langsam auf. Ich habe das alles in einem Buch[135] beschrieben, denn so etwas war noch nie da gewesen. Er hat dann weiter unterrichtet an der Universität, hat weiter Bücher geschrieben und wir fuhren weiter durch die Welt. Wir erlebten noch sechs Jahre zusammen. Die Ärzte hätten nie gedacht, dass er noch länger als zwei Jahre leben kann. Er hatte dann einen Herzstillstand und man hat ihn wieder ins Leben zurückgebracht, aber er war wieder bewusstlos. Er lebte danach noch fünf Tage und das war sein Ende. Und seitdem bin ich eben Witwe.[136]

Hieß er in Deutschland auch Moshe oder war das der Name dann in Israel?
Nein, er ist aufgewachsen als Horst. Wie dann das Horst-Wessel-Lied kam – »wenn's Judenblut am Messer spritzt ...«[137] – da war Horst zu Ende und die Eltern haben ihn dann Henry genannt. Moshe kam später nach Israel, wo er sich dann Moshe H. genannt hat.

Würden Sie sagen, Sie sind froh, dass Sie nach Leipzig gekommen sind? Oder was haben Sie für Gefühle, wenn Sie jetzt hier sind? Sehen Sie darin einen Sinn, dahin zurückzukehren, wo man herkommt?
Ja, das erste Mal, als ich herkam, das war kurz nachdem die Mauer gefallen war und die zwei Staaten West und Ost vereinigt wurden. Und da wollte ich unbedingt zurück, um das mal zu sehen. Da konnte ich mich aber an nichts mehr erinnern. Deshalb bat ich Marianne Meyer-Krahmer, sie möchte mitkommen. Sie hat die Arrangements getroffen für das Hotel. Damals gab es ein japanisches Hotel. Wir fuhren herum an Plätze, die etwas mit meiner Kindheit zu tun hatten. Und übrigens die Schule, niemand wusste, wo die jüdische Schule gestanden hatte. Das hat eine lange Zeit gedauert, bis wir dahin gefunden haben. Die Stadt sah fürchterlich aus, wie es der heutige Bürgermeister schon deutlich beschrieben hat. Es waren alles Ruinen, es war alles grau, es hat Farbe gefehlt. Ich habe mir gesagt, dass ich nie wieder in diese Stadt zurückkommen werde. Seitdem war ich dreimal wieder da. Das erste Mal habe ich eine Fahrt gemacht in den Fußspuren von Johann Sebastian Bach. Das ist natürlich alles Ostdeutschland und da muss man ja in Leipzig enden. Was wir dann auch getan haben. Wir fuhren mit einer Musikologin, die in jeder Kirche von Johann Sebastian Bach Orgel gespielt hat. Das war eine herrliche Reise, das erste Mal. Dann, wie mein zweites Buch herauskam, was übersetzt wurde ins Deutsche, über das Überleben als Witwe, habe ich in einigen Städten vorgelesen. Und ich dachte mir, es ist eine gute Idee, wenn ich auch nach Leipzig komme. So fuhr ich hin und habe in dem Geschäft gegenüber der Thomaskirche vorgelesen. Das war das zweite Mal, jetzt bin ich schon das dritte Mal da. Also, ich bin jetzt nicht mehr aufgeregt, wenn ich herkomme. Aber jedes Mal ist die Stadt schöner, das ist keine Frage.

Ja, aber leiden Sie darunter, dass alle Ihre Verwandten, Ihre Cousins, Ihre Tanten nicht mehr da sind und Sie nur die »toten Häuser« sehen?
Ja, jetzt ist keiner mehr da, den ich kenne, absolut keiner. Und nur eine Synagoge, die ja wieder frisches Leben hat dank der neu eingewanderten russischen Juden. Ich finde, es geht ihnen hier zu gut, das tut mir Leid. Ich als Israelin finde, alle diese russischen Juden müssten nach Israel kommen, aber sie taten es nicht, Tatsache.

Vielleicht kommen noch einige?
Ja, wir haben eine Million russische Einwanderer. Das geht ihnen hier zu gut, sie sind frei. Wie ich hörte, haben sie eine freie Wohnung, eine freie Universität und so weiter.

Freie Wohnungen nicht, sie müssen auch Miete bezahlen.
Sie müssen nicht in die Armee.

Ja, das ist aber für jeden anderen auch freigestellt. Das ist kein Privileg für die Juden, die hierher kommen, sondern jeder kann seinen Dienst verweigern. In Israel geht das nicht?
Ja, im Vergleich zu Israel, wo man in die Armee muss.

Ja, wir sind aber auch froh, dass wieder neues jüdisches Leben entsteht hier in Leipzig. Geben Sie doch bitte dieser Entwicklung auch eine Perspektive!
Das ist natürlich alles sehr langsam, im Vergleich mit dem, was war. Es war ja ein lebendiges Judentum, ein kreatives Judentum, das steht hier alles noch am Anfang. Wir waren schon in Heidelberg, mein Mann und ich. Da gibt's ja eine jüdische Hochschule und da hat er einen Monat unterrichtet. Wir waren in Frankfurt, da hat er den Buber-Lehrstuhl[138]eröffnet. Ich weiß, es gibt Möglichkeiten an Universitäten zu unterrichten, die es damals nicht gab. Juden konnten ja nicht in diesen Fächern unterrichten.

Würden Sie sich freuen, wenn es endlich auch ein jüdisches Museum in Leipzig geben würde?
Ja sicher, warum nicht?

Ich denke, dass es fehlt. Diesen Ort braucht die Stadt, damit jeder weiß, egal ob Jude oder Nichtjude, wo er Informationen und Kontakte finden kann. Das Schulmuseum macht Ausstellungen, Bücher, Filme und Schülerprojekte über die jüdische Geschichte und Gegenwart in unserer Stadt. Aber wir können dies auch nur ersatzweise tun. Ein eigenes jüdisches Museum könnte sich ausschließlich darum kümmern.
Das versteht sich.

Und was meinen Sie, ob es mal wieder eine jüdische Schule geben sollte?
Ja sicher, denn dieser Sonntagsunterricht bringt gar nichts. Das hat sich nirgends bewiesen in der Welt, wenn die Kinder ihren freien Tag aufgeben müssen um zu lernen. Nur durch eine jüdische Schule kann man eine jüdische Erziehung bezwecken. Das geht ohne dem nicht, das wissen wir doch alle.

Ich habe daran gearbeitet, wissen Sie das?
Nein, das wusste ich nicht.

Ich bin eine leidenschaftliche Schulgründerin.
Ah ja.

Ich habe das 1992 schon mal versucht, aber da gab es keine jüdischen Kinder. Jetzt gibt es welche.
Da brauchen Sie jüdische Lehrer.

Ja, die natürlich auch, aber die findet man leicht.
Das gibt es in Deutschland schon.

Mal sehen, es könnten ja auch welche aus Russland sein, wenn das eine bilinguale deutsch-russische Schule sein würde. Ja, aber das ist jetzt ein extra Thema, das können wir heute nicht abschließen. Eine Städtepartnerschaft zwischen Leipzig und Herzliya ist im Gespräch. Wie finden Sie diese Idee?
Keine schlechte. Wir haben sogar zwei Leute aus Herzliya mit auf dieser Reise.

Gibt es noch irgendetwas, eine Episode aus ihrer Kindheit, die Sie noch in Erinnerung haben? Sie sagten vorhin: Das Rosental fand ich irgendwann stinklangweilig. Das können Sie ruhig noch einmal wiederholen.
Wir hatten ja ein Kinderfräulein, wie es damals halt so war. Das Kinderfräulein ist mit uns Kindern dorthin gegangen. Ich glaube nicht, dass es da Spielgeräte gab. Ich langweilte mich da zu Tode. Das weiß ich noch. Aber woran ich mich noch erinnere, war die Otto-Schill-Straße,

die Synagoge,[139] zu der wir gingen und in der Rabbiner Ephraim Carlebach amtierte, der auch Schuldirektor der jüdischen Schule war. Die Schule hieß wegen ihm die Carlebachschule. In der Synagoge hatten sie auch einen großartigen Kantor. Kantor war nicht das, was es zu Bachs Zeiten bedeutete, sondern das war der, der gesungen hatte. Er hieß Wilkomirski. Und sie hatten einen fantastischen Chor, der von einem gewissen Herrn Rambam geleitet wurde. Das habe ich nie vergessen. Ich habe immer wieder nach so einem Gottesdienst gesucht, und es gibt auch so einen ähnlichen Gottesdienst in Jerusalem heute in der großen Synagoge. Deshalb wollte ich unbedingt, dass ein Schild dahin gebracht wird, welches an die große Synagoge erinnert.

Ich werde Ihnen das Bild davon schicken.
Sehr gut, ausgezeichnet.

Wie lange waren Sie in London?
Ja, in London. Wir sind eine Woche vor dem Krieg nach London gekommen und da habe ich fünfzehn Jahre meines Lebens verbracht. Bis ich nach Israel gegangen bin.

Und wenn Sie jetzt zurückfahren nach Israel, meinen Sie auch noch andere Menschen davon überzeugen zu können, nach Deutschland zu fahren? Hier ist nicht nur alles schrecklich und böse. Die richtigen Nazis gibt es nicht mehr. Die meisten Menschen haben etwas dazu gelernt. Würden Sie so eine Meinung vertreten, oder…?
Ja, ich muss sagen, ich habe sehr viele, sehr gute Freunde. Der Professor[140] aus Gießen ist ein sehr guter Freund von mir geworden, er und seine Frau. Ich habe einige solche Freunde, wie die Marianne. Aber das Komische ist, die amerikanischen Freunde, die ich habe, das heißt, die in Israel heute leben, keiner betritt Deutschland. Die haben nichts mit der Shoa direkt zu tun gehabt, aber: »Wie kann man und so weiter …« Die Freunde von mir, die aus Deutschland kamen und durch die Shoa gingen, kommen gern wieder nach Deutschland. Das ist eigentlich paradox, es müsste eigentlich umgekehrt sein. Aber ich muss mich dann immer verteidigen. Genauso, wie ich gerne Wagner höre, in Israel darf man doch keinen Wagner spielen. Ich bin eine begeisterte Wagner-Hörerin, ach: »Und wie kann man?« In Berlin habe ich schon gebucht, die Berliner Philharmoniker spielen diese Woche Wagner. Da habe ich eine Karte.

Na ja, Barenboim[141] ist ja Jude …
Ja, aber er ist sehr kritisiert worden in Israel, weil er Wagner gespielt hatte, obwohl er unterzeichnet hatte, dass er nie Wagner spielen würde. Wenn er mit dem Berliner Orchester kommt, versprach er, wird er Wagner nicht spielen. Am Ende des dritten Konzerts hat er gefragt, ob jetzt irgendjemand Wagner hören möchte? Die anderen sollten alle nach Hause gehen. Da hat man sich wahnsinnig aufgeregt. Verrückt. Das ist so das letzte Zeichen, Siemens kauft man, Volkswagen kauft man, Unterseeboote kauft man, aber Wagner durfte man nicht spielen. Strauß durfte man auch einige Zeit nicht spielen, jetzt ja, aber Wagner, nein.

Tja, so ist das. Herzlichen Dank.
Ich danke Ihnen.

Joseph Gindsberg

Ich freue mich sehr, dass Sie ins Schulmuseum gekommen sind. Bitte erzählen Sie uns etwas aus Ihrer Kindheit, zunächst die Kindheit vor der Schule. Verraten Sie uns bitte Ihr Geburtsjahr?

Mein Name ist Joseph Gindsberg. Ich wurde im September 1920 in Leipzig geboren. Meine erste und einzige Wohnung war in der Poniatowskistraße 2, die dann auf Gottschedstraße 30 umgetauft wurde. Meine Erinnerungen sind nicht allzu solide. Aber zu meiner Kindheit gehört das Synagogenleben. An Feiertagen beteten wir in der Jacob-Synagoge[142] und meistens am Sabbat in der Ez-Chaim-Synagoge, Otto-Schill-Straße. In der Schulzeit in der 40. Volksschule erinnere ich mich, dass mein Großvater mich als kleines Kind oft begleitete. Mein Großvater war Jacob Stern, dessen Grab wir jetzt zum ersten Mal im Alten Jüdischen Friedhof besuchten. Er starb im Jahre 1930. Er war ein Buchhalter, der lange Zeit in Deutschland gelebt hat. Ursprünglich kam er aus Odessa, wenn ich mich recht erinnere.

Wie war die Schule in Leipzig?

Die Schulzeit in der 40. Volksschule war eigentlich eine glückliche Zeit für mich. Ich verehrte den Herrn Brenner, meinen ersten Lehrer. Ich erinnere mich, dass er um die Weihnachtszeit eine kleine Klasse nach Hause einlud in irgendeine Straße, die nach einer Musikerin oder Komponistin benannt war[143]. Ich erinnere mich auch an die Bücherei in der Schule, wo ich viele sehr angenehme Stunden verbrachte. Zum Beispiel erinnere ich mich, dass ich laut gelacht habe, als ich alle Bände des Dr. Doolittle[144] verschlang. Acht waren es, glaube ich. Ich habe dann alle Bücher gekauft und sie einer Freundin, die nach Bolivien auswanderte, übergeben. Das war eine romantische Angelegenheit.

Wie hieß die Freundin?

Ruth Blumberg, Tochter eines Arztes. Wir waren in Verbindung und sie hat uns auch einmal mit ihrem Mann in Israel besucht. In der Schule war ich ein guter Schüler, glaube ich, und das Lernen gefiel mir. Aber ich muss sagen, dass schon lange vor der nationalsozialistischen Machtübernahme der Antisemitismus eine Realität war. Wir jüdischen Schüler haben oft darunter gelitten auf dem Weg nach Hause. Trotzdem habe ich ziemlich gute Beziehungen zu allen Klassenkameraden gehabt. Soweit über die 40. Volksschule, die ich leider nicht besuchen konnte, weil mir gesagt wurde, dass kein Stein mehr liegt.

Die Schule steht und sieht noch genauso aus wie früher. Allerdings ist sie nicht mehr blau angestrichen.

Was Sie sagen!

Die Schule ist renoviert und sieht sehr schön aus. Mich würde interessieren, ob Ihre Eltern sehr streng oder eher liberal, ob sie religiös, vielleicht sehr streng orthodox waren? Durften Sie samstags in der Schule schreiben?

Da kann ich mich nicht erinnern. Geschrieben habe ich sicher nicht. Meine Eltern waren frommer geworden durch ihre Kinder, würde ich sagen. Eventuell weil wir einer religiösen Bundesjugendbewegung angehörten. Ich war erst ein Mitglied des jüdischen Pfadfinderbundes und dann der

Gründungskollegium der Carlebachschule, 1912

Misrachi-Bewegung.[145] Meine Schwester hat alle Prüfungen gemacht für Palästina, noch ehe wir auswanderten. Jetzt wohnt sie in Amerika. Sie hat zwei Kinder in Israel bekommen. Nach der Volksschule ging ich in die Leibnizschule bis 1933. Und dann wechselte ich in Carlebachschule über.

Ich sehe, dass hinter mir ein Klassenbild hängt, vielleicht mehr als ein Klassenbild der Carlebachschule. Und ich habe mich selbst auf dem Bild gefunden. Das Bild selbst kenne ich nicht. Ich finde viele meiner Mitschüler hier.

Es wäre schön, wenn Sie uns das noch mal für die Kamera zeigen könnten.

Das ist Moritz Zwick, der im Januar letzten Jahres verschieden ist. Ich habe für ihn Kaddisch[146] gesagt. Das ist Ettel Fraenkel, das ist Gisela Spindel, in die waren wir alle verknallt. Der Lehrer, seinen Namen habe ich vergessen. Das ist Freimann, der muss auch einen deutschen Namen gehabt haben, an den ich mich aber nicht erinnere. Das, glaube ich, bin ich, das ist Heinz Kahne, mit dem habe ich mal eine Trampreise durch Westdeutschland gemacht. Verschiedene Wochen, Frankfurt, Erfurt usw. Dzialowski. Das ist Blümchen Zwick, seine Schwester, sie lebt in Israel. Das ist mein verehrter Professor Menzel.

vorn v. l.: Moritz Zwick, Ettel Fraenkel, Gisela Spindel, Lehrer Prof. Dr. Isidor Richard, Martin Freimann, hinten v. l.: Ralph Eisenberg, Joseph Gindsberg, Adolph Storch, Heinz Kahne und Siegmund Dzialowski, 1937

Diese Dame, in die alle verknallt waren, wie heißt sie?
Gisela Spindel. Wir waren alle in sie verliebt.

Sie ist aber auch hübsch.
An seinen Namen kann ich mich nicht erinnern (zeigt auf das Foto von Katzmann).

Das ist Daniel David Katzmann, der Sportlehrer. Der hat zuletzt die Schule geleitet. Er ist in Auschwitz umgekommen mit seiner ganzen Familie.
Ich habe unsere Wohnung jetzt besucht. Nicht die Wohnung, nur von außen das Haus. Das war früher die Poniatowskistraße 2. Ich habe nicht geklingelt. Ich weiß nicht, was ich für einen Empfang bekommen hätte. Außerdem war ich mir nicht ganz sicher, ob wir im dritten oder im vierten Stock gewohnt haben, und der Autobus wartete unten.

Über die Leibnizschule wüsste ich gern, ob Sie freiwillig dort raus sind oder mussten Sie die Leibnizschule verlassen?
Oh nein, alle jüdischen Schüler mussten sie verlassen. Die Leibnizschule war eine gute Schule. Die steht noch.

Leibnizschule, Nordplatz, 2010

Waren Sie zusammen mit jüdischen Jungen auf der Schule?
Ja, ich kann mich jetzt an keinen Namen erinnern.

Es war ja nur kurze Zeit.
Vielleicht aus der Carlebachschule eine Anekdote, eine wahre Anekdote. In der großen Pause sind alle Schüler, um die frische Luft zu genießen und sich ein bisschen zu bewegen, rund um den Hof gegangen und ohne besonderen Grund gingen wir in der Uhrzeigerrichtung. Ohne

besonderen Grund habe ich beschlossen, dass man versuchen müsste, die Richtung umzukehren. Meine Klasse hat das mitgemacht, aber als wir in die falsche Richtung gingen, dann floss dieser Menschenfluss um uns herum und wir konnten die Richtung nicht ändern. Dann habe ich beschlossen, einen Umlauf zu schreiben im Namen des Direktors Dr. Weikersheimer. Wir haben seine Unterschrift nicht gefälscht, aber wir haben sie gedruckt und wir haben geschrieben, dass von nun an alle Schüler entgegengesetzt der Uhrzeigerrichtung gehen müssen. Natürlich war ich Psychologe genug, um zu wissen, dass alle Revolutionen einen Grund haben müssen. Dann schrieb ich: »Wir müssen die Richtung ändern, um es zu ermöglichen, dass die Schüler beim Klingeln sofort in die Schule zurückgelangen können.« Das ist ja logisch, nicht wahr?

Na klar ...
Und einer unserer Klassenkameraden nahm dieses Dokument. Vielleicht hatten wir aus der anderen Klasse jemanden gebeten, das in unsere Klasse zu bringen. Ich erinnere mich, dass der Lehrer, der gerade unterrichtete, sagte: »Es ist aber Zeit, dass so etwas mal gemacht wird.« Ist ja logisch, wenn man rechts rum geht, dann dauert das länger und wenn man links rum geht, dann ... Das ging von Klasse zu Klasse, bis es eine Klasse erreichte, wo zufällig Dr. Weikersheimer unterrichtete und er konnte sich nicht erinnern, so etwas geschrieben zu haben. Wir wurden nicht bestraft.

Das ist eine ganz wunderbare Geschichte. Mal andersrum laufen, mal die Uhr umdrehen – wunderbar.
Was Sie jetzt sagten, dass gewisse Handlungen, die man so routinemäßig ausübt, sehr ernste Folgen haben können. Zum Beispiel, meine Tante war eine Röntgenassistentin im jüdischen Krankenhaus und da hat sie natürlich viele »arische« Stabsmitglieder kennengelernt. Einer von ihnen war ein Dr. Fröhlich. Dadurch, dass wir einen so guten Freund bekommen hatten, waren wir immer eingeladen. In den ernsten Zeiten, wo wir Juden schon große Schwierigkeiten hatten, hat uns dieser Dr. Fröhlich versorgt mit Speisen. Allerdings war das nicht zu vergleichen mit der Situation für die Juden nach 1939. Ich verließ Deutschland am 30. August 1939. Aber trotzdem, wir konnten nichts mehr kaufen, wir konnten nicht auf die Straße gehen in den Abendstunden und dieser Dr. Fröhlich hatte uns geholfen. Aber das ist nicht das Ende der Geschichte. Er blieb in Deutschland und erfuhr schwere Zeiten seinerseits und wir haben ihm Sachen geschickt aus Amerika. Wir waren viele Jahre in Verbindung. Es gibt ein hebräisches Sprichwort: Wirf dein Brot auf das Wasser, denn am Ende der Tage wirst du es ernten. Vielleicht auch ohne es beabsichtigt zu haben.

Das ist ja eigentlich eine der Vorschriften in der jüdischen Religion, dass der andere nicht übersehen wird in seiner Not. Das zeigen ja die vielen Hilfsorganisationen, die es auch in Leipzig gab. Es war immer eine Legende, die Juden hätten alle Pelzgeschäfte gehabt und seien alle reich gewesen. Es gab auch arme Juden in Leipzig.
Mein Vater war ein Versicherungsagent. Als er nicht mehr arbeiten durfte, versuchte er es, nach Amerika zu kommen. Und bevor er hier eine Lizenz bekam, da musste er arbeiten. Er kannte so viele Klienten, frühere Klienten von seiner Versicherungskarriere, dass die ihm Arbeit am Brühl anbieten konnten. Und da hat er das Fach gelernt, bis er wieder in die Versicherungsbranche eintrat und er lebte in Amerika bis zum Alter von 91 Jahren.

Und Ihre Mutter? Hat sie auch überleben können? Ist sie mit ausgewandert?
Jawohl. Meine Mutter ist auch in Amerika verschieden. Sie war meine erste Klavierlehrerin. Aber man kann nicht ... diese Sachen muss man von Fremden lernen. Meine Eltern haben das klugerweise angenommen, dass ich zu einer anderen Lehrerin musste.

Mein Mann ist Pianist und hat nie unsere eigenen Kinder unterrichtet. Das geht immer schief. Haben Sie gern Klavier gespielt?
Ja.

Ich habe noch eine Frage zur Schule. Gab es ein Lieblingsfach, das Sie ganz besonders gern hatten in der Carlebachschule oder auch vorher und worauf Sie später Ihren Beruf gründen konnten?
Meine Lieblingsstudien haben irgendwie sehr wenig mit meinem Fach zu tun. Ich habe Physik studiert und habe mich dann mit militärischer Elektronik beschäftigt in Amerika und in Israel. Aber mein Lieblingshobby war Sprachwissenschaft. Ich kann noch Teile des Nibelungenliedes auswendig und die Merseburger Zaubersprüche. Und in Amerika habe ich mich viel mit der mittelenglischen Literatur beschäftigt ohne eine grundsätzliche Berechtigung. Aber ich habe auch auf Hebräisch viel gelernt. Ich erinnere mich, in meiner ersten Stelle in Israel hat mich jemand gefragt über grammatische Formen auf Hebräisch. Da habe ich ihm gesagt: »Ich kann Ihnen heute nicht antworten, aber in einem Jahr, da werde ich das alles wissen.« In einem Jahr war ich der Experte.

Türschild Carlebachzimmer, 2010

Fußboden mit Davidstern im Carlebachzimmer

Carlebachzimmer im Schulmuseum

Ich würde gern noch einige Sachen zur Schule fragen. Erinnern Sie sich noch an einzelne Lehrer, die Sie besonders gut leiden konnten oder auch an Lehrer die Sie gar nicht mochten?
Also den Prof. Menzel haben wir alle verehrt. Er war ein Genie. Er unterrichtete Mathematik, Deutsch, Geschichte. Er war einer der bedeutendsten Sanskrit-Gelehrten. Ich erinnere mich, dass vor den Ferien oder vielleicht war es gleich nach den Ferien, er uns immer eine Geschichte aus der indischen Literatur erzählte. Ich erinnere mich noch an einige von denen.

Sie wissen, dass Menzel nicht Jude war?
Natürlich wussten wir das.

Aber er war sehr gern an dieser Schule Lehrer. Er wollte dort auch gern bleiben.
Ich weiß nicht, ob er gezwungen war, weil er an den anderen deutschen Schulen oder an den Universitäten nicht mehr unterrichten durfte.

Ja, er war zu demokratisch, zu liberal. Das war nicht gern gesehen an den anderen Schulen. Er war auch mit Ephraim Carlebach befreundet gewesen. Erinnern Sie sich noch an Felix Carlebach und Babette?
Ich erinnere mich sogar noch an seine Hochzeit.

Haben Sie die mit gefeiert? Er hat die ja auch in der Schule gefeiert!?
Ja.

Erzählen Sie doch etwas davon, bitte!
An Einzelheiten kann ich mich nicht erinnern.

Ich habe voriges Jahr Felix Carlebach besucht. Er ist in Manchester in einem schönen Seniorenheim. Er sieht natürlich jetzt etwas älter aus, aber er strahlt immer noch diese Würde aus. Er trägt jeden Tag ein weißes Hemd und einen schwarzen Anzug und trägt immer noch Kettchen und Ringe. Er hört den ganzen Tag klassische Musik, aber er spricht leider nicht mehr. Ansonsten, die anderen Lehrer, da war ja die Frau Gertrud Herrmann zum Beispiel.
Ja, die war eine Persönlichkeit. Ich erinnere mich an sie.

Hatten Sie bei ihr Unterricht?
Ich glaube, meine Schwester hatte bei ihr Unterricht. Ich erinnere mich an Herrn Lohse, der nationalsozialistische Tendenzen hatte. Oh ja, und Herr Paul Niederland, der Musiklehrer. Den, glaube ich, habe ich noch mal in Amerika getroffen. Wir haben von allen diesen Lehrern viel gelernt. Wer war der Mathematiklehrer, Dr. Sohn, haben Sie den?

Sie meinen Studienrat Jakob Sohn? Er kam aus Nürnberg, konnte noch vor dem Krieg nach London fliehen. Haben Sie zum Beispiel auch den Kantor Samuel Lampel kennengelernt als Musiklehrer?
Ja, und Rabbiner Goldmann.[147] Wir haben sein Grab besucht. Ich glaube, ich war bei seinem Begräbnis. Da war noch einer, Dr. Grünewald. Den hab ich einige Male in Amerika noch besucht.

Erinnern Sie sich noch an das Lieblingslied von Samuel Lampel? Er hatte immer gern gesungen: »Die Gedanken sind frei«. Es war verboten, in der Nazi-Zeit das Lied zu singen.
Arbeit macht frei.

Aber er hat das in der Schule heimlich gesungen. Das war sein Lieblingslied. Deswegen steht es bei uns hier draußen auf dem Fußboden. Das führt hier in das Zimmer der Carlebachschule rein. Ja, und die Klassenkameraden aus Ihrer Schule? Sie sagten, einige haben Sie wiedergetroffen, Moritz Zwick zum Beispiel. Aber das war ja eine große Klasse, von vielen wissen Sie auch die Spur nicht?
Ettel Fraenkel, die war bei uns in der Wohnung. Sie hat zwei Kinder in Jerusalem. Die sehen wir gelegentlich.

Gab es irgendwann mal eine Art Klassentreffen in Amerika oder in Israel? Haben Sie das mal versucht, die Klassenkameraden alle zu finden?
Gelegentlich, wenn jemand kommt. Zum Beispiel das letzte Mal, wo Moritz Zwick in Israel

war, dann haben wir verschiedene ehemalige Klassenkameraden zusammengetrommelt und uns getroffen. Das ist aber schon ein paar Jahre her. Das geht nun nicht mehr. Die Ettel Fraenkel fühlt sich nicht so gut, aber wir haben sie vor ein paar Jahren gesehen.

Wie sind die Erinnerungen an Leipzig? Es ist ja alles überschattet durch das schreckliche Ende. Können Sie inzwischen auch wieder positiv über Leipzig denken oder ist das immer hinter diesem Schatten?
Sehr positiv. Ich sehe, wie gut sich die Menschen hier fühlen. Auch die vor wenigen Jahren hierhergekommen sind. Die Institution der Jüdischen Woche ist eine sehr eindrucksvolle Bemühung. Ich habe jemanden gefragt, ob er jemals Antisemitismus fühlen würde. Eine, die aus Russland gekommen ist, sagte: »Ich weiß, es gibt Antisemitismus, vielleicht in München, in Berlin, aber in Leipzig habe ich das noch nie gefühlt.«

Es freut mich natürlich auch, wir kämpfen dagegen an. Wenn es doch irgendwo etwas gibt, dann reagieren wir sehr sensibel. Also, Gott sei Dank, dass heute niemand Nazi-Parolen auf der Straße schreien kann, ohne verhaftet zu werden. Wir bemühen uns auch hier im Haus, diese Geschichte zu verstehen, aber man kann das nicht verstehen.
Der Mensch ist zum Guten und zum Bösen fähig. Das hat sich in den letzten Jahrhunderten nicht geändert bis zum heutigen Tag.

Ja, ich kann nur hoffen, dass die guten Bilder, die Sie aus Deutschland mitnehmen, über-wiegen und Sie es dann in Israel auch weitersagen. Da würde ich mich sehr freuen. Denn es gibt ja immer noch ehemalige Leipziger, die nicht kommen. Channa Gildoni sagt, dass es für einige zu schwer ist.
Das ist richtig.

Auch Ihre Cousine, die Friedel Stern, hat sehr lange gebraucht, um wieder hierherzukommen. Sie hat gesagt, dass sie diese Zeit, diesen Abstand brauchte. Sie konnte nicht eher kommen. Bei Ihnen war es vielleicht auch der Grund, dass Sie so lange gezögert haben?
Was mich hierher brachte, war das Treffen der Leipziger Gruppe im Januar 2006 mit dem Herrn Oberbürgermeister bei Yad Vashem. Die Menschen waren außergewöhnlich freundlich und zuverlässig. Als die Gelegenheit wiederkam, sagte ich mir: Ich muss herkommen.

Sie haben es hoffentlich bis jetzt nicht bereut?
In keiner Weise.

Das ist sehr schön. Sie sprechen immer noch einen kleinen Hauch Sächsisch. Wissen Sie das?
Was Sie nicht sagen!

Das klingt ganz sympathisch. Großes Kompliment. Sie sprechen überhaupt fabelhaft Deutsch. Wie haben Sie sich dieses Deutsch so lange erhalten können?
Als Nebenberuf habe ich viele Jahre lang als Übersetzer und Lektor gearbeitet, beruflich, für Geld. Ich habe Deutsch und Hebräisch übersetzt in beide Richtungen. Da habe ich also Deutsch geschrieben viele Jahre. Heute fällt es mir noch ein bisschen schwer.

Das merkt man nicht. Sie sprechen perfekt, als wären Sie hier nie weggegangen.
Aber dass ich noch Sächsisch spreche, ist eine Überraschung. Ich flog mit einem Paar aus Chemnitz. Da sagte ich mir, mein Gott, das habe ich schon so viele Jahre nicht gehört. Als wir Kinder waren, erinnere ich mich, mit meiner Schwester mal beschlossen zu haben: »Wir sprechen richtiges Deutsch, nicht Sächsisch.«

Sie sprechen ja auch Hochdeutsch. Aber Sächsisch ist das, was alle Sachsen verbindet. Es ist nur ein ganz kleiner Hauch davon. Ich würde sagen ein »Gewandhaus-Sächsisch«, ein vornehmes Sächsisch. Ich bekomme manchmal Anrufe von ehemaligen Leipzigern, die sagen: »Ach, ich habe eigentlich keinen Grund, aber ich wollte mal wieder ein bisschen Sächsisch hören.« Dann rede ich auch Sächsisch. Ich bin hier geboren, ich kann das natürlich auch. Es war ein wunderbares Interview mit Ihnen.
Ich freue mich sehr.

Joseph Gindsberg im Rathaus im Gespräch mit Jacob Maos, 2007

Joseph Gindsberg tanzt beim Abschiedsabend mit Melvyn Rees

Joseph Gindsberg mit seinen Töchtern Deborah Gvir und Ryna Kedar, 2007

Gruppe ehemaliger Leipziger 2007 (1. Reihe rechts außen J.G.)

Oskar Findling

Eigentlich bin ich Ossi, aber jeder daheim hat mich gekannt als Oskar oder Ossi Findling.
Ich bin am 8. Oktober 1922 in Leipzig geboren. Ich bin zu Hause geboren, in der Lessingstraße 18, soweit ich weiß. Meine Mutter hatte nicht an ein Krankenhaus geglaubt. Ich
erinnere mich, als mein Bruder auch zu Hause geboren wurde. Ich glaube, ich bin mit vier
Jahren schon in den Kindergarten geschickt worden. Da war ein jüdischer Kindergarten
in der Leibnizstraße.

Das letzte Haus auf der rechten Seite, vorm Fluss?
Ja? Meine Mutter hat mich immer hingebracht und abgeholt. Ich habe irgendwo hier ein
Bild von Else Scheiner gesehen. Sie war mit mir im Kindergarten. Also, wenn ich sie in
London heute sehe, sage ich zu ihr: »Else, dich kenne ich schon bald 80 Jahre.«

Hatten Sie da auch zufällig Hedwig Burgheim als Kindergärtnerin?
An den Namen der Kindergärtnerin kann ich mich nicht erinnern. Ich bin mit sechs Jahren
in die Carlebachschule gegangen und war in den ersten vier Jahren in der Carlebachschule.
Dann war ein Streit in meinem Elternhause, in welche höhere Schule ich gehen sollte.
Ich war ein guter Schüler und meine Mutter war schon in Deutschland zur Schule gegan-
gen. Meine Mutter kam als Kind nach Cottbus. Die Stadt weiß ich, aber welcher Teil von
Deutschland das heute ist? Ist das heute Deutschland oder Polen?

Ja, es ist Deutschland.
Ja, Ostdeutschland, Preußen oder Pommern?

Das ist Brandenburg, aber im sorbischen Sprachgebiet.
Meine Mutter ist in Cottbus zur Schule gegangen und war sehr gut in Deutsch, Schreiben
und Lesen und in allem und wollte, dass ich eine gute Schule habe, die beste Schule. In
unseren Kreisen war es das König-Albert-Gymnasium in der Uferstraße. Ich erinnere mich,
dass meine Mutter mit mir da hingegangen ist, mich dem Schuldirektor vorgestellt hat
und mich eingeschrieben hat für den 1. April 1933. Aber mein Großvater war sehr dagegen, weil er wollte, dass ich in eine jüdische Schule gehen sollte, und meine Verwandten
waren auch sehr dagegen, denn sie waren alle sehr befreundet. Meine Tante hat in der
König-Johann-Straße 12 gewohnt und eine andere Tante in der Nummer 20. Die ganze
Familie hat da gewohnt und an der Ecke die jüdische Familie Goldrei, die die größten
Ei-Händler in Leipzig waren. Und der Sohn von den Goldreis war der Schwiegersohn von
Rabbiner Carlebach. Er hat natürlich alle meine Verwandten aufgewiegelt, dass ich in
die Carlebachschule gehen sollte. In den dreißiger Jahren war die Carlebachschule noch

finanziell schwach auf den Beinen, denn sie hatte nur wenig staatliche Unterstützung bekommen. Sie war sehr darauf angewiesen, dass sie Schüler bekommt, die Schulgeld zahlen können.

Was für ein Geschäft hatten Ihre Eltern in Leipzig und wo war es?
In der Plauenschen Straße ein Geschäft für Bettwäsche, Kopfkissen, Bezüge und Bettlaken.

Und wie war das dann als jüdischer Schüler im König-Albert-Gymnasium?
Zu meinem Glück oder Unglück ist Hitler im Januar 1933 zur Macht gekommen und damit war die Frage gelöst, denn mein Vater wollte nicht, dass ich unter Hitler in eine nicht-jüdische Schule gehe. Wir hatten Angst, dass Juden angepöbelt werden und es könnte zu Schlägereien kommen. Und es war ein sehr guter Zug, denn im Jahr 1934 haben viele jüdische Schüler die nichtjüdischen Schulen verlassen. Außerdem haben alle jüdischen Lehrer, die auf nichtjüdischen Schulen waren, auch 1934 ihren Posten verlassen müssen. Ich erinnere mich noch an die Hauptüberschrift in den »Leipziger Neuesten Nachrichten« aus dieser Zeit. Der Reichserziehungsminister Dr. Rust hat gesagt, er will nicht haben, dass jüdische Menschen mit deutschen Kindern in den Unterricht gehen. Sie könnten sie irgendwie »beflecken« oder »vom Weg abbringen«. Das ist später festgelegt worden in den Nürnberger Gesetzen 1935. Das Hauptziel der Nürnberger Gesetze war, die Juden auszuschalten vom sozialen Leben in Deutschland.

Ungefähr ein Prozent durfte noch vorübergehend an der staatlichen Schule bleiben. Da hat man sich natürlich die allerbesten ausgesucht, also von den jüdischen Schülern. Einige jüdische Schüler durften noch bis 1938 auf staatlichen Schulen bleiben, aber das waren die Ausnahmen.
Ich fand, es war ein großes Glück, denn all die neuen Lehrer, die kamen, waren viel besser als die alten Lehrer, die wir vorher hatten. Sie waren meistens Studienräte. Ich erzähle das immer in England, wenn ich spreche. Ich habe eine viel bessere Erziehung oder Bildung gehabt, als wenn ich in eine deutsche Schule gegangen wäre. Als ich nach England kam, war ich noch keine sechzehn Jahre alt. Ich habe schon ziemlich gut Englisch gesprochen. Ich hatte vier Jahre Englisch. Im ersten Jahr haben wir mit Englisch angefangen, im zweiten Jahr mit Französisch und ich habe sogar das letzte Jahr noch ein Jahr Lateinisch gehabt unter Frau Herrmann, sie war die Lateinlehrerin.

Und Hebräisch?
Die jüdische Erziehung war sehr gut. Am Anfang war unser Religionslehrer Dr. Lipschütz mit diesem roten Bart und später hat auch der Gemeinderabbiner Dr. Carlebach manchmal eine Stunde gegeben. Dann haben wir jeden Tag eine Religionsstunde gehabt mit dem Rabbiner Dr. Jacob Kohn, der ein großes jüdisches Wissen gehabt hat. Er hatte ein großes jüdisches Lehrbuch herausgegeben.[148] Er war ein ungarischer Jude und war in Ungarn auf einer gewissen Talmud-Schule, Schiwot heißt das in Israel. So, mein jüdisches Wissen war sehr groß.

Wer von den Lehrern war der strengste? War das Dr. Ephraim Carlebach?
Unser Klassenlehrer, unser Hauptlehrer, war Dr. Ernst Grünewald. Er hat sich sehr schwer anpassen können an die Schule. Er kam aus Paderborn und er hatte nie gewusst, was Chuzpe[149] ist. Das Wort Chuzpe hat er nicht gekannt. Aber jetzt in Leipzig hat er es gelernt. Er hat es sich angewöhnt und war ein sehr guter Lehrer. Er war unser Deutschlehrer. Herr Haupt war unser Englischlehrer und ich habe ihn gehasst. Erstens habe ich ihn gehasst, weil ich nicht ansehen konnte, dass er jeden Tag das Naziabzeichen auf seinem Jackett

hatte. Viele in Leipzig waren nicht so herumgelaufen mit dem Naziabzeichen auf der Jacke. Ich glaube, es war ein Zeichen, dass er ein altes Parteimitglied[150] war. Das war so ein rundes Abzeichen aus Emaille mit dem Hakenkreuz in der Mitte. Er wurde später als der Vertreter der Regierung in der jüdischen Schule ernannt, und die Lehrer konnten keine Sitzung ohne ihn haben. Er musste überall dabei sein. Er hatte die »Ohren der Gestapo« in der jüdischen Schule. Das war nicht nur in unserer Schule so. In allen Schulen war ein Lehrer, der auf die anderen Lehrer aufgepasst hat, dass sie den Naziprinzipien folgten, sonst hat die Gestapo interveniert.

Konnte er denn wenigstens gut Englisch?

Er war ein großer Feind der Engländer. Er hat immer wiederholt, dass wir in Deutschland unter dem »Schmachfrieden von Versailles« leiden müssen und uns erzählt, dass der deutsche Vertreter bei dem Friedensvertrag von Versailles[151] weiße Handschuhe angezogen hat, um zu zeigen, dass er diesen Vertrag nur unter Zwang unterschreibt. Außerdem hat er immer auf England geschimpft. Die Engländer waren die Hauptfeinde, sie haben wenig getan und haben den Krieg nur gewonnen, weil es ihnen gelungen ist, Amerika mit in den Krieg zu ziehen. Im Jahre 1917, als es an der Westfront sehr schlimm stand für England und Frankreich und Deutschland beinahe gewonnen hätte, haben sie die Amerikaner reingebracht in den Krieg und dadurch haben die Deutschen den Krieg verloren. Man solle nie vergessen, dass Deutschlands Kriegsverluste nur durch die englische Politik herbeigebracht wurden. Die Engländer waren immer schlau in der Politik und haben uns darin geschlagen. Das waren alles Sachen, die ich schon nicht gerne hören wollte, obwohl ich damals erst fünfzehn Jahre alt war.

Gab es einen Lieblingslehrer?

Ja, Dr. Grünewald war mein Lieblingslehrer. Er wurde zusammen mit meinem Vater am 28. Oktober 1938 nach Polen deportiert, aber er kam nach Leipzig zurück. Meinem Vater ist es in Polen gut gegangen, denn er hatte einen Bruder mit einem großen Pelzgeschäft. Die Familie war seit langem im Pelzhandel und hatte geschrieben, dass wir kommen sollen. Und ich habe nur geschrieben, dass wir nicht kommen. Er hat angerufen, aber ich wollte nicht nach Polen fahren. Ich habe noch zwei Freunde gehabt, einer war Lederberger und einer war Rosenbaum, sie waren Klassenkameraden und meine besten Freunde. Wir wollten in ein Land gehen, wo Englisch gesprochen wird, und es ist auch so geworden. Wir sind nach England gegangen und ich habe mich geweigert, nach Polen zu gehen. Mein Vater hat mir einen sehr strengen Brief geschrieben, den ich noch habe. Alle Briefe von meinen Eltern aus den Kriegsjahren sind in einem Safe in London aufbewahrt, wo meine Tochter den Schlüssel hat. Mein Vater hat gemeint, das gibt es nicht, die Thora und auch das Gesetz schreiben es vor, dass ein Sohn seinem Vater gehorchen muss. Meine Mutter wusste nicht, was sie machen sollte. Sie ist einmal mit mir zu Dr. Grünewald gegangen in seine Privatwohnung. Und ich werde nie vergessen, Dr. Grünewald hat zu ihr gesagt: »Der Junge ist gerecht, ein Jude geht nie nach Osten, immer nach Westen.« Er selbst hat es befolgt. Er ist nach Frankreich und später in die USA ausgewandert und das hat viel geholfen. Das hat meine Mutter dann sehr beruhigt.

Ja. Ist das nicht verrückt, dass sich die Geschichte jetzt, sechzig Jahre später, wiederholt? Dass wieder die Juden vom Osten nach dem Westen kommen!? Haben Sie die neue jüdische Gemeinde in Leipzig erlebt?

Die Russen?

Ja, das sind ja jetzt fast alles russische Juden. Aber ihre Kinder sprechen Deutsch und die Enkelkinder irgendwann Sächsisch. Gibt es denn noch irgendeine Geschichte, die Sie erzählen können, wo Sie mal irgendwas Besonderes erlebt haben in der Schule: eine Klassenfahrt oder eine Theateraufführung oder irgendetwas ganz Außergewöhnliches, an das Sie sich erinnern?
Also, das Einzige, an was ich mich erinnern kann, muss schon 1938 gewesen sein. Da war ein Aufsatz-Wettbewerb in der Schule: »Warum will ich nach Palästina gehen? Warum gehört Palästina den Juden? Warum wird Palästina ein jüdischer Staat werden?« Ich habe nicht gewonnen, aber ich habe den zweiten oder dritten Preis bekommen. Ich konnte mir aussuchen, was ich haben wollte. Da habe ich mir ausgewählt, ins Theater zu gehen, obwohl es schon nicht mehr erlaubt war. Man hatte hier ein Auge zugedrückt, Leipzig war ziemlich freundlich zu den Juden. Ich habe zwei Theatertickets zum Alten Theater bekommen für eine Vorstellung von Don Carlos, von Schiller. Da waren wir bei der Vorstellung, es war an einem Sonnabendabend. Ich war mit einem Freund, nur wir zwei. Sie wissen, Don Carlos[152] ist ein Stück, wo der Marquis Posa sagt: »Herr König, geben Sie Gedankenfreiheit.« Und neben uns saßen Deutsche. Die Frau hat zu mir und meinem Freund gesagt: »Habt ihr das gehört?« Da hat mein Freund gesagt: »Du weißt, das taugt nicht. Wir sind Juden und Gedankenfreiheit? Wer weiß, was sie dann erzählt, was wir gesagt haben, und das als Juden!« Wir sind, obwohl die Vorstellung noch nicht fertig war, in der Pause nach Hause gegangen. Wir hatten Angst bekommen.

Wann war das, 1938?
Ja, es war schon 1938.

Da waren Sie fast sechzehn Jahre alt. Waren Sie auch mal in der Oper, obwohl das schon verboten war?
Ja. Ich war zwei oder drei Mal in der Oper, weil ich zu einem Jugendbund hier in Leipzig gehörte. Wir haben uns jeden Samstagnachmittag in der Elsterstraße 7 getroffen. Auf dem Weg nach Hause mit zwei Freunden sind wir an einem Haus vorbeigegangen, das hat so Treppen und eine Balustrade und dahinter war das Haus. Da bin ich auf die Treppen gestiegen und habe angefangen zu singen. Mein Lieblingssong war aus »Rigoletto«: »Oh, wie so trügerisch sind Frauenherzen«, und ein Herr kam die Treppen rauf. Er hat in dem Haus gewohnt und sagte: »Oh mein Junge, du singst sehr schön. Vielleicht willst du hoch kommen und irgendwas?« »Nein, nein, danke.« Und da hat er sich vorgestellt, er war der Bass von der Leipziger Oper. Dann sagte er: »Weißt du was, kommt morgen Nachmittag vorbei, ich gebe euch zwei oder drei Freikarten, damit ihr in die Oper kommen könnt.« Da bin ich zweimal in der Oper gewesen. Wir haben »Aida« und »Toska« in der Leipziger Oper gesehen. Es war als »Nichtarier« nicht erlaubt, wir waren sehr waghalsig. Das war schon 1939 im Februar. Im Barfußgässchen war ein Kino. Da war eine schwedische Filmschauspielerin zu sehen. Ich habe den Namen vergessen.

Zarah Leander? Greta Garbo?
Nein. Sie haben nachher gesagt, sie wäre Goebbels Geliebte.[153] Wir haben unsere Mützen abgenommen, haben uns zwei Plätze gekauft und es hat keiner gefragt, ob wir »Arier« sind, obwohl draußen ein großes Schild war »Nichtarier verboten«. Denn das war schon lange nach den Nürnberger Gesetzen.

Haben Sie darüber dann auch in der Schule erzählt? Haben die Klassenkameraden das erfahren?
Oh ja. Wir haben damit angegeben, dass wir im Kino waren und eine sehr hübsche, blonde Schwedin gesehen haben. Sie war sehr bekannt um die Zeit. Ich erinnere mich auch an

einen Film, den wir gesehen haben, der war mit Zarah Leander und hieß »Zu neuen Ufern«. Der Film mit der Schwedin war ein Liebesfilm.

Wie ist das mit Ihrer Familie weitergegangen? Sind Sie noch mit dem Kindertransport nach England gekommen? Hatten Sie Geschwister?
Ja. Ich habe einen Bruder gehabt. Er war sechs Jahre jünger als ich. Er war 1928 geboren und er war auf der Liste vom Kindertransport. Und meine Mutter hat ihn nicht weglassen wollen. Meine Mutter hat aus der Bibel die Geschichte von Jakob und Isaak zitiert. Isaak hat geschworen, dass er den Jakob töten würde, wenn sein Vater stirbt. Daraufhin hat Rebekka geantwortet: »Ich will nicht beide Söhne an einem Tag verlieren« und hat den Jakob weggeschickt zu ihrem Bruder nach Mesopotamien, also in ein anderes Land. So hat meine Mutter gesagt: »Ich will nicht beide Kinder auf einmal verlieren.« Die Leute fragen mich immer, was meine letzte Erinnerung von Leipzig ist. Als meine Mutter am Bahnhof war mit meinem Bruder, hat sie zu mir gesagt: »Gott weiß, ob ich dich noch mal wiedersehen werde.«

Waldstraße 1, 2010

Eingangstür zur Waldstraße 1, 2010

Und haben Sie sie noch mal gesehen oder war es das letzte Mal?
Nein, das war das letzte Mal. Aber meine Mutter und ich waren in Verbindung. Erst haben meine Eltern über Belgien geschrieben. Meine Mutter hatte Verwandte in Antwerpen. Belgien war bis Mai 1940 neutral. So hat man von Deutschland nach Belgien schreiben können und die Belgier haben die Briefe weitergeschickt nach England. Dann ist einer von unseren Verwandten nach Italien ausgewandert. Als der Krieg nach Belgien kam, hat meine Mutter die Briefe über Italien nach Milano geschickt. Italien ist ja erst im Juni 1940 in den Krieg gekommen. Dann habe ich bis 1941 keine Briefe mehr bekommen. Der letzte Brief kam im Januar 1941. Im April 1941 hatte die Aussiedlung in Polen begonnen. Meine Eltern hatten in Krakau gewohnt und wurden dort in das Ghetto gebracht. Einmal in den Ghettos, war es den Juden dann nicht mehr erlaubt zu schreiben oder Post wegzuschicken. Da gab es kein Postamt, keine Briefmarken und dergleichen.

Eine traurige Geschichte. Sie erzählten, dass Sie in Leipzig in der Waldstraße gewohnt haben. In welcher Hausnummer?
Nummer 1, das erste Haus.

Ach, ganz vorne. Der Lederberger wohnte doch in der Waldstraße 54?
Nein. Das war die Witwe Lederberger. Sie hieß »die lustige Witwe«. Ihr Mann war ge-

lähmt und saß in einem Rollstuhl. Aber mein Cousin wohnte in der König-Johann-Straße 12, im Erdgeschoss. Auf der einen Seite hat meine Tante gewohnt, die hieß Leuner, und auf der anderen Seite hat Tante Hilde gewohnt. Da war ich jeden Tag da.

Auf den anderen Etagen hat eine Familie Kowalewski gewohnt. Sie sind heute in Amerika sehr reiche Leute. Sie haben eine große Fabrik in Milwaukee. Ich habe Verwandte, die überlebt haben, obwohl sie in Polen waren. Die meisten von ihnen sind nach dem Krieg nach Amerika gegangen, weil Amerika ihnen erlaubt hat, ohne Visum reinzukommen. England hat dies nicht erlaubt. Sie haben von diesem jüdischen Joint[154] einen Ausweis bekommen. Damit konnten sie nach Amerika gehen.

Ich würde gern noch wissen, wie Sie das einschätzen: Hat die Carlebachschule Sie auf das Leben vorbereiten können? Ich meine, das konnte ja niemand wissen, was später mit Ihnen passiert. Sie haben gerade erzählt, den Englischlehrer haben Sie gehasst, aber trotzdem haben Sie Englisch später gebraucht.
Ich habe es gelernt.

Also hat er Ihnen das beigebracht?
Ja. Als Lehrer war er ein guter Lehrer. Aber ich habe mich zusammen mit anderen bei Dr. Weikersheimer über ihn beschwert, weil er uns Vorträge über die deutsche politische Lage hielt. Das war sein Hauptthema immer. Der »Schmachfrieden von Versailles«. Das haben wir jeden zweiten Tag zu hören bekommen. Aber Dr. Weikersheimer hat uns erklärt, er war machtlos, Herrn Haupt irgendwie zu rügen, denn Herr Haupt war der Vertreter vom nationalsozialistischen Lehrerverband. Und jede Schule musste ein Mitglied des Lehrerverbandes beschäftigen, der auf die anderen Lehrer aufgepasst hat, dass sie die Richtung, die der Erziehungsminister festgelegt hat, beachten. Der hat alle paar Monate Regelungen herausgegeben.

Die galten auch an Privatschulen?
Auch an Privatschulen, an jeder Schule. Unter Hitler gab es keine Privatrechte. Unter Hitler waren alle Rechte abgeschafft. Es gab nur ein Recht, das war die Faust. Sonst gab es kein Recht.

Was wissen Sie noch über Dr. Weikersheimer? Er stammte doch aus Unterfranken?
Ja, das weiß ich, denn der Sekretär unserer Synagoge war viele Jahre Herr Oppenheimer. Er kam von Fürth und war auch Lehrer. Unser Herr Oppenheimer hat nicht weit von mir gewohnt. Allerdings war einer von seinen besten Schülern Dr. Henry Kissinger[155]. Bis zuletzt hat er Briefe von ihm bekommen. Kissinger war mal der zweite Mann in Amerika, gleich nach dem Präsidenten. Henry hatte einen sehr starken deutschen Akzent. Wenn manchmal Leute zu mir sagen, ich hätte doch einen deutschen Akzent, antworte ich immer: »Henry Kissinger hatte einen viel stärkeren Akzent. Und wenn er, der ›Secretary of the States‹, die ›biggest power of the world‹ werden konnte, bin ich auch in Ordnung.«

Der Lehrer, Herr Dr. Burg hatte sicher auch einen sächsischen Akzent, wenn er aus Dresden kam?
Ja, sehr. Als ich nach London kam, waren Rosenbaums die erste Familie, die ich getroffen habe, die in der Waldstraße gewohnt hat. Die Söhne waren schon ein bisschen anglisiert. Da hat mich Herr Rosenbaum gefragt: »Sagt ihr in Leipzig immer noch ‚genau‘?« Nirgends in Deutschland sagt man das, nur in Leipzig.

Genau. Können Sie noch Sächsisch?
Nein.

Doch.
Etwas. Ich muss einen sächsischen Akzent haben. Ich war geschäftlich in der Schweiz mit meinem Schwager. Wir hatten eine sehr lange Reise von einem Ende der Schweiz bis zum anderen Ende. Die Reise hat vielleicht acht Stunden gedauert und wir hatten nichts zu essen. Es gab keinen Speisewagen und da kam ein Fräulein mit einem Schiebewagen, da waren nur noch ein paar Bananen und zwei Apfelsinen auf dem Wagen. Ich habe nur zu ihr gesagt: »Ich nehme den ganzen Kram.« Da hat sie zu mir gesagt: »Sie kommen von Sachsen.« Also muss ich ja einen sächsischen Akzent haben.

Ja, man hört es schon, aber das ist ein leichter Akzent nur und es kommt ein bisschen was Englisches auch mit rein und das ist sehr sympathisch.
Ich hatte lange keine Gelegenheit. Solange ich geschäftlich tätig war und nach Deutschland gekommen bin, sprach ich laufend auf Deutsch, aber seit 1975 nicht mehr. Meine Tochter hat studiert, sie hat ein Doktorat, ein M. A. in Englisch. Als Fremdsprache hat sie Französisch gewählt. Meine Frau hat eine Cousine in Paris und so hat sie drei Monate in Paris gelebt, um richtig Französisch zu lernen. Sie wollte kein Deutsch sprechen.

Ja, aber es ist doch die Vatersprache?
Sie versteht Deutsch, will aber kein Deutsch sprechen.

Ach, das kommt noch. Irgendwann.
Die Engländer sprechen gar kein Deutsch. Meine Frau spricht Deutsch, aber sehr schwer, obwohl sie im Elsass aufgewachsen ist. Dadurch, dass der Elsass in den Kriegsjahren besetzt war von den Deutschen, ist ein Widerwille gegen die deutsche Sprache entstanden. Obwohl, mit den Alten spreche ich manchmal Deutsch. Das ist englisches Schweitzerdeutsch. Aber es war als Deutsch zu verstehen. Sonst habe ich heute nicht viel Gelegenheit, Deutsch zu sprechen.

Darf ich noch eine Frage stellen? Mich würde interessieren, wie Ihr Eindruck von Leipzig ist. Ist die Stadt klein geworden? War sie in Ihrer Erinnerung riesengroß? Wie erleben Sie die Stadt, wie erleben Sie die Menschen in dieser Stadt und wie denken Sie über Deutschland aus englischer Perspektive heute?
Das ist jetzt meine persönliche Meinung, nicht nur von heute. Das ist auch meine Meinung, seit ich in den siebziger Jahren geschäftlich hier war. Es trifft auf Leipzig auch zu. Leipzig hat sich vielleicht noch mehr geändert, denn die kommunistische Regierung hat die Deutschen noch mehr runtergedrückt als die im Westen. Im Westen war Freiheit. Aber die Deutschen haben sich viel geändert. Erstens sind Fremde sehr willkommen. Als ich das erste Mal in Frankfurt war, habe ich jemanden angehalten und ihn was gefragt. Er konnte kein Deutsch, der zweite: »Spreche nicht, spreche nicht.« Alles waren Türken. So habe ich vielleicht drei, vier Minuten gewartet da an der Ecke, bis ein Postbote kam, der sprach Deutsch. Da habe ich mir gedacht, was für eine Umwälzung! Ich bin in Frankfurt, in Deutschland und kann kein Deutsch sprechen. Ich meine, Deutschland hat sich sehr verändert. Ich glaube, Hitler wollte die Deutschen erziehen, ich weiß nicht, ob Sie Hitlers Buch »Mein Kampf« gelesen haben? Nein?

Es ist in Deutschland verboten.
Aber ich habe es lesen müssen, um zu wissen, was da steht. Hitler hat die Idee gehabt, dass Deutschland die erste Macht in Europa sein muss. Das deutsche Volk steht über allen anderen Völkern, sogar über allen anderen Weißen, wie Franzosen und Schweden. Von dem Osten hat er gesagt, sie sind nur auf der Welt, um die Sklaven der Westlichen zu sein.

Die Polen, die Russen seien nur da, um unsere Diener zu sein, das Land zu bearbeiten und uns zu versorgen. Und das hat sich ganz umgedreht. Ich glaube jetzt, die Deutschen haben viele Jahre nach dem Krieg ein Minderwertigkeitsgefühl gehabt.

Auch ein Schuldgefühl.
Ja, ein Schuldgefühl. Und jetzt in der nächsten Generation fühlt sich Deutschland wieder besser. Sie haben mich heute gefragt, was ich meine zu dem großen Trallala wegen dem Fußball. Das kommt endlich raus, die Deutschen fühlen sich wieder gut. Sie fühlen sich gleichberechtigt in Europa. Das habe ich heute früh auch in der Schule gesagt. Ich finde, die EU ist eine gute Sache. Es ist Zeit, dass sich in Europa alle gleich finden. Ich bin im Augenblick kein Verteidiger von Polen und vom Osten, ich will darüber auch nicht meine Meinung sagen. Aber solange die ersten zwölf wie Frankreich und Deutschland, Belgien und Holland und England und Italien zusammenhalten, finde ich das eine gute Sache. Dass wir Europäer alle gleich sind. Dass keiner mehr Macht hat als der andere.

Das ist eine großartige Idee, wenn es gelingt.
Ich glaube ja, denn der Erfinder der Idee war ein Deutscher, Kurt Schumacher. Das war ein Ergebnis des Krieges, das ihn zu der Erkenntnis gebracht hat.

Unser Freund Arnie Wininger in Amerika ist auch ein ehemaliger Carlebachschüler. Er sagt, dass er bis heute noch auf Deutsch zählt. Alles andere macht er natürlich in Englisch. Ist das bei Ihnen auch so geblieben?
Ja, ich habe ein Buch gelesen von einem Psychologen. Er schreibt, dass man die Muttersprache eines Menschen erkennt, wenn er Geld zählt. Ich zähle jetzt auch noch oft in Deutsch. Ich zähle auch noch eins, zwei, drei. Das ist geblieben.

Was ist es noch, was Ihnen aus der deutschen Kultur geblieben ist? Haben Sie noch etwas mitgenommen, wo Sie meinen, das sei ein Schatz, den behalte ich?
Ja, ich finde, deutsche Kultur ist, ich will nicht sagen, überlegen zu anderen Kulturen. Aber es ist viel da, was man genießen soll. Die deutsche Oper, das Theater. Theater habe ich niemals mehr so gesehen in England. Hier in Leipzig war ein jüdisches Theater, ich habe den Namen vergessen.[156] Eine jüdische Frau hat das geführt, mit einem russischen Namen. Da war immer ein großes Plakat an der Synagoge mit den Vorstellungen. Das letzte Stück, was ich gesehen habe, war von Gustav Freytag »Die Journalisten«.

Und wie war das in diesem jüdischen Jugendclub? Sie hatten doch so eine Kluft an, eine Uniform.
Die Uniformen waren verboten von Hitler.

Durften Sie dann mit dieser Kluft nicht mehr durch die Stadt gehen?
Gott behüte. Wir haben sie weggelegt. Das war eine Herausforderung. Die einzige, die wir tragen durften, war die Naziuniform, die Hitlerjugend oder die SA, die braunen Hemden.

Ist es Ihnen passiert irgendwann mal auf dem Schulweg, dass Ihnen Hitlerjungen irgendwie auflauerten?
Einmal ja. Ich muss sagen, Gott sei Dank, ich habe in all den sechs Jahren nicht viel Schlimmes erlebt. Ich bin manchmal als »Judenjunge« und so angepöbelt worden. Aber das einzige Mal, wo ich Schläge bekommen habe, bin ich gerade mit meinem Freund Walter Zimmermann von der Schule nach Hause gegangen. Da haben vielleicht fünf oder sechs Hitlerjungs an der Ecke Gustav-Adolf- Straße, Waldstraße auf uns gewartet. Bevor

wir wussten, was los war, waren sie über uns hergefallen. Wir waren nur zwei, sie aber vier oder fünf. Wir haben uns verteidigt, so gut wir konnten. Aber wir bekamen ein paar Schläge. Meine Mutter hat sich sehr erschrocken, denn ich hatte eine große Beule hier vorn am Kopf. Was ich später gehört habe, sind in der Humboldtstraße mehr Juden geschlagen und überfallen worden.

Zumal später, wenn sie erkannt wurden als Juden, weil sie den sogenannten Judenstern[157] tragen mussten.
Nein, ich rede ja von der Zeit vor dem Judenstern.

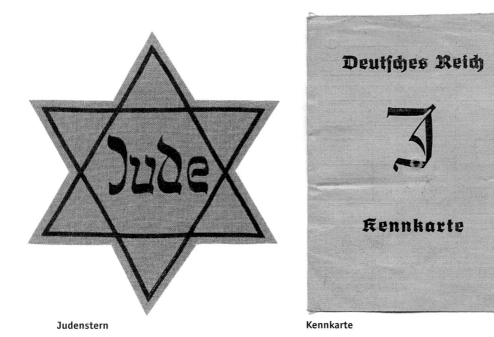

Judenstern   Kennkarte

Vor 1941 sah man das doch nicht, wer Jude war. Es sei denn, Sie waren in der höheren Schule, da gab es auch Schülermützen in der Carlebachschule. Da hat man jeden an der Schülermütze erkannt.
Aber wir waren vorsichtig. Ich habe die letzten zwölf Monate keine Schülermütze mehr getragen.

Es war zu gefährlich, außerdem wurde es unter Hitler verboten.
Als ich fünfzehn Jahre alt war, hatte ich eine Freundin. Sie hieß Hali Warschauer. Ich habe sie diesen Sommer gesehen. Sie lebt in Cannes, in Südfrankreich. Ihre Eltern waren leider Überoptimisten und sind damals nicht von Leipzig weg. Sie kamen 1942 nach Theresienstadt und dann von dort in verschiedene Lager. Hali hat den Krieg überlebt, obwohl sie in verschiedenen Lagern war, aber sie sitzt im Rollstuhl und ist am Rücken gelähmt. Ich habe das von ihrer besten Freundin Betty Scheiner erfahren. Mit dieser Hali bin ich einmal im Frühling 1939 spazieren gegangen durch das Rosental, an einem Wochentag am Abend. Es war noch hell. Wir haben uns nur an der Hand gehalten, da war nichts Gefährliches. Plötzlich kam ein Gestapomann auf einem Fahrrad. Er war in Zivil und hat zu mir gesagt: »Du bist ein Judenjunge. Wie kannst du mit einem ›arischen‹ Mädchen

hier spazieren gehen?« Da habe ich gesagt: »Das Mädchen ist keine ›Arierin‹, das ist ein jüdisches Mädchen.« Sie war blond und hatte blaue Augen. Hitlers Theorie war jedoch, nur Arier haben blonde Haare und blaue Augen. Und heute, wenn ich in England spreche, erzähle ich immer, die richtigen »Arier« wären Schweden. Hitler war gar kein »Arier«, Hitler hatte dunkle Haare. In der Gohliser Straße war die Polizeiwache. Dahin hat uns der Gestapomann mitgenommen. Und Hali Warschauer hatte die Erlaubnis, von da aus zu telefonieren. Ihre Eltern haben in der Nordstraße gewohnt und ihre Mutter kam mit ihrer Judenkarte und hat sie der Polizei vorgelegt. Dann durften wir nach Hause gehen. Alles war in Ordnung. Aber es war nicht mehr angenehm, in Leipzig zu leben. Es waren zu viel Gestapo-Spitzel und die haben einem das Leben schwer gemacht.

Und in der Reichspogromnacht, was ist Ihrer Familie da passiert?
Wenn Sie die Wahrheit wissen wollen, wir haben geschlafen. Dort, wo wir gewohnt haben, war kein Pogrom und keine jüdischen Geschäfte. Ich bin mit meinem Bruder zur Schule gegangen. Statt der Gustav-Adolf-Straße sind wir die Jahnallee gegangen. Da gab es eine Menge jüdischer Geschäfte und überall waren die Scheiben eingeschlagen. Das ganze Glas lag auf den Straßen und ich habe mich gewundert, was los ist. Als wir zur Schule kamen, fragte uns der erste Lehrer, was wir hier machen, und sagte: »Geht schnell nach Hause! Wisst ihr nicht, was los ist? Man hat die Juden geschlagen, die Synagogen brennen und ihr seid noch nicht zu Hause?« Ich habe meinen Bruder an die Hand genommen und bin von der jüdischen Schule auf den Tröndlinring gegangen. Von da hatten wir an der Gottschedstraße die Synagoge brennen gesehen. Der Rauch ging sehr hoch. Auf dem Weg nach Hause habe ich in der Johannstraße[158] bei den Kowalewskis angeklopft. Herr Kowalewski hatte einen litauischen Pass, der nicht mehr in Ordnung war. Aber er hat gesagt: »Das Beste ist, ihr versteckt euch. Im Eitingon-Krankenhaus sind viele Juden versteckt.«

Eitingon-Krankenhaus, 2010

Eitingon-Krankenhaus Eingang, 2010

Da bin ich nach Hause gegangen und habe es meiner Mutter gesagt. Im Gelände des Krankenhauses waren vielleicht schon fünfhundert Leute. Bis Nachmittag sind wir dort geblieben. Gegen fünf Uhr kam der Chefarzt[159] und sagte: »Gerade sind Autos mit Lautsprechern durchgefahren. Goebbels hat gesagt, die Aktion ist vorbei – jeder kann nach Hause gehen.« Da sind wir nach Hause gegangen, aber viele von den Juden mit deutschen Pässen haben Angst gehabt, nach Hause zu gehen. Ich erinnere mich, in der Nacht haben fünf Männer in unserer Wohnung geschlafen. Sie sind aber morgens nach Hause gegangen. Dort hat die Polizei auf sie gewartet und sie alle mitgenommen nach Buchenwald. Unter den Lehrern war das auch der Herr Joel, unser Geschichtslehrer.

Also hier im Buch von Frau Kowalzik steht er: Joel, Manuel, jüdischer Herkunft, Lehrer für Geschichte und Geographie, wohnte in der Gottschedstraße 19.
Was steht da weiter?

Sein Vater war Justizrat und sein Großvater, Dr. Manuel Joel, war Gemeinderabbiner. Der Großvater mütterlicherseits Sanitätsrat. Joel besuchte in Breslau das Elisabeth- und das Johannesgymnasium. Nach der Reifeprüfung 1914 studierte er in Breslau Geographie. Dann meldete er sich als Kriegsfreiwilliger und diente im Ersten Weltkrieg im Feld-Artillerie-Regiment Nr. 6. Dann promovierte er an der Universität Breslau, und in Leipzig meldete er sich am 21. April 1937 polizeilich an. Ab Ostern 1937 war an der jüdischen Oberschule angestellt. Er wurde als deutscher Staatsangehöriger am 11. November 1938 verhaftet und kam ins KZ Buchenwald und dort kam er am 24. Dezember 1938 um.

Tor von Buchenwald, 1995

Die Geschichte haben die anderen später erzählt, die zu uns gekommen sind. Die Gefangenen haben doch so Runden laufen müssen. Joel war aus der Reihe getreten und hatte irgendwas machen wollen. Da hat einer von den SA-Männern eine Schaufel genommen und ihn mit der Schaufel auf den Kopf geschlagen. Joel ist auf dem Platz liegen geblieben.

Da war er gerade 42 Jahre alt. Wissen Sie noch etwas über das Schicksal anderer Lehrer?
Wie gesagt, der Dzialoszynski ist nach der Schweiz entkommen, da hat er ein Kinderheim gehabt.

Er hat drei Kinder. Die Tochter lebt noch in der Schweiz.
Und wie ich hörte, der Enkelsohn ist der Präsident der Synagoge in Strassbourg.

Sein Neffe Amy Bollag ist ein enger Freund von uns. Seine Frau stammt aus Leipzig. Sie heißt Thea Schächter-Bollag. Und die Schächterfamilie ist auch eine große jüdische Familie.
Ja, die Schächterfamilie kenne ich. Sani Schächter wohnt in Zürich. Ich weiß nicht, ob er noch lebt.

Seine Frau Charlotte hatte sich beklagt, dass er immer erzählt von Leipzig, dass die Äpfel in Leipzig röter wären und die Birnen gelber ...
Wenn er mich gesehen hat im Restaurant, dann ist Sani Schächter zu allen Tischen gegangen und hat den Leuten erzählt: »Das ist der Herr Findling, der war mit mir zusammen in der Schule in Leipzig.« Das hat er jedem einzelnen erzählt. Ich habe das nicht so gern gehabt.

Waren Sie in einer Klasse?
Nein, er ist älter als ich, eine Klasse höher. Meine Frau war befreundet mit einem Freddy Berger, die haben auch in der Johannstraße gewohnt, das große Eckhaus an der Auenstraße. Sie hatten die erste Etage. Das waren vielleicht acht Zimmer, eine herrliche Wohnung. Herr Berger hatte eine Zigarettenfabrik in Dresden und sie sind 1938 ausgewandert. Das habe ich von ihm als lebenslange Erinnerung (zeigt auf eine Narbe auf seiner Stirn). Ich bin am Sonntagmittag zu ihm gegangen, ob ich mit ihm spielen darf. Aber er war ein jähzorniger Mensch. Und weil ich nicht mehr mit ihm spielen wollte, hat er die Schaufel genommen und sie mir nachgeworfen. Und gerade in dem Augenblick habe ich mich umgedreht. Da hatte die Schaufel mich hier getroffen. Da ist eine Ader geplatzt und das Blut ist nur so rausgeschossen. Ach, das war die ganze Geschichte. Aber ich erinnere mich daran, die Wohnung, die sie gehabt haben, war eine von den schönsten Wohnungen in Leipzig in der Johannstraße.

Die wohnten an der Ecke vorn in der Nummer 19?
Ja. Der Gemeinderabbiner Dr. Felix Goldmann hat auch in dem Haus gewohnt, im dritten Stock. Aber die Wohnung von Bergers wurde von den Nazis beschlagnahmt, weil sie über Nacht verschwunden waren. Da ich ein bisschen mit ihnen verwandt war, wollte ich raufgehen, um zu sehen, was aus der Wohnung geworden ist. An der Türe standen ein SA-Mann mit Gewehr und ein Schutzpolizist. »Ein Schupo mit einem Schwarzen«, sagt man das heute noch?

Schwarze gibt es zum Glück nicht mehr und aus dem Schupo (Schutzpolizist) war in der DDR ein Vopo (Volkspolizist) geworden. Jetzt nennt man sie nur noch Polizist.
Sie sagten, dass man da nicht reingehen darf. Da wohnt jetzt der Standartenführer Fichte[160]. Das war der Standartenführer von der SA in Leipzig, der dann 1937 Polizeipräsident wurde.

Sie erwähnten den Lehrer Dr. Burg, Ihren Religionslehrer. Sie hatten zu ihm auch später Kontakt?
Ja, das war der Lehrer Dr. Joseph Burg, er wohnte dann in Israel. Er hatte irgendwie Beziehungen gehabt zur zionistischen Organisation und hat seine Mutter in Leipzig versorgt. Er hat sie von Dresden nach Leipzig gebracht und 1939 auch nach Palästina geholt. Er war ein kluger Mensch und wurde als Beobachter und Vertreter der zionistischen Organisation in die Schweiz geschickt. Er hat die Kriegsjahre in der Schweiz verbracht. Ich habe zweimal von ihm Post bekommen aus Genf. Ich habe mit ihm korrespondiert, denn ich wollte wissen, was aus meinen Eltern geworden ist. Aber er konnte nicht viel helfen. Im Jahre 1946 ist er nach Palästina gegangen, und er wurde gewählt als Präsident der Misrachi, das sind die religiösen Zionisten gewesen. Er blieb in der Knesset von 1949 bis 1988. Er war ein bisschen ... in Deutschland sagen sie »Chamäleon«.

Ein Verwandlungskünstler?
Nein. In English you could say that the wicker of display. Welche Partei am Brotkörbchen sitzt, zu der gehört er.

Er konnte die Fahne nach dem Wind hängen?
Ja, er hat es immer verstanden, sich reinzudrehen, und ist vierzig Jahre Minister gewesen.

Da war er noch jung, als er Deutschland verlassen hat.
Er muss schon in den dreißiger Jahren gewesen sein. Sein Sohn Awrum ist auch berühmt. Er ist auch in die Politik gegangen wie sein Vater und war ein Mitglied der Labour Party, die in Israel regiert hat. Er wurde sogar Präsident der Knesset. Die Labour Party waren die

Linken, die Sozialisten. Jetzt vor fünfzehn Jahren haben die Rechten die Wahl gewonnen. Da haben sie die Labour-Leute rausgeschmissen. Aber er hatte sich die letzten Jahre sehr hochgearbeitet in der Labourpartei. Und er war der Sprecher der Knesset, vier Jahre lang.

Gibt es noch weitere Lehrer auf der Liste, die Sie später noch mal gesehen haben?
Simche Friedmann habe ich gesehen, ja. Er war in den Kibbuz von Tivat Zwi im Jordantal gegangen. Nachher war er in Lavi, das ist »das Kind« vom ersten Kibbuz. Die Jungen haben einen neuen Kibbuz dreißig Kilometer entfernt gegründet. Das Lavi ist heute ein Hotel, eine kleine Stadt. Seine Frau kam auch von Leipzig, sie hieß Alice Rose. Sie war ein sehr hübsches Mädel. Und er hat die Schule gegründet. Das ist die bekannteste jüdische Schule in dem Valley of Jesreel, was heißt valley, wie sagt man auf Deutsch?

Das Tal.
Da ist die Hauptschule, die hauptreligiöse Schule im Tal von Jesreel.[161] Da kommen Kinder auch von näheren kleinen Städten. Es ist eine große Schule, dreihundert Kinder. In den meisten höheren Schulen in Israel lehren sie Englisch als zweite Sprache. Die erste Fremdsprache ist Englisch. Ich würde sagen, achtzig Prozent der jungen Israelis sprechen Englisch.

Nachdem es möglich gewesen wäre, von England nach Israel zu gehen, warum sind Sie nicht gegangen?
Herzl[162] hat gesagt, dass es zwei Arten von Zionisten gibt. Die einen gehen nach Israel, um mit der Hacke die Erde zu bearbeiten, und die anderen sind Zionisten, die das Land mit Geld unterstützen. Ich gehöre zu der Gruppe, die mit Geld unterstützt, denn ich bin es nicht gewohnt, mit einer Hacke zu arbeiten. Und dabei ist es geblieben.

Sie sind ganz allein nach England gekommen 1939. Wie war das?
Nicht angenehm, ich habe meine Familie sehr vermisst. Die ersten Wochen waren sehr schlimm.

Waren Sie in einer Familie?
Nein, ich war schon zu alt, um in eine Familie zu gehen.

Sie waren in einem Jugendheim zusammen mit anderen Jugendlichen?
Ja. Das war ein großes Haus. Ich war einer der jüngsten. Wir haben nicht gearbeitet. Aber wir haben zu essen bekommen und es war koscher und jüdisches Leben. Wir haben in der jüdischen Gegend von London, im Eastend gewohnt. Da waren ringsum die Synagogen und alles.

Sie sind direkt nach England, nach London gefahren?
Ja, wir waren nur drei Kinder. Wir sind direkt von Leipzig zum Kindertransport in den Zug gestiegen.

Wer war das noch?
Einer hieß Eddi Schedstock und Inge Kohn. Sie ist mit nach London gefahren und hat später geheiratet. Ich hatte lange Zeit die Verbindung verloren. Eddi lacht immer über mich. Als Ingrid Kohn hier von Leipzig weggefahren ist, war sie ein Jahr älter als ich, ein hübsches, schwarzes Mädchen. Wenn ich sie heute sehe, ist sie eine alte Frau mit grauen Haaren, eine Großmutter. Es ist schlecht, wenn man so dreißig Jahre jemanden nicht sieht.

Aber Sie haben dann in England eine Ausbildung gemacht?
Nein. Ich wollte auf die Schule gehen und studieren, aber in England war nichts frei. Es war nicht so wie heute, dass die Regierung Freiplätze vergibt. Es war alles privat, alles musste bezahlt werden.

Sie waren völlig mittellos?
Wir durften nur zehn Reichsmark mitnehmen. Wir haben unseren Pass zeigen müssen und ich erinnere mich, meine Mutter ging mit mir zur Commerzbank am Brühl hier. Um sicher zu gehen, hat meine Mutter die Tasche zugenäht. Die habe ich dann noch lange Zeit gehabt.

Haben Sie noch Erinnerungsstücke behalten können von Ihrer Familie?
Ja, ich habe Bilder von meiner Familie mitgenommen, sogar eine Kiste mit Büchern. Und meine Mutter hat gesagt, in England ist es sehr kalt. Sie hat mir sogar ein Feder-bett eingepackt. Der Zug ging nach Holland. An der letzten Station in Deutschland ist der Zug stehen geblieben und alle mussten raus. Ich erinnere mich, die kleinen Kinder haben geweint, die Mädchen haben sie tragen müssen. Und da waren sechs Männer in SS-Uniformen, alles schwarze Uniformen, keine Polizei, nur SS. Jeder hat sich am Bahn-steig anstellen müssen und musste seinen Pass zeigen. Die SS hat nur gefragt, ob man Geld hat. Ich hatte kein Geld, nur die zehn Mark. Die waren ganz legal in meinem Pass eingetragen. Wir sind vielleicht eine halbe Stunde da aufgehalten worden. Ich glaube, die haben keinem was weggenommen. Dann durchsuchten sie noch den Zug. Und in Enschede hat der Zug wieder gehalten. Da waren aber jüdische Frauen und Mädchen mit Kaffee und Kuchen am Zug. Dann sind wir weitergefahren bis Hoek van Holland. Dort sind wir aufs Schiff gegangen und um sechs Uhr in der Früh sind wir in Harwich gelandet. Es war ein schöner Sommertag. Ich hatte irgendwo einen englischen Penny gefunden und da war eine Teebude. Damals kostete Tee noch einen Penny und ich konnte ein bisschen Englisch. So sagte ich: »A cup of tea, please.« Und er gab mir a cup of tea und Sie wissen, es war englischer Tee und heute trinke ich englischen Tee.

Das war ja Ihr erster Einkauf?
Aber ich habe den Tee zurückgeschoben. »What's the matter with you, was ist los mit Ihnen?« »I ask you for tea, this is not tea, this is tea with milk!« Und er sagte: »This is tea« and pushed it back to me. Wissen Sie, in Deutschland hatte man nur Tee mit Milch getrunken, wenn man krank war, gesunde Leute haben keinen Tee mit Milch getrunken.

Aber jetzt sind Sie es so gewohnt?
Heute bin ich es so gewohnt, heute trinke ich ihn so auf der ganzen Welt. Ich habe jetzt zum Mittagessen englischen Tee gehabt, Tee mit Milch natürlich.

Was haben Sie denn anschließend in England gemacht?
Am Anfang, die ersten zwei Jahre, habe ich gar nichts gemacht. Dann bin ich in die Lehre gegangen. Da habe ich erst in der Schneiderei angefangen. Ich bin von 1940 bis 1942 in dieser Jugendherberge gewesen und war schon neunzehn Jahre alt. Dann mussten wir Kriegsarbeit machen. Ich war in einer Fabrik und wir haben Uniformen zugeschnitten. Dadurch bin ich in das Textilgeschäft gekommen.

Deutsche Juden waren ja in England nicht gerade beliebt, sag ich mal.
Nein, waren sie nicht. Wir haben auf die englischen Juden heruntergeschaut, denn die Wohnkultur, die Bildungskultur und alles war viel below us, viel niedriger. Und die engli-schen Juden haben uns gehasst, weil sie gesagt haben, die deutschen Juden haben die Nase ganz oben, und das schmeckte ihnen nicht.

Sie sind ja auch teilweise als Feinde angesehen worden, weil Sie aus dem »Feindesland« kamen?
Ich nicht. Nur diejenigen, die deutsche Pässe hatten, sind verhaftet worden. Und dann sind viele von ihnen noch transportiert worden nach Australien oder nach Kanada. Zwei

meiner Freunde sind transportiert worden. Ein Freund, Hans Brand, ist leider umgekommen. Das Schiff wurde auf dem Weg nach Australien von einem deutschen U-Boot versenkt. Schnitzer war ein anderer Junge von neunzehn Jahren und ist nach Kanada geschickt worden. Und nachher hatte er die Wahl, in Kanada zu bleiben oder nach England zu gehen. Er ist in Kanada geblieben und hat heute ein großes Warenhaus in Montreal. Meine Frau hat eine Tochter in Toronto. So sind wir, bis ich krank geworden bin, einmal im Jahr in Toronto gewesen. Da habe ich ihn gesehen.

Haben Sie noch heute in England Kontakte zu ehemaligen Leipzigern? Zu wem?
Der Dzialowski von der Lessingstraße, das war unser Doktor. Sein Sohn Salo ging mit mir in die Klasse und der Adler und der Harry Danzig. Es waren noch mehr da, der Uhrmacher. Es sind leider viele verstorben in den letzten Jahren. Wir werden doch alle alt.

Vielleicht können Sie uns ein Klassenfoto schicken, wenn Sie zu Hause sind?
Mit dem Herrn Dr. Oppenheimer auf dem Foto. Er war unser Klassenlehrer, das war unser letzter Ausflug 1938.

Wohin?
Irgendwo, nicht weit von Leipzig, Schkeuditz oder so.

Haben Sie herzlichen Dank für das interessante Gespräch, Herr Findling. Viel Gutes wünsche ich Ihnen und – wir bleiben in Verbindung.
Auf Wiedersehen, Frau Urban.

Dr. Paula Frank

Darf ich fragen, wann Sie geboren sind?
Am 25. Juli 1907 in Leipzig.

Erzählen Sie uns bitte etwas von Ihrer Kindheit? Alles, was Sie noch wissen, einfach erzählen. Von der Schule, vom Kindergarten.
Ich hatte eine sehr schöne Kindheit gehabt. Mit sechs Jahren bin ich in die Gaudig-Schule[163] gekommen und da war ich dreizehn Jahre bis zum Abitur. Nach dem Abitur bin ich ein Jahr gereist, meine Eltern wollten mich nicht Medizin studieren lassen. Da war ich in Belgien und in Holland und in Deutschland überall. Nach einem Jahr habe ich zu meinem Vater gesagt: »Ich will doch Medizin studieren.« So habe ich Medizin studiert bis 1933. Ein Jahr davon habe ich in Wien verbracht, die ersten klinischen Semester. Und 1933 habe ich mein deutsches Staatsexamen gemacht und habe die Doktorarbeit eingereicht und die wurde in der deutschen medizinischen Wochenschrift veröffentlicht. Leider hat mir ein Nazi-Arzt die Hälfte der Arbeit gestohlen und da ich keine Medizinpraktikantenstelle in Deutschland bekommen konnte, bin ich nach Amerika gegangen, ganz allein. Dort habe ich Englisch gelernt. Das Englische, das ich in Deutschland lernte, war »King Lear« von Shakespeare. Ich konnte nicht nach Brot fragen, aber ich konnte »King Lear« lesen.

Typisch. Wie lange hat das gedauert, bis das Englisch fließend war?
Oh, das ging ziemlich schnell. Dann habe ich eine Praktikantenstelle in New York bekommen in einem großen städtischen Krankenhaus. Das hatte 3 000 Betten. Dort war ich drei oder vier Jahre und dann habe ich ein amerikanisches medizinisches Examen bestanden und konnte praktizieren. Es war nicht günstig, in New York City anzufangen, weil zu viel Konkurrenz da war, deshalb sind wir nach Buffalo, New York gezogen. Dann habe ich vierzig Jahre dort praktiziert. Ich habe ungefähr fünftausend Babys entbunden.

Ah, toll. Also sind Sie Frauenärztin?
Ja. Als ich siebzig Jahre alt war, habe ich mich zurückgezogen. Das Buffalowetter war sehr schrecklich mit hartem Winter. Deshalb haben wir uns nach Florida zurückgezogen.

Da ist es meistens wärmer im Winter. Wie oft waren Sie schon in Leipzig?
Das ist das dritte Mal. Das erste Mal war ich ganz alleine und die Russen wollten mich nicht reinlassen über die Mauer. Dann habe ich aber jemanden gefunden, der so schön Sächsisch sprach wie ich. Er hat gesagt, ich könnte in ein Hotel gehen in Leipzig, und er hat mir einen Fünf-Tage-Reisepass gegeben. Da habe ich alles wieder besucht, was ich konnte. Das zweite Mal war ich eingeladen und da haben sie mich sehr gut behandelt. Der

Bürgermeister hat mich begrüßt und der Chef der Medizinschule hat mich eingeladen. Ich habe mit mehreren Professoren gesprochen und es war wirklich sehr nett. Jetzt bin ich das dritte Mal hier und meine Nichte hat mich eingeladen. Das ist alles, was ich sagen kann.

Ich würde gern wissen, was haben Sie sich angesehen, als Sie das erste Mal wiederkamen. Was wollten Sie aufsuchen?
Ich habe meinem Mann die Deutsche Bücherei gezeigt, das Völkerschlachtdenkmal und die Medizinische Fakultät in der Liebigstraße und natürlich das Gewandhaus am Augustusplatz. In Leipzig ist meine Mutter jeden Donnerstag ins Gewandhaus gegangen und manchmal hat sie mich mitgenommen. Ich erinnere mich noch an die Oper, jede Woche gingen wir in die Oper. Ich war begeistert von dem Tenor Hans Listmann, der Dirigent vom Gewandhaus war Arthur Nikisch.[164] Seine Kinder sind mit mir in dieselbe Schule gegangen. Ich habe auch Kurt Weill[165] getroffen. Der Vater von Kurt Weill war ein Freund meines Vaters, er war Kantor. Ich war eingeladen zu einer Gesellschaft, Kurt hat sich nicht für mich interessiert, da war ich dreizehn oder vierzehn Jahre alt. Ich habe die Uraufführung von »Mahagonny«[166] in Leipzig gesehen. Ich habe die Uraufführung von der »Dreigroschenoper« gesehen[167].

Ja, die sind berühmt.
Ich habe auch in Dresden Lotte Lehmann[168] im »Rosenkavalier« gehört.

Eine Opernlegende. Ja, das waren tolle Zeiten.
Ich habe wirklich sehr schöne Zeiten erlebt, bevor Hitler kam.

Die Gaudig-Schule hatte eigentlich einen guten Ruf. Gibt es da auch schöne Erinnerungen?
Ja, sehr gute Erinnerungen. Die Gaudig-Schule war sehr progressiv. Wir hatten sehr nette Lehrer. Ich habe mich gut verstanden mit den Lehrern und hatte immer sehr gute Zensuren.

War Hugo Gaudig noch zu dieser Zeit an der Schule? Haben Sie ihn persönlich erlebt?
Ja, ich habe ihn noch erlebt. Er hatte eine Tochter mit dem Namen Rosemarie. Wissen Sie das?

Ja, Rosemarie Sacke-Gaudig, bis vor zwei Jahren hat sie noch in Leipzig gelebt.
Sie war ungefähr vier oder fünf Jahre älter als ich, aber ich erinnere mich an Rosemarie Gaudig. Ich erinnere mich auch an Nora Nikisch, sie war die Tochter von Arthur Nikisch. Aber die waren alle älter als ich. Ich war da nicht eingeladen, wenn eine Geburtstagsfeier war oder so was ähnliches. Ich erinnere mich noch an die Schauspieler in Leipzig. Da waren Schindler[169] und Lutz Altschul[170]. Dann war Grete Scherer die heilige Johanna. Sie war eine Freundin von meiner Mutter. Meine Mutter war auch sehr gut bekannt mit Ella Kroch, die von dem Kroch-Hochhaus,[171] wissen Sie? Ich hatte es sehr gut. Meine Eltern hatten wahrscheinlich genug Geld und wir haben schöne Reisen gemacht. Jeden Sommer sind wir verreist, nach Marienbad, nach Franzensbad und Karlsbad, und dann einen Sommer waren wir in Freudenstadt. Und dann waren wir in Westerland und in Norderney und in Heringsdorf und im Schwarzwald und auch im Erzgebirge, in Harzburg, in Thale, wo Goethe die Hexen tanzen lässt zur Walpurgisnacht. Und am Brocken und in Bodenstedt an der Elbe, im Sandsteingebirge und auf der Bastei. Ich hatte ein sehr gutes Leben. Und plötzlich, als ich nach Amerika kam, hatte ich kein Geld mehr und die Medizinalpraktikanten[172] bekamen fünfzehn Dollar im Monat, aber Essen war eingeschlossen.

Ja, das ist wenig.
Da ich doch ziemlich verwöhnt war, war das sehr schlimm. War nicht einfach. Ich meine, jetzt lache ich, aber es war wirklich nicht einfach.

Ich habe noch eine Frage zu Hugo Gaudig. Die Schule ist ja sehr berühmt gewesen dafür, dass die Mädchen Abitur gemacht haben und dass sie auch naturwissenschaftlich und technisch unterrichtet wurden und dass sie sehr selbstständig lernen konnten.
Unabhängig.

Sehr unabhängig. Würden Sie sagen, den Dickkopf haben Sie durchgesetzt, Sie haben Medizin studiert, obwohl Ihr Vater dagegen war ...?
Jawohl, das habe ich von Gaudig gelernt.

Das haben Sie wirklich der Schule zu verdanken?
Ja, habe ich der Schule zu verdanken.

Gaudigschule, Döllnitzer Straße (heute Lumumbastraße), 1911

Treppenaufgang, 1912

Aula, 1912

Das ist schön, dies einmal so zu hören, weil Gaudig in Leipzig gar nicht mehr bekannt ist.
Damit ich nicht das mache, was alle anderen Kinder machen. Ich wollte das tun, was ich selber machen wollte. Der Gaudig war fantastisch. Da war ein Professor Schmieder[173] dort. Ich war in seinem Haus und wir haben deutsche Literatur gelesen. Da war ein Lehrer mit dem Namen Voigt[174]. Die Gaudig-Schule war sehr, sehr gut. Ich war da von der zehnten Klasse bis zum Abitur.

Und die ersten vier Jahre? War da im Gebäude eine Volksschule?
Nein. Ich war gleich in der Gaudig-Schule. Ich war nie in der Volksschule.

Naturwissenschaftliches Kabinett, 1912

Turnhalle, 1912

Lehrerkollegium, Hugo Gaudig (erste Reihe Mitte), 1912

Aha. Gab es in dieser Schule viele jüdische Kinder?
Nein. Nicht viele. In unserer Klasse waren vielleicht vier oder fünf. Die jüdischen Kinder gingen in die Carlebachschule. Meine Eltern wollten mich nicht in der Carlebachschule anmelden, aber mein Bruder ist in die Carlebachschule gegangen.

Und war das in dieser Gaudig-Schule irgendwie ein Thema, dass es jüdische und christliche Kinder gab, oder?
Es war kein Antisemitismus. Mein Vater war orthodox und ich konnte am Samstag nicht schreiben. Da war ich in der Schule entschuldigt, ich konnte nicht schreiben. Wenn die Arbeiten waren, konnte ich am Sonntag kommen und meine Arbeit machen. Sie waren sehr tolerant. Ich hatte sehr viele christliche Freunde. Sehr viele. Leider sind sie 1933 auf die andere Seite der Straße gegangen, wenn sie mich sahen. Niemand hat mir wehgetan, aber es war eine schreckliche Zeit. Meine ganzen Freunde haben mich nicht mehr erkannt. Sie wollten nichts mit Juden zu tun haben.

Gaudig war nicht nur beliebt. Er hatte auch Gegner. Viele haben auch ...
Die Erziehung war sehr neu.

Eine sehr vornehme Dame erzählte mir mal:
*»Der Hugo Gaudig, das war schrecklich,
der kam immer mit einer vollgekleckerten
Krawatte und das hat uns als Mädchen doch
sehr gestört.«*
Er hat immer eine Pfeife gehabt und die
Haare waren immer in Unordnung.

*Und mit der vollgekleckerten Krawatte –
stimmt das?*
Das habe ich nicht gesehen. Nein, er hat
keine vollgekleckerte Krawatte gehabt.

Hugo Gaudig, 1900

*Sie haben ihn später erlebt, da war er schon
Professor. Das war eine Dame, die ist 1900
geboren und erzählte das von Hugo Gaudig.*
Wenn er Ketchup auf der Krawatte hatte,
war es ein Zeichen von Arteriosklerose.

*Kann sein. Ich weiß es nicht. Ich habe eine
Fibel mit. Sie haben ja irgendwann mal angefangen, das erste Buch aufzuschlagen, das
erste Lesebuch. Ich gebe Ihnen ein Buch von
1914 und Sie sagen mir bitte, ob diese Fibel
»Guck in die Welt« vielleicht Ihr Buch war?*
Das kenne ich nicht, das Buch.

Nein? Ganz bestimmt nicht?
»Emil, Susi und Leo.« Ich kenne das Buch nicht.

*Schade. Ich hatte gelesen, alle Leipziger
Schulanfänger hätten diese Fibel benutzt.*
In dem ersten Jahr konnte ich gut vom Buch

Leipziger Fibel, 1911

lesen, aber nicht von der Wandtafel. Da hat jemand rausgefunden, dass ich kurzsichtig
war. Und dann habe ich eine Brille bekommen und dann konnte ich das lesen. Nein, ich
kenne das Buch nicht. »Der Vater kam auf dem Rade. Paul und Paula vor dem Hause. Paul
einmal auf dem Rade, Paula auch, der Papa war aber dabei.«

Es ist in Leipzig 1911 in alle Schulen gekommen, offensichtlich nicht in die Gaudig-Schule.
Nein, das gab es nicht in der Gaudig-Schule.

*Erinnern Sie sich noch an irgendeinen besonders auffallenden Lehrer oder eine Lehrerin, die
Sie besonders lieb hatten oder besonders geschätzt haben?*
Schmieder hatte ich sehr lieb. Der war gut, und Köhler[175] war da auch. Er war sehr gut. Er
hatte so lange Beine und wir waren zwölf oder dreizehn Jahre alt. Waldemar Voigt ging nach
Südamerika mit seiner Frau und die starb da. Er hatte außerdem ein Buch geschrieben über
die Putzfrau von Goethe oder die er später heiratete, Christiane Vulpius.

Also war er Deutschlehrer?
Nein, Mathematiklehrer.

Erstaunlich, wie vielseitig die Lehrer damals waren. Erzählen Sie doch bitte noch, was Sie erlebt haben, als das Völkerschlachtdenkmal eröffnet wurde? Da waren Sie doch dabei!? Erzählen Sie uns das bitte?

Ja, da war ich auf einer Barrikade mit meinem Vater, meiner Mutter, und meine Tante und mein Onkel waren auch da. Da kam ein Wagen vorbei und da war der Kaiser mit drin und der König und meine Mutter hat gesagt: »Das ist der Kaiser und der König, guck sie dir gut an.« Das ist alles, woran ich mich erinnere. Aber es war eine große Aufregung bei uns im Haus. Wir warteten viele Stunden. Kinder sitzen nicht gern ruhig, aber ich habe den Kaiser und den König gesehen.

War das König Friedrich August III.?

Ja, der dann gesagt hat: »Macht doch euer'n Dreck alleene.«

Genau. Das hat er aber erst 1918 gesagt. Haben Sie in der Schule auch das Lied gesungen: »Der Kaiser ist ein lieber Mann, der wohnt in Berlin, und wär das nicht so weit von hier, dann ging ich heut noch hin«?

Nein.

Vielleicht war das bei Hugo Gaudig nicht üblich, dass der Kaiser so sehr verehrt werden musste?

Nein.

Aha, das ist interessant. Wurde zu Beginn der Stunde gebetet bei Hugo Gaudig?

Nein. Als wir in der obersten Klasse waren, haben wir alle, die jüdischen Kinder auch, nur die Religionsgeschichte erklärt bekommen, nicht die Religion an sich. Und wenn wir christliche Stunden hatten, konnten wir rausgehen und fernbleiben. Aber ich war im Chor und habe die christlichen Lieder mitgesungen. Meine Eltern haben sich nicht darüber aufgeregt.

Ja, Bachmusik ist ja auch christlich. Da möchte man nicht verzichten auf die schönen Bach-Choräle.

Ich sang zweiten Alt. Das war nicht gerade hoch. Fräulein Kunz war auch da. Sie hatte eine Orgel. Da habe ich in Betragen eine Zwei bekommen, weil ich den Bummel-Petrus[176] gespielt habe auf der Orgel.

Was ist das? Ist das so etwas wie der Flohwalzer, oder?

Ja, sie hatte eine kleine Orgel, Fräulein Kunz. Da waren zwei Französischlehrerinnen, Frau Dobschall und Frau Curtius,[177] und die Englischlehrerin war Frau Hoffmann[178].

Wissen Sie noch Namen von Klassenkameradinnen?

Ich habe eine gesprochen, die Hannelore Dietrich. Aber sie war nicht sehr erfreut, mich zu sehen. Wahrscheinlich war sie ein Nazi. Dann waren bei mir Edith Kohl und Ruth Bischoff, Charlotte Forger, Hanna von Glinzki. Sie war adlig. Die jüdischen Kinder waren Hilde Kaufmann und Eva Schick. Der Vater von Eva Schick hatte eine Verlagsbuchhandlung für Schulkinder.

Ja, der Rudolf Schick hat auch die Carlebachschule mit gegründet und in New York überlebt und hat dann nach 1945 in New York auch wieder Lehrmittel verkauft. Wissen Sie, dass er die einzige jüdische Fibel in deutscher Sprache 1936 gedruckt hat? Haben Sie Rudolf Schick noch in New York getroffen?

Nein, ich habe ihn nicht in New York getroffen, aber ich hatte hier in der Funkenburgstraße gewohnt, gleich um die Ecke.

Wissen Sie noch etwas über ihn, über den Rudolf Schick? Was war das für ein Mensch?
Er war sehr aufgeregt immer. Er war kurz und ein bisschen fett. Er hatte eine Frau, ihr
Name war Rose Schick. Die war sehr schön. Sie hatte blonde, gefärbte Haare. Das war nicht
gewöhnlich damals. Kaufmanns wohnten da, Hugo Kaufmann, die hatten ein Ledergeschäft
in Leipzig. Das war nicht Mädler, sondern Kaufmann. Dann war Klara Bonder in meiner
Klasse. Sie hatte einen Leipziger geheiratet. Da war auch Rudi Goldschmidt, wissen Sie?

Ja. Es gab ja die Henriette Goldschmidt und den Abraham Goldschmidt.[179] *Ist das ein Kind
von denen gewesen?* Ja.

Ja? Die haben Sie gekannt? Toll.
Da war auch eine Familie mit dem Namen Kaiser.

Kaiser gibt es oft.
Jüdische Familien mit dem Namen Kaiser. Mein Großvater war süddeutsch, der hieß
Siegfried.

Sehr deutsch.
Die waren sehr patriotisch. Mein Vater sagte immer: »ein Deutscher mit jüdischem Glau-
ben«. Sein Vater hatte schon 1870 gegen die Franzosen gekämpft und er hatte ein Eisernes
Kreuz gehabt. Die haben es nicht geglaubt, dass Hitler länger als ein Jahr bleiben würde.
Die konnten das nicht in ihr Gehirn bringen.

Woher haben Sie gewusst, dass es in Deutschland keine Perspektive gibt und Sie raus müssen?
Ich wollte doch Ärztin werden und ich konnte keine Medizinalpraktikantenstelle kriegen.
Ich weiß, dass ich ziemlich gute Zensuren hatte.

Und ging es anderen jüdischen Medizinern auch so, dass sie keine Praktikantenstelle bekamen?
Es gab einen Röntgenologen der Medizinischen Fakultät, der hieß Schatzki.[180] Der hat
ziemlich viel veröffentlicht später.

Und wann sind Sie genau nach Amerika? Im Mai 1934.

Was ist mit Ihren Eltern und Ihren Geschwistern passiert?
Mein Vater starb vorher. Er starb 1933. Meine Mutter kam nach, 1939. Sie lebte nicht mit
mir, aber in Buffalo. Sie starb 1966. Ich habe einen Bruder, Hannis Vater.

Ah ja. Also hat Ihre Familie überleben können durch die Flucht?
Ja. Ein Teil der Familie ging nach Israel, Palästina.

Haben Sie noch Kontakt mit denen, die in Palästina leben?
Die sind alle gestorben. Ich war die jüngste. Die waren acht Kinder und ich war die jüngste
von meinen Cousinen. Die sind alle tot bis auf eine.

Haben Sie selbst Kinder? Nein.

*Ich bin Ihnen sehr dankbar für das Gespräch, weil es wieder ganz neue Personen aufgenom-
men hat. Ich hoffe, dass ich die Fotos dazu finde.*
Wenn Sie noch irgendwas wissen wollen, dann können Sie mir schreiben. Ich werde Ihnen
gern antworten.

Gruppe der ehemaligen Leipziger, 2004
untere Reihe v. l.: Sani Schächter, Thea Bollag-Schächter, Channa Gildoni, Bella Katz, David Katz,
Dr. Hanni und Dr. Paula Frank;
obere Reihe v. l.: Leo Säbel, Wolf Grünberg, Geoffrey Sachs, Ehepaar Last, Kurt Triebwasser, Marion
Grünberg, Renée Katz, Billy Katz, Mary Katz, Evelyn Amerikaner

Gespräch mit der Nichte Hanni Frank[181]

Würden Sie bitte so nett sein und mir etwas über Ihren Anfang in Leipzig erzählen?
Ich wurde im April 1938 geboren und meine Eltern gingen im November 1938 weg von hier.
So war ich noch ein kleines Baby und habe keine Erinnerungen. Die einzigen Erinnerungen,
die ich habe, sind die Geschichten, die meine Eltern mir erzählt haben, wissen Sie? Mein
Vater war ungefähr 24 und meine Mutter war 25 mit einem einjährigen Baby, also mit mir.
Nach der »Kristallnacht«, am 10./11. November, ist es meinem Vater gelungen, ein Visum zu
bekommen. Dank einiger Unterstützung durch die Familie und durch die Vereinigten Staaten
waren wir in der Lage, Leipzig zu verlassen. Meine Mutter wollte aber ihre Schwester sehen, die
bereits in London lebte und vor den Nazis geflüchtet war. Übrigens mit Hilfe einer polnischen
Untergrundorganisation, glaube ich. Und aus London kamen sie dann nach drei Monaten in die
Vereinigten Staaten, mit ungefähr dreißig Dollars in der Tasche. Wenn man heute daran denkt ...

Dr. Hanni Frank und Dr. Paula Frank, 2004

Leben Sie in Amerika zusammen in einer Stadt?
Ich lebe in Lancaster, Pennsylvania. Lancaster liegt ungefähr sechzig Meilen süd-
westlich von Philadelphia. Nein, wir leben
nicht zusammen, aber wir besuchen uns oft.
Ich glaube, meine Tante und ich gehören
praktisch immer zusammen, vielleicht seit
meiner Geburt.

Sind Sie beide überzeugte Amerikanerinnen?
Ich bin nicht amerikanisiert. Ich fühle mich
als Europäer.

Ard Feder

*Lieber Ard, erzähle uns bitte erst mal, wann du geboren wurdest und welche Kindheitserin-
nerungen du an die Stadt Leipzig hast.*
Ja, ich bin im Jahre 1924, um genau zu sein, am 25. April geboren und zwar im Gasthaus
»Zum weißen Schwan« in der Gerberstraße. Meine Eltern waren keine geborenen deutschen
Juden. Sie kamen aus Osteuropa. Meine Mutter ist eine geborene Warschauerin. Wie meine
Eltern mir sagten, sind wir eigentlich deutsche Juden, die im 17. oder 18. Jahrhundert
nach Osteuropa auswanderten. Meine Mutter hieß geborene Braun, mein Vater Abraham
Feder. Ich wusste nie, wo mein Vater herstammte. Ich weiß nicht, warum er es mir nicht
sagte. Dann ein Kuriosum, als ich das erste Mal wieder in Leipzig war, vor fünfzehn Jahren, ging ich auf die Israelitische Gemeinde, um mich zu erkundigen. Da brachte mir ein
deutscher Student die Karten der Gemeindemitglieder, also meiner Familie, und ich sah
zum ersten Mal, dass mein Vater in einem Städtchen Zelechow geboren war. Das gehört
heute zur Ukraine. Es gibt da verschiedene Versionen, wie die Russen dazu sagen. Wir
sprachen vorhin von den Russen, also russischen Emigranten. Wenn sie mich kennenlernen
in Israel, sagen sie: »Ach Feder, du heißt doch eigentlich gar nicht Feder, du heißt doch
eigentlich Feodor.« Könnte sein, ich weiß es nicht.
Als ich ein kleines Kind war, zog meine Familie dann endgültig in die Große Fleischergasse
28, ins erste Stockwerk, weil das Haus einen jüdischen Eigentümer hatte, dadurch war
es leichter. Die Große Fleischergasse war eine nicht so gut angesehene Straße. Wir waren
die einzigen Juden in der Großen Fleischergasse, auch in der Kleinen Fleischergasse gab
es keine Juden, aber das störte uns nicht.

Welchen Beruf hatte dein Vater?
Mein Vater war ein besonderer Mensch. Er war, man würde sagen, ein Kleinbürger, wenn
ich das soziologisch einordnen soll. Ein Kleinbürger, der eigentlich in Osteuropa ein
Handwerker war, und zwar verfertigte er lederne Handtäschchen. Das war sein Beruf, aber
in Deutschland konnte er damit nichts anfangen. Er wurde ein kleiner Textilhändler, ein
nicht sehr geschickter, weil er keinerlei kaufmännische Begabung hatte. Er hatte einen
großen Vorteil, in seiner Arbeit zumindest, dass er den Deutschen in seiner Art sehr
ähnlich war. So habe ich das damals als Kind schon erkannt. Auch sogar äußerlich, wenn
ich einige wenige Fotos von ihm anschaue, und auf einmal denke ich, er sieht doch dem
Thomas Mann ähnlich. Irgendwie genau so ein Typ wie der Schriftsteller.

Also, er war den Deutschen ähnlich und deshalb ging es ihm doch einigermaßen ordentlich,
weil die Deutschen ihn akzeptierten. Ich kann mich zum Beispiel nicht an einen einzigen
Vorfall erinnern, dass wir oder ich irgendwie antisemitisch angepöbelt wurden. Nie. Wir

John, Issy, Ard, Abraham und Mindla Feder, 1927

waren ein Teil der Gesellschaft um uns herum. Wir waren zwar Juden, das wusste jeder, aber das störte niemanden. Bei uns in der Straße gab es so kleine Kutschen, die mir sehr gefielen. Ich konnte Gespräche führen mit den Kutschern und mit der Inhaberin einer Kolonialwarenhandlung, so nannte man das damals bei uns. Die waren alle nett irgendwie. Ich spürte nie irgendwelche Aversionen. Ich hatte natürlich auch keine Aversion ihnen gegenüber. Mein Vater war ein sehr stiller Mann. Ich habe kaum mal gehört, dass er seine Stimme erhoben hat. Nie. Auch das war, glaube ich, einer seiner Vorteile. So war er eben. Er hat die Stille sehr geliebt. Das Schönste war, wenn er eine freie Stunde hatte. Dann saß er zu Hause und nahm sich ein Gebetbuch oder einen Talmudband[182], die er zu Hause hatte und

Ard, Issy und John Feder, 1934

studierte daraus. Das war auch für mich die schönste Stunde. Er saß mit dem Talmud und mit der Bibel und ich nahm mir den Goethe vor und las Goethe-Gedichte, Uhland-Balladen und so weiter. Aber da war etwas ganz Gleichartiges zwischen uns beiden. Meine Eltern haben uns nie zu etwas gezwungen. Das einzige, worauf mein Vater bestand, dass wir jede Woche in die Synagoge gehen. Da bestand er drauf, dass wir Freitagabend und Samstagvormittag zum Gebet gingen und da bin ich ihm wirklich ewig dankbar dafür. Ich bin nicht religiös, aber ich bin gläubig, und die Gebete und die alten Bibelverse und alles, das ist so lebendig in mir. Und das alles nur, weil ich das schon vom sechsten Schuljahr in mich aufnehmen konnte. Da bin ich wirklich meinem Vater sehr, sehr dankbar dafür. Aber er hat mich nie zu etwas gezwungen. Erzähl ich zu viel, dann sag es mir bitte.

Nein, nein, du erzählst sehr anschaulich. Man kann sich vorstellen, dass es eine behütete, gute Kindheit war. Diese Rituale jede Woche, die Gottesdienste in der Synagoge haben vielleicht auch ein gewisses Gleichmaß gebracht, also auch eine Verwurzelung hier in der Stadt?
Durchaus. Ich war mir vollkommen dessen bewusst, dass ich jüdisch bin, aber gleichzeitig stand auch die europäische und vor allem die deutsche Kultur vollkommen auf gleicher Ebene, für mich zumindest.

Gab es auch zu Hause zusammen mit Freunden zum Beispiel Seder-Abende[183] oder jeden Freitagnachmittag eine Sabbat-Feier zu Hause?
Ja, der Freitag war ein Vorbereitungstag für den Sabbat. Mein Vater, der handwerklich sehr geschickt war, half meiner Mutter, die handwerklich sehr ungeschickt war. Ich bin nach meiner Mutter geraten. Er half zu Hause. Da waren hölzerne Fußböden damals noch, die hat er jeden Freitag mit Wachs gebohnert. Dann hat er ihr geholfen, die Challot[184] vorzubereiten. Meine Mutter kochte Gefilte Fisch[185] und eine Suppe, die ich sehr mochte, und Fleisch, das ich nicht mochte. Aber, wie gesagt, auch meine Mutter hat mich nie zu etwas gezwungen. Ich war ein etwas schwieriges Kind mit dem Essen. Was ich nicht essen wollte, aß ich nicht. Das hat sie akzeptiert. Sie haben alles akzeptiert. Ich weiß nicht, wie sie dazu kamen. Meine Mutter ging nur einmal im Jahr in die Synagoge, das war Rosch Haschana, zu Neujahr. Wir, also Vater und die drei Söhne, gingen jede Woche in die Synagoge. Danach war schon der Sabbat-Tisch gedeckt und dann gab es immer eine Mahlzeit. Woran ich mich besonders erinnere, ist anscheinend nach jüdischem Brauch, dass man alleinstehende Menschen immer einladen soll. Da war immer irgendeine alleinstehende alte Dame oder ein Witwer zu Gast und das fand ich immer ganz besonders schön. Sie machten einen wichtigen Teil dieser Sabbat-Zeremonie aus. Und Sabbat-Morgen natürlich ging ich wieder mit Vater. Ich las die Gebete fast literarisch oder, ich will nicht übertreiben, doch philosophisch, in Hebräisch und in Deutsch und das, das hat mich fasziniert. Dann hatte ich das große Glück, diese Synagoge war eine besonders sympathische Synagoge.

Welche war das?
Die Ez-Chaim-Synagoge in der Otto-Schill-Straße. Obwohl ich nicht ein Teil der Gläubigen war, das wusste ich als Kind schon. Ich bin kein frommer Jude, das wusste ich schon als zwölfjähriger Junge. Aber die Gebete waren so schön und der Gesang! Das Musikalische hat mich schon damals sehr gepackt. Wir hatten einen wunderbaren Chasan, einen Vorbeter namens Wilkomirski. Ist das Dir ein Begriff, ja? Ein wunderbarer Vorsänger. Der Rabbiner der Synagoge war Dr. Carlebach, der sehr oft seine Predigten da abhielt und der mich übrigens später auch zu meiner Bar Mizwa vorbereiten wollte. Aber er starb, glaube ich, schon vorher.[186] Und vor allem war da ein wunderbarer Chor. Ein Knaben- und Männerchor. Das war eine orthodoxe Synagoge, also Frauen durften da nicht singen. In der Bibel steht: »Die Frauenstimme betört die Männer.« Die dürfen da nicht singen. Zum Beispiel in der großen Synagoge in der Gottschedstraße, da gab es einen Chor aus Frauen und Männern, so wie in der Oper. Bei uns gab es das nicht. Und ich war der jüngste der drei Brüder und mein vier Jahre älterer Bruder Jonas sang schon im Chor mit. Er hatte eine wunderbare Stimme und hat immer alle Solopartien gesungen. Das war vielleicht das erste große musikalische Ereignis, an das ich mich erinnern kann. Da war ich acht Jahre alt. Und als ich dann endlich mit zehn Jahren eine schon reifere Stimme hatte, konnte ich diesem Chor beitreten. Das war

ein ganz großes musikalisches Geschehnis für mich. Ich konnte nur drei Jahre singen bis zu meinem Stimmbruch. Der Dirigent dieses Chores war ein ausgezeichneter Berufsmusiker namens Rambam. Rambam ist übrigens ein sehr bekannter jüdischer Name aus Spanien, der stammt aus dem spanischen Judentum ab. Zum Beispiel der berühmteste jüdische Philosoph des Mittelalters hieß Rambam.[187] Also mein Dirigent Rambam war ein kleiner, sehr gut angezogener Mann, der keine Fehler nachgab. Wir hatten jede Woche zwei Proben mit so einem Harmonium in einem anderen Zimmer. Das war ein ganz großes Erlebnis. Ich hatte leider nicht so eine schöne Stimme wie mein Bruder. Das war ein bisschen enttäuschend für den Rambam. Er dachte, ich wäre ein Nachfolger meines Bruders, aber so war es nicht. Aber ich war zumindest musikalisch. Darf ich noch weitererzählen über Rambam?

Aber gern, ich höre dir zu.
Das war schon in der Nazi-Zeit. Eines Tages versammelte der Rambam die Knaben um sich und sagte: »Hört mal zu Jungs, ich werde euch jetzt etwas erzählen, was ihr niemandem sagen sollt. Wir haben hier in Leipzig einen wunderbaren Knabenchor, den Thomanerchor in der Thomaskirche.« Ich kannte die Thomaskirche sehr gut, zwei Minuten von meinem Haus entfernt. »Und die singen fast nur Werke von Johann Sebastian Bach. Ich würde euch anraten, dass ihr vereinzelt versucht, mal hinzugehen und euch das anzuhören. Aber bitte, das darf niemand wissen, dass ich euch das gesagt habe, denn sonst werde ich rausgeschmissen, sozusagen. Das ist ein bisschen gefährlich.« Ich erinnere mich genau, ich habe niemandem davon erzählt, nicht einmal meinen Freunden, meinen engsten Freunden. Aber als ich einmal bei einer Motette an einem Freitagnachmittag war und die erste Motette hörte, war ich vollkommen gebannt. Es war das erste Mal, dass ich Bach-Musik hörte. Ich war damals ein Junge von elf oder zwölf Jahren und habe danach immer wieder versucht, wann ich nur irgendwie konnte und unauffällig meinen Eltern gegenüber was machen konnte, dass ich in die Thomaskirche ging. Da gab es die kuriosen Zwischenfälle. Die Motetten waren meistens Freitagnachmittag gegen sechs Uhr. Also, ich ging in die Motette, schön angezogen, und mein Vater sagte: »Wo gehst du hin?« Ich sagte: »Ich treffe mich mit Freunden, ich komme dann in die Synagoge.« Da habe ich ihm etwas vorgegaukelt. Ich war in der Motette eine Dreiviertelstunde und von dort bin ich direkt in den Freitagsabend-Gottesdienst in die Synagoge. Das war fast ein Ritual schon von mir. Ich glaube überhaupt, ich lebte damals eine Art Doppelleben. Aber es hat mich nicht gestört.

Ich kenne jemanden, der es genauso gemacht hat. Das war Felix Carlebach, der Lehrer. Er schwärmte auch noch sechzig Jahre danach von diesem Erlebnis: erst der Thomanerchor und dann die Synagoge.
Siehst du, Felix Carlebach war ein von mir sehr geliebter Lehrer.

Er hat die Musik einfach so sehr geschätzt, dass er sie auch original dort hören wollte. Er wusste, den Bach kann er in der Qualität nur in der Thomaskirche hören. Es ist ja auch nichts Schlimmes. Es sind ja auch Christen in die Synagoge gegangen, wenn dort wunderbare jüdische Musik erklang. Brahms ging auch zu Zemlinsky in die Wiener Synagoge, habe ich gehört.
Ja, es war für mich selbstverständlich.

Jetzt müssten wir mal einen Sprung machen zur Schule. Welche Schule war es, wann bist du eingeschult worden? Wie waren die ersten Schuljahre in der Volksschule mit christlichen Kindern zusammen?
Ich begann meine Schulzeit im Jahre 1930. Ich glaube, das Schuljahr begann im April, kann das sein?

Zu Ostern, ja.

Ich bekam eine Zuckertüte, blau-grün war sie. Ich war sehr stolz. Ich müsste eigentlich noch zurückgehen. Als das jüngste Kind in unserer Familie war ich ein ausgesprochenes Muttersöhnchen. Meine Mutter war eigentlich enttäuscht. So nach zwei Jungs wollte sie endlich mal ein Mädchen haben. Da kam ich dann. Also, sie erzog mich wie ein Mädchen. Ich hatte immer Kleider an und trug so eine Mädchenfrisur. Und ich hing tatsächlich immer am Rock meiner Mutter. Sie wollte mich einmal in einen Kindergarten bringen. Ich weiß nicht, ob es ein jüdischer oder ein allgemeiner war. Ich begann derartig zu schreien und meine Mutter festzuhalten, dass es nicht möglich war. Ich war nie im Kindergarten. Und dann kurz vor der Schulzeit war meine Mutter sehr ängstlich. Wie würde das wohl ausgehen? So ging sie endlich mit mir zu einem Friseur, der mir eine Jungenfrisur machte, die ich gar nicht so schön fand. Und endlich bekam ich kleine Hosen angezogen. Und seltsamerweise gingen der Übergang zur Schule und die Ablösung von meiner Mutter vollkommen einfach vor sich.

Wie kam das?

Ich fand es schön in der Schule.

Es war die 1. Volksschule.[188] Wo sie genau war, weiß ich nicht mehr. Ein großes Gebäude. Unsere erste Lehrerin war eine unverheiratete Dame, Fräulein Notzke. Ich sehe sie noch vor mir. Sehr dunkelblond und hochgewachsen, sehr ordentlich. Und ich weiß noch, da war einmal ein großer antisemitischer Vorfall in der Klasse. Ein Junge namens Wilhelm war der Sohn eines deutschen Rechtsanwalts, eines nationalistischen. Dieser Wilhelm wollte einmal eine Gruppe von deutschen Schülern gegen Juden gründen. Als Fräulein Notzke das

Erste Volksschule, Pestalozzistraße 4, 1920

hörte, machte sie einen ganz strengen Vorfall daraus und sagte: »Ich möchte so etwas nie wieder hören in der Klasse. Ihr seid alle Schüler derselben Klasse.« Also, ich erinnere mich an wirklich nur gute Sachen. Ich war auch sehr froh, das Schreiben und Lesen zu lernen. Es gefiel mir. Ich habe sehr leicht gelernt. Ja, da war noch ein Vorfall in der ersten Klasse. Als ich sechs Jahre alt war, sagte mein Vater mit so ein bisschen jiddischem Akzent: »Was, mein Söhnchen wird Deutsch lernen, bevor er die heilige Sprach kennt. Das darf nicht geschehen.« Also wurde ich im ersten Schuljahr nicht nur in die Schule geschickt sondern zweimal wöchentlich in eine Thora-Schule. Und zwar befand die sich in der Färberstraße. Das war nicht weit von der Carlebachschule. Und dann lernten wir auf ganz normale Weise auch hebräisches Schreiben und Lesen und das geschah immer – darf ich ein bisschen ausholen, ja? – mit einem gewissen »Sing-Sang«. So wurde in Osteuropa das Hebräisch beigebracht.

Also, zum Beispiel die ersten Verse der Bibel mussten wir so lernen. Wir lasen es auf Hebräisch und dann die deutsche Übersetzung. Das hörte sich dann so an: BERESCHIT – Am Anfang, BARAH ELOHIM – erschuf Gott, ET HASCHAMAJIM – den Himmel, WE'ET HA'ARETZ – und die Erde, TOHUWABOHU – war wüst und leer. Und das war ein ganz großes Ereignis für mich. Warum? Ich lernte nicht nur Hebräisch auf die normalste Weise kennen, sondern ich lernte Hebräisch mit den wichtigsten Sachen kennen. Nicht wie man heute eine Sprache lernt, sitzend auf dem Stuhl und sprechend: »Gott, Himmel, wüst und leer«. Diese ungeheuren Begriffe, die konnte ich auf einmal in mich aufnehmen in zwei Sprachen. Das ist auch ein Geschenk. Bis heute ist Deutsch und Hebräisch für mich überhaupt kein Problem. Ich gehe von einem ins andere über, wenn es nötig ist. Das habe ich schon in der ersten Klasse gelernt. Ich glaube, nach zwei oder drei Jahren wurde ich dann in den Synagogenchor aufgenommen. Da sagte der Rabbiner: »Hör zu, am Samstag musst du auch bei uns singen!« Und Samstag war ja ein Schultag. Deshalb hat mich mein Vater in die Carlebachschule rübergebracht und dort habe ich zum ersten Mal den Rabbiner Carlebach gesehen.

Wie war das, diese erste Begegnung?
Ja, ich bin mit meinem Vater hin in die Gustav-Adolf-Straße. Mit großem Herzklopfen, ich musste mich gut anziehen und kam dann zu ihm. Er schaute mich sehr tief an mit seinen wunderschönen braunen und ungeheuer weisen Augen. Aber ich war nicht ängstlich, denn ich fand, dass er mich nicht nur freundlich, sondern warm anschaute, und er legte mir seine Hand auf den Scheitel und sagte: »Du scheinst mir ein guter jüdischer Junge zu sein, ich nehme dich gern an meiner Schule auf.« So ungefähr ging das vor sich. Übrigens, der Übergang zur jüdischen Schule war nicht so einfach für mich. Ich kann es nicht sagen, warum. Es war plötzlich ein Gymnasium. Ich kam von der Volksschule plötzlich auf ein Gymnasium. Das war nicht so einfach für mich, mich daran zu gewöhnen. Mein erster Lehrer hieß glaube ich Mewes und dann erinnere ich mich noch an einen Herrn Lohse. Kann das sein? Auf diesem Bild, wo ich mit Schlomo[189] zusammen bin, da steht unser Lehrer. Und ich muss wieder sagen, diese zwei Lehrer, das waren deutsche, nicht-jüdische Lehrer, waren besonders nett und ich habe nur gute Erinnerungen an sie.

Was wollten diese nicht-jüdischen Lehrer in der Carlebachschule?
Ich spreche schon von der Nazi-Zeit. Ich kann mich zum Beispiel erinnern, dieser Lohse hatte hier im Knopfloch ein Abzeichen von irgendeiner Nazi-Vereinigung, aber ich glaube, er versuchte es immer hinters Knopfloch zu schieben. Es waren alle besonders ordentlich und anständig. Ich kann nichts anderes sagen. Nun müsste man sich fragen, wie mein Leben damals war? Es spielte sich zu Hause ab und es spielte sich auch auf anderen Gebieten ab. Das ist eigentlich, was ich immer das Wichtigste fand an dieser Zeit. Zu Hause war es etwas ärmlich. Nicht arm, aber etwas einfach, besser gesagt, und meine Freunde kamen aus gut-bürgerlichem Hause. Das störte mich nicht. Nachmittags spielte ich da und abends war ich zu Hause. So ungefähr zwei Welten. Das Wichtigste eigentlich, woran ich mich erinnern kann. Die Hitlerzeit, das war natürlich der große Umschwung für mich. Ich sehe es zum Beispiel noch vor mir und höre es noch. Das war kurz vor der Hitlerzeit, also im Jahr 1932. Ich war damals acht Jahre alt und stöberte gern in den alten Gassen der Stadt herum. Ich liebte diese Altstadt von Leipzig sehr. Es war mein Pflaster und dann gab es damals diese Straßenschlachten zwischen den Kommunisten und den Nazis. Die Polizei kam mit den Knüppeln dazwischen. Ich durfte natürlich zu Hause nie etwas davon erzählen, dass ich mir das angeschaut habe. Aber ich spürte auf einmal, da geschieht etwas. Ich war acht Jahre alt, da geschieht etwas ganz Großes. Und dann natürlich, als Hitler Reichskanzler wurde und der Reichstagsbrand. Das habe ich alles ganz bewusst in mich aufgenommen als Kind von neun oder zehn Jahren. Und vor allen Dingen der Boykott im April 1933, »Kauft nicht bei Juden« und solche Sachen. Ich wusste, da geschieht etwas ganz Ungeheuerliches und das ist nicht mehr so mein Land, wie ich es mir dachte, dass es sein würde. Man spricht heute oft davon, dass die deutschen Juden die Gefahr nicht so sehr erkannten. Das stimmt. Es gab ja damals in Deutschland etwa 600 000 Juden. In Leipzig, glaube ich, gab es 12 000 Juden,[190] soweit ich mich erinnern kann. Aber langsam, im Laufe der Jahre, haben sie es doch erkannt. Ich kann mich erinnern, mein Vater saß mit Freunden zusammen, mit jüdischen Freunden. Dann sagte mein Vater, diesen Satz höre ich noch

im Ohr, das war vielleicht im Jahre 1934 oder 1935: »Hitler wird alle Juden in Europa ermorden. Wer kann, soll raus, wo auch nur möglich.« Also, mein Vater war sich dessen ja bewusst. Und so wie er natürlich seine Freundschaftskreise alle auch. Die Frage war nur damals, wie kommt man raus und wo kommt man hin? Man kam nicht so einfach raus.

Und wie habt ihr es geschafft?
Wenn man viel Geld hatte, konnte man sich irgendwie ein Visum beschaffen, zum Beispiel, um nach Palästina zu kommen. Im damaligen Palästina gab es nur drei Möglichkeiten: Entweder man war Landbauer, oder man war ein kleines Kind, das in irgendeinem Kinderheim in Israel aufgenommen wurde, oder man besaß viel Geld. Und dann konnte man sich mit viel Geld ein sogenanntes Kapitalistenzertifikat, also ein Visum, beschaffen. Dafür musste man beweisen, dass man mindestens eine Summe von damals 1000 Pfund Sterling hatte. Soweit ich das ausrechnen kann, sind das heute ungefähr 100 000 Dollar. Also, wer beweisen konnte, er hat irgendwo in einer Bank im Ausland 100 000 Dollar, damit er niemandem zur Last fällt, der konnte es eventuell schaffen. Das Geld hatten meine Eltern natürlich nicht. Aber mein Vater versuchte doch, uns Kinder irgendwie rauszubringen. Meinen ältesten Bruder konnte er nicht rausbringen, weil er schon über zwanzig Jahre alt war. Für meinen vier Jahre älterer Bruder Jonas hat man 1934 eine jüdisch-amerikanische Familie gefunden durch einen jüdisch-amerikanischen Verband. Wieso hat er es bekommen und nicht tausende andere? Da war eben dieses Problem. Wen nahm man? Die guten Schüler, das war eine furchtbare Sache. Aber es gab so wenige Möglichkeiten, so dass man nur die besten Schüler ausgesucht hat. Mein Bruder war ein Vorzugsschüler. Also kam er 1934 bereits nach Amerika. Das war der erste große Schlag für meine Eltern, denn meine Eltern wussten natürlich, sie werden ihn nie wieder sehen. Ich war zehn Jahre alt, noch zu jung, um in solch eine Gattung eingereiht werden zu können. Meine Eltern wollten sehr gern, dass ich auch nach Amerika komme und ich hatte andere Gedanken. Ich war ein ausgesprochen zionistisch eingestelltes Kind, aber ganz bewusst, und ich hing mit dem ganzen Herzen dran.

Ard, Mindla, John Jonas und Abraham Feder, 1934

Warst du nicht auch in einem zionistischen Jugendbund?
Das war das zweite große Erlebnis meiner Kindheit, als ich dem zionistischen Jugendbund beitreten konnte. Da war ich zehn Jahre alt. Das war für mich eine herrliche Zeit. Wir waren eine Gruppe Gleichgesinnter. Die Jugendführer, das waren meistens hochbegabte Studenten, die uns leiteten. Und die Diskussionen, die wir führen konnten, die Theaterstücke, die wir aufführen konnten und dann die Ausflüge in die Gegend ... Das war alles wunderbar. Wir hatten genauso wie später die HJ so eine Kluft, graues Hemd, und mein Vater sagte: »Was hast du nun davon?« Mein Vater glaubte nicht so recht an einen jüdischen Staat. Ich sagte: »Ich möchte nur nach Palästina.« Aber auch da, als ich vierzehn Jahre alt war, konnte nur ein Kind aus der ganzen Bewegung geschickt werden. Ich hatte wieder, genauso wie mein Bruder, irgendwie Glück. Man wählte mich.

Passbild Ard Feder, 1938   **Mindla, Issy, Ard und Abraham, 1938**

Was haben deine Eltern dazu gesagt?
Mein Vater wollte es nicht, aber er war froh, dass ich dadurch die Gelegenheit hatte, rauszukommen. Da wurde ich noch nach Berlin geschickt in ein jüdisches Waisenhaus. Das nannte sich »Ahava«, auf Deutsch heißt das Liebe. Das Gebäude steht heute noch. Es wurde im Jahr 1920 gegründet und war das Vorbereitungslager für Palästina. Da mussten wir Handarbeit machen und Hebräisch lernen. Das war eine sehr schöne Zeit. Da war ich zwei Monate. Auch da gab es eine zweite Wahl. Wir waren vierzig Kinder. Und für die vierzig Kinder waren nur fünfundzwanzig Zertifikate da. Also, die Leiter mussten diese furchtbare Wahl dann treffen. Wen nehmen sie und wer muss zurückgestellt werden? Ich hatte noch einen jüdischen Freund, bevor ich nach Berlin ging. Georg sagte: »Hör mal zu, Simcha«[191], er nannte mich damals Simcha, das ist ein jüdischer Spitzname, »dass sie dich nehmen werden, ist mir ganz deutlich. Zeig aber nicht zu offen, dass du antireligiös bist.« Aber ich konnte mich anscheinend doch nicht so zurückhalten. Meine Antireligiosität ist übrigens ein Anti-Establishment. Ich habe etwas Anarchistisches auch als Kind schon gehabt. Dieses Establishment konnte ich nicht ertragen. Also habe ich anscheinend doch einige etwas abfällige Worte über die Rabbiner gesagt. Am Ende wurde ich da ins Büro gerufen und da war ein Abgesandter aus Palästina, ein wunderbarer Mann, ein gewisser Herr Heinebach. Er sagte: »Hör mal zu, wir haben beschlossen, dich in die Gruppe aufzunehmen. Nur eine Sache: Du musst deine Einstellung der Religion gegenüber etwas verändern!« Das war alles. Also ich konnte dann noch im Juli 1938 mit einer Gruppe nach Palästina gehen. Das war wieder so ein Glücksfall, denn wenn ich noch drei Monate oder vier Monate geblieben wäre, wäre ich, genauso wie meine Mutter nach Polen deportiert worden. Das war, glaube ich, im Oktober. Da hat man die polnischen Juden nach Polen deportiert.[192]

Was ist mit deinem Vater passiert?

Mein Vater wurde von Tag zu Tag frommer. Jeden Morgen noch vor der Arbeit ging er in die Synagoge, früh zum Frühgebet, um fünf, halb sechs. Er war ein Frühaufsteher, mein Vater. Zu Hause blieben meine Mutter und mein ältester Bruder, der war damals fünfundzwanzig Jahre alt. Früh kam die Gestapo und nahm die beiden fest und schickte sie weg nach Polen. Mein Vater hörte inzwischen von dem, was da geschehen ist bei dieser Razzia. Er wurde in der Synagoge halbtot geprügelt, konnte aber noch in das polnische Konsulat flüchten. Und wieder ein paar Tage später, als sich die Deutschen endlich dem Konsul gegenüber verpflichteten, auch die polnischen Juden leben zu lassen, kam er in die Wohnung zurück und hörte von den Nachbarn, was da geschehen war. Daraufhin starb er. So, also meine Mutter blieb dann in Polen, sie starb dann im Warschauer Ghetto an Typhus und solchen Geschichten. Ich will nicht zu viel sprechen. Und die Geschichte meines Bruders war noch anders.

Und ich kam auf einmal in das neue Land. Wir waren eine interessante Gruppe, da das alles nur beste Schüler waren. Ich sage das nicht aus Snobismus. Einer ist da Professor geworden, der andere ist dort Professor geworden und einer wurde ein großer Diplomat. Übrigens, dieser Freund war Hans Bronner aus Berlin. Wir kamen da in ein Dorf bei Haifa. Das war damals ein Dünendorf. Wir waren vierzehn Jahre alt. Hans schaute sich um und sagte etwas snobistisch: »Das scheint mir ein guter Fleck zu sein, um dessen Diplomat in der Schweiz zu werden.« Das werde ich nie vergessen. Ich habe es verstanden. Er ist es übrigens später auch geworden. Das ist der Hans Bronner, der den Namen dann vollkommen verändert hat in einen hebräischen Namen. Was interessiert dich noch?

Ich würde gern möglichst alle Geschichten aus der Carlebachschule hören. Wir sammeln diese Geschichten im Schulmuseum. Abenteuer, die ihr bei Klassenfahrten hattet oder vielleicht auch Streiche, die ihr den Lehrern gespielt habt. Zum Beispiel der Geographielehrer Lipschütz, den ihr »Rotbart« genannt habt.

Ja, was war das für ein Lehrer? Ein Religionslehrer? Er war auf jeden Fall mein Lehrer.

Er wurde doch »Rotbart« genannt? War er dein Religionslehrer?

Ich glaube, wir nannten ihn sogar »Kaiser Rotbart«.

Ja, »Kaiser Rotbart«. So sah er aus. Das war so um 1920.

So schön hab ich ihn nicht in Erinnerung. Ich fand den kleinen, ständig hin- und herlaufenden Mann, der sehr schwer Disziplin halten konnte, nicht so schön.

Ja, und den haben die Kinder offensichtlich sehr gern geärgert. Haben sie erzählt.

Ja, den haben sie geärgert. Ich war nicht so ein Kind, das die Lehrer geärgert hat. Nicht weil ich ein gutes Kind war, sondern es hat mich nicht interessiert. Ich fand eigentlich die Lehrer immer sympathisch. Also, warum sollte ich sie ärgern? So ein Gefühl hatte ich. Aber dieser Lipschütz, seine etwas komische Gestalt, ich fand ihn eigentlich sympathisch. Obwohl ich die Religionslehrer nicht mochte, ihn fand ich sympathisch. Ich weiß nicht mehr, worüber er gesprochen hat. Ich glaube, er hat immer versucht, uns jüdische Gebräuche beizubringen. Es war nicht genug, wenn ich heute daran zurückdenke. Ich würde viel mehr über jüdische Geschichte wissen wollen. Zum Beispiel über das spanische Judentum, das war ja das Judentum im Mittelalter. Das hätte mich alles mehr interessiert. Das habe ich damals leider nicht mitbekommen, sondern es waren nur Gebräuche, die mich weniger interessieren.

Kommen wir noch mal zurück zu den beiden nicht-jüdischen Lehrern! Es gab zwei nicht-jüdische, der eine hieß Martin Loesche, er war Biologie- und Chemielehrer. Und dann gab es noch Herbert Lohse, der gab auch Biologie und Chemie.
Das war auch mein Lehrer: Lohse, ja.

Der war allerdings Mitglied der NSDAP.
Das war der Lehrer, der auf dem Bild steht. Und wir wussten davon, dass er Mitglied der NSDAP war. Ich glaube übrigens jetzt auch, dass wir davon sprachen als Kinder, dass er als eine Art Aufpassperson von der Partei an die Schule geschickt wurde. Er war ein kühler Mann. Mewes gab es auch?

Mewes war auch nicht jüdisch und war Lehrer für Deutsch, Geschichte und Geographie.
Mewes habe ich sehr viel zu verdanken. Einer meiner ersten guten Eindrücke deutscher Literatur, die mich mein ganzes Leben lang weiter gefesselt hat. Das habe ich Mewes zu verdanken.

Er ging aber dann auch 1937 weg in den städtischen Schuldienst. Irgendwie haben die nicht-jüdischen Lehrer dann nach 1936 alle versucht, woanders unterzukommen. Wenn du bei Schlomo in der Klasse warst, muss doch euer Klassenlehrer Dr. Guttmann gewesen sein. Hast du Erinnerungen an diesen Lehrer? Er war sehr deutsch-national eingestellt. Er hatte im Ersten Weltkrieg gekämpft und war mit dem Eisernen Kreuz ausgezeichnet worden.
Aber er war ein Jude.

Ja. Er wollte nicht nach Palästina auswandern, weil er dachte, er hat im Ersten Weltkrieg tapfer gedient, ihm kann nichts passieren. Und durch diese Geschichte mit Schlomo und seiner Aufführung von dieser Purim-Operette ist Guttmann sehr schwer belastet worden. Er wurde deshalb verhört von der Gestapo und hat Gott sei Dank noch rechtzeitig erkannt, dass er weg muss. Schlomo ist im April 1938 von der Schule geflogen. Das habt ihr doch sicher registriert?
Schau, nach unserem ersten Gespräch dachte ich, dass da irgendwie eine Lücke in meinem Gedächtnis ist, dass ich zum Beispiel über diese Aufführung von Schlomo nichts weiß. Jetzt erinnere ich mich, warum ich nichts davon weiß. Ich war schon in der Gruppe der Kinder, von denen man wusste, dass sie nach Palästina gehen und auch ein Zertifikat bekommen würden. Und daraufhin sollte ich nicht weiter in die Carlebachschule gehen. Dann würde ich zu sehr an das Pensum gebunden sein und nicht genug Zeit für Palästina haben. Man nahm mich aus der Klasse. Das war dann auch eine jüdische Klasse. Ich weiß nicht mehr, wo das war. Weißt du etwas davon, dass es noch eine andere, eine Zweigschule oder so etwas gab?

Es gab eine Berufsschule, die vorbereitete auf Palästina.
Nein, das war es nicht. Nein. Es war in einer Straße, wo ...

Es gab Klassen außerhalb, in der Alexanderstraße, es gab Klassen in der Löhrstraße, die hieß damals Walter-Blümel-Straße.
Ich glaube, in der Alex war es. Da war nebenan ein kleines Flüsschen.

Das Gebäude in der Alexanderstraße war ursprünglich eine katholische Volksschule, die wurde 1938 dann aber auch von den Nazis geschlossen.
Ja, ja, es war in der Alexanderstraße und da hatten wir nur jüdische Lehrer dort. Das war Ende 1937. Irgendwas kam, wo ich da rübergebracht wurde. Ein halbes Jahr war ich da. Es war eine sehr schöne Zeit und es waren hervorragende jüdische Lehrer.

Kennst du noch von diesen Lehrern die Namen?
Ja, ich weiß Namen. Mein Klassenlehrer hieß Dr. Peckel.[193] Das waren alles ehemalige Frontkämpfer aus dem Ersten Krieg. Das weiß ich noch genau. Er war sehr stolz darauf. Ja.

Er ist umgekommen in Auschwitz.
Peckel ist umgekommen?

Er wohnte in der Alexanderstraße 27 und dann in der Funkenburgstraße 10. Er war ein Kaufmannssohn.
Peckel war ein besonders guter Lehrer. Bei ihm hab ich zum ersten Mal ein Theaterstück gelesen. Das war der »Götz von Berlichingen«. Das hat er mit uns gelesen und natürlich »Die Glocke«. Das waren ganz große Ereignisse für mich. Peckel war mein Klassenlehrer. Dann hatten wir einen Geschichtslehrer, einen gewissen Dr. Meyer[194]. Er war auch ein Frontkämpfer und war versessen auf Geschichte. Das war für mich hochinteressant, obwohl ich seine Einstellung nicht billigte. Er war sehr deutsch-national, aber ein hervorragender Lehrer.
Dann hatte ich dort einen Religionslehrer in diesen Klassen. Einen jungen Rabbiner namens Dzialoszynski, den ich auch sehr sympathisch in Erinnerung habe. Unglaublich, an ihn hab ich ganz besondere Erinnerungen. Er mochte mich sehr, weil er mein Interesse an den biblischen Schriften bemerkte. Was er natürlich nicht wusste, dass dies eigentlich mehr eine Art philosophisches Interesse war und er sagte immer: »Ein begabter Mensch ist für alles begabt.« Da kann ich mich bis heute noch erinnern. Und da musste ich ihn sehr enttäuschen. Um etwas dazu verdienen zu können, war er auch Lehrer für Handwerksunterricht. Und als er sah, was ich für zwei linke Hände habe, machte ich ihm sozusagen seine ganze Lebensauffassung kaputt. Dann habe ich ihn auch noch einmal sehr enttäuschen müssen und das hat mir dann sehr zugesetzt. Er sah einmal, wie ich einen Sabbat auf einem Fahrrad fuhr und das war für ihn ein schwerer Schlag. Ich habe das nicht absichtlich getan. Er kam mir gegenüber die Straße entlang, das war furchtbar. Weil ich für ihn ein so wichtiger Schüler war.
Dann erinnere ich mich noch an den Musiklehrer Niederland, dem ich sehr viel zu verdanken habe.

Paul Niederland.
Er war vor Hitler, glaube ich, Sänger in der Oper und dann wurde er Sänger im Synagogal-Chor und auch Musiklehrer. Einmal nahm er mich zur Seite und sagte: »Hör mal zu, du bist doch ein musikalischer Junge. Du bekommst von mir jetzt den Auftrag, du beschäftigst dich jetzt mit Opern. Ich gebe dir ein paar Bücher, wo du auch darüber lesen kannst. Du kannst hier in die Oper gehen, kannst einen billigen Sitzplatz haben. Kein Mensch sieht dir an, dass du ein jüdisches Kind bist. Da kannst du gefahrlos hingehen und da musst du einen Bericht schreiben über deine Eindrücke in der Oper. Wenn du das nicht tust, bekommst du von mir ein Ungenügend.« Ich wurde sozusagen dazu gezwungen und ich ging in die Oper. Ich bin ihm ewig dankbar dafür. Meine erste Oper war »Carmen«, danach »Der fliegende Holländer«. Den »Fliegenden Holländer« liebe ich übrigens bis heute. Die einzige Oper von Wagner, die ich mag. Ich habe damals schon gedacht, der fliegende Holländer ist doch eigentlich ein jüdisches Thema, und das stimmt. Ich habe später gelesen, dass er die Idee dazu von Heinrich Heine bekommen hat. Dann habe ich natürlich »Hänsel und Gretel« von Humperdinck gesehen. Das fand ich auch sehr schön und »Rigoletto« und »Die Meistersinger von Nürnberg«, auch das. Das waren die Opern, die ich sehen konnte und das waren wunderbare Erlebnisse. Da war ich entweder allein oder mit einem jüdischen Freund zusammen. Das waren ungefähr die Lehrer, an die ich mich erinnern kann. Nur sympathische.

Und als du Deutschland verlassen hast 1938, gab es noch kein Abschlusszeugnis, weil du ja noch keine Abschlussprüfung machen konntest.

Nein, ich bekam keins, überhaupt kein Zeugnis. Habe natürlich das Realgymnasium nie fertig gemacht. Ich habe dann später mein Abitur in Palästina bei Freelance gemacht und mir alles mit eigenen Kräften erarbeiten müssen: eine Lehre, eine Ausbildung und ein Universitätsstudium. Das habe ich alles nur aus eigenen Kräften machen müssen. So ist mein ganzes Leben eigentlich verlaufen. Ich habe da durchaus auch gewonnen. Ich habe mir das alles erkämpfen müssen und das war gut für mich.

Aber würdest du sagen, dass dich die Schule in Leipzig auf das spätere Leben gut vorbereitet hat? War das überhaupt möglich? Denn eigentlich war ja die Schule zunächst dazu da, für ein Leben in Deutschland vorzubereiten.

Nur dazu.

Konntest du in Palästina mit dem Wissen aus der Schule noch irgendwas anfangen, oder musstest du vollkommen neu lernen?

Ich musste eigentlich vollkommen neu alles beginnen. Nein, es hat mich für das Leben in Palästina überhaupt nicht vorbereitet. Was und wer mich für das Leben in Palästina vorbereitet hat, das war wie gesagt die jüdische Jugendbewegung. Wo wir sehr viel über Palästina gesprochen haben und über das jüdische Leben, über die neue hebräische Sprache und hebräische Literatur und hebräische Gesänge auch. Aber die Schule war eine deutsche Schule. Das möchte ich mal sagen. Ich weiß nicht, was der Geist Carlebachs war, der jüdische Geist, der sicher da war. Ich habe auf jeden Fall nicht viel davon gespürt in der Schule.

Hattest du selbst bei Dr. Carlebach Unterricht?

Nein. Wie gesagt, ich begann bei ihm Unterricht zu bekommen für meine Bar Mizwa und das wurde unterbrochen. Ich glaube, er musste dann plötzlich weg.

1935.

Ja, dann kam der neue Rabbiner, den wir von Anfang an etwas belächelt haben, weil er auf den komischen Namen Dr. Ochs hörte. Und dieser Dr. Ochs stellte sich später als ein sehr religiös-zionistisch gesinnter, angenehmer rothaariger Mann heraus, der dann auch nach Palästina auswanderte und in Palästina ein Jugenddorf für religiöse Jugendliche gründete. Ein sehr gutes Jugenddorf.

Hier ist ein Foto von ihm auf dem Schulhof von der Carlebachschule. Vielleicht bist du das hier?

Wenn, dann nur dieser. Dr. Ochs ist der, den man nicht sieht. So war er. Wenn Dr. Carlebach weiter gelebt hätte, weiß ich nicht, ob er zu uns ins Haus gekommen wäre zur Bar-Mizwa-Feier. Er war ein sehr aristokratischer Mann. Dr. Ochs kam zur Bar-Mizwa-Feier. Er kam zu uns ins Haus und das haben wir als sehr angenehm empfunden. Er sprach auch viel mit uns, er erklärte viel. Er war eigentlich der Erste, von dem ich viel über das Jüdische auf etwas höherem Niveau abbekommen habe. Aber vielleicht hing das auch mit meiner Persönlichkeit zusammen, weil ich noch so ein Kind und an anderen Dingen interessiert war.

Deine Begeisterung für die deutsche Literatur hast du dann in Deutschland zurückgelassen?

Nein. Meine Liebe zur deutschen Literatur hat mir später viel geholfen, denn meine Kameraden, mit denen ich nach Israel kam, die wollten das alles vergessen. Ich nicht. Ich habe sozusagen in Palästina weiter die deutsche Literatur untersucht. Ich hatte auch

Glück mit meinen Lehrern in Palästina. Es waren deutsche Universitätsprofessoren dort, die auch wunderbar waren und wunderbare Bücher hatten. Ich bekam sie immer geliehen und konnte weiterlesen. Das wichtigste Buch, das ich mit vierzehn Jahren in Palästina las, war nicht die Bibel, sondern »Zarathustra«[195]. Und das ist mindestens so wichtig wie alles andere, für mich persönlich.

Ich staune, dass in Palästina Nietzsche gelesen wurde. Ich weiß zwar, dass Nietzsche nicht antisemitisch war, aber er wurde auch von den Nazis gern gelesen. Darf ich dich noch nach deinen Klassenkameraden fragen? Wie war das Verhältnis?
Ich habe das auch schon auf dem Bild nachgeschaut. Ein ganz besonders guter Freund von mir war dieser Eli Czaczkes, der Neffe vom Nobelpreisträger Agnon Czaczkes.[196] Er steht direkt neben mir. Ich zeig ihn Dir. Ist das übrigens deutlich, was ich sage?

Ja, sehr deutlich, wunderbar.
Denn das Deutliche ist für mich eine wichtige Sache. Auch wenn jemand mit mir spricht, es ist für mich wichtig, dass er deutlich spricht.

Ja, also man hört perfekt alle Nuancen der Stimme und ich kann dich wunderbar verstehen. Dein Deutsch ist sehr fließend.
Übrigens, Deutsch ist für mich genauso wichtig wie Hebräisch oder wie Englisch.

Sprichst du noch Deutsch in Israel mit Leuten?
Ich habe mein ganzes Leben lang deutsch-jüdische Freunde gehabt, mit denen ich nur Deutsch gesprochen habe. Das ist der Eli Czaczkes. Das war ein Kumpel, deswegen stehen wir zusammen. Das war ein besonders guter Freund von mir, der mit auf der Jugendbewegung war. Dann dieser hier hieß Werner Brück. Das war ein sehr interessanter Mann. Ich weiß leider nicht, was mit ihm geschehen ist. Eli Czaczkes lebt heute noch in Palästina in einem Kibbuz. Ob der Brück noch lebt, weiß ich nicht. In den letzten Jahren hatte ich noch diesen Freund Makowski. Ich weiß nicht, wie er mit Vornamen hieß. Makowski war ein andersartiger Junge. Ich glaube, seine Eltern waren Intellektuelle. Ich habe ihm viel zu verdanken, wie ich im Leben überhaupt sehr viel den Mitmenschen zu verdanken habe. Seine Eltern nahmen mich jeden Sonntag mit ins Museum und das war das erste Mal im Leben, dass ich überhaupt mit bildender Kunst Kontakt hatte. Sie sagten: »Was, du warst noch nie im Museum?« Und Sonntag war der Eintritt frei, da im Museum an der Universität am Augustusplatz. Ein Klinger war da, ein Denkmal.

Das Beethovendenkmal?
Ja und die Todesinsel von Böcklin. Und solche Sachen, das habe ich damals alles mitbekommen. Sogar ganz große Erinnerungen, die ich seinen Eltern zu verdanken habe. Auch ihm, er war auch ein ausgesprochener Intellektueller. Ich glaube, die wollten von Israel, Palästina nichts hören, auch von Amerika nicht. Sie sind dann später nach Argentinien ausgewandert. Ich hörte dann später einmal, dass seine Eltern mit ihm zusammen nach Ostdeutschland zurückgegangen sind und dass er dann ein unangenehmer Geheimdienstmann geworden wäre. Das habe ich gehört, ob das stimmt, weiß ich nicht. Ich glaube aber, da ist was dran. Das waren eigentlich meine wichtigsten Freunde. Mit Schlomo Samson war ich nicht direkt befreundet. Wir schätzen uns gegenseitig, aber er war religiös, das waren andere Milieus.
Dann hatte ich hier noch einen Jungen, Nr. 18. Oh ja, jetzt erinnere ich mich, Lubowski. Das war ein etwas schwarzes Schaf. Der konnte nicht so gut lernen, und da hat sein Vater mich immer gebeten, mit ihm zusammen die Schularbeiten zu machen. Das habe ich dann

auch getan. Ich weiß nicht, was aus ihm geworden ist. Übrigens hier, Nr. 9, ein etwas unansehnlicher Junge, das war der Begabteste von allen. Das war ein Herr Merkel. Er war der Primus der Klasse, der Beste. Wir erzählten uns immer, dass er eigentlich gar nicht Merkel hieß, sondern Ferkel. Die Familie soll sich diesen Namen teuer erkauft haben. Im 18. Jahrhundert konnten sie das F in ein M umwandeln. Ich glaube, solche Geschichten gab es. Aber auf jeden Fall war er ein hochbegabter Junge. Ich weiß nicht, was aus ihm geworden ist.

Klassenfoto mit Lehrer Lohse, Carlebachschule 1936
1 Robby Calmanowitz, 2 Boxer Zwieback, 3 Ludwig Kahn, 4 Manfred Hoffmann, 5 Max Klinger, 6 Herbert Makowski, 7 Harri Brück-Schrage, 8 (?) Margulies, 9 Walter Zimmermann, 10 (?) Hirschkorn, 11 Adi Taub, 12 Fritz Adler, 13 Ard Feder, 14 Eli Czaczkes, 15 (?) Rotter, 16 Edgar Merkel, 17 Manfred Gutter, 18 (?) Lubowski, 19 (?) Binder, 20 Poldi Buchsbaum, 21 Egon Finn, 22 David Eibenschütz, 23 Manfred Samson, 24 Lehrer Herbert Lohse, 26 (?) Hassmann, 26 Siegbert Haß

Und die Jungs in der ersten Reihe?
Das war die Fußballmannschaft von uns. Der Torwart war ein gewisser Herr Boxer, so hieß er. Er war ein etwas schwarzhäutiger Junge. Ich weiß nicht, von woher er kam. Meine große Enttäuschung war, dass sie mich da nie mitgenommen haben. Ich war ein schlechter Sportler und wollte immer ein guter sein. Es ist mir nie gelungen. Es war eigentlich eine gute Stimmung in der Schule. Wenn wir uns trafen, war es immer angenehm nach der Schule, aber die meisten haben sich für Sport interessiert. Es gab damals zwei jüdische Sportorganisationen: Kochba und Schild. Und ich war in keinem der beiden.

Schild war deutsch und Bar Kochba zionistisch. Ich habe mal noch eine Frage. Wenn du zu dieser Jugendgruppe gegangen bist, in der Kluft, wie du sagst, gab es da nicht auf der Straße irgendwelchen Ärger mit Hitlerjungen? Da hat man doch gesehen, dass Du Jude bist. Sonst hat man es ja nicht gesehen.
Ich kann mich nicht erinnern, wir sind oft im Rosenthal spazieren gegangen in Gruppen und haben auch irgendwelche Sachen gespielt. Und dann kam auch mal die HJ an, daran

kann ich mich auch erinnern. Sie fragten: »Zu welcher Einheit gehört ihr?« Die haben das nicht verstanden, dass wir nicht zur HJ gehörten. Da gab es also nichts. Darf ich noch eine Geschichte von einem sympathischen Polizisten erzählen?

Aber ja.

Mein Vater, da er polnischer Staatsbürger war, durfte seinen Handel nicht mehr offiziell weitermachen. Also machte er seine Arbeit von der Wohnung aus. Er hatte irgendeinen Handel. Da standen auch Kisten herum mit billigen Textilwaren und die brachte er dann einfachen Leuten zum Kauf. Ich glaube, er konnte seine Existenz nur dadurch erhalten, dass die Leute ihn kannten und ihn sympathisch fanden. Aber anscheinend hörte man doch auf der Polizei etwas davon. Es war verboten. Da erinnere ich mich noch sehr genau. Da war ich zwölf Jahre alt. Ich war gerade zu Hause, allein, nach einer Krankheit. Das hatte ich sehr gern, diese Tage, so ruhige Tage. Meine Mutter war einkaufen und ich konnte in Ruhe lesen. Da klingelte es an der Tür und ich ging hin und bekam einen furchtbaren Schreck. Vor der Tür stand ein Offizier der Wirtschaftspolizei, grüne Uniform. Wir wussten alles als Kinder ganz genau, SA, SS und die ganzen Uniformen. Er fragte: »Ist Herr Feder zu Hause?« Sagte ich: »Nein, er ist nicht zu Hause.« »Wer bist du?« »Ich bin der Sohn.« »Darf ich mal reinkommen?« Ich sagte: »Nein.« Aber er ist reingekommen und fragte mich aus: »Wo ist dein Vater?« Sagte ich: »Ich weiß nicht.« Ich wusste es auch wirklich nicht. Da schaute er mich scharf an und sagte: »Hör mal zu, du scheinst mir ein intelligenter Junge zu sein. Du ziehst dich jetzt an, suchst deinen Vater auf und sagst ihm, dass wir heute Nachmittag um 4.15 Uhr hier erscheinen und eine Hausdurchsuchung machen. Da darf sich hier kein Textilstück befinden.« Ich weiß nicht mehr, wo ich meinen Vater gefunden hatte. Ich glaube, bei meinem Onkel. Mein Vater kam nach Hause und hat natürlich alles weggeräumt. Um 4.15 Uhr pünktlich kam derselbe Offizier mit noch zwei Polizisten. Er schaute mich überhaupt nicht an, so als ob er mich nicht kannte: »Wir haben gehört, dass hier noch Ware da ist.« Sie haben natürlich nichts gefunden und sind weg. Das ist eine wahre Geschichte, die ich als großer Junge persönlich miterlebt habe.

Gab es noch mehr solche Geschichten?

Ja. Bei meiner Abreise nach Palästina haben wir damals sogenannte Kisten mit unseren Kleidungsstücken eingepackt, und bevor sie geschlossen wurden, kam ein Beamter des Zolls, der nachschauen musste, dass wir kein Geld ins Ausland schmuggeln oder Wertstücke oder weiß ich was anderes. Da kam ein älterer Mann, ich erinnere mich noch. Er machte so einen Eindruck von einem alten Sozialdemokraten. Ein sehr gemütlicher Mann und sagte: »Also Kinder, es ist heute sehr heiß, ich geh mal ein Bier trinken, packt ihr mal inzwischen zu Ende, dann komm ich wieder rauf.« Das war ein ganz deutliches Zeichen, wir können reintun, was wir wollen. Das war ganz deutlich, aber wir hatten nichts zu verpacken. Nach einer halben Stunde kam er wieder. Er hat überhaupt nicht nachgeschaut. Er hat sein Siegel drauf gesteckt und ist weitergegangen. Auch solche Begegnungen hatte ich viele. Von Deutschen, die, soweit sie konnten und soweit es ihnen nicht zu sehr geschadet hat, versucht haben, etwas zu helfen.

Aber es gab sicher auch die Begegnungen der anderen Art?

Es gab auch Begegnungen der anderen Art. Eine der Begegnungen, die ich hatte, war durch meine Schuld. Bei der Kleinen Fleischergasse war eine Milchhandlung. Da schickte uns Mutter oft hin, um Milch oder Buttermilch zu kaufen. Es war ein sehr schöner, kühler Raum und wir wussten alle, dass die Eigentümer dieser Milchhandlung Nazis waren. Und ich als Junge wollte mich da anscheinend lieb Kind machen. Ich kam rein und sagte: »Heil Hitler!« Die Frau schaute mich an und dann hat sie nur gesagt: »Ich will das nie mehr von dir hören!« Sie hat mir die Milch gegeben. Ich bin raus und nie mehr hingegangen zu ihr. Das war das einzige, was sie gesagt hatte: »Ich will das nie mehr von dir hören!« Aber wir wussten alle, es wird der Tag kommen, ich will es nicht zu offen sagen, wo einem der Garaus gemacht wird.

Wie war der Abschied?
Es war mir ganz klar, dass meine Eltern mich wegschicken mussten. Und der Abschied war natürlich sehr schwer. Auf dem Hauptbahnhof kamen die Kinder aus Berlin und anderen Städten. Da war schon eine Gruppe, die ich kannte. Es war der Nachtzug nach München, Salzburg, Triest und von dort sind wir mit dem Schiff gefahren. Meine Eltern haben mich dahingebracht und dann lief alles sehr schnell. Da gab es auch eine Nazigruppe, die uns angepöbelt hat. Unser Begleiter hat gesagt: »Reagiert nicht darauf!« Das war seine Antwort: »Schaut sie nicht an, reagiert nicht darauf!« Und dann … mein Vater stand die ganze Zeit am Fenster. Und dann ging es weg.
Das Makabere war, als ich mehr als fünfzig Jahre später zum ersten Mal nach Leipzig kam, wollte ich wieder mal die Stadt sehen. Aber nach zwei Tagen konnte ich schon nicht mehr, da wollte ich weg. Ich habe alles abgebrochen, habe mir eine Karte gekauft, bin nach München weiter, ich musste nach Salzburg. Da hatte ich eine Tagung. Ich habe den Nachtzug genommen nach München und Salzburg. Auf einmal, als ich im Zug saß, lief es mir kalt über den Rücken. Es war dasselbe Gleis 21. Der Zug fuhr um dieselbe Minute weg, wie der Zug, mit dem ich damals wegfuhr. Die Holzbänke in dem Zug waren genauso unangenehm. Es war schrecklich …

Wie ging die Fahrt damals weiter?
Ich war vielleicht ein etwas anderer Junge als die anderen. Sie waren alle froh, dass sie weg konnten. Ich auch, aber der Abschied von den Eltern …

Du warst doch dann so begeistert von Salzburg?
Wir kamen früh am Morgen in Salzburg an. Es war das erste Mal in meinem Leben, dass ich die Alpen sah und diese wunderbare Stadt. Ich sah Salzburg vor mir und trotz dieses furchtbaren Abschieds von meinen Eltern war ich so gepackt von dieser Schönheit der Landschaft, dass ich mir sagte: »Hier komm ich noch einmal zurück, hier will ich noch einmal sein.« So ist es auch geschehen. Dann später bin ich oft nach Salzburg zurückgekommen, habe viel dort gearbeitet, mit Freude. Es war sozusagen das Europa im guten Sinn, das ich mit mir nehmen wollte und mit mir genommen habe. Das Bild zumindest.

Aber die Einladung des Oberbürgermeisters ist ja jetzt der Anlass, dass du hier bist. Hast du gezögert?
Ja, ich habe etwas gezögert. Ja.

Wie ist das Deutschlandbild, das du jetzt hast? Wie ist das Bild, das du im Moment von der Stadt Leipzig hast?
Deutschland ist für mich nicht so ein Problem gewesen. Meine besten Freunde in Israel, die ich hatte, kamen aus Deutschland. Ich hatte immer Glück mit meinen Freunden und mit den Familien die mich aufnahmen. Die Familie Levin – meine väterlichen Freunde – das waren deutsche Juden. Er war ein deutscher Jude mit zwei Töchtern und einer deutschen, nicht-jüdischen Frau. Sie sind leider alle beide schon gestorben, aber ihre Kinder sind bis heute noch unsere großen Freunde. Diese Levins, das waren so auf Deutschland eingestellte Juden, dass sie nach dem Krieg 1947 wieder nach Deutschland zurückgegangen sind. Es war ein großes Problem vorher noch, aber sie sind zurückgegangen. Sie waren Sozialde-

mokraten, sie arbeitete in der Arbeiterwohlfahrt, er wurde Psychologe. Und mit ihm blieb ich im Kontakt. Sie wollten immer, dass ich sie besuche. Ich bin schon 1955 wieder nach Deutschland zurückgekommen. Ich arbeitete damals mit jüdischen Studenten in Holland. Mein Freund Werner Levin kam sofort mich besuchen. Und da bin ich, sie wohnten in Bonn, zu ihnen gekommen. Ich habe Deutschland nur zusammen mit meinen Freunden wieder entdeckt. Das erleichtert für mich die Situation, ohne das je zu vergessen. Und dann bin ich später oft eingeladen worden von deutsch-jüdischen Organisationen, mit jüdischen Kindern zu arbeiten, die komischerweise in Berchtesgaden ein Sommerinstitut hatten. Dann bin ich auch gleich für dieses Institut nach Salzburg gegangen. Ich war verhältnismäßig oft in Deutschland. Aber dann kam auch eine Einladung vom Deutschlandfunk nach Köln, ein paar Monate mitzuarbeiten. Das war für mich einfacher.

Aber Leipzig ist doch ein spezielles Problem geblieben und ist es noch immer. Ich kann es nicht anders sagen. Ich weiß, dass mein Vater hier erschlagen wurde und dass meine Mutter und mein Bruder von hier nach Polen deportiert wurden und dass ich von meinen Eltern früh getrennt war. Es ist mehr das Problem meiner Eltern, das mich hier immer wieder beschäftigt. Was sie für ein schweres Leben hatten! Also nicht, dass ich ein schweres Leben hatte, sondern meine Eltern. Dass ich nichts dabei helfen konnte, das setzt mir zu. Ich war ja nun auch nur vierzehn Jahre, was konnte ich schon unternehmen?

Wie groß ist dein Vertrauen in die Lernfähigkeit der Deutschen? Glaubst du, dass es viele Deutsche gibt, die aus der Geschichte gelernt haben?
Ich bin davon überzeugt. Das heißt nicht, dass alle Deutsche etwas gelernt haben. Zum Beispiel, wenn ein Deutscher mir sagt, ich habe nie etwas davon gewusst, das höre ich sehr ungern an. Lieber soll er sagen, er hat davon gewusst, aber konnte nichts unternehmen. Was man seitdem in Deutschland unternommen hat, um diese Zeit den Kindern beizubringen, da glaube ich dran. Ich bin davon überzeugt, dass sie viel davon gelernt haben. Das heißt nicht, dass sie alles akzeptieren. Okay, jeder Mensch ist anders. Ich bin auch anders, warum soll der Deutsche nicht anders sein?

Freust du dich über die neue jüdische Gemeinde in Leipzig? Siehst du eine Chance für ein künftiges jüdisches Leben in dieser Stadt, vielleicht anders, als du es früher gekannt hast?
Ich fand es interessant und ich konnte das vergleichen mit meinen Eltern. Sie kamen ja auch aus einem anderen jüdischen Element nach Deutschland. Allerdings gab es in Leipzig schon eine große Gruppe, die sogenannten Ostjuden. Aber es war doch ein anderes Element, als das zum Beispiel so eine Zentralsynagoge damals war. Das war ein deutsch-jüdisches Element. Ich weiß, dass auch meine Eltern dieselben Probleme hatten. Es ist schwer vorauszusagen, aber ich glaube, dass hier wieder eine anders geartete jüdische Gemeinde Fuß fassen könnte, auch geistig. Nach dem Gottesdienst wurden wir wieder eingeladen in ein so genanntes Kiddusch.[197] Mit welcher Freude sie diese hebräischen und jüdischen Gesänge sangen und mit welcher Freude sie auch beim Gebet waren. Das war mir fast zu viel. Ich bin etwas zurückhaltender. Mein Vater war auch so zurückhaltend. Und dieses Überfließende ist für mich etwas schwer zu empfangen, aber so ist es eben. Ich habe gesehen, dass es vollkommen echt war. Die Freude und die Intensität, mit der sie sich damit befassen. Es wird andersartig sein. Aber ich glaube, dass eine jüdische Gemeinde wieder erwachsen könnte. Ich glaube das.

Es gibt ja schon wieder eine Thoraschule, es gibt einen jüdischen Kindergarten. Vielleicht auch irgendwann mal eine jüdische Schule?
Ja, finde ich alles sehr positiv. Ich weiß nicht, wie die Bevölkerung das hier akzeptiert. Keine Idee. Ich meine, die deutsche.

Wir freuen uns natürlich, wenn jetzt wieder ein jüdisches Kulturleben entsteht, dass wir uns austauschen können. Weil es ein total atheistisches Land geworden ist, brauchen wir religiösen Minderheiten auch den Austausch. Dazu gehört natürlich auch eine neue muslimische Gemeinde. Die haben ja auch inzwischen 1 500 Mitglieder und eine Moschee. Vielleicht wird dieser Austausch der Religionen hier irgendwann mal wieder Normalität? Das wäre mein Wunsch.

Ich könnte es mir vorstellen. Ja, durchaus.

Aber im Moment sind die Religionsangehörigen, also egal, ob Christen oder Juden oder Muslims, Exoten in dieser Stadt. Natürlich kann man sagen, es ist ja eigentlich mal ursprünglich ein christliches Land gewesen. Es gibt die riesigen Kirchen. Aber es gibt immer weniger Mitglieder. Das ist jetzt also mit der jüdischen Gemeinde eine interessante Entwicklung. Ich freue mich auch über die Frömmigkeit dieser Lubawitscher Juden. Ich finde es jedenfalls gut, dass es sie gibt.

Richtig, ja genau richtig. Das ist auch unsere Einstellung zu den Lubawitschern.[198] Gestern Abend beim Kiddusch saß gegenüber ein junger Mann mit schwarzem Bart und ich war davon überzeugt, dass es ein Lubawitscher Jude wäre. Er stellte sich vor. Es war ein deutscher Pfarrer.

v. l.: Ard Feder, Dorothea und Timotheus Arndt, Friedrich Magirius, 2006

Ach, Timotheus Arndt.

Ein sehr sympathischer Mann. Er erzählte mir von seiner Arbeit, von der Universität und wie heißt er mit Vornamen?

Timotheus. Er leitet die Forschungsstelle Judentum in der Universität und ist Vorsitzender der Jüdisch-Christlichen Arbeitsgemeinschaft, die sein Vater vor vierzig Jahren mitgegründet hatte. Eine letzte Frage hätte ich noch. War die Carlebachschule wirklich nur eine normale deutsche Schule?

Nein, es war keine normale deutsche Schule. Es war absolut eine jüdische Schule. Aber worin dieses jüdische Element oder dieser jüdische Geist bestand, das habe ich damals nicht aufgenommen. Dieser junge Dzialoszynski, das war so ein Lubawitscher. Der hat mich noch mehr überzeugt als dieser ältere Herr Lipschütz. Er erinnert mich immerzu an diesen jungen Mann. Aber sonst, viel Jüdisches gab es nicht, zumindest nicht, dass ich es empfunden habe.

Vielleicht hast du ja zum Schluss noch irgendeine Botschaft an die Jugend in Leipzig?
Ich bin nicht gerade ein Mann der Botschaften, ich bin kein Apostel. Aber doch. Darf ich noch ganz kurz erzählen: Vor einem Monat ist einer meiner Enkel, der in einem Kibbuz wohnt in Israel, mit einer Delegation nach Deutschland gekommen, zwei Wochen zum Austausch, und er ist hochbegeistert zurückgekommen. Das hat mich sehr gefreut, es hat mir gut getan. Er hat mich dann ausgefragt, ein sechzehnjähriger Junge. Okay. Ich würde es sehr wünschen, wenn ihr, junge Leute in Deutschland, alles was hier geschehen ist in Deutschland, was mit uns geschehen ist, mit dem jüdischen Volk in Deutschland und Europa, dass ihr darüber alles lernt, was möglich ist und was wichtig ist. Aber dass ihr nicht nur über die Shoa lernt, denn die Shoa war nur ein dramatisches und tragisches Abschlusskapitel einer ganzen Periode, sondern dass ihr auch lernt, was das jüdische Volk während zweitausend Jahren an religiösen und vor allen Dingen an geistigen Werten sich erarbeitet hat. Aber nicht nur sich, sondern für die Menschheit überhaupt. Und dass ihr dadurch lernt, dass ein anderes Volk vielleicht andersartig ist, aber genauso wichtig für die Entwicklung der Menschheit wie jedes andere auch.

Du wärst doch auch ein guter Botschafter geworden, so wie dein Freund in der Schweiz. Herzlichen Dank für das wunderbare Gespräch.

Dafna und Ard Feder, 2007

Leona und Henriette Bielitz (links), Irit Rosenberg (rechts) bei Feders in Haifa, 2007

Leo Falek

Lieber Herr Falek, fangen wir mal ganz von vorne an. Erzählen Sie mir bitte, wann Sie geboren wurden und wo Sie in Leipzig gelebt haben?

Ich bin im März 1936 hier geboren. Die erste Straße, auf der ich gewohnt habe, war die Lessingstraße 1. Jetzt steht da nur ein hässliches Bürogebäude. Damals, ich glaube, da war ich ein Jahr alt, sind wir auf die Pfaffendorfer Straße, Ecke Humboldtstraße gezogen. Auf der anderen Seite war mein Großvater. Mein Vater Karl Falek ist 1904 in Leipzig geboren, meine Mutter Perla 1911 in Brody. Sie kam dann nach Leipzig, sie hatte Familie hier. Sie hat dann meinen Vater geheiratet und ich bin das Resultat.

Mein Vater war Kürschner und hatte ein Geschäft am Brühl. Vielleicht hat er deshalb ganz lange gezögert, bis er aus Deutschland weg gegangen war. Alle anderen, seine Brüder und Geschwister, waren schon weg nach New York, mit einer Ausnahme, vielleicht komme ich auf ihn zurück. Es war also spät, 1939. Mein Vater war damals Staatenloser, geboren in Deutschland. Meine Mutter war geborene Polin und blieb Polin. Mein Vater erhielt ein Visum nach England, weil er Staatenloser war. Meine Mutter haben die Engländer damals nicht reingelassen. Wahrscheinlich mit der Hilfe meines Vaters sind wir aber nach Mailand gefahren. In Mailand waren wir ein Jahr bei einer sehr, sehr netten Familie. Ich weiß sonst gar nichts mehr von ihnen. Ich hatte einen guten Freund Franco gehabt und in Mailand waren wir mit anderen Mitgliedern unserer Familie zusammen. Meine Mutter war eine besondere Frau. Sie hat alles gemacht, was möglich war, damit wir weiterfahren konnten. Sie ist mehrere Male nach Rom gefahren und sie hat dann etwas gemacht mit dem panamaischen Konsulat. Von ihm hat sie mein Visum nach Portugal bekom-

Karl und Perla Falek, geb. Dodel, Atelier A. Clajus, Eheschließung am 31. Januar 1935 im Standesamt Leipzig 1

men. Aber die anderen aus meiner Familie hatten keinen Erfolg. Sie sind zurückgeblieben und nach Auschwitz oder wo, ich weiß nicht mehr genau, hingekommen. Aber nach einem Jahr in Italien kannten wir eine nichtjüdische Familie und die waren zu uns sehr, sehr gut. Dann waren wir sechs Monate in Lissabon, Portugal war doch neutral. Inzwischen hat mein Vater in England daran gearbeitet, ein Visum für uns zu bekommen. Jemand musste garantieren. 1941, Gott sei Dank, sind wir nach England gekommen. Ich war fünf Jahre alt. Ich konnte kein Wort Englisch.

Sie haben mit den Eltern immer noch Deutsch gesprochen?
Ja. Gleich mit Schulalter bin ich nach England gereist und musste in die Schule gehen. Ich erinnere mich, nach ein paar Monaten konnte ich Englisch lesen und habe sogar den anderen Schülern beim Lesen geholfen. Mein Vater und meine Mutter sind nie wieder nach Leipzig gekommen. Ich wollte Leipzig sehen, weil meine Eltern so gern davon gesprochen haben. Die Nostalgie haben sie gehabt. Die Pfaffendorfer Straße, Humboldtstraße, Gerberstraße, Brühl und das Rosental. Diese Plätze wollte ich mir gern ansehen und mir sagen, dass mein Vater öfters von seinen guten Freunden gesprochen hat, die nicht jüdisch waren. Er hat mir sogar einmal erzählt, dass ein großes Auto in Leipzig herumgefahren ist, und wenn diese Juden erkannt haben, dann haben sie die Personen ins Auto reingenommen. Dann sind sie, glaube ich, zu der Gestapo oder der Polizei gefahren. Mich hat es gefreut, für mich klang es wie ein Abenteuer, im Polizeiauto zu fahren, sehr schön für mich. Eine Novelty, sagen wir auf Englisch. Dann sind wir in das Büro gekommen und der Mann hat das alles kontrolliert. Er war ein Freund von meinem Vater. Er hatte gesagt: »Nein, du brauchst nicht bleiben.«

Gab es das sogar unter Polizisten? Also ich meine, er war ja dann auf der Polizei?
Das hat er mir gesagt. Nicht alle seine Geschichten waren so. Einmal hat er mir gesagt, dass Polizisten von vorne reingekommen sind und er konnte hinten rausgehen. Ich kann sagen, das war typisch. Man hat sich das so geschildert. Noch ein Grund, dass ich zurückkommen wollte. Mein Vater hatte vier Geschwister, die den Krieg überlebt hatten, aber der Älteste war Felix. Auf den Papieren habe ich gesehen, dass sein Sterbeort die Humboldtstraße in Leipzig war. Das schien mir nicht ganz klar, weil ich gehört hatte, dass er nach Sachsenhausen gekommen ist. Deswegen wollte ich Sachsenhausen sehen. Ich wollte sozusagen die Schritte von Felix nachmachen. Ich war in Sachsenhausen, dort wurde mir sein Sterbedokument gezeigt und darin stand: Herzversagen. Er war 37 Jahre alt! Es konnte einfach nicht wahr sein. Er war nur drei Monate dort. Warum haben sie ihn so schnell gewählt zum Erschießen? Das weiß ich nicht. Sie haben seine Asche nach Leipzig geschickt. Zehn Mark musste die jüdische Gemeinde zahlen. Er ist beerdigt in demselben Grabplatz wie meine Großmutter. Auf dem Stein steht: Hier ruht mein lieber Mann, mein guter Vati Felix Falek.

Wann ist das passiert in Sachsenhausen, wissen Sie das Datum?
Am 5. Februar 1940. Ja, aber was ich dabei sagen will: Sein Sohn hieß Bernhard. Er war drei Jahre älter als ich. Er hatte seinen Vater 1940 verloren und war sieben Jahre alt. Wahrscheinlich hat er noch mit mir mal gespielt. Und zwei oder drei Jahre später waren seine Mutter und er auch verschwunden. Das ist noch ein Grund, warum ich nach Leipzig kommen wollte, um mehr von ihm zu erfahren. Aber mein Besuch hier war nicht alles so traurig. Bevor wir nach Leipzig kamen, war ich in Berlin. Ich muss sagen, Berlin ist eine sehr schöne Stadt. Wir sind in das Jüdische Museum gegangen, haben uns das Holocaust-Denkmal angeschaut und bevor ich in das Jüdische Museum gegangen war, habe ich ein Buch gesehen von ehemaligen Leipzigern. Dort habe ich Felix gefunden. Dabei habe ich das

Wort gelesen: Verschollen! Ich habe jedoch nicht verstanden, was das bedeutet. Zufällig war dort eine Schülerin von fünfzehn Jahren und sie hat mir erklärt, dass es keine Spur mehr gibt. Verschwunden in der Luft. Wir haben angefangen zu sprechen und ich habe sie gefragt, was sie in der Schule lernt. »Wir lernen vom Ersten Weltkrieg und vom Zweiten Weltkrieg.« Ich habe ihr gesagt, dass ich hoffe, dass das nicht alles ist von der deutschen Geschichte, die sie lernen. Dann haben wir gesprochen von der Verantwortlichkeit. »Man kann uns nicht jetzt noch verantwortlich machen nach drei oder vier Generationen.« Solche jungen Frauen im Ausland hören: »Oh, Sie sind von Deutschland? Heil Hitler!« Das hat sie sehr aufgeregt. Ich habe gesagt: »Ja, das ist schlimm. Ich bin Jude, meine Eltern waren Juden, aber das ist nicht alles, was sie waren. Sie waren Menschen und genauso sind Sie. Ja, Sie sind eine Deutsche, aber Sie sind, wer Sie sind. Ich kann nicht sagen, weil Sie deutsch sind, sind Sie ein schlimmer Mensch. Ich kann nicht sagen, weil ich ein Jude bin, bin ich ein schlimmer Mensch. Ich kann ein schlimmer Mensch sein, aber nicht, weil ich Jude bin!«

Sie waren in einer Schule und haben mit den Schülern gesprochen?
Ja, in der Gehörlosen-Schule. Man hat so einen Dolmetscher gehabt.

Hatten die Schüler auch Gelegenheit, Fragen zu stellen? Haben die was gefragt?
Sie haben mich gefragt, ob ich schon in Auschwitz war. Ich weiß nicht, ob es richtig war. Ich habe keine Lust gehabt, nach Auschwitz zu gehen. Ich will nicht auf solch einen Platz gehen – das ist schrecklich! Aber ich wollte nach Sachsenhausen gehen. Aber nach Auschwitz …? Von England fahren Leute früh morgens. Sie nehmen das Flugzeug sechs Uhr, fahren hin, einen Tag und dann zurück. Jeder Mensch ist anders, aber für mich hat das keinen Sinn. Aber Sachsenhausen hatte Sinn gehabt. Auf den neuen Friedhof zu kommen und zu sehen, wo er beerdigt ist, nach meiner Großmutter. Das war mein Hauptzweck.

Erzählen Sie das bitte noch von dem Feuer auf dem Friedhof? Sie haben doch dort noch ein Feuer angezündet?
Auf meiner Mutters Seite war auch die Familie Tempel. Einen Grabstein haben unsere Familien restauriert. Simche Tempel hieß er, mein Urgroßvater. Es war noch jemand bei dieser Familie und bei seinem Grabstein habe ich ein Jahreszeitenlicht gefunden. Die Juden machen das jedes Jahr, jeder macht das und zündet so ein Licht. Als ich am Grabstein war, habe ich gesehen, da war so ein Licht. Ich denke, es waren andere von meiner Familie, vor einem Monat. Die müssen das dort gelassen haben. Da habe ich es gesehen und habe es angebrannt. Bei den Olympischen Spielen geht einer mit der Fackel und gibt es dem nächsten. So habe ich mich gefühlt: Simche Tempel, andere von seiner Familie und dann ich, und hoffentlich werden noch mehrere kommen. Das war so ein starkes Bild für mich, wie das weitergeht.

Haben Sie Kinder?
Nein, ich habe keine Kinder.

War Ihre Frau dabei auf dem Friedhof?
Nein, leider ist es ihr zu warm. Sie hat sich nicht so wohl gefühlt. Deshalb war sie nicht dabei, aber sie kennt manche von meiner Mutters Familie und vor ein paar Wochen war jemand aus meines Vaters Familie da aus Amerika. Aus der jüdischen Gemeinde war seine Tochter zufällig da, sie ist 29 Jahre. Ich habe sie das letzte Mal gesehen, als sie fünf war. Sie hat mich angerufen und sagte: »Ich fahre nach Leipzig, kannst du mir etwas davon sagen?« Wir haben uns so gut verstanden.

In die Synagoge in der Keilstraße, die Brodyer Synagoge,[199] da bin ich hingegangen. Und wenn man von der Thora liest, dann wird einem zugerufen und mir wurde zugerufen.[200] Ich dachte mir, hier stand mein Vater, hier stehe ich.

Ihre Mutter war ja aus Brody. Das war vielleicht die Synagoge, wo sie dann in Leipzig auch hingegangen ist?
Die Synagoge war sehr beliebt. Aber ich glaube nicht, dass noch Juden dort leben in Brody. Ich habe mal gedacht, ob ich dort hingehen soll. Aber ich glaube, es gibt dort nichts zu sehen.

Wo leben Sie jetzt?
Jetzt lebe ich in London. Dort war mein Vater. Er konnte damals leider nicht nach Amerika. Aber er war ein »Quoter«, die Quote für die Einreise. Das waren die Amerikaner, nicht die ehemaligen Deutschen. Wahrscheinlich waren es zu viele. Meine Mutter hätte damals, glaube ich, fahren können nach Amerika. Mehr Tragödie ist es, dass so viele den Krieg nicht überlebt haben. Wenigstens, Gott sei Dank, haben meine Eltern den Krieg überlebt. So konnten sie die Verwandten mal sehen in Amerika. Aber ich weiß, mein Vater war sehr gut befreundet mit seinem Bruder und der jüngsten Schwester. Er hatte sie sehr lieb und konnte sie nicht öfter sehen, so weit entfernt.
Aber ich hatte hier noch einen Schock gehabt. Aus den Papieren, die ich hier erhalten habe, ging hervor, dass mein Großvater noch ein Kind gehabt hat. Dieses Kind wurde tot geboren. Niemand hat mir davon erzählt. Mein Vater muss das gewusst haben, weil das Kind 1910 geboren wurde und mein Vater wurde 1904 geboren. Man hebt sozusagen einen Stein und es ist etwas Neues dabei. So nehme ich viel weg von Leipzig. Viel Trauriges, aber auch viel Gutes.

Sind Sie jetzt so lange in England verwurzelt, dass Sie sagen können: Ich bin Engländer?
Nein, vielleicht bin ich in dieser Hinsicht eine Exzeption[201] oder vielleicht ist es so mit allen Juden? Es ist schwer zu fühlen, hierher gehöre ich. Wie der Oberbürgermeister gesagt hat, Mutterstadt, Vaterstadt, aber Heimatstadt nicht. Mein Vater hat gesagt, die Fremde kann zur Heimat werden, aber die Heimat nie zur Fremde. Er hat Leipzig sehr geliebt.

Aber durch die Ehe mit einer echten Engländerin sind Sie ja sicher leichter auch in die britische Gesellschaft hineingekommen. Es gibt in London eine große jüdische Gemeinde und ich kann mir vorstellen, dass es dort dann leichter ist, sich einzuleben?
Es ist kein Problem, sich dort einzuleben. Es leben sogar noch ein paar von der Familie, die vierzehn Jahre alt waren, als sie aus Leipzig weggegangen sind. Ich habe kein Problem. Aber immer drinnen ist das Gefühl – ich weiß nicht, vielleicht bin ich eine Ausnahme? Ich fühle mich bequem in England, aber ich kann nicht sagen, ich bin ein echter Engländer.

Sie sind keine Ausnahme, ich kann Sie beruhigen. Dieselbe Frage habe ich einer ehemaligen Leipzigerin gestellt, die in Hebden Bridge, in West Yorkshire lebt. Sie ist ebenfalls 1939 nach England geflohen. Die Schüler heute wollen von ihr immer wissen: »Und, sind Sie jetzt eine echte Engländerin?« »Nein.« »Ach, dann sind Sie doch noch Leipzigerin?« »Nein, überhaupt nicht.« »Na, was sind Sie denn dann?« Dann sagt sie: »Ich bin Jüdin, das reicht doch.« Sie fühlt sich als Jüdin überall zu Hause.
Ja, aber ich habe den Schülern gesagt, die Juden haben in Leipzig gelebt. Der einzige Unterschied war, dass die Juden in eine Synagoge gegangen sind, und die nichtjüdisch waren, sind in eine Kirche gegangen. Genau wie mein Vater. Er hat Freunde gehabt, die nicht jüdisch waren. Die meisten von seinen Bekannten und die Familie waren jüdisch, aber nicht nur.

Gibt es in London noch andere ehemalige Leipziger, die Sie getroffen haben?
Ja, ich habe noch eine Cousine, die achtzehn Monate älter ist als ich. Zuerst wollte sie nach Leipzig kommen. Dann, im letzten Monat, als ich ihr gesagt habe: »Jetzt fahre ich. Wenn du fahren willst, dann bekenne dich, hier ist der Kontakt, hier ist die Nummer.« Dann hat sie gesagt: »Nein.« Vielleicht, wenn ich sie wiedersehe und ich werde ihr sagen, was ich erlebt habe, dann wird sie anders denken? Ich weiß nicht. Sie wird jetzt siebzig Jahre. So, das ist die Einzige, die ich kenne. Mein Cousin in Amerika hat gesagt, er kann nicht nach Deutschland kommen, weil sein Vater die Erlebnisse hatte. Ich weiß nicht, ob sein Vater schlimmere Erlebnisse hatte als mein Vater. Jeder denkt anders.

Kinder der jüdischen Gemeinde beim Hebräischunterricht, 2006

Kinder der jüdischen Gemeinde, 2006

Kinder der jüdischen Gemeinde beim Purimfest, 2006

Wie haben Sie die jetzige Gemeinde erlebt? Sie haben ja gemerkt, dass fast alle Russisch sprechen. Was haben Sie für Gefühle, wenn Sie in dieser Gemeinde sind?
Was mich interessiert hat beim Beten, so sagt der Rabbiner: im russischen Siddur[202]Seite 123, und dann auf Russisch und dann in der deutschen Siddur ist so und so. Manche sieht man, dass sie nicht gut lesen können. Sie gehen hoch von der Thora und man sagt ein Gebet. Manche stehen immer dabei Wort bei Wort und manche sind fließend. Aber ich muss auch sagen, in England, in London sind auch welche dabei, die nicht so gut lesen können. Aber die das ganze Leben in Russland waren, was haben sie davon gewusst? Welcher Staat hat das nicht erlaubt? Sie kommen her und sind interessiert und das macht einen guten Eindruck. Ich freue mich, das zu sehen.

Und es gibt immer mehr junge Gesichter, immer mehr auch Kinder. Bei uns im Museum hatten wir die ganz kleinen Kinder aus der jüdischen Gemeinde zur Ausstellungseröffnung. Sie haben auf der Bühne gesungen. Vier- und Fünfjährige, das war süß.

Das ist die Zukunft. Vielleicht wird sich in Leipzig wieder eine jüdische Gemeinde etablieren? Das wäre sehr schön. Aber in eine Synagoge zu gehen, wo meine Eltern waren. Die einzige Synagoge, die noch steht, das war etwas Besonderes! Noch etwas war mir sehr wichtig, das Gespräch mit dem Mädchen in Berlin, in dem Jüdischen Museum.

Sie können das natürlich sagen, dass wir auch jetzt nach vorne schauen sollen und uns um die Gegenwart kümmern sollen und

Kinder der jüdischen Gemeinde beim Auftritt im Schulmuseum, 2007

nicht nur die Vergangenheit immer wieder heraufbeschwören dürfen. Wir können es uns aber nicht ersparen. Es gibt Neonazis auch hier in Sachsen und wir haben keine andere Antwort als Erinnern. Was sollen wir sonst machen?

Man soll sich erinnern, aber ich sage, das ist nicht alles, was hier ist und die Kinder und ihre Eltern sind nicht schuld. Sie haben keine Schuld und man darf sie dann nicht verurteilen, weil sie Deutsche sind. Man darf mich und Felix nicht verurteilen. Was hat er gemacht? Es war sein Schicksal, als Jude geboren zu werden. Ich will nicht angeschaut werden nur als die nächste oder übernächste Generation des Holocaust. Man schaut mich an: »Holocaust-Survivor«. Ich bin mehr als das. Ich will nicht nur das sein und ich will nicht, dass das Judentum das sein soll.

Und ich will nicht nur Deutsche sein und zum »Tätervolk« gerechnet werden. Ich möchte auch vielleicht noch etwas anderes sein.

Ganz genau. Doch ich glaube, es sind viele, die daran arbeiten.

Bertha Deutsch, geb. Fisch

Hallo, Frau Deutsch, ich freue mich, dass Sie bereit sind, mit mir Deutsch zu sprechen. Am meisten interessiert mich Ihre Kindheit und die Schulzeit in Leipzig. Verraten Sie uns Ihren Geburtstag?
Na klar, das ist kein Geheimnis. Leider kein schönes Datum. Am 9. November 1926 wurde ich in Leipzig geboren. Also, ich bin verheiratet Bertha Deutsch. Ich lebe jetzt in New York, Manhattan, mitten in New York. Wir sind schön aufgewachsen, haben die Jugend schön verbracht. Meine Eltern waren wunderbare Menschen. Ich hatte einen Bruder, der war dreizehn Monate älter als ich. Er hat leider nicht überlebt. Er ist erst später von der Tschechoslowakei aus nach Auschwitz verschleppt worden.

Wie war der Name von Ihrem Bruder?
Felix Fisch.

Er wurde am 21. April 1942 nach Auschwitz deportiert. Wie alt war er da?
Sechzehn.

Nochmal zurück nach Leipzig! Gab es Ausflüge, an die Sie sich erinnern?
In Leipzig sind wir sehr viel mit der Familie spazieren gegangen. Wir waren überhaupt sehr für die Familie eingestellt. Im Rosental sind wir spazieren gegangen und im Winter Schlittschuh gefahren. Am Sonntag sind wir mit der Straßenbahn an eine Endstelle gefahren, wo man Boot fahren konnte.

War das der Auensee und der Luna-Park?
Ja. Das waren schöne Erinnerungen. Dann bin ich in die Schule gekommen, mein Bruder zuerst natürlich. Damals ging die Schule achte, siebente, sechste Klasse. Das war 1934, oder?

Im November geboren, dann muss der Schulanfang Ostern 33 gewesen sein?
Ach ja. Ich ging in die 32. Volksschule. Sie werden wissen, wo das war. Die Schule gibt es ja nicht mehr. Wir wohnten in der Packhofstraße 3. Ich bin immer zusammen mit meinem Bruder zur Schule gegangen. Nur die Nordstraße entlang immer geradeaus bis zur Schule. Einen Block – sagen wir in New York – vor der Nordkirche war die Schule.

In der Yorkstraße.
Das wusste ich nicht mehr. Da ist man dann immer an einer Universität vorbei gegangen. Wir hatten schöne Schuljahre und wunderbare Lehrer. Es war eine große Schule mit Eingang für Jungen und Eingang für Mädchen, eine große Turnhalle, Hof, alles war wunderschön.

An einen Lehrer kann ich mich noch erinnern. Er hieß Sieber[203]. Die anderen Lehrer habe ich vergessen. Als dann mein Bruder älter wurde, haben meine Eltern ihn rausgenommen und in die Carlebachschule geschickt. Obwohl ich noch ein Jahr hätte gehen können, haben sie mich dann aber auch rausgenommen, weil sie das Mädel dort nicht alleinlassen wollten. In der Volksschule war dann nicht mehr so eine ruhige Zeit für uns. So bin ich in der fünften Klasse mit in die Carlebachschule gegangen und musste dort nach einem Jahr eine Aufnahmeprüfung machen. Nun ging es wieder so: Sexta, Quinta, Quarta.

War die Aufnahmeprüfung schwer, um in die höhere Schule zu kommen?
Ich würde sagen, sie war nicht so schwer. Vielleicht für mich nicht. Ich weiß nicht. Sie wollten von jedem Fach etwas wissen. Das ging den ganzen Tag. Ein Tag schriftlich und ein Tag mündlich. Ich wurde gleich angenommen. In der Carlebachschule hatten wir wieder verschiedene Lehrer und die Klassen waren ganz groß, weil nun alle jüdischen Schüler nur noch in diese Schule gehen konnten. Aber wir hatten wunderbare Lehrer und wir haben sehr gut gelernt. Möchten Sie noch etwas wissen von der Schulzeit?

Können Sie sich noch an den Schulleiter erinnern?
Ja, das war ein Dr. Weikersheimer. Dr. Carlebach war schon weg, als wir an die Schule kamen. Die Lehrer waren ein Dr. Oppenheimer, ein Prof. Levy, ein Dr. Menzel.

Deutsch und Geschichte?
Ja, und Dr. Kassewitz für Englisch. Ein Dr. Lipschütz.

Kaiser Rotbart? Haben Sie den geärgert?
Nein. Aber er war ein bisschen komisch. Er war leicht aufzuregen, obwohl wir nur eine Mädchenklasse waren. Er war später in New York. In den fünfziger Jahren haben wir ihn mal in New York getroffen. Aber hat sich nicht an mich erinnert, nach so vielen Jahren. Er hat so viele Kinder unterrichtet. Das kann man doch verstehen.

Sie waren in dieser Zeit in Leipzig schon von ganz viel Antisemitismus umgeben. Haben Sie davon etwas gespürt? Auf dem Schulweg oder irgendwo in der Freizeit?
Ich muss sagen, meine Eltern haben uns sehr behütet. Wir sind zu bestimmten Orten nicht mehr gegangen, zu dem Park am Auensee. Oder sonntags waren auf dem Augustusplatz immer Konzerte. Da hatte uns mein Vater vorher oft mitgenommen, weil er uns für die Musik begeistern wollte. Da sind wir nun nicht mehr gegangen. Er wusste, das kann unangenehm werden für uns. Man kann uns erkennen als Juden. Da sind wir eben woandershin gegangen.
Die Zeitung »Der Stürmer« war immer ausgehängt in solchen Kästen, damit die Leute das sehen konnten. Wenn wir dort vorbeikamen, hat er immer gesagt: »Komm schnell, komm schnell, hier ist der Stürmer!«

Sie konnten ja als Kind unmöglich verstehen, was da passiert. Aber hatten Sie damals auch christliche Freundinnen? Vielleicht in der Volksschule?
Oh ja. Ich hatte christliche Freundinnen. Das war damals so. Wir mussten doch am Samstag in die Schule gehen und da wussten sie doch, dass ich nicht schreibe. Da haben sie mich abschreiben lassen.

War das dann vorbei, als Sie die Volksschule verlassen haben?
Das war natürlich vorbei. Vielleicht, weil ich dann neue Freunde hatte. Aber vielleicht wollten sie sich auch absondern. Mein Vater hatte noch von seiner Gymnasialzeit sehr

gute christliche Freunde, elegante Leute. Da waren wir eingeladen und sie waren auch nett. Aber trotzdem hat mein Vater gesagt, dass wir dort nicht mehr hingehen werden. Er hat es an ihrem Benehmen gemerkt, dass es ihnen nicht angenehm war.

Welchen Beruf hatte Ihr Vater?
Er war Pelzwarenhändler, also Rauchwaren. Er war erst im Brühl 47. Und später war er in der Nikolaistraße 28, ein offenes Geschäft. Er ist sehr viel in die Tschechoslowakei gefahren, um Waren zu verkaufen. Das Geschäft mit den Rauchwaren, also mit Fellen, war schwer. Deshalb hat er den Kontakt mit Kürschnern aufgenommen. Das hat den Nazis nicht gefallen. Eines Tages sind sie ins Geschäft gekommen an einem Montagvormittag und haben gefragt wegen seiner Reisen. Er hat gleich gemerkt, dass dies keine schönen Fragen waren. Da hat er sich »auf Englisch verabschiedet« und ist zur Hintertür raus auf Nimmerwiedersehen.

Da hat er Angst bekommen?
Ja und er lief schnell nach Hause und sagte meiner Mutter, sie soll den Koffer runterbringen, er wird an der Ecke stehen. Er lief schnell wieder hinunter und hat nur erzählt, dass Leute im Geschäft sind, die nicht so in Ordnung sind. Meine Mutter blieb da und ging schnell zum Bahnhof. Er hatte Monatskarten für die Bahn, weil er so oft gefahren ist. Vielleicht zwei Stunden später kamen diese »Herrschaften« zu uns nach Hause. Sie machten eine Hausdurchsuchung. Mein Bruder und ich, wir kamen aus der Schule. Da waren diese Leute dort und meine Mutter hat uns zu Oma und Opa zum Essen geschickt. Das war 1938 im Mai. Man hat uns dann noch dort leben lassen. Das Geschäft war auch noch offen, mein Onkel hat es weitergeführt und mein Vater ist gut über die Grenze gekommen nach Prag. Er hatte sogar Angst gehabt, uns zu verständigen. Wenn meine Mutter nach ihm gefragt wurde, konnte sie ehrlich sagen, dass sie es nicht weiß.
Dann hat man einen Verwalter für das Geschäft eingesetzt. Mein Onkel und ein Lehrbursche durften aber noch weiter dort arbeiten. Wir haben natürlich Angst gehabt. Wir sind weiter in die Schule gegangen, als wäre nichts geschehen. In der jüdischen Gemeinde hatte sich das aber schnell herumgesprochen. Dann hat uns eine Cousine meiner Mutter aus Prag für die Schulferien eingeladen. Daraufhin haben wir einen Sichtvermerk bekommen, weil wir polnische Staatsbürger waren. So hat meine Mutter gepackt und ist mit uns dorthin gefahren.

Aber da waren Sie doch auch nicht sicher vor den Nazis?
Dorthin ist uns ja Hitler nachgekommen. Am 21. April 1942 hat man meinen Bruder verschleppt nach Auschwitz. Das war einer der sehr frühen Transporte. Und der Onkel, der im Geschäft war bei uns, ist zu uns in die Tschechoslowakei gekommen, um gerettet zu werden. Wir haben dort auch noch ein paar Jahre ruhig gelebt. Aber man hat schon gespürt, dass der Krieg bald losgeht. Ich selbst war auch dreimal im Transport und war glücklich, wieder rauszukommen.

Haben Sie nur auf den Transportlisten gestanden oder sind Sie auch mitgefahren?
Da gab es damals in der Slowakei Sammellager, wo man die Leute von der ganzen Slowakei hingebracht hat. Einmal in der Woche – ich glaube, es war Mittwoch – musste ein Transport mit 1000 Leuten in den Tierwaggons nach Auschwitz abgehen. Zweimal war ich im Transport und einmal vorher, da war ich noch keine sechzehn Jahre alt, waren auch viele aus meiner Klasse dabei. Weil ich jünger war, hat man mich nach Hause gehen lassen. Zweimal war ich mit meiner Mutter im Sammellager, mein Vater war gerade wieder auf einer Geschäftsreise. So konnte mein Vater von außen daran arbeiten, dass wir wieder rauskamen.

Denn er hatte dort in der Slowakei die Erlaubnis, Geschäfte zu machen. Wir haben dann oft den Aufenthaltsort gewechselt, bis wir einmal plötzlich weglaufen mussten, weil sie uns sonst erwischt hätten. Da sind wir einfach mit vielen anderen in die Berge gelaufen.

Wann war das?
Im Sommer Juli, August. Man war immer irgendwie vorbereitet. Man hatte immer etwas Geld zu Hause, um im Notfall, wenn man irgendwo hinkam, sich etwas kaufen zu können. Auch eine Tasche mit Kleidung war immer gepackt. Neue Unterwäsche, eine Wolldecke, die habe ich noch heute, die hat den langen Weg überlebt. Wir sind dann in einer anderen Stadt angekommen. Wir mussten dann wirklich in die Berge. Im Sommer waren wir mit Sommerkleidung losgelaufen. Ich hatte Halbschuhe getragen und dann mussten wir den ganzen Winter in der Slowakei damit überleben. Das ist kein Vergnügen, die Winter in der Slowakei, im tiefen Schnee. Bis März mussten wir dort bleiben, obwohl die Stadt, in der wir gelebt hatten, schon befreit war. Da waren wir mit russischen Partisanen zusammen. Die haben uns wirklich geholfen und beschützt. Sie hatten ihre Funkverbindung zu ihrem Hauptquartier und sie kannten uns ganz genau. Sie wussten genau, wo wir herkamen, und haben uns dann immer gesagt: »Deine Stadt ist befreit worden, deine Stadt ist befreit worden!« Aber da war der Krieg noch nicht vorbei. Sie hatten doch auch Angst gehabt, wer weiß, wer unter uns ist, nicht? Wir waren siebzig jüdische Menschen, der älteste siebzig und der jüngste vier Jahre alt, und wir haben alle überlebt. Der letzte Marsch runter dauerte 24 Stunden. Aber die Russen haben uns einen Führer gegeben, der uns zurückgebracht hat. Deshalb, ich kann mich nicht beschweren, die Russen haben uns geholfen.

Wo war das in der Slowakei? In der Hohen Tatra?
Nein, in der Niederen Tatra bei Banská Bystrica. Als wir zurückkamen in unsere Stadt Kežmarok am Fuß der Hohen Tatra, war natürlich die Wohnung leer. Alles war raus.

Sie waren aber die ganze Zeit mit Ihren Eltern zusammen?
Mit den Eltern ja, aber von meinem Bruder haben wir nie wieder etwas gehört. Später haben wir es vom Roten Kreuz erfahren. Die SS hatte ja am Anfang sehr genau alles registriert. Mein Onkel und mein Bruder hatten die Nummern nacheinander. Wir haben alle Informationen dann in unser Gebetbuch eingeklebt, damit wir sie immer in unser Gebet einschließen können.

Wie sind Sie dann von diesem Tal in der Slowakei nach New York gekommen?
Das ist ein lange Geschichte, denn es ging nicht direkt nach New York. Wir hatten schon vor dem Krieg ein Affidavit nach Amerika. Aber da gab es eine Quote, wie Sie wissen. Meine Eltern sind schon als Babys von Polen nach Leipzig gekommen und haben sich dort kennengelernt. Die polnische Quote galt als schlechte Quote. So mussten wir uns so lange plagen und warten. Nach dem Krieg haben wir erst einmal gesagt: »Raus aus Europa!« Jeder hat natürlich gewartet, ob noch Verwandte aus den Lagern zurückkehren würden. Meine Oma und mein Opa, von denen ich erzählte, waren in Leipzig geblieben. Man hatte meinen Opa nach Dachau und Buchenwald gebracht. Meine Oma wollte nicht mit uns mitkommen, weil sie dem Opa immer noch Karten schreiben konnte und kleine Pakete schicken. Bis eines Tages eine Urne ankam. Das ist heute auf dem jüdischen Friedhof, wo so ganz kleine Steine gemacht wurden. Man hat damals gedacht, es war die Asche von diesem Menschen.

Die Leute mussten ja sogar noch Geld dafür bezahlen.
Ich bin natürlich nach dem Friedhof gegangen und habe eine Kerze angezündet. Die Oma war dann hier in einem »Judenhaus« und dann haben wir die Verbindung vollkommen

verloren. So haben wir immer noch gehofft. Aber die Listen, wer wohin gegangen ist usw., die lagen überall aus. Und mein Vater war doch Geschäftsmann. Deshalb sind wir Anfang 1946 von Kežmarok nach Prag gegangen, um dort ein neues Leben anzufangen. Wir wollten auf keinen Fall zurück. Allerdings hatte mein Vater auch Verbindungen mit christlichen Pelzwarenhändlern, die ihm auch noch geschrieben hatten. Einer hatte ihm sogar während der Hitlerzeit Waren nach der Slowakei geschickt. Das war etwas Besonderes. Das hat mein Vater nie vergessen und hat ihm nach dem Krieg, als es hier so schlecht war, ab und zu kleine Päckchen geschickt. Mal Kaffee, mal Seife und mal irgendwas und das konnte dieser Pelzhändler nun wieder nicht vergessen. Sein Sohn führte das Geschäft noch weiter, aber unter den Kommunisten ist die Familie dann nach Frankfurt gegangen.

Nach dem Krieg haben wir Kontakt mit unseren Verwandten in Amerika aufgenommen. Sie haben sich gefreut, dass wir am Leben sind. Aber die polnische Quote war immer noch so schlecht. Zwei Jahre sollten wir warten. Inzwischen fing in der Tschechoslowakei der Kommunismus an. Da wollten wir weg. Und da hat sich eine Verbindung zu einem Cousin aufgetan, der von Berlin nach Kolumbien gegangen war. Ein Ehepaar ohne Kinder, die schwer gearbeitet hatten, um sich dort ein Geschäft aufzubauen, überredete uns, dorthin zu kommen, weil dort viele Emigranten sind.

Wann sind Sie nach Kolumbien ausgewandert?
Endlich 1948 sind wir nach Südamerika. Dort waren wir dann bis 1956. Vorher hatte ich bei einer Reise nach Amerika meinen Mann kennengelernt. Er war auch ein Überlebender – Dachau und Auschwitz. Er hat dann gesagt, dass ich zu ihm kommen soll. Meine Eltern blieben noch länger in Kolumbien. Sie kamen später auch in die USA, hatten aber nicht mehr viel Freude daran. 1967 auf einer Reise nach Deutschland hat mein Vater einen Herzschlag bekommen.

Hat ihn das so aufgeregt?
Ja. Sie waren in Düsseldorf. In Leipzig waren sie nicht. Das war ja Ostzone. Da sind sie nicht hin.

Ihr Mann stammt auch aus Deutschland, aber nicht aus Leipzig?
Nein, er stammte aus der Slowakei.

Aber er war Deutscher, der Name klingt so.
Den Namen finden Sie sehr oft unter Juden in Ungarn, nicht so oft in Deutschland. Da haben sie mich dann immer gefragt: »Oh, bist du aus Deutschland?«

Haben Sie mit Ihrem Mann auf Deutsch miteinander gesprochen?
Auf Deutsch und auf Jiddisch. Und Englisch dann in New York. Er war schon ein paar Jahre dort gewesen. Er war über einen Jugendtransport nach New York gekommen, um zu studieren an der Jeschiwa.[204]

Sie wollten doch sicher die deutsche Vergangenheit hinter sich bringen? Die meisten ehemaligen Leipziger haben mir erzählt, dass sie nach dem Krieg nicht mehr Deutsch sprechen wollten oder konnten.
Ich habe mehr mit meinen Eltern Deutsch gesprochen, als sonst mit irgendeinem. Meine Mutter konnte sehr schwer Fremdsprachen lernen. Erst war es Leipzig. Dann Slowakei, da bin ich in die Schule gegangen, also Slowakisch. Dann war es Prag, da habe ich Tschechisch gesprochen. Dann Kolumbien. Da habe ich Kolumbianisch, also Spanisch, gesprochen. Und am Ende New York. Meine Mutter hat immer nur so viel erlernt, dass sie einkaufen gehen und sich zurechtfinden kann. Und dort hat man sich immer nur die Freunde gesucht, die auch aus Deutschland kamen.

In New York soll es ja auch viele ehemalige Leipziger geben. Haben Sie da noch Kontakte?
Nur ein paar. Hier ist ein Bruder von einem Rabbiner Wahrmann. Ich habe nur durch
sein Buch von ihm gehört. Er hat ein interessantes Buch über Leipzig herausgegeben.
Ich habe einen verheirateten Sohn. Und an Rosch Haschana[205] sagt mir mein Sohn, der
dort in der Gemeinde wohnt, wo der Rabbiner Wahrmann war: »Wir haben hier von der
jüdischen Schule ein Buch über Leipzig bekommen. Das schicken die raus, damit sie Spen-
den bekommen. Da schreibt einer über das jüdische Leben von seiner Vergangenheit in
Leipzig.« »Was, von Leipzig?«, sage ich. Ich war da leider schon allein und hatte meinen
Mann vor dreizehn Jahren verloren. Er hat das Buch dagelassen und ich habe natürlich
emsig nachgelesen. Auf einmal sehe ich, dass er in derselben fünften Klasse war wie ich.
Also habe ich sofort nachgeforscht, wo der Mann wohnt. Ich wusste nicht, dass er so
nahe bei mir wohnt. Er war ganz überrascht, als er mich sah. Wir wurden damals Jungs
und Mädels zusammengesteckt, weil kein Platz war. Er konnte sich noch erinnern, wo ich
gesessen habe. Seitdem halten wir die Verbindung. Und ich habe mich auch gefreut, dass
jetzt sein Bruder auf dieser Reise ist.

Das Buch ist bisher nur auf Englisch erschienen?
Ja, ich denke, er hat es in der Gemeinde abgegeben, weil er dort so viel geforscht hatte.

*Die letzte Frage, die ich immer am Schluss stelle: Wie sehen Sie Deutschland heute? Wie
fühlen Sie sich hier in Ihrer Geburtsstadt? Macht Ihnen das mehr Freude oder mehr Kummer?*
Ehrlich gesagt, hatten wir alle sehr gemischte Gefühle gehabt, ob wir kommen sollen oder
nicht. Ob man die Wunden wieder aufreißen soll? Denn man will ja zurück in die Stadt, wo
man geboren ist. Ich habe nie gesagt, Leipzig ist meine Heimatstadt. Ich bin geboren in
Leipzig, habe ich gesagt. Ich bin ja auch weg als Kind und habe in allen anderen Ländern
länger gelebt als in Leipzig. Aber es ist schön zu sehen, dass man uns so aufnimmt. Das
muss ich wirklich sagen. Das ist sehr schön zu erleben, that we feel at home.

Dass wir uns wie zu Hause fühlen sollen.
Man hat sich solche Mühe gegeben, uns das alles zu zeigen, wo wir mal gewohnt haben
und so weiter. Ich muss sagen, der Eindruck war wunderbar.

Würden Sie andere ehemalige Leipziger noch ermutigen, doch auch hier hin zu fahren?
Ja, unbedingt. Ich kenne auch Berliner in New York, die dasselbe sagen, dass sie so
wunderbar aufgenommen wurden. Aber es gibt viele verschiedene Meinungen. Auch jetzt,
wo ich gesagt habe, dass ich nach Leipzig fahre. »Wie kannst du fahren? Was suchst du
dort?« Aber wir reden ja nicht davon, dass ich wieder hier leben werde. Jetzt werden
mich viele fragen, wenn ich zurückkomme. Dann muss ich immer auch erklären, dass ich
hier Gräber zu besuchen habe.
Und ich werde ihnen unbedingt erzählen, wie wunderbar die ganze Stadt in allen Teilen ist,
so wie Sie im Schulmuseum und der Oberbürgermeister und Thomas Krakow und alle anderen
Leute. Sie geben sich so viel Mühe und haben jedem einzelnen gezeigt, dass wir etwas
Besonderes sind. Ich war ein bisschen enttäuscht in der Gemeinde, nicht die Angestellten,
verstehen Sie mich bitte nicht falsch. Man hat im Sinn, was das mal für eine Gemeinde war.
Und was für Leute sind jetzt in der Gemeinde, ja? Aber das ist natürlich nicht zu ändern.
Und übrigens, die Synagoge in der Keilstraße war die Synagoge, wo wir gebetet haben.
Das war sehr berührend für mich. Da hat mich doch der Rabbiner gefragt, ob ich schon die
Lichter gezündet habe. Ich habe ihm geantwortet, dass ich die Lichter mithabe im Hotel
und nach dem Gottesdienst werde ich sie anzünden. Da hat er mich gebeten, schon hier in
der Synagoge vor der ganzen Gemeinde nach dem Nachmittagsgebet die Kerzen anzuzünden.

Aber das ist doch schön!
Aber das war schwer, so vor allen Leuten!

Wir verstehen uns sehr gut mit dem Landesrabbiner. Wir kommen ja oft mit Schulklassen rüber in die Synagoge. Und da ist er sehr nett zu den Kindern.
Das ist auch sehr wichtig.

Die Kinder müssen die Angst verlieren. Und sie können ihn wirklich alles fragen. Sie sollten zwar Respekt vor dem Gotteshaus haben, aber nicht Angst. Es ist nach vierzig Jahren DDR so völlig ungewohnt für Kinder, ein Gotteshaus zu besichtigen. Auch ihre Eltern haben eine Scheu davor.
Aber in der DDR sind wenigstens die Kirchen stehen geblieben und auch die Synagoge.

Na das wäre ja echt schlimm, wenn die auch noch zerstört worden wären, so wie in der Sowjetunion. Nur eine Kirche, die Paulinerkirche, ist einfach weggesprengt worden.
Wirklich?

Aber jetzt sieht doch alles sehr viel besser aus. Ich habe sehr viel Hoffnung in die Entwicklung dieser neuen jüdischen Gemeinde, auch wenn alle Russisch sprechen.
Aber ich habe dann mal noch eine Frage. Man hört doch im Fernsehen immer wieder etwas von den Neonazis in Leipzig. Ist das wahr, was da berichtet wird?

Leider stimmt es, dass Neonazis immer wieder versuchen, durch die Stadt bis zum Völkerschlachtdenkmal zu marschieren. Das ist für sie eine Kultstätte. Aber es sind nicht die Leipziger, sondern diese Neonazis kommen zum großen Teil woanders her. Der Anführer Worch kommt aus Hamburg. Wir versuchen sie jedes Mal zu stoppen und müssen uns immer etwas Neues einfallen lassen, weil diese blöden Aufmärsche der Neonazis ja genehmigt wurden. Also sind wir in dem Fall die Illegalen, weil wir uns das einfach nicht bieten lassen.
Aber solche Aufmärsche beeindrucken doch die Jugendlichen.

Bei der Gegendemonstration sind wir mindestens fünfmal so viele Leute. Es gibt Linksradikale, die es unbedingt verhindern wollen. Leider sind sie oft dabei gewalttätig. Zum Glück gibt es aber viel mehr friedliche Gegendemonstranten. Hoffentlich verliert Herr Worch irgendwann die Lust, immer wieder in Leipzig marschieren zu wollen. Wir sind natürlich enttäuscht darüber, dass die Polizei immer wieder diese Neonazis schützt. Aber so sind die Gesetze.
Aber die Neonazis sind doch nicht nur gegen die Juden?

Nein, sie sind auch gegen Ausländer und gegen alles, was anders ist.
Woran will man denn erkennen, wer Jude ist? Tragen wir etwa Hörner?

Dumme Menschen gibt es leider überall. Dass sie sich verführen lassen und dass sie einfachen Parolen nachlaufen, die ihnen etwas versprechen, das ist doch nicht neu. Ein Sündenbock muss gesucht werden, weil ich doch nicht schuld sein kann, wenn es mir nicht so gut geht.
Es hat mich interessiert, weil ich wissen wollte, ob die Neonazis die Jugend beeindrucken können. Ihre Arbeit hier ist doch so fantastisch und Sie bemühen sich darum, dass alle zusammenkommen und füreinander Verständnis aufbringen. Und da kommen diese Neonazis und machen das alles kaputt. Leider gibt es das auch in Amerika: freedom of expression, und es gibt viele, die das ausnützen.

Wollen Sie den jungen Menschen in Deutschland noch etwas sagen?
Ich kann nur sagen, dass wir alle immer sehr schön zusammengelebt haben und Freunde
waren. Und das Schönste ist, wenn man wieder normal zusammenleben kann, zusammen
aufwächst und einer den anderen ehrt und anerkennt. Und wenn man zusammen aufwächst,
hat man doch denselben background und das ist wunderbar.

Vielen Dank, Frau Deutsch.
Sehr gern.

Lorli Chinn, geb. Cohn

Mein Name ist Leonore Cohn, aber ich wurde immer Lorli genannt. Ich bin 1925 in Leipzig geboren.

Wissen Sie noch, wo Sie in Leipzig gewohnt haben?
Ja, das war im Gewandhausviertel, in der Ferdinand-Rohde-Straße 26. Gestern war ich dort, aber da steht nichts mehr da.

Haben Sie noch Geschwister?
Ja, ich habe eine Schwester Erni, die war erst in der Max-Klinger-Schule und musste dann genauso wie ich auf die Carlebachschule wechseln.

Erinnern Sie sich noch an den Schulanfang?
An die große Tüte kann ich mich erinnern. Aber vom Anfang in der Carlebachschule weiß ich nichts mehr.

War die Tüte mit Süßigkeiten gefüllt oder waren da auch Buntstifte und Schulhefte drin?
Nein, da waren nur Süßigkeiten drin. So etwas gibt es doch jetzt auch noch, habe ich hier in den Geschäften gesehen.

Gibt es noch irgendeine Geschichte oder ein Erlebnis, an das Sie sich erinnern? Vielleicht wissen Sie auch noch den Namen eines Lehrers?
Ja. Fräulein Herrmann. Sie war Geschichtslehrerin.

Gertrud Herrmann war bekannt als strenge Lehrerin. Stimmt das?
Ja, sie war sehr männlich. Aber ich glaube, sie hat uns sehr gut unterrichtet.

Welche Fächer hatten Sie am liebsten?
Ich war gut im Turnen, Zeichnen und Handarbeiten. Mein Vater meinte, das sind alles unnütze Fächer. Aber ich habe Englisch gelernt. Als ich wusste, dass ich nach England komme, bin ich noch zur Berlitz-Schule gegangen. Wir hatten einen Mr. Pearce, der konnte kein Wort Deutsch sprechen. Dadurch habe ich viel gelernt.

Wie lange waren Sie an der Carlebachschule?
Bis ich dreizehn war. Ich bin Ende Juli 1939 weg, da waren schon Ferien. Ich habe so viel vergessen. Ich weiß nicht, ob ich das mit Absicht vergessen habe oder wie das war. Wir durften tagsüber nicht ausgehen, erst abends nach 20 Uhr.

Ich weiß von Thea Hurst, das Sie beide oft nach der Berlitz-Schule noch in die italienischen Eisdielen gegangen sind. Dort gab es kein Schild: Für Juden verboten. Können Sie sich an solche Schilder an anderen Geschäften erinnern?
Bei C&A war zuerst ein solches Schild. Das weiß ich noch.

Sind Sie mal als jüdisches Mädchen beschimpft worden?
Wir sind mal mit Steinen beworfen worden, in der Ferdinand-Rohde-Straße, Ecke Haydnstraße.

Woher wussten die Kinder denn, dass Sie Juden waren?
Das wussten sie eben. In unserer Straße waren viele jüdische Kinder: Renate Rosenberg, Marion Sprung, Fritz und Ilse Burger. Die Nachbarn wussten, wer jüdische Kinder sind.

Straßenecke Ferdinand-Rohde/Haydn-Straße

Geburtstag bei Lorli, 1938
vordere Reihe v. l.: Marion Sprung, Lili Wohl, Lorli Cohn
hintere Reihe v. l.: Thea Gersten, Ilse Kroch, Lolo Braunsberg,

Es gibt ein Foto von Ihrem zwölften Geburtstag, zusammen mit Lolo Braunsberg, Lili Borgenicht, Marion Sprung, Ilse Burger und Thea Gersten. Hatten diese Freundschaften damals eine große Bedeutung für Sie, weil um Sie herum so viel Böses war?
Ja, das waren richtig dicke Freundschaften. Marion Sprung war plötzlich weg. Dann bin ich selber weg, am 30. Juni. Wir haben uns ja nachmittags auch nicht mehr treffen können.

Aber in der Schule haben Sie sich doch jeden Tag gesehen? Irgendwann hatten die Jungen die verrückte Idee, einen Schönheitswettbewerb zu veranstalten. Können Sie sich daran noch erinnern?

Ich weiß auch nicht, warum ich diesen Wettbewerb damals gewonnen habe.[206] Der eine Junge war Alex Nussbaum und ich war auch eher wie ein Junge. Ich habe immer viel Blödsinn mitgemacht, darum mochten mich die Jungen. Aber das hatte nichts mit Schönheit zu tun.

Aber Sie sind doch heute noch eine schöne Frau!
Ach was, mit 78 Jahren!

Und die anderen Jungen im Schiedsgericht, Philipp und Günter?
Sie waren nur genauso toll und wild wie ich. Aber an Verliebtsein habe ich gar nicht ge-dacht. Thea war schon viel reifer, da waren es richtige Freundschaften. Ja, an Philipp Urbach kann ich mich auch erinnern.

Wie hat Sie diese Schule auf das Leben in England vorbereitet? Haben Sie das gelernt, was Sie später brauchten? Sie waren ja dann ganz allein, vielleicht erzählen Sie mal noch etwas von diesem Ankommen in England?
Die Familien, die mich als vierzehnjährige Haustochter haben wollten, waren er-schrocken, als sie mich sahen. Sie haben gedacht, ich sei acht Jahre alt, weil ich so klein war. Alle anderen Kinder waren schon

Lorli Chinn im Schulmuseum, 2005

abgeholt. Und ich habe bis zuletzt dagesessen wie blöd, ganz alleine. Und so kam ich zu dieser letzten Familie, die Ausländer nicht gern hatte. Aber ich habe da gewohnt, bis ich 27 Jahre alt war. Eigentlich brauchten sie nur für mich zu sorgen, bis ich achtzehn war. Aber sie haben dann gesagt, dass ich bleiben kann, bis ich heirate.

Ich habe dann in der Abendschule noch Hebräisch gelernt. Die Leute, bei denen ich gewohnt habe, waren zwar jüdisch, aber gar nicht religiös. Sie wussten nichts vom Ju-dentum. Eigentlich sollte ich noch eine gute Schule besuchen. Aber ich bin dann doch nur an eine ganz miese Schule gekommen. Dann habe ich Sekretärin gelernt und habe mich allmählich hochgearbeitet bis ganz oben.

Was ist ganz oben?
Ich war Chefsekretärin bei einem Geschäftsführer einer großen Firma. Dann habe ich geheiratet und Kinder bekommen. Dann bin ich wieder in ein Geschäft gegangen für zweiundzwanzig Jahre. Mein Englisch ist jetzt viel besser als mein Deutsch.

Zählen Sie noch auf Deutsch?
Nur das kleine Einmaleins. Alles andere ist auf Englisch, auch die Träume.

Können Sie sich noch an ein Gedicht erinnern, das Sie in der Schule gelernt haben?
Goethe und Schiller, aber das ist jetzt weg. Aber Kinderlieder weiß ich noch. »Alle meine Entchen« habe ich meinen Kindern auch vorgesungen. Oder »Muss I denn, muss I denn

zum Städtele hinaus« oder »Heut kommt der Hans zu mir, freut sich die Lies«. So etwas habe ich auch meinen Enkelkindern beigebracht. Mein Vater hatte mit uns Kindern viel Spaß gemacht und mit uns lustige Lieder gesungen. Vieles habe ich auch schon vergessen.

Was Sie nicht vergessen haben, ist das Sächsische. Ich höre es bei Ihnen, dass Sie aus Leipzig kommen.
Ja, das sagen mir alle Leute. Aber sie sagen auch, Sächsisch ist keine Sprache, das ist eine Krankheit. Gemein, nicht?

Dabei sind die jüdischen und die sächsischen Witze die besten überhaupt.
Dann haben wir immer gesungen: »In Sachsen bei uns an der Elbe, an der wunderschönen Bastei, da wohnt zwar vom Rhein nicht dieselbe, doch auch eine Lorelei.« Humor habe ich gerne.

Und was ist aus der Familie geworden? Ihre Schwester konnte auch noch nach England kommen?
Sie kam noch später als ich, ganz kurz vor dem Krieg. Sie war schon sechzehn Jahre alt und musste entweder als Dienstmädchen gehen oder im Krankenhaus arbeiten. Aber sie hat geheiratet und ist dann weg von der Familie. Ich sehe sie nur einmal im Jahr, sie lebt in Westafrika.

Und die Eltern?
Sie sind beide umgekommen. Ich habe niemanden mehr. Aber ich habe zwei Jungens und vier Enkelkinder.

Und Sie haben einen lieben Mann, der Sie hierher begleitet.
Das ist mein zweiter Mann. Wir sind seit 22 Jahren verheiratet.

Wo leben Sie heute?
In London, im Norden. Das ist eine ziemlich jüdische Gegend.

Ellis und Lorli Chinn mit Elke Urban im Schulmuseum

Und wie erleben Sie die Stadt Leipzig heute?
Sie ist so ganz anders geworden. Es ist alles so neu. Wenn ich so zurückdenke, war es früher ganz anders. Es ist eine schöne Stadt geworden. Aber es müssten noch viel mehr Touristen herkommen. Die Leute sind alle sehr zuvorkommend. Die Bedienung ist großartig, muss ich sagen.

Hat man Sie gut behandelt?
Oh ja, ich war vor zwei Jahren schon mal hier zur Jüdischen Woche. Das ist prima.

Haben Sie auch Tagebuch geschrieben?
Nein, ich wollte alles vergessen. Ich möchte nur in der Zukunft leben. Ich denke nie zurück. In der Vergangenheit leben, das kann ich nicht. Das Heute ist wichtig.

Sind Sie erschrocken, als das Hörspiel von Theas Tagebuch im BBC-Radio kam? Plötzlich hörten Sie, das ist ja meine Kindheit? Hat Ihnen das wehgetan, als diese Wunde aufgerissen wurde oder war der Abstand groß genug?
Ich denke, der Abstand ist groß genug. Ich habe mich an alles erinnert und habe dann gedacht, dass ich auch jetzt sehr zufrieden gewesen bin. Man kann auch etwas Gutes finden mit neuen Freunden. Niemand weiß dort, dass ich keine Engländerin bin, weil ich keinen Akzent habe.

Sie fühlen sich heute als Britin?
Ganz britisch, ganz normal. Ich weiß nicht, ob das gut ist. Meine Schwester hat gesagt, ich versuche etwas zu sein, was ich nicht bin. Aber die Leute, bei denen ich gewohnt habe, hätten mich nicht behalten, wenn ich nicht so englisch geworden wäre. Sie haben immer sehr auf Ausländer herabgeschaut. Also habe ich mir gedacht, schön, werde ich eben englisch.

Wollen Sie den Leipziger Schülern noch etwas sagen?
Ja, aber nur auf Englisch. Your home is where your parents are and ... always to look forward into the future.

Thank you very much. It was a wonderful interview.

Channa Gildoni, geb. Moronovicz

Bitte sag deinen Namen, dein Geburtsdatum, wo du geboren bist!
Ich heiße Channa Gildoni, wurde als Anni Moronovicz am 28. Dezember 1923 in der Promenadenstraße 30[207] in Leipzig geboren.

Deine Eltern, was haben die für einen Beruf gehabt? Hattest du Geschwister?
Wir haben in diesem Haus zusammen mit meinen Großeltern und einer Tante gelebt. Mein Vater hatte ein Abzahlungsgeschäft,[208] das war damals üblich. Meine Mutter war hauptberuflich Hausfrau und musste auf das kleine Mädchen aufpassen. Ich kann mich gut an meinen Großvater erinnern. Meine Großmutter verstarb zwei Tage nach meiner Geburt im Nebenzimmer. Damals hat man zu Hause entbunden und im Nebenzimmer lag meine Großmutter im Sterben. Sie hieß Sarah. Nachdem ich am Freitag zur Welt kam und es bei Juden üblich ist, am Samstag, wenn es ein Mädchen ist, den Namen zu geben, bekam ich den Namen von der Großmutter vaterseits, also der Mutter meines Vaters. Als ich vier Jahre alt war, habe ich schon Hebräisch gesprochen. Ich war im Kindergarten von Dr. Woskin in der Pfaffendorferstraße 4. Dr. Woskin hatte eine private hebräische Schule. Da wurde kein

Channa im weißen Pelzmantel, 1928

Wort Deutsch gesprochen, die Sprache war Hebräisch. Wenn etwas zu erklären war, wurde es in hebräischer Sprache erklärt. Als ich eingeschult wurde, bin ich zwei bis drei Mal die Woche in die Woskinschule gegangen, da haben wir weiter Hebräisch gelernt.

Weil du ja in die Volksschule gekommen bist, wo es kein Hebräisch gab.
Nein, als ich sechs Jahre alt war, wurde ich in die 41. Volksschule eingeschult. Dort war ich am Samstag befreit, zur Schule zu gehen, aber nach zwei Jahren war das so, dass ich in die Schule gehen musste. Aber ich brauchte keinen Ranzen mitnehmen, ich musste nur zuhören, nicht schreiben, keine Bücher mitnehmen, nur dass ich anwesend war.

Channa mit Zuckertüte, 1930　　　　　　**Channa mit Eltern, 1933**

Noch mal zurück zum Kindergarten. Das war ja nun ein Kindergarten für jüdische Kinder. Wie groß waren denn da die Gruppen?
Also ganz ehrlich gesagt, ich kann mich nicht erinnern, aber es waren eine ganze Menge Kinder.

Wie ist das gewesen, wenn ihr dort nur auf Hebräisch gesprochen habt und Dr. Woskin hat auf Deutsch gar nicht geantwortet?
Nein. Es gab ja auch Kindergärtnerinnen. Also, wenn heute ein Kind in ein fremdes Land kommt, wie lernt dieses Kind so schnell die Sprache? Denn die anderen Kinder sprechen ja nicht die Muttersprache des anderen. Da gibt es irgendwie ein Zaubermittel, dass sich die Kinder ganz natürlich eine Sprache aneignen nach eigenen Gefühlen. Ich bin keine Psychologin, aber so stelle ich es mir vor.

Damals konntest du nicht wissen, dass du das später mal brauchst als Umgangssprache, dieses Hebräisch, aber zu Hause bei deinen Eltern, wurde da gelegentlich Hebräisch gesprochen?
Nein.

Aber in der Synagoge?
Ich hab natürlich auch lesen gelernt und beten gelernt, denn wir waren eine orthodoxe Familie. Keine extrem orthodoxe, eine normal orthodoxe Familie. Ja, und dann, das müsste 1933 gewesen sein, kam mein Klassenlehrer von der 41. Volksschule eines Sonntags zu uns zum Kaffee. Er hat sich eingeladen und sagte meinem Vater: »Ich habe eine böse Ahnung. Vielleicht wäre es richtig, wenn Sie Ihre Tochter in die jüdische Schule umschulen, die ganze Situation in Deutschland gefällt mir gar nicht.« Da kam ich im vierten Schuljahr in die Carlebachschule.

Kannst du mal erzählen, wie deine erste Begegnung mit Ephraim Carlebach war. Kannst du dich erinnern?
Ja, wir waren befreundet und es war nicht die erste Begegnung in der Schule, denn ich kannte ihn schon als ganz kleines Kind. Seine Tochter Hanna war Lehrerin in der Carlebachschule. Sie war nicht meine Lehrerin, sie hat die niedrigen Klassen gelehrt. Aber sie war eine Freundin meiner Cousine. Als ich sie in Tel Aviv das erste Mal traf, hat sie gesagt: »Weißt du, ich kann mich erinnern, du bist immer mit einem roten Käppchen in die Synagoge gekommen.«

Also Rotkäppchen.
Ja, Rotkäppchen. Die Familie Carlebach, Hanna Carlebach. Ich heiße Hanna und sie hieß Hanna. Ich war bei ihrer Hochzeit, sie fand in der Ez-Chaim-Synagoge in der Otto-Schill-Straße statt. Es war eine fantastische Hochzeit und Hanna Carlebach war eine wunderschöne Braut. Später hat sie einen Sohn geboren. Sie wohnten in der Gustav-Adolf-Straße, nicht weit von der Schule in einem sehr schönen Haus mit Garten. Wir Kinder haben sie oft besucht und mit dem kleinen Sohn gespielt.

Du hast ja den Ephraim Carlebach als Rabbiner vorher kennengelernt. Was hast du für Erinnerungen an ihn als Schulleiter?
Er war der größte Pädagoge, was ich heute sagen kann, dem ich jemals begegnet bin. Wir waren dieselben Schüler und dieselben »Lausbuben« oder »bösen Mädchen« wie in jeder anderen Schule, und wenn wir was verbrochen hatten, wurden wir zum Direktor befohlen. Eigentlich nur einmal, das zweite Mal gab es schon nicht. Und da kamen wir in sein Zimmer und er saß an einem großen Schreibtisch. Er hat uns begrüßt und hat uns angeschaut. Er hat kein Wort gesagt und da sind wir in ein Geweine ausgebrochen. Er hat uns weinen lassen und nach einiger Zeit gesagt: »Ich hoffe, dass so etwas nie wieder passiert. Ihr könnt wieder in die Klasse gehen.« Das war es. Ich glaube, das war das erste und letzte Mal, dass wir uns schrecklich benommen haben zu seiner Zeit.

Also, ich kann mir bei seiner Person, so wie er ausgesehen hat, auch gut vorstellen, dass manche sich vielleicht vor ihm gefürchtet haben. Er war ja sehr groß.
Er war gar nicht so groß.

Auf den Fotos wirkt er aber so.
Nein. Er hatte eine ganz normale Figur gehabt. Er war nicht zu groß.

Du bist ja auch groß.
Moment mal, ich glaube, er war nicht größer als du. Er hatte einen kleinen Bart und hat uns jeden Tag nach der großen Pause vor seinem Zimmer empfangen. Er stand vor seiner Tür und hat uns empfangen, als wir vom Hof nach oben gegangen sind.

Meinst du, dass er jedes Kind kannte, das in die Schule gegangen ist?
Ich weiß es nicht. Aber ich glaube, er kannte jede Klasse, jeden Lehrer und wusste genau, ob die Lehrer in Ordnung waren und richtig gelehrt haben. Er hatte alles im Griff.

Du hast ja nach ihm, nachdem er weg war nach Palästina, noch die Schule weiter erlebt auch mit Herrn Dr. Weikersheimer als Schulleiter und mit Lehrern, die teilweise sogar Nazis waren. Vielleicht haben euch die jüdischen Lehrer beschützt oder abgeschirmt, aber es war natürlich, nachdem Ephraim Carlebach weggegangen ist, nicht mehr die Carlebachschule, die sie vorher war. Trotzdem muss man Weikersheimer ein großes Kompliment machen, dass er

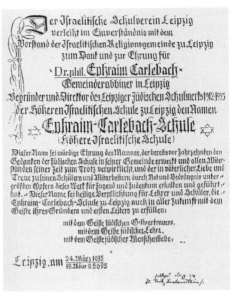

Dr. Ephraim Carlebach   **Verabschiedung von Dr. Ephraim Carlebach**

versucht hat, diesen Geist der Carlebachschule noch wenigstens bis November 1938 weiter zu pflegen. Du bist ja noch zur Schule gegangen, auch nach 1938. Was ist passiert 1938? An die Zeit, als Dr. Weikersheimer Schulleiter wurde, ich kann mich nicht mehr erinnern. Das habe ich nur von Erzählungen gehört. Ich weiß nur, es gab einen Lehrer Haupt, der mit einem Hakenkreuzabzeichen in die Schule kam. Ich habe damals gar nicht darauf Acht gegeben, denn wir hatten keinen direkten Kontakt zu ihm. Mehr kann ich erzählen über Fräulein Herrmann, unsere geliebte Klassenlehrerin. Im November 1938, also Pogromnacht, da hat uns ein Bekannter angerufen. Das war ein Kohlenhändler von uns, der viele Jahre bei einem Juden gearbeitet hatte. Er hat auch Jiddisch gesprochen und war selbst »fast« ein Jude. Ich möchte einen Moment zurückgehen. Mein Vater ging jeden Morgen in die Eitingon-Synagoge[209], in die alte große Synagoge in der Otto-Schill-Straße. An diesem Morgen kam er sehr schnell nach Hause mit ganz roten Augen. Da habe ich ihn gefragt: »Papa, was ist denn los?« Und da führte er mich zum Fenster und sagte: »Schau!« Der Himmel war schwarz und dicke Rauchwolken zogen über die Dächer. Nun erzählte er: »Die Synagoge brennt.« Als mein Vater hinkam, rief der Hausmeister ihm zu: »Gehen Sie schnell weg!« Da kam er gleich nach Hause. Es war ja nur ein Katzensprung von der Synagoge. Ich habe mich schrecklich erschrocken und sofort meine Führerin vom Jugendverband angerufen. Das war die Schwester vom Fred Rose und ich fragte sie: »Weißt du, was passiert ist?« Da sagte sie: »Ich weiß« und legte auf. In diesem Moment hatte man ihren Vater verhaftet. Nun zurück zum Kohlenlieferanten. Er kam zu uns und sagte: »Jetzt kommt ihr mit mir in unsere Villa in Gohlis.« Es war die Bleichertstraße 7. Wir sind zu ihm gekommen und seine Frau hat uns sehr herzlich empfangen und sagte: »Sie müssen keine Bedenken haben, wir haben unser Mädchen in ihr Dorf geschickt, damit sie nicht denunziert und erzählt, dass wir irgendwie Juden untergebracht haben.« Diese Familie hieß Witosch. Sie hatten einen Sohn. Herr Witosch hat uns die Tür von dem Zimmer seines Sohnes aufgemacht. Das war ein Zimmer, ungefähr halb so groß wie dieses, mit einer großen roten Fahne mit Sichel und Hammer vor seinem Bett. Dann hat er gesagt: »Ja, das ist mein Sohn.« Und darauf kam die Frau von ihm und hat gebeten, meine Mutter soll mit in die Küche kommen. Da hat sie ihr gezeigt, dass da zwei große Kartons standen. Die hat sie aufgemacht und hat gesagt: »Wir wissen ja nicht, wie lange Sie hier sein müssen. Wir haben neues Geschirr gekauft, Töpfe und Service, damit sie bei uns essen können.«[210] Das werde ich im Leben nicht vergessen.

Gertrud Herrmann Stolperstein vor dem letzten Wohnhaus Funkenburgstraße, 2010

Und dieser Kohlenhändler war kein Jude?
Er war kein Jude. Er ist, wie gesagt, sehr oft zu uns gekommen. Also wir waren dort und es war sehr angenehm bei denen, in einer sehr schönen Villa. Herr Witosch hatte die Schlüssel von unserer Wohnung. Am Nachmittag hat er angerufen, dass er bei uns in der Wohnung war und nichts geschehen ist. Jedenfalls hat er gesagt, es sei Ruhe in der Stadt und er käme bald nach Hause. Da wurde nachgedacht und er sagte: »Ich sehe keine Gefahr mehr. Wenn ihr wollt, könnt ihr hier übernachten, das ist kein Problem, aber ihr könnt auch nach Hause, denn die Stadt ist ruhig geworden.« Er war in der Wohnung, da war nichts angerührt, und er hat uns mit dem Auto nach Hause gefahren. Wir sind durch die Gustav-Adolf-Straße gefahren und da war noch ein Scheiterhaufen vor der Schule. Das hat noch geglüht, nicht mehr gebrannt. Die Schule wurde ja nicht zerstört, nur das Inventar wurde auf die Straße geschmissen und verbrannt.
Wir sind nach Hause gekommen und nach einiger Zeit, ich kann mich nicht erinnern, wie lange es gedauert hatte, sind wir wieder zur Schule gegangen. Da wurde hergerichtet, was hergerichtet werden musste.

Gertrud Herrmann, 1928

Dr. Annelies Plätzsch im Rollstuhl, Schülerin von Gertrud Herrmann bei der Verlegung des Stolpersteins, 2010

Letztes Klassenfoto der 8. Klasse aus der Carlebach-schule April 1942 mit Gertrud Herrmann (2. Reihe Mitte)

Manfred Katz 1.2.04

Sehr geehrte Frau Gildoni,
gerade sprachen wir telefonisch und möchte ich Ihnen gleich die Bilder senden.
Anbei eine kleine Broschüre über meinen Aufenthalt in „Ahlem" vom 13.1.39 bis 28.10.41 (bis Auflösung des Judenorts).
Wie ich Ihnen schon erzählte kam ich im Okt.41 nach Halle zurück und besuchte danach die jüdische Schule in Leipzig. O.g. das Jahr 1942 stimmt. Nachdem wir die 8. Klasse beendet hatten wurden alle jüdischen Schulen aufgelöst und es begannen die Deportation nach dem Osten. Dessen bin ich sicher.
Ich selbst kam danach, mit 14 Jahren, zur Zwangsarbeit auf Anordnung der Gestapo, und wurde später nach Theresienstadt deportiert. Dort wurde ich zu Ende des Krieges 1945 von den Russen befreit.
Dies nun kurz über mein Leben.
Würde mich freuen näheres von Ihnen zu hören.
Für heute, mit freundlichem Schalom.

M. Katz

V.S. wanderte 1948 nach Israel.
Raoul Wallenberg Str. 9/23, 34990 Haifa, Israel, Tel. 972 4 8346908

Brief von Manfred Katz an Channa Gildoni

Letztes Klassenfoto mit den Mädchen der 8. Klasse

Aber das hat natürlich nicht sehr lange gedauert. Es wurden immer weniger Schüler und Dr. Weikersheimer, ich kann mich nicht erinnern, ob er auch dann ins Gefängnis kam oder ausgewandert ist. Das weiß ich nicht. Und der Herr Katzmann war eigentlich Turnlehrer, aber er übernahm dann die Leitung der Schule. Und da wurden kleine Klassen wieder eröffnet. Nicht immer des gleichen Alters, es waren natürlich gemischte Klassen. Ich kann mich nicht erinnern, wie lange es gedauert hat, aber ich habe zu Hause noch einen Brief. Den letzten Brief unseres Schultages, wo einige Schülerinnen und Freundinnen unterschrieben haben, denn da wurde die Schule endgültig geschlossen. Und den habe ich bekommen von einer Freundin aus Israel, der wir diesen Brief geschrieben haben. Ich kann mich an das Datum nicht erinnern.

Also, du hast dann nach der Pogromnacht noch die Schule besucht, bis ihr aus Leipzig weg seid?
Nein, das war noch lange nicht. Jedenfalls wurde die Schule geschlossen und zu einem Flüchtlingslager. Da wurden Leute, die aus den Sudeten ausgebürgert wurden, nach Leipzig gebracht. Die Turnhalle der Schule diente als Flüchtlingslager. Es war noch kein »Judenhaus«, denn die Turnhalle war vor dem Bau der Schule oder der Eröffnung der Schule eine Synagoge. Es waren Säulen dort, es gab ein Vorzimmer. Ich weiß nicht, welchem Zweck es gedient hat. Das wurde dann unser Musikzimmer. Da hat der Musiklehrer Paul Niederland Unterricht gegeben. Wir hatten ein Mundharmonika-Orchester und er hat Klavier gespielt. Dann wurde es, als es eine Turnhalle war, zum Ankleidezimmer. Wie in einer Synagoge gab es hier auch eine Empore. Im Winter hat der Sportverband Bar Kochba in der Turnhalle geturnt. Im Sommer waren wir natürlich auf dem Bar-Kochba-Platz in der Berliner Straße. Jedenfalls, es war eine sehr schöne Zeit, trotz allem.

Dann kamen auch die Flüchtlinge und es waren Familien, die sehr arm waren mit vielen Kindern. Josef Glaser aus Haifa hat mir gesagt, dass er zusammen mit mir dort freiwillig geholfen hat. Daran konnte ich mich nicht erinnern. Jedenfalls bin ich jeden Tag in die Schule gegangen und wir haben versucht, diesen armen Leuten zu helfen. Das waren auch Familien mit Babys und da haben sie Decken oder Laken gezogen zwischen den Säulen, damit sie dort irgendwie als Familie leben konnten. Das war sehr, sehr traurig.

Ihr seid ja über Ungarn weg?
Wir haben ja nicht mehr in unserer Wohnung gewohnt. Wir hatten zwei Lifts[211] gepackt, die nie angekommen sind, weil sie in Hamburg ausgeraubt wurden. Das Schiff erlebte eine Panne unterwegs und musste in den Hafen zurück, um repariert zu werden. Der Krieg war ja schon vor der Tür. Wir waren aber noch da, drei Personen mit nichts. Und wir sind dann umgezogen, wir hatten ja keine Wohnung mehr. Anfangs wohnten wir in der Promenadenstraße 30, und später zogen wir in die Elsterstraße 28. Dann sind wir umgezogen in die Promenadenstraße 16 und dann wurde mein Vater verhaftet und kam ins Gefängnis, das war noch eine separate Geschichte.
Wir haben dann die beiden Lifts gepackt. Da war mein Vater noch zu Hause, wir haben dann gepackt und sind dann in die Promenadenstraße 20 oder 22 in ein Zimmer gezogen. Dann in die Lortzingstraße 16 und dann in die Nordstraße 58. Das waren zwei Häuser davor, wo meine Tante, mein Onkel und meine Cousine gewohnt haben in der 62, aber die waren nicht mehr da. Sie waren schon im Lager irgendwo. Da hatten wir ein Zimmer und da waren wir noch alle zusammen, meine Mutter, mein Vater und ich. Bis eines Tages mein Vater irgendwas besorgen ging und da traf er im Treppenhaus zwei Leute von der Gestapo. Sie waren natürlich nicht uniformiert und haben sich erkundigt nach irgendeinem Namen. Mein Vater hat keine Auskunft geben können. Aber er ist nicht mehr nach Hause gekommen. Er hat irgendwo übernachtet, bis er nach einigen Tagen uns sagen ließ, dass er über die Grenze geht. Da ist er nach Ungarn gegangen.

Aber er war deutscher Staatsbürger?
Nein, polnischer Staatsbürger. Deshalb wären wir auch am 28. Oktober fast abgeschoben worden.[212] Aber ich habe Schuld gehabt. Ich weiß nicht wieso, es ist mir unerklärlich. Ich habe drei- oder viermal uns alle gerettet. Wieso das in mein Gehirn kam, kann ich bis heute nicht erklären. Es war eigentlich nur spontan.

Wie kam es, dass ihr nicht abgeschoben wurdet?
Das kann ich nur separat erzählen. Jedenfalls haben wir Grüße aus Budapest bekommen, denn mein Vater hatte inzwischen neue Freunde kennengelernt. Und es waren speziell Pelzhändler, obwohl mein Vater mit Pelzen nichts zu tun hatte. Meine Mutter und ich waren noch ein halbes Jahr in Leipzig. Bis eines schönen Tages wirklich dieser Freund kam und sagte, mein Vater hätte einen Grenzschmuggler bezahlt, und an diesem und jenem Tag wird er kommen. Wir müssen in Wien sein und er wird uns über die Grenze führen. Da bin ich mit meiner Mutter und noch einer Bekannten, die im selben Haus gewohnt hat, nach Wien gefahren und da habe ich die erste Begegnung mit Wanzen gemacht.

Das war schon 1940?
Das war Anfang 1940.

Aber da war schon Krieg.
Ja, sicherlich. Schau, 1941 sind wir nach Palästina gekommen. Aber wir sind vorher nach Ungarn gefahren, Pessach 1940. Nach Palästina sind wir im Mai gekommen. Es war ungefähr

ein und ein viertel Jahr, dass wir in Ungarn waren. Also, wir kamen nach Wien. Wir sind in einem Hotel, wo Juden noch sein konnten, schlafen gegangen. Wir waren natürlich todmüde. Ich bin sehr schnell aufgestanden, es hat gekratzt, ich habe Licht gemacht, die Wand war schwarz. Zu dieser Zeit gab es in Österreich und in Ungarn in den normalen Wohnungen keine Gardinen und keinen Teppich und es hat nach Petroleum gestunken. Das war alles verwanzt. Also haben wir eine Nacht in diesem Hotel zugebracht, das war fürchterlich! Das kann man sich gar nicht vorstellen. Wir haben gewartet und gewartet und gewartet und niemand kam, um uns Bescheid zu sagen, wo der Mann ist. Und wir hatten auch nicht mehr viel Geld bei uns. Man durfte ja nicht mehr als zwanzig Mark haben. Bis dann irgendwie uns gesagt wurde, dass dieser Mann nicht mehr kommt, weil er geschnappt wurde. Da hat meine Mutter irgendwie versucht, jemanden zu bekommen. Wir konnten ja nicht in Wien bleiben, denn auf den Straßen gab es schon große Aufschriften: »Für Juden verboten«. Da habe ich gefragt: »Moment mal, die Juden haben doch keine Flügel, wie sollen sie verschwinden?« Wo du hingekommen bist: Juden verboten, Juden verboten, Juden verboten.

War das schlimmer als in Leipzig?
Das war nicht zu erklären. In Leipzig gab es das noch nicht. In Leipzig war noch kein gelber Stern.[213]

Das schon, aber es war in Leipzig auch vieles verboten.
Da und dort.

Ins Schwimmbad konnte man nicht gehen, ins Kino konnte man nicht gehen ...
Na gut, ja, aber das war ganz zuletzt, als wir in Leipzig waren. Es kam plötzlich. Ich glaube, das war, als der Goerdeler[214] schon nicht mehr da war. Als man den Goerdeler schon erschossen hatte oder getötet hatte, dann kam das. Denn solange der Goerdeler war, da war nichts in Leipzig los. Da wurde ich ja gefragt, ob mich hier wirklich niemand schikaniert hat. Ich persönlich oder wir persönlich haben keinen direkten Antisemitismus gespürt. Wir wurden immer noch schön gegrüßt, haben mit Leuten gesprochen, konnten diesen und jenen noch besuchen. Keiner hat zu mir gesagt: »Du dreckiger Jude!« Das kann ich beschwören, obwohl es Antisemitismus in Leipzig gab.

Durch die Carlebachschule warst du ja auch ein bisschen geschützt vor solchen Anfeindungen. Aber der Schulweg, war der auch frei von Beschimpfungen?
Ja, er war frei. Normalerweise bin ich mit dem Fahrrad gefahren. Fast so lange, bis wir gepackt haben, bin ich eigentlich Fahrrad gefahren. Und da konnte man auch noch zum Bar-Kochba-Platz fahren und ich bin danach zurückgefahren durchs Rosental.

Du hattest ja jüdische und nichtjüdische Freundinnen. Die Freundschaften halten teilweise bis heute. Wie war das damals, als den Kindern beigebracht wurde: »Die Juden sind an allem Unglück schuld.« Gab es da auch Freundschaften, die daran zerbrachen?
Ich habe es nicht gespürt. Ich glaube, es kam mir gar nicht zum Bewusstsein. Ich hatte eine sehr nahe Freundin, die gegenüber gewohnt hat. Es gab dort einen Tattersall[215]. Das Haus existiert bis heute noch in der Elsterstraße, es waren die Freimaurer drin. Mit dieser Freundin war ich wirklich sehr dick befreundet, ich kann mich nicht an ihren Namen erinnern. Ich bin bis zuletzt mit ihr im Kontakt gewesen. Wir haben Regenwürmer gesammelt und Schmetterlinge gefangen, und eines schönen Tages wollte ich die Pferde sehen und sie sagte, sie sind zugedeckt, aber sie kann sie mir zeigen. Da hat sie mich in den Saal geführt und da war alles weiß zugedeckt, damit es nicht schmutzig wird. Das

waren vielleicht auch Gemälde, vielleicht Bänke, ich weiß es nicht. Also das war der Tag, wo ich im Tattersall die Pferde gesucht habe. Ich hatte noch einige Nachbarn. Aber ich glaube, soweit ich mich erinnern kann, in der näheren Nachbarschaft gab es gar keine Kinder. Das waren nur Erwachsene, viele Erwachsene. Ich hatte eben nur die Ester Gorne, die bei uns im Haus gewohnt hat.

Oft haben ja die Eltern ihren Kindern verbo-
ten, mit den jüdischen Kindern zu spielen.
Ich habe es nicht mitbekommen. Nicht ein
einziges Mal. Ich kann mich erinnern, ich
war einmal in der Stadt und da war Flieger-
alarm. Da bin ich in ein Tor gegangen in
der Gottschedstraße. Es war ganz normal,
ich habe mich ganz normal als Leipzigerin
gefühlt. Ich weiß nicht, warum, aber das
ist vielleicht ein besonderes Glück. Auch
mein Vater. Als er nach zwei Jahren aus dem
Gefängnis kam, hatte das Geschäft natürlich
gelitten. Meine Mutter hatte andere Sorgen,
aber das Geschäft musste ja weitergeführt
werden. Es war ein großes Unternehmen,

Besuch bei Channas Kinderfreundin Traudel Ascher-
berg in Leipzig, 2010

denn das Geschäft verkaufte Nähgarn oder Zwirn bis zum Brillianten und auch Möbel. Wie damals die großen Abzahlungsgeschäfte waren. Mein Vater hatte über 10 000 Kunden. Das war keine Kleinigkeit. Natürlich haben es Leute ausgenützt – den Juden musste man nichts zahlen … Obwohl sie es nicht direkt gesagt haben, aber sie haben es ausgenützt: »Wenn mich niemand daran erinnert, dann zahle ich nicht.« Ob es bös oder nur bequem gemeint war, weiß ich nicht. Als mein Vater zurückkam, hat er diese Leute verklagt. Ich kann mich erinnern, dass Freunde gesagt haben: »Sagen Sie, haben Sie noch alle Sinne beisammen? Nach dem, was Sie durchgemacht haben?« Er sagte: »Ich habe nichts ver- brochen, ich wurde freigelassen, ich fürchte mich nicht«, und hat die Leute verklagt. Ich habe meinen Vater dann keine Minute allein gelassen. Ich bin immer mit ihm mitgegangen und eines schönen Tages war eine Gerichtsverhandlung und ich sehe den Richter noch in seinem großen Fauteuil[216] sitzen. Er lehnte sich so dran und dem Schuldner sagte er: »Sagen Sie mal, Sie haben sich da so wunderbar ins Bett gelegt und sich gesagt, ja gut, Schulden habe ich, aber das ist doch ein Jude, dem muss man nicht zahlen.« Und er wurde verurteilt. Die Leute kamen auf allen Vieren und haben gezahlt und sich entschuldigt.

Das ist doch erstaunlich! Denn an sich gab es ja für Juden kaum noch Rechte. Da staunt
man, dass es solche Richter gab, die noch so ein Rechtsempfinden hatten.
Das war keine Geschichte. Ich habe es ja mit eigenen Ohren gehört. Ich war doch sehr jung. Wie alt war ich? Ich war vierzehn. Also, wo waren wir stecken geblieben?

Wir müssen noch mal kurz auf Budapest kommen. Eigentlich begannen ja zu der Zeit schon
die Deportationen. Ist Dir der Name Raoul Wallenberg[217] mal irgendwo in Budapest begegnet?
Ja, aber ich habe ihn nicht gekannt und habe nie gewusst, wer das genau war. Ganz kurz Budapest. Wir haben damals jemanden gefunden, der uns über die Grenze bringen sollte. Da kam jemand zu uns in das »Wanzenhotel«. Da hat meine Mutter ihm Geld gegeben und wir fuhren nach Mattersdorf.[218] Dort hat uns eine junge Dame empfangen, als ob sie uns kennt, und hat uns ins Zollhaus geführt. Das war gleich neben der Bahn und sie hat sich verabschiedet. Da haben sie uns Kaffee angeboten und meiner Mutter, die sehr

schwächlich war, ein Nachtlager gemacht. In der Nacht saßen wir zusammen mit einem Zollbeamten vor diesem Häuschen und haben uns unterhalten. Er hat uns gesagt, mit Sonnenaufgang wird er uns den Weg zeigen, wie wir nach Budapest kommen. Also, die Leute waren alle bestochen, alle bezahlt. Es war eine wunderschöne Nacht, ich habe kein Auge zugemacht. Natürlich haben wir draußen gesessen. Ich habe versucht zu rauchen, groß und erwachsen zu sein. Es hat mir nicht geschmeckt. Jedenfalls am Morgen, meine Mutter ist aufgestanden, wir haben Kaffee getrunken und sind auf die Höhe gegangen, das waren doch Berge. Da hat er mir erklärt, wie man gehen soll und dass wir sehr vorsichtig sein müssen, denn die Gendarmerie läuft Streife. Und wenn wir irgendjemanden sehen, dann müssen wir uns ducken oder irgendwie verstecken, sonst bringen sie uns zurück. Wir haben uns verabschiedet und da haben sie uns noch gefragt, wie viel Geld wir bei uns haben. Ganz treu habe ich abgegeben, was über zwanzig Mark war, aber das war nicht sehr viel und sie wollten auch eine Adresse, wo sie es hinschicken können. Natürlich ist es nie angekommen. Aber ich glaube, wenn man uns irgendwie gefunden hätte mit mehr Geld, dann wären sie vielleicht bestraft worden.

Ich bin also losgezogen mit diesen beiden Damen und plötzlich pfeift es, das war nicht mehr als hundert Meter. Wo kommt der Pfiff her? Und da kommt der Beamte und ruft uns zu: »Zurück, zurück, zurück!« Dann sagte er: »Ja, die Streife kommt. Jetzt warten wir, bis sie vorbei ist, und dann dauert es ein paar Stunden, bis sie wieder dort sind.« Dann habe ich die Damen den Berg heruntergeführt, und als wir fast unten waren, sehe ich das ganze Sopron[219]. Das war nach meinen Begriffen eine runde Stadt, viele Fabriken und die Landstraße war leer, aber von weitem habe ich einen Radler gesehen. Da habe ich gedacht, das ist gefährlich, er darf uns doch nicht treffen, wenn wir nach unten gehen. Da haben wir gewartet, bis er vorüber war und sind danach auf die Landstraße gegangen in Richtung Sopron. Nein, der Radler war noch nicht vorüber. Ich habe ihn von weitem gesehen. Aber da sehe ich fünfzig bis hundert Meter entfernt ein Schild »Douane«, ein Zollhaus. Ich schau herein, es war leer. Ganz frech bin ich hereingegangen und habe die beiden Damen hereingeführt und gewartet bis der Radler vorbei war. Nun waren wir frei.

Und wie ging es weiter? Habt ihr deinen Vater gefunden?
Da sind wir erst einmal weitergegangen. Also was macht man? Ich hatte eine Adresse, aber wie komme ich zu der Adresse? Ich muss doch jemanden fragen! Natürlich war das eine Strapaze und in das erste beste Haus, das mir gefallen hat, habe ich die Damen hereingebeten. Wenn ich mich heute daran erinnere, wie das möglich war, dass ich keine Angst hatte und den Mut hatte, das zu machen.

Das war ein sehr schönes Haus. Ich kann kein Ungarisch. Plötzlich geht die Tür auf und eine Frau kommt heraus. Die Frechheit, die ich hatte, oder den Mut! Ich habe mich entschuldigt, wir haben uns geirrt. Sie hat bestimmt gerochen oder geahnt, das sind irgendwelche Flüchtlinge. Da hat sie uns gesagt, wie wir da hinkommen. Aber wir haben ein Taxi genommen. Dann kann ich mich erinnern, wir kamen vor ein Haus ...

Wir müssen die Geschichte mal abkürzen. Meine Frage: Glaubst du an Schutzengel? Warst du ein Schutzengel?
Ich weiß es nicht. Aber ich muss es annehmen.

In diesen Geschichten warst du der Schutzengel, aber hast du mal erlebt, dass du in Lebensgefahr warst und ein Anderer dich geschützt hat?
Also, ich muss sagen, es war drei- oder viermal, wo wir geschützt wurden. Das war einmal bei der Polenabschiebung, das war nach Ungarn, das war in dem Zug nach Budapest und das war noch einmal. Also drei- oder viermal.

Und meinst du, dass diese Erlebnisse dir auch die Kraft gegeben haben, an das Gute zu glauben? Du bist ja ein Mensch, der nicht nachträgt. Du bist ohne Hass zurückgekommen nach Deutschland und das können die wenigsten. Die Juden, die aus Leipzig vertrieben wurden, haben oft zumindest sehr gemischte Gefühle, wenn sie nach Deutschland kommen und können nicht so schnell, wie du das konntest, Brücken bauen und die Hand reichen. Was meinst du, woher du die Kraft bekommen hast, das zu tun?

Ich kann es schwer beantworten. Ich bin eigentlich jemand, der nicht versteht, dass man hassen kann. Nachdem ich ganz persönlich niemals in dieser Situation war, dass zu mir gesagt wurde: »Du dreckiger Jude« und ich sehr jung war, habe ich mir vielleicht keine Gedanken darüber gemacht. Außerdem, zu dieser Zeit wussten wir ja noch nicht, dass es Todeslager gab. Die erste Begegnung eigentlich vom Krieg und was geschah, war ein Brief von meiner Tante aus Polen. Sie haben in einer kleinen Stadt gelebt neben Warschau und sind geflohen nach Warschau. Da war ein Luftangriff und der Onkel wurde getötet. Sie hat geschrieben, man musste ihn liegen lassen und wir sind weitergelaufen. Und das hat mich wahnsinnig berührt. Ich habe zu meiner Mutter gesagt: »Wie ist das möglich? Eine Familie lässt den Vater liegen und geht weiter.« Das war die erste Begegnung mit einem so großen Unglück. Wir sind Gott sei Dank heil nach Palästina gekommen und erst viel, viel später habe ich erfahren, was sich eigentlich zugetragen hat. Und dann habe ich gesagt, ich will nie wieder nach Leipzig, solange die Russen da sind. Ich möchte Leipzig besuchen mit meinen Kindern, um ihnen zu zeigen, wo ich gelebt habe, wo ich entstanden bin. Zwei Tage, drei Tage und auf Wiedersehen.

Ich hatte gar nicht das Gefühl, ich muss Leipzig besuchen, bis wirklich die ersten Einladungen kamen. Und als ich nach Leipzig kam, das erste Mal nach fünfzig Jahren und ich fünfzig Jahre kein Deutsch gesprochen, gelesen und geschrieben habe. Ich kam nach Leipzig, das war mitten in der Nacht. Lehmann-Grube[220] und Adlerstein[221] haben uns abgeholt und wir fuhren von Schkeuditz nach Leipzig mit dem Bus. Und plötzlich, ich habe so aus dem Fenster geschaut, habe ich gesagt: »Ich glaube, ich kenne diesen Platz und jenen Platz.« Und dann hatten wir eine Stadtrundfahrt

Channa Gildoni mit Sohn Alon und Schwiegertochter im Rathaus, 2008

mit der Sekretärin vom Oberbürgermeister. Ich habe sie gefragt: »Sagen Sie mal, ist das nicht diese und diese Straße?« Und ich habe mich nach der Sternschnuppe erkundigt und sie wusste es nicht. Dann habe ich gehört, sie liegt vor dem Schulmuseum im Park und das ist gar kein Meteor gewesen. Und dann sagte sie: »Frau Gildoni, tun sie mir einen Gefallen, setzen Sie sich hierher. Sie kennen Leipzig besser als ich.« Leipzig war mir wieder bekannt und ich habe mich gut in Leipzig gefühlt. Ich weiß, dass ich das erste Mal in ein Geschäft gegangen bin und wollte eine Schildkröte aus irgendeinem Kunststoff für meine Tochter kaufen. Ich dachte, das ist zerbrechlich. Und da war ich sehr vorsichtig und sagte: »Wie werde ich das transportieren? Können Sie mir das gut einpacken?« Es war gar nicht zerbrechlich, aber es hat so ausgesehen. Das war in der Mädler-Passage und da sagte der Verkäufer: »Woher kommen Sie?« »Aus Israel.« Er sagte: »Jetzt setzen Sie sich mal hin.« Und er hat erzählt von seiner Mutter. Sie ist immer nach Leipzig einkaufen gefahren, weil sie gesagt hat: »Nur bei Juden kaufe ich ein, weil das ehrliche Menschen sind.« Also hat er mir Geschichten erzählt und da habe ich mich wieder gut gefühlt. Und dann sagte er auch: »Jetzt kriegen Sie auch einen Preisnachlass.« Und dann hat er mir alles Gute gewünscht, alles sehr schön eingepackt, und ich habe wieder keinen Antisemitismus gespürt.

Channa mit Elke Urban, 2008   Eintrag im Gästebuch des Schulmuseums

Gilt das bis heute?
Ja, ja. Schau mal, Antisemiten gibt es in der ganzen Welt und ich will es nicht betonen, vielleicht auch bei uns. Das ist ein falscher Hass, das ist eine Unwissenheit, denn ein Antisemit weiß gar nicht, wer ein Jude ist und wer ein Christ ist und er kann es nicht verstehen, dass es alle dieselben Menschen sind, die nur eine andere Religion haben.

Was meinst du, warum es für die Stadt Leipzig einen Verband der Ehemaligen gibt? Es gibt ja in Israel und auch anderswo in der Welt Ehemaligenverbände von verschiedenen Ländern. Hat unsere Stadt für die ehemaligen Leipziger eine so starke Bedeutung, dass sie sich »Verband ehemaliger Leipziger« genannt haben?
Soweit mir bekannt ist, gibt es auch einen Verband für ehemalige Frankfurter.

Ach ja, das ist ja auch eine große jüdische Gemeinde gewesen, stimmt.
In Leipzig gab es eine Familie Goldwasser. Dr. Goldwasser war ein Advokat und hat viel für die Wiedergutmachung an den Juden gearbeitet und eines schönen Tages hat man beschlossen, dass man in Israel ein Altersheim baut für die ehemaligen Leipziger. Denn die Leute aus Leipzig, die vom Krieg zurückkamen oder vom Holocaust befreit wurden und kein Geld hatten, brauchten einen Ort. So ist dieser Verband vor über fünfzig Jahren entstanden mit Geist und Geld und viel Liebe und er besteht bis heute.

Du bist ja schon viele Jahre die Vorsitzende und hast Kontakte zu ehemaligen Leipzigern in aller Welt. Du bist, so wie ich Dich erlebe, ein Mensch mit unerschöpflichen Energien, eine richtige Powerfrau. Gibt es irgendein Geheimnis, woher du diese Kraft nimmst?
Das ist ein Geheimnis, das ich nicht verraten kann, weil ich es nicht weiß. Ich hatte eine Tante, das ist diese Tante, die ihren Mann am Weg liegen lassen musste. Und diese Tante hat zusammen mit ihrer Schwester ein Krankenhaus für Juden in Polen errichtet. Und soweit ich die Familie kennengelernt habe, da ist irgendwie etwas verwurzelt, dass die Leute immer nur anderen geholfen haben. Ich weiß nicht, ich bin so aufgewachsen und vielleicht, es ist eben passiert ohne zu wollen, ohne nachzudenken. Und heute ist es nicht leicht. Die Verbandsmitglieder sind älter geworden oder alt geworden. Und es gibt eine zweite Generation, aber die ist sehr, sehr winzig. Und unter den Kindern, die schon erwachsen sind, gibt es Leute, die interessiert daran sind. Aber ich sehe keine Weiterarbeit. Und viele sagen, wenn du aufhörst, ist es vorbei. Ich habe heute keine Hilfe, heute muss ich alles allein machen und irgendwie muss ich einen Nachfolger finden.

Oberbürgermeister Burkhard Jung und Channa Gildoni an der Gedenkstätte Gottschedstraße, 2009

Ehemalige Leipziger in Tel Aviv, 2004

Channa Gildoni und Ministerpräsident Tillich bei der Namensgebung Ephraim Carlebach Haus, 2009

Ein ehemaliger Leipziger, das ist ja auch schwierig.
Der einzige Nachfolger, der es sein könnte, dass wäre Herr Dangot, der Neffe von Herrn Adlerstein, aber der spricht kaum Deutsch. Ich weiß nicht, wie es weitergeht. Die Leute sind wirklich alt geworden und man kann mir auch nicht helfen, denn das sind nicht Menschen, die mobil sind. Die Leute wohnen auch nicht um die Ecke. Und bis die Leute nach Tel Aviv kommen, dann kann ich schon in Leipzig sein.

Channa, was wünschst du dir für die Zukunft?
Dass es keinen Terror mehr gibt und dass es Nächstenliebe gibt. Und dass die Menschen endlich begreifen, dass niemand auf der Welt vor Terror und vor Böswilligkeit sicher ist, ob es Juden sind, ob es Christen sind, ob es Räuber sind. Es gibt ein Sprichwort: »Der Böse kommt zum Ende an den Galgen.«

Das ist aber kein schönes Schlusswort. Da würde ich gerne noch was Besseres haben.
Der Krug geht so lange zum Brunnen, bis er bricht. Das ist besser.

Channa, was würdest du meinen, braucht Leipzig ein jüdisches Museum?
Es ist wichtig, dass Leipzig ein jüdisches Museum baut, und ich glaube es ist nicht weniger wichtig als das Begegnungszentrum in Leipzig, das endlich erbaut werden konnte. Es ist nicht weniger wichtig als die Benennung der ehemaligen Carlebachschule, das Ephraim-Carlebach-Haus, was sechzehn Jahre gedauert hat.
Ihr sollt nicht aufgeben und wir dürfen nicht aufgeben. Ein jüdisches Museum muss in Leipzig entstehen. Leipzig war eine jüdische Stadt und beginnt wieder langsam, Juden aufzunehmen mit sehr viel Liebe, mit sehr viel Verstand. Ein Museum muss da sein, nicht nur für Juden, sondern speziell für Nichtjuden.

Das ist wunderbar. Das nehme ich jetzt als Schlusswort, liebe Channa.

Miriam Brookfield, geb. Fleischmann

Ich würde Sie bitten, dass Sie sich mal kurz vorstellen. Aus welcher Familie kommen Sie, wo haben Sie gelebt?
Ich bin als Miriam Fleischmann am 4. Juni 1925 in Chemnitz geboren. Ein paar Jahre später sind meine Eltern und ich nach Leipzig gezogen. Wir haben in der Nordstraße bis 1939 gelebt und hatten das Glück, nach China auswandern zu können.

Wohnhaus Nordstraße 49, 2010

Ganz schön weit.
Ja, jetzt ist die ganze Welt kleiner geworden, aber damals war das wirklich am Ende der Welt. Wir haben natürlich nicht gewusst, was uns dort erwartet. Aber wir haben gehofft, dass es besser ist, als wenn wir hier geblieben wären.

Darf ich kurz unterbrechen? Wann war das, in welchem Monat?
Im März 1939.

Hatten Sie auch andere Möglichkeiten erwogen oder wie kam das?
Meine Eltern hatten auf der ganzen Welt versucht, irgendwohin auszuwandern. Aber wir hatten keine Bekannten oder Verwandten, die uns helfen konnten, aus Deutschland wegzugehen zu dieser Zeit. Wir hatten fast schon die Hoffnung aufgegeben, mit dem Leben davonzukommen.

China war sozusagen die einzige Möglichkeit?
Die war auch im Moment noch nicht da, aber meine Eltern hatten gehört, dass viele Leute schwarz nach Frankreich oder nach Belgien gegangen sind über die Grenze. Und da haben sich meine Eltern gedacht, dass mein Vater es versuchen würde, uns später zu holen. Meine Mutter hat damals ehrenamtlich auf der jüdischen Gemeinde im Wohlfahrtsamt gearbeitet. Mein Vater ist nach Köln gefahren und hat ein paar Mal versucht, über die Grenze zu gehen. Jedes Mal musste er bezahlen an die Leute, die ihn über die Grenze bringen sollten. Jedes Mal ist er erwischt worden und sie haben ihn zurückgeschickt nach Deutschland. Irgendwann war das Geld alle. Da hat mein Vater meine Mutter auf dem Wohlfahrtsamt angerufen und hat gesagt: »Du musst mir noch einmal Geld überweisen. Ich habe noch eine Gelegenheit zu gehen, aber ich habe kein Geld mehr!« Das Gespräch ist abgehört

worden von der Polizei und da haben sie meinen Vater in Köln verhaftet und haben ihn zurückgebracht nach Leipzig. Er kam ins Gefängnis und sie haben ihn angeklagt wegen Devisenschmuggel, weil er deutsches Geld nach dem Ausland bringen wollte. Er hatte einen Prozess und die Richter haben ihn freigesprochen. Der Mann bei der Polizei, der seinen Fall zu bearbeiten hatte, war ein sehr gutmütiger Mann. Er hat gesagt: »Ich weiß nicht, was ich machen soll? Die Gestapo hat gesagt, Sie müssen den Mann verurteilen, weil die Leute so ärgerlich sind, dass er nicht verurteilt wurde. Da müssen wir ihn vor dem Zorn der Leute schützen. Wir werden ihn ins KZ geben, wo er sicher ist.« Und der Polizist sagte zu meiner Mutter: »Ich will ihm so gern raushelfen, können Sie nicht irgendwohingehen? Ich kann Ihnen noch ein paar Wochen geben, wo ich Ihren Mann noch halten kann, aber dann muss ich ihn zurückgeben an die Gestapo.«

Ich habe meiner Mutter gesagt: »Ich muss meinen Vati besuchen im Gefängnis.« Und meine Mutter wollte nicht. Ich wollte meinen Vati sehen. Er war ein sehr vornehmer Mensch. Er hat immer eine Krawatte getragen und hat immer ein Jackett angehabt. Und da hat meine Mutter gesagt: »Ich wollte dich nicht mitnehmen, aber ich nehme dich mit, weil du es unbedingt willst!« Da habe ich meinen Vater gesehen. Sie haben ihm die Krawatte weggenommen, die Schnürsenkel aus den Schuhen getan und seinen Gürtel weggenommen. So habe ich meinen Vater kaum erkannt. Und da habe ich gesagt: »Ich will nicht mehr mitkommen ins Gefängnis und meinen Vater so sehen, wie er jetzt aussieht.« In der Zwischenzeit hat meine Mutter überall gefragt: »Wer kann mir helfen? Wohin können wir schnell auswandern?«

Das war noch 1938?

Nein, das war 1939, auf jeden Fall war es schon nach der »Kristallnacht«. Und da hat jemand meiner Mutter erzählt, dass da eine Familie in Leipzig Karten hätte, um nach Shanghai zu fahren. Aber die Kinder haben Scharlach bekommen und waren in Quarantäne. Deshalb konnten sie nicht rausgehen. Meine Mutter hat sich mit den Leuten in Kontakt gesetzt. Da hat meine Mutter die Karten gekauft, ist zurückgekommen nach Hause und hat gesagt: »Miriam, wir fahren nach China!« Dann ist sie auf die Polizei gegangen und hat dem Polizisten gezeigt, dass wir jetzt die Karten haben um rauszugehen. Da sagte er: »Gut, ich lasse Ihren Mann nicht aus dem Gefängnis, sonst kommt die Gestapo gleich. Aber Sie machen alles, was Sie machen müssen. Sie lösen Ihren Haushalt auf und wir werden Ihren Mann an den Bahnhof bringen, wenn Sie wegfahren.« Und das ist genau so geschehen. Meine Mutter hat alles weggegeben, die Federbetten und die Kissen haben wir mitgenommen und Sachen, wo man heute sagen würde: »Das ist doch verrückt!« Töpfe und ein paar Kisten mit Sachen und ein paar Bildern. Und dann sind wir zum Zug gegangen und sie haben meinen Vater dorthin gebracht. Wir haben uns in ein Abteil im Zug gesetzt, haben da aber zugeschlossen. Da konnte man nicht rausgehen, bis wir über die Grenze nach der Schweiz waren. Und die Schweizer haben dann die Türe aufgemacht und da haben wir gewusst: »Wir sind frei, wir sind frei!« Dann sind wir von der Schweiz nach Mailand gefahren. Mein Onkel hat in Mailand gewohnt, der Bruder meiner Mutter, und er ist zum Zug gekommen und hat uns auf Wiedersehen gesagt. Dann sind wir nach Genua gefahren, aufs Schiff gegangen und 28 Tage später sind wir in Shanghai gelandet. Wir sind an vielen Orten gewesen: Bombay, durch den Suezkanal, Ägypten, Hongkong – überall, wo das Schiff gehalten hat. Dann haben wir in Shanghai acht Jahre in einem Flüchtlingsheim gelebt, die ganze Zeit, und 1947 sind wir nach Amerika ausgewandert.

1947 war das erst möglich. Sie wussten ja auch nicht, wohin Sie auswandern konnten.

Wir wussten nur, dass wir weggehen wollten. Niemand wollte in China bleiben, das war das Komische. Alle Leute, mindestens 25.000 Juden von Europa, meistens von Deutschland und Österreich, haben alle gewusst, das ist nicht das Land, wo sie den Rest ihres Lebens

Mutter Fleischmann mit Tochter Miriam, 1939

Miriam mit Zuckertüte, 1931

verbringen wollen. Wir waren die ganze Zeit auf Hilfe angewiesen mit dem Essen und wo man schlafen konnte.

Hat sich dort eine eigene Community gebildet?
Da gab es vielleicht sieben Heime und jedes hatte einen Heimleiter. Es war alles schon japanisch in China, der Teil von Shanghai, wo wir gewohnt haben. Also ab 1941, als der Krieg ausgebrochen war mit Japan und Amerika, da ist das Geld von Amerika nicht mehr gekommen, um uns zu unterstützen. Und die Japaner haben ein bisschen davon gehört, was die Deutschen ihnen gesagt haben. Sie wollten, dass die Juden gleich umkommen sollen, die dort in Shanghai leben. Aber den Japanern war das nicht so wichtig, weil sie einen Krieg geführt haben. Aber sie haben dann ein Ghetto eingerichtet und gesagt: »Von diesem Ort bis zu diesem Ort kannst du nicht rausgehen.«
Da waren keine Mauern, aber die Japaner hatten Soldaten an mehreren Orten. Und man konnte dort nur rausgehen, wenn man einen Pass hatte. Wenn man zum Beispiel einen Doktor aufsuchen musste, der in einer anderen Gegend gewohnt hat, konnte man einen Tagespass bekommen. Da war man nicht eingeschlossen.

Was für einen Pass haben Sie denn gehabt zu der Zeit nach der Ankunft?
Staatenlos, wir waren staatenlos. Wir hatten vorher einen deutschen Pass, aber als wir weggefahren sind, sagten sie: Juden sind staatenlos.

Nun kurz noch einmal zurück zu Ihrer Familie. Ihre Mutter arbeitete ehrenamtlich bei der Gemeinde auf dem jüdischen Wohlfahrtsamt, und was war Ihr Vater von Beruf? Hatten Sie noch Geschwister?
Ich habe keine Geschwister, ich bin ein Einzelkind. Meine Mutter war in Leipzig geboren, mein Vater in Dresden und ich in Chemnitz. Mein Großvater hat ein Warenhaus gehabt, Kaufhaus Fleischmann in Chemnitz. Und mein Vater hat für meinen Großvater gearbeitet, was so üblich war in diesen Jahren. Das Kaufhaus ist pleite gegangen, glaube ich ...

Durch den Boykott im April 1933?
Das war schon vor 1933. Und dann ist mein Vater Handelsvertreter geworden, er hat die Fabrikanten repräsentiert. Das, was man früher im Laden gekauft hat, hat er an andere Läden verkauft. Er war Vertreter für die Fabriken. Da ist er für gewöhnlich Montag bis Freitag auf Reisen gewesen und ist Freitagnachmittag nach Hause gekommen. Meine Familie war sehr religiös. Er war dann Freitag, Samstag, Sonntag zu Hause und ist Montag früh wieder los und ist in ganz Sachsen herumgefahren. Er hat ganz gut verdient, vermute ich. Die Eltern haben mit den Kindern nicht so über Geldsachen gesprochen, aber wir haben in der Zeit gut gelebt. Wir hatten eine gute Wohnung mit schönen Möbeln, nichts Außergewöhnliches, aber gut war es. Mein Vater hat gearbeitet bis zur »Kristallnacht«, dann hatte er natürlich Angst, noch herumzufahren. Er hatte ein Auto, das hat er wahrscheinlich auch verkauft.

In Leipzig lebten auch die Großeltern und eine Tante?
Meine Mutter hat erzählt, dass der Lehrer meine Mutter in die Schule bestellt hat. Er sagte: »Frau Fleischmann, Sie haben eine sehr nette Tochter und es tut mir sehr leid, aber ich muss es Ihnen sagen, der Antisemitismus in Chemnitz wird immer schlimmer. Ihre Tochter wird das sehr merken und das würde mir sehr Leid tun. Sie ist ein nettes Kind. Haben Sie vielleicht Verwandte oder können Sie Ihre Tochter irgendwohin schicken, in eine größere Stadt, wo mehr Juden sind? Das wäre vielleicht besser für Ihre Tochter?«
Da hat mich meine Mutter zur Oma und zur Tante nach Leipzig geschickt. Ich habe dort gewohnt bei denen und es hat mir gar nicht gefallen. Zwei ältere Damen und alles war sehr streng. Das darfst du nicht anfassen und das kannst du nicht machen! Meine Tante war nicht verheiratet.

Sie war den Umgang mit Kindern nicht gewöhnt.
Sie wollten mich immer erziehen. Vielleicht sechs bis acht Monate oder ein Jahr später sind meine Eltern dann auch nach Leipzig gezogen, in die Nordstraße. Ich bin natürlich gleich wieder nach Hause zu meinen Eltern gezogen und war fröhlich. Da haben wir dann gewohnt, bis wir weggefahren sind.

Das war die Nordstraße 49?
Ja, ein großes Eckhaus.

Die nächstgelegene Schule war die 32. Volksschule in der Yorkstraße.
Ich war zuerst in der 32. Volksschule und dann bin ich auf die Carlebachschule gegangen.

Wie war denn die Situation dort?
Ich kann mich nicht entsinnen, dass es dort schlecht war, eher normal. Ich war immer ein Kind, das gern allein war. Ich habe nicht danach gesucht, befreundet zu sein mit anderen Kindern. Meine Mutter war sehr etepetete[222] und hat geschaut, mit wem ich befreundet bin: Wer sind die Leute, wie ist das Mädel, mit dem sie befreundet ist? Hat sie eine gute Erziehung, hat sie gute Manieren? – Vielleicht haben einige die Prüfung meiner Mutter nicht überstanden.

Gab es Versuche, Freundschaften mit nichtjüdischen Mädchen aufzubauen?
Das war ganz egal. Aber als ich dann auf die Carlebachschule gegangen bin, da hat man schon keine Auswahl mehr gehabt.

Das ist klar. Aber ich meine die Zeit an der Volksschule. Hatten Sie da auch nichtjüdische Freundinnen?
Ja, schon. Wir sind zusammen Rollschuh gefahren. Aber wir haben uns nicht gegenseitig besucht. Es war immer nur ein bisschen.

An der 32. Volksschule waren ja überdurchschnittlich viele jüdische Kinder?
Ja, ja!

Da war der Antisemitismus nicht so zu spüren?
Ich glaube nicht, ich kann mich nicht entsinnen, dass ich Angst gehabt hätte zu gehen oder so etwas.

Vielleicht war es ja auch zu der Zeit noch nicht so schlimm?
Das glaube ich, ja. Ich kann mich nur entsinnen, dass ich gleich auf die andere Straßenseite gegangen bin, wenn Rowdys auf der Straße waren und geschrien haben. Ich dachte, wenn sie zu dritt oder viert nebeneinander gehen, dann werden sie mich stoßen. Da bin ich lieber gleich auf die andere Seite gegangen.

Waren das welche, die Sie kannten und wussten, dass Sie Jüdin sind?
Nein, ich glaube nicht, dass sie das wussten. Vielleicht haben sie es gedacht. Aber ich war immer ängstlich, wenn ich mehr als zwei junge Männer gesehen habe, die nicht unbedingt in Uniform waren, aber laut.

Dort in der Nordstraße hatte man den Blick auf die Pfaffendorfer Straße. Ich habe gehört, dass gerade in diesem Gebiet sehr viele Aufmärsche abends gewesen sind. Haben Sie da eine Erinnerung?
Nicht so besonders, ich kann mich nicht entsinnen. Aber ich weiß, meine Eltern haben immer gesagt: »Guck nicht zum Fenster raus!« Deshalb vermute ich, dass sie schon Angst gehabt haben.

Und im Haus? Waren Sie die einzige jüdische Familie im Haus?
Ich glaube ja.

Wie war das Klima im Haus?
Es war normal. Sie waren nicht unfreundlich, es sind eben nur Nachbarn gewesen mit »Guten Tag« und so.

Aber Sie haben nicht gespürt, dass sich die Kinder oder Nachbarn aus dem Haus irgendwann anders verhalten haben?
Nein, ich weiß gar nicht, ob da andere Kinder im Haus gewohnt haben. Das Einzige, an das ich mich komischerweise erinnern kann, war ein Fahrrad, das jemand unten im Erdgeschoss hatte. Als ich das erste Mal wieder nach Leipzig gekommen bin, war ich dort. Da stand immer noch ein Fahrrad und ich dachte: Mein Gott, da ist immer noch ein Fahrrad da! Aber die Nachbarn habe ich nicht gekannt und ich wusste nicht, ob sie mich gekannt haben.

Das ist ja auch in der Nähe von der Parthe und vom Zoo, wo 1938 viele Juden zusammengetrieben wurden. Denen ist es nicht gut gegangen. Haben Sie das mitgekriegt?
Die haben bei uns geklingelt, daran kann ich mich erinnern. Mein Vater war nicht da, weil er mit dem Zug hin- und herfuhr, um nicht zu Hause zu sein. Erst ist er nach Berlin gefahren. Dort wohnte eine Cousine. Als sie meinen Vater gesehen hat, sagte sie: »Komm nicht rein, ich kann Dir nicht helfen! Wir haben genau dieselben Probleme hier, wir können Dir nicht helfen! Geh weg!« Und da ist er nicht geblieben. Meine Mutter hat Angst gehabt, dass ich nicht etwas Dummes sage, und deshalb hat sie gesagt: »Wenn es klingelt, versteck dich!« Und deshalb weiß ich nicht, was war. Wir hatten einen Kachelofen im Wohnzimmer und als es einmal geklingelt hat, da habe ich mich zwischen Kachelofen und Wand gesetzt.

Sie haben gefragt, wo mein Vater ist und meine Mutter hat gesagt: »Ich weiß es nicht, ich habe ihn schon ein paar Tage nicht gesehen.« Da sind sie weggegangen.

Das war nach dem 9. November. Und die sind dann auch nicht wiedergekommen?
Nein.

Das war dann auch für Ihre Eltern der Zeitpunkt zu sagen, wir müssen weg.
Meine Eltern wussten schon lange, dass wir nicht länger bleiben konnten. Aber wenn man niemanden hat, wo man hingehen kann? Dann kann man die besten Ideen haben, wo man hingehen will, aber wo geht man hin? Nach England konnte man nicht gehen. Meine Tante ist dann nach England gekommen. Sie konnte gehen, weil sie sich als Dienstmädchen verpflichtet hatte. Aber das war für meine Eltern nicht möglich. Nach Amerika konnte man überhaupt nicht gehen, weil man dafür ein Einreisevisum brauchte. Und wir hatten niemanden, der für uns garantieren konnte. In vielen südamerikanischen Ländern musste man einen besonderen Beruf haben, den die dort gerade brauchten. Oder man musste sehr viel Geld haben, um sich dort »reinzukaufen«. Man musste genug Geld zum Anlegen haben. Das war für uns auch nicht möglich, dazu waren wir nicht in der Lage. Und da war wirklich kein Platz auf der ganzen Welt. Zu dieser Zeit nach Palästina zu gehen, war auch unmöglich, das war unter englischem Mandat.

Hatten Ihre Eltern mal überlegt, Sie mit den sogenannten Kindertransporten nach England zu schicken?
Zu der Zeit wusste ich nichts davon. Aber später, als wir schon in Shanghai waren, hat meine Mutter gesagt, wenn sie mit mir böse war: »Ich wollte dich mit dem Kindertransport nach England fahren lassen, aber dein Vater hat gesagt, wir bleiben zusammen. Aber wenn es nach mir gegangen wäre, dann wärst du nach England gefahren. Dann wäre ich dich losgeworden!« Aber ich habe das nicht gewusst zu der Zeit. Und ob sie das wirklich gemeint hat, weiß ich auch nicht. Das war immer nur eine Drohung.

In Leipzig lebten noch die Großmutter und die Tante. Gab es noch weitere Verwandte?
Nein, mein Großvater ist schon vier Jahre vorher gestorben.

Die Tante ging als Dienstmädchen nach England. Was ist mit der Großmutter passiert?
Meine Großmutter ist in Leipzig gestorben. Wir haben das erst nach dem Krieg erfahren. Sie ist auch verhaftet worden und dann ist sie in so ein Sammellokal[223] gekommen. Hier von der jüdischen Gemeinde haben wir ein Blatt bekommen, wo darauf steht, wann sie verhaftet wurde und wo sie gestorben ist. Und als wir das letzte Mal da waren, haben sie uns eine Angabe auf dem Friedhof gegeben, aber wir konnten das nicht finden. Und der Herr Isaacsohn von der Gemeinde hat uns mit auf den Friedhof genommen und uns gezeigt, wo das sein soll. Aber ich habe das nicht gesehen. Da war ein kleiner Stein, nicht groß. Und er sagte: »Das ist der Stein deiner Großmutter, zu dieser Zeit haben sie schon Kinder und alle zusammen begraben auf dem alten Friedhof.

In welchem Jahr war das?
Ich kann mich nicht entsinnen, vielleicht 1942? Sie war damals schon eine kranke Frau.

Jetzt würde ich gern noch mal auf die Kindheit in Leipzig zurückkommen. Was wissen Sie noch aus der Carlebachschule?
Ich kann mich an niemanden mehr richtig erinnern, außer an Muschi,[224] da habe ich das Bild. Und dann war da noch eine Gerda Sindel, die war ein paar Jahre älter als ich. Ich

kann mich nur entsinnen, ich bin in die Schule gegangen und nachmittags nach Hause, um etwas zu essen. Das war vielleicht so von 1935 ungefähr bis zur »Kristallnacht«.

Nach der Pogromnacht war ja die Schule dann erst einmal geschlossen. War es denn eine gute Schule?
Ja, es war eine schöne Schulzeit, außer Rechnen. Das konnte ich nie gut. Der Lehrer hatte sich so bemüht mit mir und ich konnte es einfach nicht. Aber ich war sehr gut in Sprachen, damals schon, so dass der Lehrer angerufen hat: »Ihre Tochter hat eine Begabung für Sprachen und ich würde Ihnen empfehlen, einen Privatlehrer zu engagieren, damit sie mehr lernen kann als in der Schule.« Nachher hatte ich zwei-, dreimal die Woche bei uns zu Hause Englisch gelernt.

Was dann ja später sehr nützlich war.
Als wir auf dem Schiff waren nach China, da bin ich eine von den wenigen gewesen, die genug Englisch gesprochen hat, um zu übersetzen, wenn die Leute auf dem Schiff etwas von der Mannschaft haben wollten. Das ist gut angekommen.

Was war das für eine Besatzung? War die chinesisch?
Nein, die war italienisch. Das Schiff hieß Conte Biancamano, da kann ich mich noch an den Schiffsnamen entsinnen. Die meisten Passagiere waren jüdische Leute, die nach Shanghai wollten.

Bis dahin sind Ihre Sachen mit einem Güterzug gekommen? Waren sie in Container gepackt?
Nein, wir haben nicht so etwas gehabt. Es war nur in Koffern.

Soviel wie Sie tragen konnten?
Nur, was wir tragen konnten, leider. Viele andere sind mit ganzen Lifts[225] gekommen.

War es Ihrer Mutter gelungen, noch einige Sachen aus der Wohnung kurzfristig zu verkaufen?
Ich glaube, sie haben alles weggegeben. Denn alles, was Wert hatte, das Silber und das Besteck, das musste man doch vorher abgeben. Nachdem der Botschafter in Paris ermordet wurde[226], haben sie gesagt, die Juden müssen dafür bezahlen. Und alles Gold und Silber, was sie hatten, mussten sie abgeben. Sie haben alle eine Quittung dafür bekommen. Da war nichts übrig, was Wert hatte. Und die Möbel, was kann man dafür schon kriegen?

Und über das Geld konnte man ja zu der Zeit auch nicht mehr verfügen. Das ist ja schon konfisziert gewesen. Sie konnten pro Monat nur einen bestimmten Betrag bekommen?
Das weiß ich nicht mehr. Ich weiß nur, alles war sehr knapp und wir sind ohne Geld angekommen in Shanghai.

Wie alt waren die Eltern zu dem Zeitpunkt 1939?
Meine Mutter, eine geborene Weiss, war 39 Jahre alt und mein Vater sechs Jahre älter. Meine Mutter war eigentlich Leipzigerin, aber sie ist in Lemberg geboren. Mein Großvater war im Pelzhandel tätig hier in Leipzig.

Haben die Eltern und die Großeltern die jüdischen Gesetze eingehalten?
Sie haben alle jüdischen Feiertage sehr streng beachtet und koscher gegessen. Wir hatten doppeltes Geschirr für Fleischiges und Milchiges.[227] Noch etwas, das hat jetzt nichts mit Religion zu tun. Mein Vater ist jeden Sonntag früh ins Kaffeehaus gegangen, um Zeitung zu lesen. Wenn ich gut war in der Woche, hat er mich mitgenommen auf Kaffee und Kuchen, das war so eine Tradition. Es gibt so etwas nicht in Amerika.

Das gehört zu den schönen Kindheitserinnerungen?
Das kommt zurück, das war wunderschön, nur mein Vater und ich. Ich konnte mir aussuchen, welchen Kuchen ich essen wollte.

Sind Sie vielleicht ins Café Felsche gegangen am Augustusplatz? Das war ja ein beliebtes Café.
Wahrscheinlich, das kommt mir sehr bekannt vor. Kaffee mit Schlagsahne und dort konnte man sitzen für Stunden. Ich habe auch die Täubchen auf dem Augustusplatz gefüttert.

Augustusplatz, 1924

Haben Sie noch Fotos aus der Zeit?
Die sind noch da, irgendwo. Ich kann mich erinnern, als man schon zu vielen Plätzen nicht mehr gehen durfte, sind wir ins Grüne gefahren und haben uns in die Sonne gelegt, raus aus der Stadt.

Mit dem Auto?
Ich weiß nicht, wann das Auto weggekommen ist, aber mein Vater hat das Auto als Vertreter doch immer gebraucht.

Haben Sie noch andere Erinnerungen an Plätze wo Sie gern hingegangen sind? Für das Theater waren Sie ja noch zu klein.
Das müsste ich mir überlegen. Ich kann mich erinnern, in die Otto-Schill-Straße gegangen zu sein in die Synagoge.

Jede Woche?
Ja, bestimmt jede Woche.

Freitag und Samstag?
Nein, ich glaube, Freitag war nur für die Männer, da sind die Männer gegangen. Und Samstag war für alle. Alle haben sich schön angezogen. Und ich erinnere mich, meine Großmutter ist in der Keilstraße in die Synagoge gegangen. Und an Jom Kippur[228] sind wir zusammen mit meiner Großmutter gegangen. Die Frauen haben oben gesessen, natürlich nicht bei den Männern unten. Die Frauen trugen Taftkleider. Das gibt es in Amerika nicht. Sie hatten alle einen Apfel mit Nelken drin. Wenn sie gefastet haben und es ist ein wenig schwer geworden, haben sie daran gerochen und sich ein bisschen erholt.

Sie sind also selbstverständlich in die religiösen Gebräuche und Rituale reingewachsen, und es fiel Ihnen damals nicht weiter schwer, die jüdischen Feiertage und Gesetze zu befolgen?
Damals als Kind war das ganz selbstverständlich. Das hat sich dann später geändert, aber damals war es ganz natürlich.

Das ging ja schon während der Flucht nicht mehr und während der Zeit in Shanghai allein durch die äußeren Bedingungen. Wie ist es denn den Eltern damit gegangen?
Meine Eltern sind nie locker gewesen. Sie haben gesagt: »Das ist unser Glaube, dass wir genau so sind.« Und viele Leute haben gesagt, dass man heute nicht mehr so fromm sein kann. Es war sehr schwierig. Es gab weniger zu essen. Aber auf dem Schiff nach Shanghai haben meine Eltern und ich wahrscheinlich mehr hartgekochte Eier gegessen als alles andere. Interessant war an der ganzen Sache, dass wir während Pessach[229] in Ägypten waren. Da sind die jüdischen Leute von Ägypten auf das Schiff gekommen und haben uns Mazze[230] gebracht und Essen. Wir sind durch den Suezkanal gefahren während der acht Tage Pessach.[231]

Wo man eigentlich kein Auto besteigt und keinen Bus und auch kein Schiff. Das war für die Eltern sicher nicht leicht.
Nein. Mehrere junge Leute sind von dem Schiff runtergegangen in Suez und sind nicht wieder zurück auf das Schiff gekommen, sondern haben sich nach Palästina abgesetzt. Das war aber illegal.

Hatten Sie aus der Leipziger Zeit noch Bekanntschaften mit anderen jüdischen Mädchen, die auch in die Ez-Chaim-Synagoge gegangen sind? Oder ist dann 1939 der Kontakt zu allen abgebrochen?
Nein, das war dann alles zu Ende. Ich habe in Leipzig einer religiös-jüdischen Organisation angehört, weil meine Eltern sagten: »Zu dieser Misrachi musst du hingehen, weil die so denken wie wir.« Das war eine zionistische Jugendgruppe. Wir haben gesungen und so.

Sie waren dann 2005 das erste Mal wieder in Leipzig?
Das erste Mal waren wir hier, als die zweite »Jüdische Woche« war, in den Neunzigern.[232] Ich glaube, es war einige Jahre nach der Wende. Da waren wir von der Stadt eingeladen. Und dann sind wir noch mehrere Male allein gekommen.

Mit anderen Worten, Sie kommen jetzt auch wieder gern nach Leipzig?
Sehr gerne! Ich kann zwar nicht sagen, es ist so, als wenn man nach Hause kommt. Aber es ist etwas in mir, das mich zieht. Und das Komische ist, dass mein Mann, der nicht von hier kommt, sich auch so fühlt. So gern kommt er her.

Gibt es noch so etwas wie ein Heimatgefühl?
Nein, es sind die Leute, die Stadt, es kommt alles zusammen.

Was würden Sie heute nach so vielen Jahren als Ihre Heimat betrachten? Ist es Amerika geworden?
Meistens ja. Aber das Komische ist, wenn ich nach Shanghai fahre, dann denke ich das auch. Allerdings ist in Shanghai alles so verändert, dass ich nichts mehr finde. Das ganze Viertel, wo ich gewohnt habe, ist nicht mehr da. In Leipzig finde ich vieles noch, die Straßen sind noch genauso. In Shanghai haben die Straßen jetzt andere Namen und da ist es nicht mehr dasselbe. Aber ich würde sagen, Amerika ist meine Heimat. Nun ja, Heimat ist vielleicht nicht das richtige Wort, es ist mein Ort, wo ich zu Hause bin. Aber wenn ich von Leipzig rede, dann kommt ein anderes Gefühl.

Ich kann mir vorstellen, dass Sie jahrelang keine Erinnerungen haben wollten?
Wenn meine Eltern noch leben würden, sie würden nicht mehr herkommen, glaube ich.

Haben die meisten Familienangehörigen überlebt?
Nein, die Schwestern von meinem Vater und deren Familien sind umgekommen in Dresden. Meine andere Großmutter aus Chemnitz hat Theresienstadt überlebt und ist dann zwei Monate, bevor sie nach Amerika kommen sollte, in Lugano gestorben. Sie ist dort beerdigt. Ich habe keine Cousinen und Cousins, keine Verwandtschaft. Das ist schon traurig.

Ich bedanke mich für die spannenden Geschichten und wünsche Ihnen und Ihrem Mann noch eine schöne Zeit in Leipzig. Auf Wiedersehen!
Auf Wiedersehen und vielen Dank.

Hannelore Braunsberg, geb. Schauer

Vielen Dank, Frau Braunsberg, dass Sie uns für dieses Interview zur Verfügung stehen. Sagen Sie mir bitte Ihren Geburtsnamen?
Hannelore Schauer war mein Geburtsname.

Wo haben Sie gewohnt? Steht das Haus noch?
Ich bin in Leipzig geboren, mein Vater hieß Richard Schauer, und wir wohnten in der Straße des 18. Oktober. Das Haus steht noch. Ich hab das mal mit einer früheren Schulfreundin besucht vor einigen Jahren. Es ist renoviert worden, da sind jetzt viel mehr Wohnungen drin, aber von außen ist das eigentlich noch genauso wie früher.

Welche Nummer ist das?
Das war Nummer 17 glaube ich. Ja, Straße des 18. Oktober Nummer 17.

Was haben Ihre Eltern gemacht? Kamen die auch aus Leipzig?
Mein Vater war in Leipzig geboren und meine Mutter kam aus Hamburg. Das Geschäft meines Vaters war erst in Hamburg. Mein Vater war ein Musikverleger und weil Leipzig so eine wichtige Stadt war für die Musik, eröffnete mein Vater um 1920 eine Filiale in Leipzig. Ich bin dann schon in Leipzig geboren.

Darf ich fragen, wann Sie geboren sind?
Ja, am 17. März 1924. Und ich ging zuerst mit sechs Jahren in eine Privatschule, in die Dr. Smitt'sche Töchterschule.[233] Mit zehn Jahren kam ich in die Goetheschule, nicht so weit von uns entfernt, in der Nähe vom Bayerischen Bahnhof. Die Schule steht auch noch.[234] Ich habe sie mal besucht mit meiner Freundin. Das Gebäude ist zwar noch da, sieht aber jetzt ganz anders aus.

Jetzt weiß ich ja, dass Ihnen in der Goetheschule etwas ganz Besonderes passiert ist. Können Sie bitte diese Geschichte mit der mutigen Lehrerin noch einmal erzählen? Und wenn Sie sich daran erinnern, sagen Sie mir bitte auch die Namen von den beteiligten Lehrern?
In die Goetheschule gingen außer mir auch einige andere jüdische Kinder. Die christlichen Kinder waren nie antisemitisch, im Gegenteil, sie waren zu uns ganz normal. Wir hatten keine Probleme. Ich hatte viele Schulfreundinnen, die kamen zu uns nach Hause und wir gingen zu deren Geburtstagen und Familienfeiern. Eines Tages – es war nicht in meiner Klasse – stand ein Mädchen auf und wollte anfangen, ein sehr antisemitisches Gedicht aufzusagen. Die Lehrerin, Fräulein Vorwerk,[235] sagte dann: »Aber hier sind doch jüdische Kinder in der Klasse, vielleicht solltest du das doch mal unterlassen.« Daraufhin haben sich natürlich gleich die Eltern von diesem Mädchen beschwert und die Lehrerin wurde

dazu befragt, aber sie bestand darauf. Und der Direktor der Schule, Herr Dr. Behrends, stand ihr bei. Das war natürlich ganz schlimm zu dieser Zeit. Die beiden wurden deshalb entlassen. Und da kam dann eine »richtige« Lehrerin als Oberlehrerin hin. Und meinem Vater wurde gleich ein Brief geschickt, ich möchte doch bitte zum neuen Schuljahr die Schule verlassen. Da ging ich dann ab Ostern 1938 kurze Zeit in die Carlebachschule. Aber diese Schule wurde ja dann im November kaputt gemacht und da war Schluss mit Schule.

Haben Sie Erinnerungen an dieses halbe Jahr in der Carlebachschule?
Ja, in der Carlebachschule waren sie viel weiter, als wir in der Goetheschule waren. Die Goetheschule war eine sehr gute Schule und die Carlebachschule war eigentlich noch besser. Der Unterricht war ganz außergewöhnlich gut. Das hat mir natürlich sehr gut gefallen. Wir lernten auf andere Art, wir lernten unabhängig und selbstständig. Da wurde weniger vorgeschrieben.

Klassenfoto aus der Goetheschule
Hannelore erste Reihe Zweite von links

Goetheschule heute (Evangelisches Schulzentrum)

Wohnhaus Straße des 18. Oktober, 2010

Klassenfoto aus der Smitt'schen Töchterschule
Hannelore letzte Reihe Zweite von rechts

Und wahrscheinlich war es auch ein herzlicherer Umgang, nicht so streng?
Es wurde von uns verlangt, unabhängiger zu arbeiten, wir hatten so mehr Freiheiten. Wir konnten so arbeiten, wie es für uns richtig war und das war sehr gut.

Erinnern Sie sich noch an Lehrer in dieser Zeit?
Da war ein Fräulein Herrmann, die wurde von uns Hermine genannt. Sie war vorher in der Gaudigschule gewesen, das war die erste Höhere Mädchenschule in Leipzig. Sie kam dann in die Carlebachschule und war eine ganz außergewöhnliche Lehrerin. Sie ist bis zum Schluss hier geblieben. Solange hier Kinder waren, wollte sie nicht weg. Sie sagte immer: »Ich muss doch meine Kinder versorgen.« Und leider ist sie dann auch umgekommen. Und

Ein Oberstudiendirektor und eine Lehrerin vom Dienste suspendiert.

Am vergangenen Mittwoch trat der Hauptausschuß der Stadtverordneten zu einer Sitzung zusammen. Außerhalb der Tagesordnung wurde zunächst ein Antrag angenommen, der die vorläufige Suspendierung vom Amte des Oberstudiendirektors Dr. Behrends und der Lehrerin Frl. Vorwerk von der Goetheschule zum Gegenstand hatte. Zweck der Suspendierung ist die Eröffnung des Dienststrafverfahrens mit dem Ziele der Dienstentlassung. Dem Antrag lag folgender Tatbestand zugrunde: „Frl. Vorwerk hatte im Unterricht einer Schülerin die Deklamation eines Gedichtes von Dietrich Eckart untersagt, weil sie fürchtete, daß dadurch zwei jüdische Schülerinnen der Klasse in ihren Gefühlen verletzt werden könnten. Auf eine Beschwerde des Vaters der betreffenden Schülerin hatte Oberstudiendirektor Dr. Behrends versucht, das Verhalten der Lehrerin zu rechtfertigen und sich gleichsam mit ihr solidarisch erklärt." Eine derartige Handlungsweise von Lehrern und Lehrerinnen kann im nationalsozialistischen Staate unter gar keinen Umständen geduldet werden, und der Hauptausschuß beschloß deshalb in dem obenerwähnten Sinne.

Zeitungsartikel vom 22.2.1934 aus der Leipziger Tageszeitung (Stadtarchiv, Akten der Stadtverordneten S. 276, "Goetheschule" Bd 8,Bl.121)

dann erinnere ich mich noch an einen Herrn Dr. Freudenberger. Der hat uns die Mathematik so fantastisch gelehrt, dass einem das richtig Spaß gemacht hat, jedenfalls mir. Und das war sehr, sehr gut. Und ich glaube, Frl. Herrmann hatte uns auch in Geschichte Unterricht gegeben und in Deutsch.

Die einzige Schwierigkeit war, dass ich in der Goetheschule natürlich nicht viel Hebräisch gelernt hatte. Ich hatte zwar Religionsunterricht privat, aber so viel Hebräisch konnte ich noch nicht. Und die anderen konnten natürlich alle sehr viel. Da konnte ich nicht mitkommen, das war sehr schwer. Aber sonst war das eine sehr gute Schule. Soll ich dann weiter erzählen, wie ich in England in die Schule gekommen bin?

Wollen wir das bitte noch etwas aufschieben? Ich würde gern noch in Leipzig bleiben. Viele der Interviewpartner waren noch ganz jung, als die »Kristallnacht« war. Sie waren vierzehn. Also stelle ich mir vor, Sie haben das alles schon sehr bewusst mitbekommen. Darf ich Sie fragen: Wie haben Sie diesen Tag erlebt? Welche Bedeutung hatte das für Sie persönlich? Haben Sie geahnt, dass da irgendwas ganz Schlimmes kommt?
Ich kann Ihnen viel erzählen, aber ich weiß nicht, wie viel Sie wissen wollen. Aber Sie können es ja später rausschneiden. Also, 1933 hat mein Vater sofort gesehen, wie das werden könnte. Und ich glaube, wir waren ein oder zwei Tage später schon im Zug nach der Schweiz. Mein Vater wollte in die Schweiz emigrieren und den Musikverlag in die Schweiz bringen. Die Schweizer waren ganz begeistert, die wollten das. Sie haben ihm gleich eine Arbeitserlaubnis gegeben und ihm geholfen. Und so waren wir dann einige Zeit in Zürich. Aber dieses Geschäft gehörte meinem Vater zusammen mit seinem Onkel, das Geschäft bestand seit 1818 in der Familie und dieser Onkel hatte mehr als fünfzig Prozent Anteil. Leider starb er 1932, bevor dies alles entstand, und seine Witwe wollte nicht in die Schweiz. Sie war natürlich auch Jüdin, aber sie sagte: Deutschland ist meine Heimat und ich will in Deutschland bleiben. Das kannst du nicht machen. Deshalb konnte mein Vater den Verlag nicht in die Schweiz verlegen und wir mussten zurück nach Leipzig

kommen. Dann hatte es mein Vater natürlich ziemlich schwer. Wir haben dann auch zum Teil etwas davon gemerkt, weil wir ja nicht mehr ins Schwimmbad oder ins Kino gehen konnten. Meine Eltern konnten nicht mehr ins Gewandhaus gehen, das war ja alles sehr eingeschränkt für uns. Auf der anderen Seite hatte die jüdische Gemeinde viele Möglichkeiten für uns geschaffen. Wir hatten einen Tennisclub, dort konnten wir Tennis spielen. Es hat uns dann am Ende nicht so viel gefehlt. Aber natürlich, man konnte nicht mehr überall hingehen. Da war ein antisemitischer Lehrer[236], den hatte ich zum Glück nie in der Goetheschule. Er wohnte in einer Seitenstraße und sah meine Schulfreundin mit mir in unser Haus reingehen. Er hat sich dann bei ihr beschwert und gesagt, das sei doch nicht im Sinne des Führers, dass sie noch mit mir befreundet sei. Aber diese Freundin hat mir die Treue gehalten und ihre Eltern auch und sie hat davon keine Notiz genommen. Aber so war das. Man fühlte das überall, wir konnten keine Ferien mehr machen in Deutschland. Man durfte ja nicht in Hotels und man hat natürlich viel gemerkt. Und ich war ja nicht so jung, dass ich das nicht gewusst hätte.

Ich würde gern noch einmal ein Stück zurückgehen in die Zeit vor 1938. Haben Sie da vielleicht auch ein paar schöne Kindheitserinnerungen? Zum Beispiel an das Rosental oder …
Ja, ich kann mich erinnern. Als kleine Kinder mussten wir sehr viel spazieren gehen, wir hatten auch Fahrräder und Roller und alles Mögliche. Wir gingen natürlich spazieren zum Völkerschlachtdenkmal und an der Bücherei[237] vorbei.
Da kann ich mich an alles noch erinnern. Das Rosental war ein bisschen weit von uns entfernt. Aber im Rosental war jedes Jahr ein Schulfest. Das hatte die Goetheschule immer gemietet für Aufführungen und so etwas. Und da waren wir natürlich immer mit dabei. Das war nie eine Frage, dass wir nicht an diesen Sachen teilnehmen konnten. Ein Problem war meine Schwester, die drei Jahre älter war. Sie war sehr schlecht im Turnen. Sie trug eine Brille von klein auf und konnte einfach diese ganzen Sachen nicht mitmachen. Sie war aber in allem anderen die Erste in der Klasse. Als die Zensuren kamen, hatte sie überall eine Eins und eine Vier im Turnen. Und da hat man an meinen Vater geschrieben, wenn sie nicht besser wird im Turnen, dann würde sie nächste Ostern nicht versetzt werden. Da hat mein Vater gesagt: »Das geht nicht, das machen wir nicht mit!« Und er hat sie nach Lausanne in eine Schule geschickt und sie war dann nicht mehr bei uns. Das habe ich als Schwester natürlich auch empfunden. So war das zu der Zeit. Turnen war doch sehr wichtig im Nazistaat, und ob man dann gut war in Latein oder Mathematik oder in allen anderen Sachen, das zählte nicht!

Wann ist Ihre Schwester nach Lausanne geschickt worden? So 1934?
Nein, das war nicht so früh. Das war vielleicht 1935, '36. Ich weiß nicht mehr so genau, wann das war. Sie war dann in einem Internat, in einer Handelsschule. Mein Vater wollte nicht, dass sie wieder nach Leipzig kommt, weil das doch immer schlimmer wurde. Und nach der »Kristallnacht« ist sie dann von der Schweiz nach London gegangen und hat dort bei Leipziger Freunden gewohnt. Denen ging es finanziell gar nicht so sehr gut, aber sie hat bei ihnen wohnen können. Und das war aufregend, weil wir ja gar nicht wussten, ob wir rauskommen.

Vielleicht können Sie diese Geschichte erzählen, wie Sie in der Schweiz waren und wieder nach Leipzig zurückmussten. Wie kam es dann, dass Sie emigrieren konnten?
Also da war doch »Kristallnacht« und gleich am nächsten Tag kamen bei uns die Telegramme an. Mein Vater hatte ein internationales Geschäft und überall Kollegen. Und die englischen und amerikanischen Kollegen schickten Telegramme, um uns zu sagen: Wir verschaffen dir die Möglichkeit, nach England oder Amerika zu kommen. Mein Vater entschloss sich

dann für England. Und unsere Wohnung, da war noch eine große Geschichte, was dann zur »Kristallnacht« passiert ist ...Unsere Wohnung gehörte doch der Stadt Leipzig und die mussten wir sofort verlassen. Sein Geschäft wurde sofort übernommen, »nazifiziert«, und dann gab es nur noch die Möglichkeit wegzugehen. Man hatte aber meinen Eltern schon die Pässe abgenommen, sie konnten gar nicht mehr ins Ausland reisen. Deshalb konnten wir auch kein Visum für England bekommen, denn dazu brauchte man ja einen Pass. Wir waren also ganz gefangen und da war eigentlich nichts mehr zu machen. Dann kam aber meinem Vater die Idee, mal dem neuen Besitzer zu sagen, dass in der Firma auch Werke von jüdischen Komponisten waren. Diese Werke konnte er doch in Deutschland gar nicht verwerten. Und wenn mein Vater in England wäre, dann könnte er doch diese Sachen weiter publizieren und da würde noch Geld aus dem Ausland nach Deutschland fließen. Und das half! So bekamen wir dann die Pässe am Ende und sind im Mai 1939 nach London gereist. Da ist dann noch die Geschichte von der »Kristallnacht«, soll ich die noch erzählen?

Ja, bitte! Natürlich!
Meine Eltern waren auf einer Geschäftsreise in Berlin. Sie waren also gar nicht zu Hause, Gott sei Dank! Wir hatten ein sehr treues Kindermädchen. Sie kam zu uns als Kinderfräulein, als ich noch ein Baby war. Und sie blieb dann bei uns als Haushälterin. Am Morgen des 10. November klingelte es bei uns an der Tür und wir wussten von nichts, denn die Straße des 18. Oktober war ja weit von der Stadt entfernt. Und da kam die Gestapo oder Polizei oder was das auch immer war. Sie standen vor der Tür und wollten natürlich meinen Vater haben. Da sagten wir: »Nein, der ist nicht da. Er ist verreist.« Sie suchten dann die Wohnung erst mal durch, suchten in allen Zimmern, und mein Vater war natürlich nicht zu finden. Also gingen sie weg und sagten dann diesem Fräulein, sie darf nicht meine Eltern warnen oder ihnen irgendwas davon sagen. Dann klingelte aber das Telefon und meine Eltern riefen an aus Berlin. Sie wussten natürlich das alles schon und sagten, dass sie das Auto rüberschicken und mich abholen lassen. Und dieses Frolli, wie wir sie nannten, ließ mich nicht alleine fahren. Sie sagte: »Nein, keinesfalls!« Und obwohl sie gewarnt worden war, kam sie mit mir nach Berlin und lieferte mich bei meinen Eltern ab und fuhr dann in der Nacht wieder zurück.
Dann haben wir uns teilweise in Berlin und teilweise in Hamburg versteckt und so haben sie meinen Vater, Gott sei Dank, nie gefunden. Als die gefährlichste Zeit dann zu Ende war und man nicht mehr gesucht hat, sind wir nach Leipzig zurückgekommen. Da konnten wir natürlich nicht zurück in unsere Wohnung, die Wohnung war weg. Und da war es sehr schwer, jemanden zu finden, der uns aufnahm, denn niemand wollte Juden aufnehmen. Und da gab es am Augustusplatz eine Pension. Diese Frau hatte den Mut uns aufzunehmen. Aber mein Vater ging fast gar nicht raus und meine Mutter auch nicht. Ich musste manchmal rausgehen, irgendetwas zu besorgen oder so etwas. Und da lebten wir so mehr oder weniger versteckt eigentlich. Aber da gab es noch Leute, die den Mut hatten, so etwas zu tun. Aber es gab nicht viele. Dort wohnten wir dann, bis wir nach England kamen.

Ihr Kindermädchen, war das eine Jüdin? Können Sie sich noch an den Namen erinnern?
Ja, ihr Name war Hedwig Mocker, sie war katholisch und kam aus dem Sudetenland. Ich muss über sie noch erzählen, sie war ganz fantastisch. Ich liebte sie wie meine Mutter. Sie war uns natürlich treu bis zum Ende. Und als wir dann wegmussten, hatten wir noch etwas Geld und da hat mein Vater ihr von seinem Geld so ein bisschen ausgezahlt. Das meiste Geld war ja beschlagnahmt. Aber wir hatten da noch etwas Geld, weil wir ja die Pension bezahlen mussten. Fünf Mark durften wir nur mitnehmen pro Person, das war wie nichts. Mein Vater hat ihr dann das Geld gegeben und hat gesagt: »Fahr in die Schweiz und mach dir mal schöne Ferien mit diesem Geld.« Sie brauchte auch Erholung, sie hatte ja so viel durchgemacht mit uns. Sie war dann in der Schweiz und wir waren in London

inzwischen. Dann kam ein Brief und da war das ganze Geld darin und sie hat geschrieben: Ich fahre gleich wieder zurück nach Leipzig. Sie brauchen das Geld mehr als ich! So rührend war dieser Mensch und ich denke noch immer an sie zurück.

Haben Sie sie nach dem Krieg wiedergesehen?
Ja, sie hat uns mal in London besucht. Sie hat auch meine Kinder gesehen.

Bevor wir zu Ihrer Geschichte in England kommen, würde ich gern wissen: War Ihre Familie orthodox oder eher liberal? Wie haben Sie das jüdische Leben in Leipzig speziell in den dreißiger Jahren wahrgenommen?
Das ist ganz interessant. Mein Vater war Volljude, aber seine Eltern hatten ihn gar nicht jüdisch erzogen. Er hatte nie Bar Mizwa, er hat nie Hebräisch gelernt, er wurde einfach nicht jüdisch erzogen. Da gab es solche deutschen Juden, die sich nicht so dazugehörend fanden. Und meine Mutter kam eigentlich aus Österreich-Ungarn und sie stammte aus einer religiösen, aber nicht orthodoxen Familie. Sie hielt auch die hohen Feiertage und war ihrer Religion treu geblieben, obwohl mein Vater das gar nicht verstand. Und wir als Kinder hatten einen Christbaum, weil wir ja auch die Hausangestellten hatten. Mein Vater konnte auch Chanukka[238] gar nicht machen. Also, wir sind nicht jüdisch erzogen worden. Aber meine Eltern hatten dafür gesorgt, dass wir Religionsunterricht hatten, und ich habe Hebräisch gelernt. Ich hatte einen ganz fantastischen Lehrer, der war Kantor in der Gottschedstraße in der Synagoge. Das war ein ganz hochintelligenter Mann, der hieß Lampel. Nach ihm ist jetzt eine Straße benannt worden. Er hat mir Religionsunterricht gegeben. Das war so interessant und hat mich so inspiriert, dass ich dann jeden Samstag in die Synagoge gegangen bin. Ich habe mich sehr dazu hingezogen gefühlt. Und bis wir ausgewandert sind, war ich dann jeden Samstag in der Gottschedstraße, solange die Synagoge noch stand.

Haben Sie mitbekommen, wie die Synagoge abgebrannt wurde? Wie haben Sie die »Kristallnacht« erlebt?
Wir haben ja davon nichts mitbekommen.

Ja, stimmt, das haben Sie erzählt. Aber danach, ich stelle mir vor, man sieht die zerstörten Synagogen, sieht die zerstörten Geschäfte und denkt sich: Oh, mein Gott ...
Ja, das war natürlich furchtbar und das war keine schöne Zeit. Ich war damals vierzehn und dann wurde ich fünfzehn, und natürlich habe ich das alles gesehen und gefühlt. Aber wir hatten ja schon jahrelang das alles kommen gesehen, also so etwas war ja eigentlich zu erwarten. Mein Vater hatte dann keinen Zugang mehr zu seinem Musikverlag, aber viele seiner Angestellten waren ihm treu, kamen zu uns, um uns zu besuchen, um zu sehen, wie es uns geht. Da waren viele darunter, die meinen Vater sehr verehrt hatten und die hatten keine Angst zu uns zu kommen.

Wie hieß denn der Musikverlag?
Der Originalverlag hieß Anton J. Benjamin. Das war der Familienname von der Mutter meines Vaters. Und mein Vater erwarb dann den Verlag Simrock, der sehr berühmt war. Der hatte Dvořák und Tschaikowsky und alle diese wunderbaren Werke. Und dann war noch ein Verlag Rather. Ich glaube, das war Schulmusik, so zum Studieren. Und dann hatte mein Vater noch einen Verlag für populäre Musik angefangen, der hieß City. Da waren ganz populäre Werke drin und eins davon, das haben sogar die Nazis erlaubt zu spielen, obwohl es von einem jüdischen Komponisten war. Das hieß »Eine kleine Dorfmusik«, das war ganz beliebt in Deutschland, aber auch im Ausland. Und weil das ganz deutsch klang, wie so ein bayerisches Volkslied, da haben sie das dann doch hier gespielt, aber es war eigentlich jüdisch.

Jetzt mache ich mal einen Schnitt unter die Leipziger Zeit. Vielleicht erzählen Sie, wie dann Ihr weiterer Werdegang in England war?

Ja, wir kamen dann nach England, das war im Mai vor dem Krieg. Meine Mutter konnte gut Englisch und mein Vater gar nicht. Das war für ihn sehr schwierig. Er hatte kein Geld, aber er hatte natürlich diese verschiedenen Kollegen, die ihm geholfen haben. Er fing dann an, ein neues Geschäft aufzubauen mit einem Wiener Komponisten namens Hans May. Das hieß Schauer & May. Und er hat dann versucht, wieder von Neuem anzufangen. Das war sehr schwer. Meine Schwester half ihm. Sie konnte bis dahin schon gut Englisch und half ihm im Geschäft. Ich war noch im Schulalter. Da war in unserer Nähe eine gute Schule. Das ist heute noch eine der besten Mädchenschulen in England. Da bin ich dann hingegangen. Ich war fünfzehn Jahre alt und mein Vater hat gesagt, in England sind nicht Semester, sondern drei solche Terms im Jahr. Er sagte: »Also für zwei Terms habe ich das Geld und du kannst dahin gehen. Aber dann habe ich das Geld nicht mehr und du musst auch arbeiten.« Damals konnte man in dem Alter schon arbeiten. Und die Schule war ganz herrlich. Weil ich in der Goetheschule und in der Carlebachschule schon so gut gelernt hatte, da war ich gleich die Beste in Englisch. Und ich war gleich die Beste in Mathematik. Ich war immer durchschnittlich in Deutschland in der Schule, da war ich nie die Beste. Und in England haben sie mich für ganz außergewöhnlich gehalten. Dann wurde meinem Vater angeboten, dass ich eine Freistelle bekomme. Dadurch konnte ich dort die Examen und alles machen und habe dann in London später studiert.

Und Sie sind auch seitdem die ganze Zeit in London geblieben? Oder haben Sie zwischendurch woanders gelebt?

Ja, später dann. Aber bevor die Schule anfing, brach der Krieg aus. Das wurde dann alles ein bisschen verschoben und fing ein wenig später an. Ziemlich bald danach musste meine Schwester auch weg aus dem Geschäft und Kriegsarbeit machen. Sie hat dann in einer Baufirma gearbeitet. Ich weiß nicht genau, was sie da gemacht hat, aber sie konnte meinem Vater nicht mehr helfen.

Wie war es für Sie, als das Land, das früher mal die Heimat war, plötzlich sagt: Wir erklären ganz Europa den Krieg! Können Sie sich daran erinnern, wie Sie das für sich wahrgenommen oder auch verarbeitet haben?

Ich weiß nicht genau, wie Sie das jetzt meinen.

Ich würde mir das so vorstellen, man lebt in England und das Heimatland sagt …

Das Feindland.

Gut, falsche Frage. Andere Frage. Hatten Sie trotzdem Sehnsucht nach Deutschland?

Also, mein Vater hat immer gedacht, er könnte nie wieder nach Deutschland zurück gehen. Meine Mutter war etwas neutral. Und ich hatte nie ein Gefühl von Hass. Erstens weil da doch viele Deutsche waren, die nicht mitgemacht haben. Und ich habe zum Beispiel auch noch nicht erzählt, wie die Eltern von meiner Freundin hier in Leipzig nach der »Kristallnacht« uns angeboten haben, bei ihnen zu wohnen. Meine Freundin lebt noch und wir hatten auch gleich nach dem Krieg wieder Kontakt. Ich habe sie auch vorgestern wieder besucht. Die Eltern, der Vater war auch gegen die Nazis. Ich glaube, er war Freimaurer, und das war nicht erlaubt. Sie wollten gar nicht glauben, dass wir versteckt waren. Aber solche Leute gab es und es gab immer Leute, die mutig waren. Und ich hatte immer das Gefühl: Es sind doch nicht alle so und man kann doch nicht das ganze Deutschland hassen! In London waren meine Eltern dann mit vielen Emigranten aus Leipzig zusammen. Sie haben sich gegenseitig besucht, wir hatten sie als Nachbarn. Mit Engländern, besonders mit Londonern bekam man nicht gleich Kontakt. Sie waren so etwas fern, aber mit der Zeit hatten wir dann natürlich auch englische Freunde und mein Vater hatte auch diese Kollegen, die er schon lange Jahre gekannt hatte. Leipzig hat uns eigentlich nicht gefehlt. Ich habe in der Schule gleich Freundinnen gefunden. Da war noch eine interessante Sache. Eines Tages saß ich da in der Klasse in der englischen Schule und da sagte man: »Wir haben eine neue Schülerin hier.« – Und wer stand da an der Tür? Meine Freundin, die heißt jetzt Gene Kahn. Sie hieß früher Gudrun Rose und wir waren zusammen in der Carlebachschule gewesen. Sie kam dann in meine Schule und da waren wir natürlich weiter befreundet. Und das war sehr schön.

Das ist eine tolle Geschichte! Wie war das denn für Sie, wann sind Sie das erste Mal wieder nach Deutschland gekommen, speziell auch nach Leipzig, und was haben Sie empfunden?

Inzwischen hatte ich mit Leipzig viel Kontakt durch meine Freundin hier. Und ich hatte auch meine Tochter mit achtzehn Jahren mal hierher zu ihr geschickt, da war noch DDR-Zeit, um mehr Deutsch zu lernen. Sie hatte mir dann natürlich erzählt, wie schlimm das in Leipzig aussah und wie das alles war. Dann wurde ich mal nach Berlin eingeladen. Ich war nie wieder in Deutschland gewesen, aber die Firma Schering hatte mich mal eingeladen, dort einen Vortrag über meine Arbeit zu geben. Und Berlin war doch die Stadt, wo wir uns versteckt hatten. Da hatte ich keine guten Gefühle in Berlin, obwohl alle so freundlich und so nett zu mir waren. Das war nicht schön.

Gudrun Rose im Schulmuseum, 2001

Aber als ich dann nach der DDR mal nach Leipzig kam, da habe ich eigentlich nicht mehr so viel darüber empfunden. Das war zur Jüdischen Woche. Die Deutschen geben sich so viel Mühe, die Leipziger für uns. Und da hatte ich schon wieder andere Gefühle, ich habe dann nicht mehr drüber nachgedacht, was gewesen war. Und ich denke auch heute, obwohl man mich viel daran erinnert: Das ist ein anderes Leipzig jetzt, Gott sei Dank!

Ja, ist es auch. Ich würde Sie gern noch fragen, was Sie der jungen Generation sagen würden? Wie sie mit ihrer Verantwortung für diese deutsche Geschichte umgehen soll. Was die Deutschen den Juden und den anderen Minderheiten angetan haben. Können Sie dazu was sagen?

Das wird Ihnen doch immerzu erzählt. Ich finde, man übertreibt es sogar vielleicht ein bisschen. Wenn man zu viel sagt, dann bringt das auch nicht das richtige Resultat. Die Tochter von meiner Freundin hier ist ein Beispiel. Während der DDR-Zeit haben wir uns mit ihr im Ausland getroffen. Da hat meine Freundin ihre Tochter mitgebracht. Sie kannte uns schon, als sie noch Kind war. Wir haben uns dann in Ungarn oder Bulgarien getroffen. Und diese Tochter, Katrin heißt sie, hat sich von klein auf für alles Jüdische begeistert und interessiert. Ich weiß nicht, ob das durch ihre Mutter war oder ob es durch die Schule kam. Aber manchmal denke ich, dass sie mehr weiß als ich über all diese Sachen.

Zur Jüdischen Woche im Schulmuseum, 2001
v.l.: Esther Kaiser, Elke Urban, Rolf und Brigitte Kralovitz, Channa Gildoni, Hannelore Braunsberg,
Gudrun Rose, Minni Katz, Ruth Marion Rees, Thea Hurst

Und ich weiß nicht, sie hat ja jetzt auch Kinder und ich habe mit ihr noch nicht darüber gesprochen. Also ich weiß nicht, wie man das hier in den Schulen lehrt. Aber ich denke, wenn man zu viel darüber spricht, dann ist es auch nicht richtig. Und die Kinder können doch nichts dafür, was ihre Großeltern oder Urgroßeltern gemacht haben.
Ich finde das hier im Schulmuseum sehr bewundernswert, wie Sie das hier machen und suchen sogar die Informationen für unsere Kinder und Kindeskinder, die ein Interesse haben. Ich finde das ganz herrlich. Aber ich finde auch, da muss einmal eine Zeit sein, wo mal vergessen werden muss.

Dann nehme ich das jetzt als Schlusswort und bedanke mich ganz sehr für dieses unglaublich interessante Interview, Frau Braunsberg.[239]

Elfriede Brand, geb. Kalter

*Liebe Frau Brand, wann sind Sie in Leipzig geboren und wann sind Sie in die Schule ge-
kommen?*
Ich bin am 25. November 1922 in Leipzig geboren. Ich hatte noch einen Bruder Josef,
der war zwei Jahre jünger als ich. Leider ist er dann später umgekommen. Wir haben in
der Humboldtstraße 12 in der dritten Etage gewohnt. Das weiß ich noch, weil ich später
manchmal mein Fahrrad die drei Treppen hochbringen musste. Gleich in der Nähe war die
Carlebachschule. Dort bin ich mit sechs Jahren, also 1929, zur Schule gegangen.

*Wissen Sie noch, was in Ihrer Zuckertüte
drin war?*
Allerhand Süßigkeiten, Nougat und Ostereier.

*Was wissen Sie noch von der Schule? Kön-
nen Sie sich an den Rabbiner Dr. Carlebach
erinnern?*
Nein, ich kann mich an fast nichts mehr
erinnern.

*Aber vielleicht wissen Sie noch, wer Ihre
Freundinnen waren?*
Eine Freundin war die Leika Goldfaden aus
der Nordstraße. Ich glaube, sie lebt jetzt in
Israel. Dann gab es eine Thea Kerner, die auch
in der Humboldtstraße gewohnt hat, und die
Rosel Hirschhorn und die Lotti Hönig.

*Was haben Sie mit den Freundinnen unter-
nommen nach der Schule?*
Wir sind viel mit dem Fahrrad gefahren. Da
gab es einen Sportplatz, der Bar-Kochba-Platz.

Erinnern Sie sich an Simche Friedmann?
Ja. Alice Rosen war seine Frau. Da waren
auch Dora Gutfreund und Esther Landsberg.
Ihr späterer Mann war in England ein bekannter Geiger.

**Zuckertütenbild Josef Kalter und Josef Gutfreund,
1931**

Rosel Hirschhorn, Thea Kern, Friedel Kalter am Auto, 1938

Wir haben hier ein schönes Foto von Felix Carlebach und Babette Cohn.
Ja, sie waren unsere Lehrer. Aber was sie uns beigebracht haben, kann ich mich nicht erinnern. Hier habe ich ein Foto von unserem Mathelehrer, Herrn Feiner.

In welcher Sprache rechnen Sie heute?
Immer noch auf Deutsch. Beim Stricken zähle ich nur auf Deutsch.

Im Schulhof, 1938

Hat Ihnen Herr Feiner das Rechnen gut beigebracht?
Ja, das war in Ordnung.

Wie lange haben Sie die Schule besuchen können?
Bis 1938. Wir sind erst im Juli 1939 weg. Meine Eltern stammten aus Polen. Aber sie wurden nicht abgeschoben, weil wir uns im polnischen Konsulat verstecken konnten.[240]

Mathelehrer Feiner, 1938

Meine Eltern sind noch länger geblieben, aber ich bin mit dem Kindertransport 1939 nach England gekommen. Meine Eltern sind dann noch einmal allein nach Tarnow gefahren und dort in Polen umgekommen.

Wissen Sie, wo das passiert ist?
Ich suche das immer noch. Auch mein Bruder war bei ihnen. Bis jetzt habe ich es nicht gefunden. Hier in Leipzig weiß es auch niemand, weil sie nicht von hier weg sind.

Gibt es noch Erinnerungen an Familienerlebnisse in Leipzig?
Ich weiß noch, dass wir immer gemeinsam im Poseidon-Bad[241] waren.

Elfriede Kalter (Mitte) mit Eltern, 1928

Wie geht es Ihnen heute, wenn Sie nach Leipzig kommen?
Eigentlich wollte ich gar nicht fahren. Alle sind umgekommen, was soll ich da? Aber meine Tochter wollte unbedingt mitkommen. Sie wollte sehen, wo ich herkomme, wo ich geboren bin, und ich habe ihr alles gezeigt. Ihr hat es sehr gefallen und ich finde Leipzig auch sehr schön, aber für mich war es sehr schwer. Niemand ist mehr da von meiner Familie. Aber trotzdem bin ich froh, dass ich gekommen bin. Ich habe sogar jemanden getroffen aus meiner Klasse: Siegfried Bornstein. Dann habe ich Deutsche getroffen, die irgendwie mit meiner Großmutter verwandt sind, ich weiß bloß noch nicht wie. Obwohl ich nicht so jung war, als ich weg bin, kann ich mich kaum erinnern. Vielleicht hat das mit dem Alter zu tun?

Klasse auf Fahrt, 1934

Mädchengruppe der Carlebachschule, 1935

Vielleicht haben Sie sich auch vor dem Schmerz geschützt, den die Erinnerungen bereiten würden?
Ja, das kann sein.

Sie haben erzählt, dass Sie sich an Adi Gersten erinnern. Er war auch auf einem Kindertransport im Juli 1939.
Ich weiß nur, dass er ein Freund von meinem Cousin war, dem Eri Kalter.

Er war ja ein hübscher Junge, nicht?
Ja, auch seine Schwester Thea war bekannt.

Manfred Kalter, undatiert

Babette Carlebach im Schulhof, 1936

Hatten Sie mal eine kleine Freundschaft mit einem Jungen in Leipzig?
Ich habe hier noch ein Foto von Leo Baldermann. Die Familie hat neben uns gewohnt.
Hier bin ich auf dem Foto mit ihm.

Das sieht so aus wie Tanzstundenzeit?
Meine Eltern sind oft in den Krystallpalast[242] gegangen.

Wissen Sie, ob Leo Baldermann noch lebt?
Das weiß ich nicht.

Haben Sie irgendwann einmal erlebt, dass Sie als jüdisches Kind beschimpft wurden?
Nein, das habe ich nie erlebt. Nur zu meinem Bruder mit seinen blonden Haaren hat mal
jemand gesagt, er solle doch nicht so viel mit jüdischen Kindern spielen.

Wie haben Sie sich als deutsches Kind in England gefühlt?
Die Leute waren nett, aber sie waren mir so schrecklich fremd. Sie konnten kein Deutsch. Da
war ich oft sehr unglücklich. Aber zusammen mit einigen anderen aus Leipzig waren wir in
einer Gruppe bei einer Tante, die in Manchester gewohnt hatte. Da ihre Tochter gestorben
war, habe ich dort im Geschäft bis 1942 mitgeholfen. Dann musste ich mich entscheiden
zwischen Armee oder Fabrik. Ich habe mich für die Armee entschieden. Dort war ich bis 1946.

*Aber als die Bomben auf deutsche Städte fielen, auch auf Leipzig, welche Gefühle hatten
Sie da? Waren Sie erleichtert?*
Ich habe immer gezweifelt daran, dass es einen Zweck hat, so viele Menschen umzubrin-
gen. Nicht alle Deutschen waren böse. Ich bin 1947 nach Amerika.

Und warum?
Ich hatte einen Onkel in Amerika, der mir ein Affidavit geschickt hatte, sogar schon vor
dem Krieg. Aber weil die polnische Quote voll war, haben uns die Amerikaner nicht reingelassen. So hatte ich wenigstens einen Verwandten. In England hatte ich ja niemanden.

Elfriede Kalter als Soldatin der britischen Armee, 1943

Joachim Kalter, undatiert

Wann haben Sie geheiratet?
1949 habe ich einen Amerikaner geheiratet. Wir haben vierzig Jahre in New York gelebt. Da sind auch meine Kinder geboren.

Wie viele Kinder haben Sie?
Ich habe drei Kinder: Harriet aus Israel war auch mit hier, mein Sohn heißt Imar, und Joan ist meine Tochter.

Eine letzte Frage hätte ich noch. Wo ist Ihre Heimat?
Wo ich jetzt lebe: in Israel. Da ist noch mehr meine Heimat als vorher in Amerika. Meine Kinder und meine Enkelkinder sind dort. Es ist nur schade, dass die anderen Kinder in Amerika sind. Wenn ich es kann, komme ich sie besuchen. Viel habe ich nicht erzählen können, weil ich mich nicht so gut erinnern kann.

Sie haben viel Interessantes erzählt. Vielen Dank! Vor allem freue ich mich über die vielen schönen Fotos.

Thea Bollag-Schächter

Liebe Thea, darf ich deinen Geburtstag erfahren?
Am 15. Juli 1924 bin ich als Thea Schächter in Leipzig-Gohlis geboren. Ich hatte zwei Geschwister, einen großen Bruder Sani und eine kleine Schwester Hanni, die leider schon 1930 an einem Blinddarmdurchbruch starb. Mein Vater war Pelzhändler. Unsere Familie hatte eine schöne, große Wohnung in einem wunderschönen Haus in der Weinligstraße 5.

In welcher Schule warst du dann?
Zuerst war ich im Steyberschen Institut, einer Privatschule in der Nordstraße 38.

Das war doch ganz schön weit weg von zu Hause?
Ja, dazu mussten wir von der Weinligstraße den Poetenweg raufgehen, dann den Kickerlingsberg und dann in die Pfaffendorfer Straße nach rechts abbiegen, dann ein Stück nach hinten und dann waren wir in der Nordstraße. Diese Schule hatte zwei Vorsteherinnen als Direktorinnen. Die eine hieß Fräulein Sieffert[243], das war eine Schweizerin, und die andere

Fräulein Wollfahrt[244]. Es waren also zwei Fräuleins. Früher durfte man noch Fräulein sagen, heute würde man wahrscheinlich Frau sagen. Sie waren auch nicht mehr ganz jung. Das war eine Mädchenschule, aber in den ersten vier Klassen durften auch Jungs dabei sein. Es war eine sehr nette Zeit in der Schule. Die ersten vier Jahre waren wir mit den Jungs zusammen. Ab dem vierten Jahr kamen die Jungs in die Gymnasien, weil es dann in den höheren Klassen eine echte Mädchenschule wurde. Ich bin sehr gern in diese Schule gegangen.

Etwas überraschend finde ich es, dass bis 1936 keine der vierzehn Lehrerinnen dieser Schule Mitglied der NSDAP war, auch nicht die beiden Schulleiterinnen. Es gab nur eine Frau, die den »Zellenobmann« spielen musste. Irene Schmidt war ihr Name. Sie versorgte also die Gestapo mit Informationen. War ansonsten diese Schule eine »heile Welt im braunen Sumpf«?

Thea als Schulkind, 1930

Vielleicht? Leider hatte ich dann Anfang des fünften Jahres ein kleines Erlebnis. Da war ja schon die Hitlerzeit, das war also Anfang 1936. Bis dahin hatte ich nie Beschwerden. Alle waren sehr nett zu mir, obwohl sie wussten, dass ich jüdisch war. Auch die Eltern der Mädchen, mit denen ich befreundet war, haben mich nicht spüren lassen, dass ich irgendwie anders wäre als sie selber. Aber im Anfang des fünften Schuljahres kam eine neue Lehrerin und die muss etwas gegen Juden gehabt haben. Ich kann es mir nicht anders vorstellen. Ich hatte ihr nichts getan. Am Morgen, wie sie ins Zimmer kam, sollten eigentlich schon die Bücher alle auf dem Pult liegen und ich war noch nicht ganz fertig mit Auspacken. Da kam sie auf mich zu und hat mir einfach eine Ohrfeige gegeben. Ich war so entsetzt. Das war meine erste Ohrfeige im Leben und auch meine letzte. So habe ich meine Tasche wieder eingepackt, habe meinen Mantel genommen und bin nach Hause gegangen. Sie hat nichts gesagt, sie hat mich nicht zurückgehalten. Sie stand nur so da mit einem halboffenen Mund und war sehr perplex. Zu Hause habe ich gesagt: »In diese Schule gehe ich nicht mehr.« Dann sind meine Eltern, glaube ich, noch vorsprechen gegangen bei der Direktion. Aber die beiden Damen haben gesagt: »Es tut uns schrecklich leid, aber jetzt, im Moment können wir gar nichts machen. In dieser Zeit ist Schlagen erlaubt, und wir würden an Ihrer Stelle sehen, dass die Thea vielleicht in eine jüdische Schule geht.« So bin ich dann zwei Tage später in die jüdische Carlebachschule gegangen, wo ich auch Bekannte hatte, die schon vorher auf der Schule waren. Die Eltern waren Bekannte. Irgendwie kannte man sich doch unter den Juden, obwohl eigentlich meine Freundinnen hauptsächlich christliche Freundinnen waren. Aber man gewöhnt sich an alles. Ich hatte dann auch bald neue Freundschaften geschlossen.

Waren das auch gemischte Klassen in der Carlebachschule oder waren da Mädchen und Jungen getrennt?
Als ich dorthin gekommen bin, da war ja schon die fünfte Gymnasialklasse. Also waren wir schon getrennt.

Zeichnung von Amy Bollag
Thea und ihre erste und letzte Ohrfeige

Und bestehen Freundschaften noch bis heute, die damals in der engen Gemeinschaft der Carlebachschule entstanden sind?
Es bestehen noch Freundschaften. Ich habe drei Freundinnen, die noch leben und von denen ich weiß, wo sie sind. Die eine Freundin ist in London und die andere ist auch in England. Sie kommt öfters in die Schweiz, so dass wir uns regelmäßig sehen. Dann habe ich noch eine Freundin in Israel. Wenn wir dort zu Besuch sind, können wir sie treffen, dann sucht sie uns auch auf. Sie fragt immer, wann wir kommen. Sie weiß ungefähr, dass wir immer die jüdischen Feiertage in Israel verbringen.

Und willst du uns die Namen dieser drei Freundinnen verraten?
Natürlich. Die eine Freundin in London heißt Betty Scheiner, sie ist in meine Klasse gegangen. Ihr Bruder ist in die Klasse meines Bruders gegangen. Alex Scheiner, der übrigens hier vor zwei Jahren eine neue Partnerin gefunden hat. Seine Frau war gestorben und er hat eine Klassenkameradin getroffen, die er seit damals nie wieder gesehen hatte. Die hat er jetzt als Partnerin. Die andere hieß früher Ruth Rosenbaum. Sie war leider schon zweimal, jetzt das dritte Mal verheiratet, weil immer der Mann gestorben war. Jetzt heißt sie Ruth Krebsmann.

Da fehlt noch die Dritte.
Die Anne Barth in England, sie kommt meistens nach der Schweiz.

Schön. Wenn eine Freundschaft so lange hält, fast ein ganzes Leben lang, dann hat das sicher einen Grund, obwohl ihr euch ja nur in größeren Abständen sehen könnt. Sind die Freundschaften so tief geworden durch die Bedrohungen von außen? Kann das etwas damit zu tun haben, weil dir verboten wurde, mit christlichen Kindern zusammen zu kommen?
Ich muss ehrlich sagen, mit der einen christlichen Freundin, die ich hatte, bin ich noch jahrelang zusammengekommen. Sie hieß Maria Breuer und hat ganz in der Nähe von uns gewohnt am Poetenweg. Wir haben uns einfach getroffen. Sie hat mir von ihrer Schule erzählt und ich habe ihr von meiner erzählt. Das ist nicht so eng genommen worden. Im Verhältnis, was ich so gehört habe über Deutschland, war es in Leipzig eigentlich noch bis zu einer gewissen Zeit recht locker. Man hat nicht so genau darauf geachtet, ob es eine christliche Freundin war oder nicht. Und unsere Nachbarn, die neben uns gewohnt haben in der Weinligstraße, mit denen sind wir noch bis zuletzt zusammengekommen. Und von meinem Vater die Angestellten, eine Frau Berger und ein Fräulein Lohse, die haben uns auch immer noch besucht. Allerdings sind wir 1938 im Juli weg. Was nachher war, kann ich nicht so genau beurteilen. Aber da ist es, glaube ich, etwas enger geworden.

Ja, ich wollte gerade sagen, es könnte noch daran gelegen haben, dass die Mädchen am Anfang noch nicht so fanatisiert waren wie die Jungen durch die Hitlerjugend oder so. Aber es gab dann leider auch sehr fanatische Mädchen.
Die Maria Breuer war katholisch. Und die Eltern waren am Anfang auch gegen das Regime. Sie hatten sogar fast ein bisschen Angst. Sie hatten sicher nichts dagegen, dass sie mit mir verkehrt.

Ging die Maria Breuer in die katholische Volksschule? Die katholischen Volksschulen wurden ja auch verboten von Hitler.
Sie ging in die Steybersche Schule bis zuletzt.

Wie war das in der Carlebachschule? Da gab es ja nun auch sehr verschiedene Lehrer, die sicher mental oder im Temperament sehr unterschiedlich waren. Erinnerst du dich an be-

stimmte Lehrer? Ist dir da noch etwas Konkretes in Erinnerung?
Nein, eigentlich nicht. Die Lehrer und Lehrerinnen waren alle sehr freundlich. Es war alles sehr gut.

Wie oft gibt es Klassentreffen?
Klassentreffen gibt es bei vielen. Mein Mann hat zum Beispiel alle zwei Monate ein Klassentreffen. Das ist ganz speziell. Aber ich kann leider kein Klassentreffen mehr haben, weil ein Teil verstorben ist. Ein Teil, da weiß man nicht, wo sie sind. Da ist das nun nicht mehr möglich und jeder ist woanders. Wo würde denn das Klassentreffen sein? Das müsste fast in Leipzig sein, aber woher nehmen?

Würdest du kommen, wenn das Schulmuseum ein Klassentreffen organisiert und alle, die noch leben aus deiner Klasse einlädt?
Sofort. Ich komme gerne nach Leipzig. Ich suche mir immer irgendeinen Grund.

Schön, wir hatten schon mal so eine Art Klassentreffen im Schulmuseum und es war erstaunlich. Nebeneinander saßen die Achtzigjährigen, die aus den USA, aus Australien, aus Großbritannien und wo auch immer herkamen. Und in dem Moment, wo sie über ihre Schule erzählten, waren sie auf einmal fünfzig Jahre jünger. Die Gesichter hellten sich auf und sie wurden alle ganz fröhlich.
Das könnte ich auch gebrauchen. Erzählen über die Mitschüler und die Lehrer und dann werden wir fünfzig Jahre jünger! Das ist gar nicht schlecht.

Es war sehr lustig, weil sich jeder etwas anderes gemerkt hatte. Es ist ja immer wieder erstaunlich, woran man sich erinnert. Scheinbar unwichtige Details kommen im Alter wieder. Einige haben natürlich einen Großteil vergessen und erinnern sich nur an die Streiche, die sie den Lehrern gespielt haben. Auf jeden Fall erinnert sich jeder an Prüfungen und andere Ereignisse, die mit Emotionen verbunden waren: Angst oder Freude, Spaß oder Ungerechtigkeiten. Aber wie war das nun, als du in die Carlebachschule gekommen bist?
Als ich in die Carlebachschule gekommen bin, war das noch ein bisschen vor den vielen anderen, die dann nicht länger in die christlichen Schulen gehen durften. Die kamen alle erst so nach zwei, drei Monaten. Das war für die Lehrer wahrscheinlich etwas schwierig, weil das Lernpensum nicht ganz das gleiche war. Ein Teil wusste mehr, ein Teil wusste weniger. Die mussten da etwas zurückstecken, um sie alle wieder aufs gleiche Niveau bringen. Wie man heute vielleicht, wenn man so viele Ausländer in der Klasse hat, auch etwas zurückstecken muss. Aber ich war ja nicht so lange in der Carlebachschule. In bin ungefähr im Juni 1936 hingekommen und wir sind im Juli 1938 weg. Es war unverhofft. Wir sind in die Ferien gegangen und ich denke, das hat mein Bruder auch erzählt?

Nein, das hat er nicht erzählt.
Wir sind in den Ferien im Sommer immer in die Tschechoslowakei gegangen, weil die deutschen Bäder für Juden verboten waren. Da sind wir wieder nach Marienbad gefahren. Dort waren wir schon einige Male gewesen, meine Mutter, mein Bruder und ich. Mein Vater kam immer etwas später. Geschäftlich ging das nicht so einfach, vier Wochen Ferien zu machen. Da kam er eines Tages und sagte: »Wir können nicht mehr zurückfahren, das Ganze ist sehr schlimm geworden, besonders in Berlin.«
Er hatte einen Freund, der wurde abgeholt und zwei Tage später bekam die Frau die Asche. Das hat ihn entsetzt. Es war ein guter Freund und er hat gesagt: »Nein, dorthin fahren wir nicht mehr zurück, das kann überall passieren.« Jetzt war meine Mutter entsetzt: »Die schönen Möbel, die schönen Sachen zu Hause, das schöne Haus und alles zusammen!«

Aber im Moment habe ich gedacht: Keine Schule mehr, gar nicht schlecht! Nachher ist mir zu Bewusstsein gekommen, dass alle Freundinnen und alles, was ich hatte, wo man dran hängt und was man gewöhnt ist, dass das nicht mehr ist. Dann wollte mein Vater, dass wir in Marienbad bleiben. Er hatte ein Visum nach England, ein Geschäftsvisum. Damit wollte er nach England fahren. Früher musste man für viele Länder ein Visum haben, da konnte man nicht so wie heute mit dem Europass einfach spazieren fahren. Als wir so ein bis zwei Wochen noch in Marienbad waren, da sind wir eines Morgens weggegangen, meine Mutter hatte Geburtstag. Das war der 13. September 1938. Auf einmal haben wir überall Hakenkreuzfahnen gesehen. Wir haben uns erkundigt, was da passiert ist und da haben die Leute gesagt, dass die Deutschen kommen. Sie besetzen das Sudetengebiet.[245] Da sind wir wieder zurück ins Hotel, haben unser Köfferchen gepackt und sind nach Prag gefahren. Da waren schon ganz, ganz viele Leute am Bahnhof, also die echten Tschechen, die auch weg wollten. Wir sind ins Hotel gegangen und wussten nicht so recht, was wir eigentlich machen sollten. Mein Vater hatte einen sehr guten Kunden in Prag und der hat gesagt, er hätte das Gefühl, wir sollten uns weiter fortbewegen. Wenn die Deutschen da

Thea in Antwerpen, 1939

sind, könnte das alles auch in Prag passieren. Ihm würde nichts passieren, er ist Tscheche, aber wir als Juden sollten weg. Dann haben wir uns erkundigt und hatten Glück. Der belgische Konsul hatte irgendwie Freude an meinem Vater gehabt. Er hat ihm ein belgisches Visum für uns gegeben. Der Konsul hat nicht gefragt: »Wenn ihr jetzt zu Besuch nach Belgien fahrt, wo wollt ihr eigentlich nachher hin?« Gut, mein Vater hatte das englische Visum, aber wir hatten das nicht. Er hat uns das belgische Visum gegeben und dann sind wir mit dem Flugzeug von Prag nach Brüssel. In Antwerpen hat mein Onkel gewohnt, der Bruder meiner Mutter. Da sind wir dann nach Antwerpen gezogen. Mein Vater hat gesagt: »Ich lasse euch bald nachkommen.« Das war Anfang 1939. Das Nachkommen ging aber nicht so ganz schnell. Die Engländer wollten auch nicht so grad richtig und inzwischen kamen die Deutschen.

Da wart ihr ja wieder in der Falle?
Am 10. Mai 1940 haben die Deutschen diese drei Länder besetzt: Belgien, Holland und Luxemburg, und dadurch waren wir abgeschnitten von meinem Vater. Zuerst waren die Deutschen äußerst nett. Sie haben im gleichen Haus gewohnt wie wir. Und wenn die Bombardements kamen, haben sie bei uns geklingelt, wir sollen ja runterkommen in den Keller. Sie wussten, dass wir Juden sind, und waren äußerst anständig. Das waren alles Offiziere, die so in den Wohnungen untergekommen sind, weil ein Teil geflüchtet war. Es ist gar nichts passiert. Wir haben uns eigentlich trotz allem gar nicht schlecht gefühlt, bis Ende des Jahres. Da kam auf einmal was von oben: »Die Juden sollen sich melden am Bahnhof mit einem kleinen Gepäck. Sie werden auswärts geschickt wegen der Bombardements, dass ihnen da nichts passiert.« Das haben wir irgendwie nicht geglaubt. Dann sind wir nach Brüssel. Dort hat man uns ja nicht gekannt und wir sind eine kurze Zeit in Brüssel geblieben.

Gab es denn keinen Weg mehr über die Grenze?

Da gab es so Leute, die einen über die Grenze gebracht haben. Wir hatten allerdings zwei Grenzen zu überwinden. Wir wollten bis Paris, da war vorher die belgisch-französische Grenze. Das war eine Grenze, wo ja auch die Deutschen waren. Dann kam aber die zweite Grenze. Da gab es ein unbesetztes Gebiet in Südfrankreich und irgendwie ging das sehr gut. Wir hatten da etwas bezahlt, hatten uns in den Zug reingesetzt und der ist nicht kontrolliert worden. Wir sind irgendwann mal nach vier Tagen in Nizza angekommen. Es war sehr schön. Schönes Wetter, nette Leute. Es war einfach schön. Und ja, in Nizza waren wir anderthalb Jahre. Auf einmal hat es angefangen, dass in das unbesetzte Gebiet die Italiener reinkommen wollten und zum Teil die Deutschen. Das war ja angrenzend an Italien. Da haben wir gedacht, jetzt gehen wir wieder.

Aus Nizza gab es auch Deportationen nach Auschwitz ...

Dann haben wir wieder jemanden gefunden, der uns nach Spanien bringen sollte. Allerdings war das nicht so ein freundlicher Franzose. Er hat uns an die Grenze gebracht nach Perpignan. Dann hat er uns so ein Stückchen über die Grenze gehen lassen, hat uns aber angezeigt bei der französischen Polizei. Das heißt, er hat doppelt Geld bekommen. Von uns und von den Franzosen, dass er da wieder Leute gebracht hat, sozusagen »Ware«. Und die Franzosen haben uns festgenommen und aufs Präsidium gebracht. Wir haben gesagt, dass wir kein Französisch verstehen, sie sollten einen Dolmetscher kommen lassen. Der Dolmetscher kam, in Frankreich geht aber alles langsam. Der Dolmetscher hat uns gesagt: »Gut, Sie können ins Hotel gehen.« Das war ganz in der Nähe vom Polizeipräsidium. Da sind wir ins Hotel, aber wir durften nicht weg. Gut. Eines Tages kamen sie wieder, der Dolmetscher kam den nächsten Tag: »Wenn wir die Strafe büßen müssen, dann gehören wir den Franzosen. Wenn wir aber straffrei wegkommen, dann gehören wir dieser Behörde, die die Leute deportiert.« Es sind da schon Leute wegge- bracht worden. Das war 1941.

Dann haben wir uns wieder auf die Socken gemacht. Wir sind nicht hingegangen und es hat uns jemand effektiv an die Grenze nach Spanien gebracht. Dort sind ja die Pyrenäen. Er hat uns bis oben raufgebracht, hat uns sitzen lassen und hat gesagt, er kommt uns mit einem Auto holen. Er ist bis heute nicht gekommen. Da oben wussten wir nicht Bescheid. Da sind wir alleine los und sind glücklich an die Grenze gekommen. Die Spanier haben uns nicht zurückgeschickt, sie haben uns reingenommen, allerdings eingesperrt. Aber wir waren erst einmal in Spanien. Meine Mutter und ich, wir kamen in so ein Gefängnis, und mein Bruder, der kam in so ein Lager. Wir waren in der Stadt Figueres, das ist nahe der Grenze, und wir waren sehr froh, als sie gesagt haben, wir kommen ein bisschen näher rein nach Spanien, nach Girona. Man hat doch immer ge- dacht, die könnten so nah an der Grenze die Leute wieder wegschicken. Wir wussten schon, dass die Schweiz alle Leute zurückschickt.[246] Das war bekannt. Denn wir hätten ja auch von Nizza in die Schweiz gehen können. Aber man wusste, die Schweiz schickt zurück. Leider! Heute bin ich Schweizerin.

Ja, du bist aber doch in Spanien in einer Zeit angekommen, als dort große Not herrschte. Das Land war ja nach dem Bürgerkrieg ganz schön mitgenommen. War Franco auch so antisemitisch eingestellt wie Hitler oder hat er die Juden in Ruhe gelassen?

Also, er hat die Juden in Ruhe gelassen. Sie hatten es schön in Spanien. Gut, wir waren drei Monate im Gefängnis. Dann durften wir in so einen kleinen Ort gehen, ziemlich nahe bei Barcelona, und dann haben sie uns ganz freigelassen. Sie haben gesagt, wir können entweder nach Barcelona oder nach Madrid gehen. Wir sind nach Madrid gegangen. Also, Franco hat die Juden nicht geplagt.

Also hat er sie auch nicht ausgeliefert?
Nein. Wir hatten allerdings Angst, dass der Franco mal plötzlich die Deutschen reinlassen könnte. Nicht uns direkt ausliefern, aber freundschaftshalber sagen: »Besetzt uns auch noch, vielleicht geht's uns dann besser?« Nein, die Juden hatten nicht zu leiden in Spanien. Aber es war immer etwas, wovor man Angst hatte, und deswegen sind wir dann nach einem halben Jahr nach Portugal.

Wie ging es dann dort weiter?
In Portugal ging es dann ganz komisch weiter. Wir sind ja auch illegal gekommen. Aber in Portugal ist das alles nicht so ganz genau. Wir hatten eine sehr schöne Wohnung und haben uns dort nicht gemeldet. Wir waren einfach da. Es war nichts rationiert, Portugal war ja neutral. Es gab alles zu essen und wir haben uns wohl gefühlt, ohne dass die Portugiesen gewusst haben, dass wir angekommen sind. Das war dann im Jahre 1943 und wir blieben über ein Jahr in Portugal. Wir hatten dann inzwischen jüdische Familien kennengelernt. Es gab eine kleine jüdische Gemeinde in Portugal, nicht so groß. Alle waren sehr nett und behilflich. Die wussten auch nicht, wie wir

da hingekommen sind, wir waren einfach da. Wie es dann so 1944 lief und der Krieg so langsam aussah, als könnte er zu Ende gehen, haben wir uns überlegt, wir müssen uns melden. Wenn der Krieg zu Ende ist, dann sind wir vielleicht auf einmal irgendwie Spione oder so was. Wir sind auf die Behörde gegangen und haben gesagt: »Wir sind gestern angekommen.« Wir mussten natürlich vorsichtig sein, weil wir schon sehr gut Portugiesisch verstanden. Wir durften nicht reagieren, wenn die unter sich redeten oder uns etwas fragten. Wir konnten uns aber auf Französisch verständigen. Die Portugiesen sprechen fast alle Französisch. So haben wir uns angemeldet. Die Portugiesen haben uns zuerst in so einen kleinen Ort geschickt, ein kleiner Badeort. Als dann der Krieg zu Ende war, durften wir nach Lissabon und hatten dort endlich wieder Verbindung mit meinem Vater, weil das ja ein neutrales Land war.

Thea im Pelzmantel, 1940

Sieben Jahre auf der Flucht, das war schon eine extrem lange Zeit.
Alles in allem waren wir knapp zehn Jahre weg. Mein Vater konnte natürlich nicht raus, weil England ja im Krieg war. Nach dem Krieg haben wir uns deshalb überlegt, wie wir endlich wieder zusammenkommen. Die Engländer wollten uns nicht. Sie haben gesagt, dass sie genug Flüchtlinge haben. Die Portugiesen haben gesagt: »Wir haben euch dagelassen, aber noch mehr von euch wollen wir auch nicht.« Dann haben wir die amerikanischen Papiere eingereicht für die Einwanderung nach Amerika. Das war im Jahr 1945. Auch das ging damals sehr, sehr mühsam und langsam. Mein Vater konnte zweimal zu Besuch nach Lissabon kommen. Das durfte er mit drei Wochen Aufenthalt. Dann irgendwann mal haben

wir plötzlich einen Telefonanruf bekommen. Meinem Vater ging es schlecht. Dann kam das Telefonat, er ist gestorben. Er hatte einen Herzschlag bekommen. Das war im Jahr 1947. Zweimal haben wir ihn noch gesehen. Wir haben dann endlich die Papiere nach Amerika bekommen, aber zu spät. Wir sind noch zweimal hin- und hergefahren, damit das Visum nicht verfällt. Wir wollten dann doch etwas davon haben und sind zwischendurch auch mal in die Schweiz gekommen. Da habe ich meinen Mann Amy kennengelernt in St. Moritz. Er kam er uns einmal besuchen in Lissabon. Aber wir haben irgendwann gesagt, diese Entfernung hat keinen Sinn. Entweder – oder. Dann haben wir uns entschlossen zu heiraten. Die Zivilheirat war in Zürich und die kirchliche, also religiöse Trauung war in Lissabon. Das war eine Kurzfassung, die Reise ging nicht so schnell. Nächste Frage?

Ja, das ist klar. Die Abenteuer, die noch dazwischen waren, die hast du jetzt alle weggelassen. Zum Beispiel, dass deine Mutter ein krankes Bein hatte und damit über die hohen Berge in den Pyrenäen musste.
Ja, und dann ist sie runtergefallen und mein Bruder ist nachgesprungen. Hat er das schon erzählt?

Nein, das hat er nicht erzählt.
Irgendwann mal hat er gesagt, ich hätte geschrien und er hätte mir den Mund zugehalten. Er ist nachgesprungen und das hat mich erschreckt wie verrückt. Ich war dann plötzlich allein. Beim Nachspringen in eine Dunkelheit hätte er sie töten können, wenn er direkt auf sie draufgesprungen wäre. Meine Mutter wollte sich nur einen Moment ausruhen. Es sah von weitem aus wie eine Wiese. Es war ja dunkel. Und auf einmal war sie weg. Mein Bruder geistesgegenwärtig ist ihr nachgesprungen. Meine Mutter hatte immer Schwierigkeiten mit den Beinen. Aber dank der Beine habe ich meinen Mann kennengelernt. Ich habe meinen Mann kurz in St. Moritz gesehen. Mal abends in einem Hotel kam er mit einem schönen großen Schäferhund und alle haben sich aufgeregt, dass er mit dem Hund wieder weggehen soll. Ich habe gesagt, er soll sich neben mich setzen, und das hat er gemacht. Danach habe ich ihn eigentlich nicht mehr gesehen. Da meine Mutter mit den Beinen immer zu leiden hatte, sind wir dann oft über Zürich gefahren. Dort musste sie dann einen Arzt aufsuchen, so dass wir länger in Zürich geblieben sind. Dadurch habe ich meinen Mann auf einem Basar gesehen. Da hat er mir verschiedene Sachen runtergeschossen, und er hat sich erinnert, dass er mich gesehen hatte in St. Moritz, und ich habe mich auch erinnert. Dann haben wir uns noch in Zürich verlobt, am 25. Februar 1952. Genau ein Jahr später ist unser ältester Sohn geboren. Der hätte zwar am 27. Februar kommen sollen, kam aber am 25. Februar. Er wusste, es gibt noch irgendwie einen Punkt, wo er sich noch melden muss.

Kennenlernen mit Schäferhund in St. Moritz

Das ist schön, sehr schön. Aber ich würde gern noch mal kurz einen Sprung zurück machen. Ihr wart ja eine wohlhabende Familie in Leipzig. Plötzlich standet ihr da ohne den Vater, der in England war. Dann ohne Einkommen. Ihr konntet ja nicht einfach zur Bank gehen und Geld abheben. Wovon habt ihr denn eigentlich gelebt?

Wir waren in der Pelzbranche. Da hatten wir viele Kunden in England, in der Tschechoslowakei, in Jugoslawien, und wir hatten das Glück, dass die Kunden zum Teil noch nicht gezahlt hatten. Da konnten wir also kassieren, besonders in der Tschechoslowakei. Der Kunde war äußerst anständig. Er war zwar etwas schuldig, hat uns aber sofort angeboten, wenn wir in Geldverlegenheiten kommen, er steht für uns gerade. Dann haben wir angefangen etwas zu kassieren. Das war noch recht gut zum Leben. Als wir dann nach Belgien gekommen sind, hat mein Vater von England Ware geschickt, Pelze, so Tafeln. Er hat Einzelfelle geschickt und in Belgien sind die zusammengenäht worden. Da war die Arbeit viel billiger. Das hat er alles mit meinem Onkel ausgemacht, der schon in Belgien gewohnt hat, so dass wir eigentlich nach zwei, drei Monaten schon wieder richtig Geld bekommen hatten. Das ging natürlich nur so lange, bis die Deutschen reinkamen. Aber es war doch ein gutes Jahr. Ein sehr gutes Jahr, muss ich sagen.

In Spanien hatten wir dann einen Herrn kennengelernt. Dessen Frau ist Anfang 1940 noch mit einem Schiff von Antwerpen nach England gekommen mit einem Kind. Er wollte nachfahren mit seinen zwei Töchtern, doch es ist kein Schiff mehr gegangen. Er hat dann in Spanien bleiben müssen. Dieser Mann hat gefragt, ob mein Vater imstande wäre, seiner Frau Geld zu geben und er gibt uns das Geld wieder. Also, besser konnte es uns gar nicht passieren! Dieser Herr Dorf ist dann auch nach Lissabon gekommen, so dass wir eigentlich bis nach dem Krieg recht gut versorgt wurden. Und nach dem Krieg konnte mein Bruder durch meinen Vater Pelze von England importieren und sie in Portugal verkaufen. Obwohl Portugal ein warmes Land ist, aber die Leute trugen immer gern Pelze, nicht wegen der Kälte, sondern wegen der Schönheit. Heute nicht mehr. Heute ist es sehr verpönt. Heute traut man sich fast nicht mehr, einen Pelzmantel anzuziehen. Aber die ganze Pelzbranche ist ja nichts mehr.

Zwei Fragen hätte ich noch. Die eine Frage ist eine sehr persönliche Frage. Ich frage mal die zweite Frage zuerst. Die Sprachen haben sicher eine große Rolle in deinem Leben gespielt. Du musstest erst Französisch lernen in Nizza, dann Spanisch, dann Portugiesisch. Nie konntest du wissen, welche Sprache ist nun die, die du für die Dauer deines Lebens brauchen würdest. Dann gab es das Zurückkommen in die deutsche Sprache. Ist es dir schwergefallen, immer wieder neu Wurzeln zu schlagen, oder hast du es dir irgendwann abgewöhnt, das Gefühl zu entwickeln: »So, jetzt ist das hier mein neues Zuhause, jetzt suche ich hier Freunde, jetzt will ich hier Wurzeln schlagen.« Wie ist das Gefühl, wenn man immer nur so quasi auf der Flucht ist, auf Abruf?

Ich habe mich nie auf der Flucht gefühlt. So nach zwei, drei Wochen habe ich immer gedacht: »Im Moment bin ich da.« Aber ich habe gewusst, es sind Kriegszeiten, es kann immer was passieren. Aber daran habe ich nicht gedacht, das habe ich immer verdrängt. Und mit den Sprachen. Es ist so, Französisch war mir nicht ganz fremd. Etwas Französisch habe ich ja in der Schule gehabt. Mit Englisch ist man eigentlich immer recht gut durchgekommen. Und die Bekannten, die wir hatten in Frankreich, die haben alle Deutsch gesprochen. In Spanien, wo wir im Gefängnis waren, habe ich eigentlich fast mehr Spanisch gelernt als später in Madrid. Da hatten wir auch wieder so Leute, die geflüchtet waren, wo wir Deutsch gesprochen haben. Aber ich konnte mich recht gut verständigen. Und Spanisch und Portugiesisch sind ja sehr ähnlich.

Aber wie konntest du in Frankreich, Spanien und Portugal so schnell umschalten? Hat dir das denn nichts ausgemacht?

Nein, es hat mir nichts ausgemacht, weil ich Freunde gehabt hatte, die Portugiesisch gesprochen haben. Ob ich es grammatikalisch richtig gemacht habe, weiß ich nicht. Aber ich bin durchgekommen. Wer zuletzt lacht, lacht am besten. Da bin ich in die Schweiz, da kann ich Deutsch reden.

Jetzt die persönliche Frage. Glaubst du an Gott?

Ja.

Welche Rolle spielt die Religion in deinem Leben?

Es ist ein Ideal. Wir müssen an etwas glauben, sonst schwimmen wir. Ich glaube an Gott. Ich bin in die jüdische Religion hineingeboren. Ich versuche, sie so gut wie möglich einzuhalten. Natürlich hat jeder seinen eigenen Ritus, was er hält und was er nicht hält. Aber wir halten die Grundprinzipien. Wir halten den Sabbat, wir essen so gut wie möglich koscher. Bei Fleisch passen wir auf, dass wir keins essen, wenn es nicht koscher ist. Wir essen andere Sachen, wenn ich sicher bin, dass es nicht unbedingt mit Fleisch gemischt ist. Heute ist das ja gar nicht mehr so einfach. Heute gibt es so Sachen, wo überall so Fleischfette dabei sind. Die Vegetarier wissen das vielleicht gar nicht? Ansonsten freuen wir uns, dass wir gesund sind und respektieren alle anderen Religionen. Das ist es. Und Gott, in meinen Augen gibt es eine höhere Macht. Ich glaube, die restliche Familie glaubt dasselbe. Ist das richtig?

Thea und Amy Bollag mit Familie im Schulmuseum, 2005

Thea und Amy vor dem Gohliser Schlösschen, 2008

Thea und Amy am Cospudener See, 2008

Amy Bollag-Schächter:

Ja. Im Alten Testament steht geschrieben, dass die ägyptischen Zeichendeuter die verschiedenen Wunder, die der Moses oder Pharao gemacht haben, nachmachen konnten. Aber dann auf einmal, nach der dritten oder vierten Plage, ging es nicht mehr. Dann nannten die Zeichendeuter dies den »Finger Gottes«, so steht es im Testament geschrieben.[247] Und ich mache einen riesigen Sprung an den Kanal, wo auf der einen Seite die 350 000 Engländer waren, die zurück wollten oder mussten, eingekesselt von der deutschen Armee.[248] Das war eine unglaubliche Machtkonstellation, die noch von sehr tüchtigen Leuten bedient worden war. Jetzt kommt das, was ich sagen will, der Finger

Gottes. Jetzt sah der Hitler auf der einen Seite Paris. Auf der anderen Seite hätte er eigentlich im gleichen Moment England erobern müssen. Aber Hitler war so fasziniert von diesem Paris, dass er sich entschlossen hat, die Engländer dort über diesen vielen Schiffen zu vergessen. Wäre England gefallen, hätte Hitler den Sieg schon gehabt. Wo konnten die Amerikaner später ihren Flugzeugträger haben? England war der Flugzeugträger, um Deutschland respektive Frankreich zu erobern. Das zweite Beispiel. Otto Hahn war der fähigste Atomwissenschaftler, der fähig gewesen wäre, vor den anderen die Atombombe zu machen. Der Hitler hatte gedacht, das geht viel schneller. Und an diesen zwei Sachen, wenn die anders gegangen wären, finde ich immer, da war eine höhere Macht dahinter. Ich nenne den Hitler einen begabten Satan. Der war unglaublich. Er war niemand und von einem Jahr aufs andere wurde er der größte Redner und die höchsten Deutschen sind ihm verfallen und auch die mittleren. Wenn ich dort gewesen wäre, hätte ich womöglich auch mitgemacht, wenn ich nicht jüdisch gewesen wäre. Ich wäre ein ganz guter Soldat geworden. Ich war auch in der Schweiz ein sehr guter Soldat. Aber ich muss sagen, da finde ich die große Kraft, die dahinter steht, um die Welt nicht komplett zu Bruch gehen zu lassen. Ich möchte auch nicht gern ein Produkt von Zufälligkeit zu sein. Eine andere Möglichkeit gibt es nicht, dass unsere Seele noch etwas mehr hat. Wir sind 52 Jahre verheiratet. Ich liebe Thea noch wie am ersten Tag und auch das ist ...

Schön.
Ein Finger Gottes.

Ich würde für mich den Herbst 1989 anfügen, unsere Friedliche Revolution. Das war für mich auch ganz klar ein Finger Gottes. Wie denkt ihr denn über Leipzig?
Nach Leipzig kommen wir sehr gern und wir waren schon einige Male wieder hier. Wir nutzen gern irgendeine Möglichkeit, um wieder nach Leipzig zu kommen.

Dann sehen wir uns vielleicht wieder zur nächsten Jüdischen Woche im Juni?
Das wäre schön.

Anneliese Barth, geb. Baumann

Ilse Landau, geb. Baumann

Guten Tag Frau Barth und Frau Landau, vielen Dank dafür, dass Sie zu einem Interview bereit sind. Bitte erzählen Sie uns noch einmal für die Kamera, wie Sie heißen, wann Sie geboren wurden.

Anneliese: Mein Name ist Anneliese Barth, geborene Baumann. Unser Vater war Hugo Baumann und unsere Mutter war Rosa Baumann. Ich bin am 3. September 1924 geboren. Wir haben zuerst in der großen Wohnung meiner Großeltern in der Lortzingstraße gewohnt. Mein Großvater war schon lange ausgezogen und nach Prag gegangen. Als ich neun oder zehn Jahre alt war, sind wir dann in eine kleinere Wohnung gezogen, in die Gohliser Straße 2. Das Haus haben wir gesehen und das ist in einem erstklassigen Zustand. Wir hatten ein Kinderfräulein. Wir haben sie Dedda genannt, aber ihr richtiger Familienname war Jahn. Sie hat uns nach Fröbel erzogen und mit Fröbelspielzeug beschäftigt. Meine Mutter hatte früher einen Kindergarten geleitet und war darauf bedacht, dass ihre Kinder eine ordentliche Erziehung bekämen. Da haben wir japanisches Papierfalten[249] gelernt und Yoga geübt. In der Wohnung war ein Kinderzimmer zum Schlafen, ein Kinderzimmer zum Spielen und ein kleines Zimmer für die Nanni.

Sind Sie religiös erzogen worden?

Anneliese: Nicht sehr. Nicht unreligiös. Aber meine Mutter hat die Hungersnöte in den frühen Zwanzigern durchlebt. Und sie meinte, die Religion geht nicht durch den Magen.[250] Die Religion geht durch das Herz.

In welche Schule sind Sie dann gegangen?

Anneliese: Es war die nächstgelegene Volksschule.

Dann war es die 32. Volksschule in der Yorkstraße?

Anneliese: Das weiß ich nicht mehr. Meine Klassenlehrerin war jedenfalls Frau Hennig. Das war eine sehr nette Frau. Ich habe aber viel Zeit verloren. Ich hatte alle die gewöhnlichen Kinderkrankheiten. Scharlach war damals eine schreckliche Krankheit und Prof. Bessau[251] ist extra aus Berlin gekommen, um mir das Leben zu erhalten. Das hat Monate gekostet. Aber Frau Hennig hat mir auch geholfen. Meine Schwester Ilse ist in der Zeit »ausgewandert« zu nichtjüdischen Freunden meiner Mutter, die sich kannten vom Bachvorstand. Irgendwann wurde ich gesund. Ich habe dann auch Schwimmen gelernt. Eines Tages hat uns meine Mutter in der Gaudigschule eingeschrieben. Das war eine höhere Mädchenschule am Nordplatz. Die Konrektorin sagte zu meiner Mutter: »Ja, ich nehme Ihre Tochter gern auf, aber ohne Verantwortung, was die Lehrer oder Mitschüler Ihrem Kind antun.« So hat sich meine Mutter lieber für die Carlebachschule entschieden. Dort musste ich eine kleine Prüfung machen.

Ilse: Moment mal, von wegen kleine Prüfung: Wir mussten eine Geschichte nacherzählen. Wir mussten Mathematikaufgaben lösen. Für das richtige Gymnasium musste man sogar einen »obstacle race« machen.

Einen Hinterniswettlauf?
Ilse: Ja. Wir hatten eine Menge zu tun. Das war keine kleine Prüfung. Dann musste man auf einen Brief warten. Wenn der Brief kam, hieß das, man wurde nicht angenommen. Tagelang haben wir auf die Tür gestarrt und darauf gewartet, was da kommen würde. Zum Glück haben wir es beide geschafft.
Anneliese: Ich bin dann auf die Carlebachschule gegangen bis November 1938, also bis zur »Kristallnacht«. Jetzt weiß ich es wieder, wie das war bei der Prüfung. Im Rechnen gab es Aufgaben und man musste dabei stehen. Wer etwas wusste, durfte sich dann setzen. Alles andere habe ich vergessen.

Das ist doch gut, dass Sie sich beide ergänzen können. Erinnern Sie sich auch noch an einzelne Lehrer in der Carlebachschule?
Anneliese: Fräulein Herrmann war die Geschichtslehrerin. Das war eine männliche kleine Frau, aber wunderbar. Ilse: Wir haben immer gezählt, wie oft sie gemacht hat: äh-m, äh-m. Anneliese: Und dann war da Prof. Levy, ein großer Mathematiker. Aber mit kleinen Mädchen konnte er nicht auskommen. Wir haben ihn nicht verstanden. Prof. Richard war Biologie und ein junger Mann, der hieß Lohse. Den haben wir Bubi Lohse genannt, weil er so ein hübscher junger Mann war. Dann der Dr. Ochs mit den roten Haaren und der Musiklehrer Paul Niederland. Wir haben Zensuren bekommen für das Singen. So mussten wir alle auf die »Bühne« gehen und vorsingen. Das war wirklich beinahe ein Witz.

Warum?
Anneliese: Weil manche Kinder klug waren, aber sie konnten nicht singen. Und da war dann eine schlechte Note auf dem Zeugnis. Wir hatten auch Physik. An den Namen des Lehrers kann ich mich nicht erinnern. Aber das Fach habe ich geliebt. Und als ich nach Wales kam, habe ich mich bald entschieden, Naturwissenschaften vorzuziehen. Da hat mir das bisschen Physik sehr geholfen. In Mathematik, ach, wir hatten so eine nette Lehrerin. Wir haben sie Anni Mars genannt. In Wales gibt man immer diese Nicknamen. Sie war so gut zu mir. Sie hat mich dabehalten nach der Schule, nicht als Bestrafung, sondern als Hilfsstunden. Aber Mathematik war zu weit für mich, um je richtig gut zu werden. Aber Geometrie habe ich auswendig gelernt wie ein Gedicht und habe im Abitur beinahe die volle Punktzahl gehabt. Das hat dann bei der Algebra geholfen, um gut durchzukommen. Jetzt kann ich das Geheimnis ja erzählen. Und wie meine Schwester habe ich ein Stipendium für die Universität bekommen, Fahrgeld, Spesen und Geld für die Bücher. Das war für meine Tante eine große Hilfe. Sie hat uns nur ein Bett und etwas zu essen geben brauchen. Ich bin Apothekerin geworden und bin dann nach England gekommen, um zu arbeiten. Ich habe angefangen in einem Labor als Assistentin bei einem public analyst.

Bei der Lebensmittelüberwachung?
Anneliese: Ja. Wenn ich Sie erschrecken darf? Zweimal haben wir die inneren Organe von Leuten bekommen, die Selbstmord verübt haben. Da musste ich dann herausfinden, womit sie sich vergiftet hatten. Auch ein totes Huhn habe ich mal mit der Gartenschere zerschnitten. Wir waren dort zu dritt. Die Atmosphäre in dem Ort war aber nicht besonders gut. Da habe ich dann noch zwei Jahre in der Kunststoff-Industrie gearbeitet und dann meinen Mann kennengelernt. Er war damals schon in Rugby. So habe ich genau fünfzig Jahre in Rugby gewohnt und habe drei Kinder, drei Söhne, erzogen.

War Ihr Mann auch Deutscher?

Anneliese: Ja, er kam aus Berlin. Er war der letzte deutsche Jude, der mit einem Universitätsstudium qualifiziert war. Er war blond. Und man hatte ihm geraten, sich bei der SS einschreiben zu lassen. Aber das hat er abgelehnt. Wenigstens hat man ihn in Deutschland zu Ende Medizin studieren lassen. Dann ist er nach England geflohen in das Lager Richborough[252]. Dann hat er sich erkundigt in Krankenhäusern, die waren alle knapp mit Ärzten während des Krieges. So hat er dort angefangen. Dann hat er später eine eigene Praxis gehabt, und 1987 ist er leider gestorben. Nach einigen Jahren bin ich dann nach Birmingham gezogen, in eine größere Stadt. Und da bin noch heute.

Die Partnerstadt von Leipzig.

Anneliese: Ja, und ich habe versprochen, dass ich einen Artikel über Leipzig schreibe. Da ist eine jüdische Zeitung: Erfahrungen aus der Zwillingsstadt von Birmingham.

Ilse: Und ich ging in dieselbe Schule. Nur Mädchen! Ich habe diese Schule gehasst. Es war alles so streng. Nicht dass ich unbedingt Jungs in der Klasse wollte. Aber ich konnte einfach dort nicht studieren. Zuletzt hat die Direktorin zu meiner Tante gesagt: »Warum nimmst du nicht die Kleinere von der Schule und lässt sie die Hausarbeit machen?« Das war im Krieg. Meine Tante war empört und hat mich an einem Realgymnasium angemeldet. Aber dort waren gemischte Klassen und da ist die Disziplin sofort runtergegangen. Aber das hat mir besser gefallen. Nach einem Jahr habe ich in neun Fächern die Prüfungen bestanden. Das hätte ich nie in der anderen Schule geschafft. Aber ich wollte nicht Chemie studieren. Ich habe Sprachen gewählt: Englisch, Deutsch, Französisch, Italienisch und habe auch ein Stipendium bekommen. Als ich fertig war mit dem Studium, habe ich gedacht, die warten auf mich. Aber niemand wollte mich haben. Alle wollten nur, dass ich Stenographie und Maschineschreiben kann. Und das konnte ich nicht. Dann habe ich das auch noch gelernt und das war sooo langweilig.

Dann habe ich eine Beamtenstelle bei der Regierung in London bekommen. Da war ich für drei Jahre. Dann habe ich meinen Mann kennengelernt. Wir wohnten in Nordwales, direkt am Strand. Das war wunderbar. Komischerweise hat meine Mutter immer zu mir gesagt: »Heirate nie einen Rabbiner und werde nie Lehrerin!« Ich habe beides gemacht. Also, wie falsch kann man noch liegen? Und ich liebte das Unterrichten, auch in der Volksschule bei elf- bis sechzehnjährigen Kindern. Als ich mit zweiundsechzig Jahren aufgehört habe, das war gut. Jetzt würde ich nicht mehr gern Lehrerin sein wollen. Die Kinder benehmen sich so schlecht.

Haben Sie irgend etwas aus Ihren Leipziger Schulerfahrungen auch als Lehrerin später gebrauchen können?

Ilse: Ja. Unbedingt. Ich wurde nie ausgebildet, eine Lehrerin zu sein. Ich hatte zwar meinen Hochschulabschluss, aber kein Pädagogikexamen. Ich wollte ja nicht Lehrerin werden. Aber ich hatte zu der Zeit auch schon drei Kinder. Es ist erstaunlich, was man von den eigenen Kindern lernt. Und ich habe gelehrt, wie ich selbst gelernt habe, und es ging. Zuerst war ich in einer kirchlichen Schule und dann ging ich in eine öffentliche Schule. Da blieb ich für 24 Jahre.

Und mein Mann kam aus der Tschechei und er war Rabbiner und wir hatten ein wunderbares Leben. Unglücklicherweise ist er auch schon vor zwanzig Jahren gestorben. Ich dachte nicht, dass ich mal so alt werden würde, wie ich jetzt bin.

Und Sie sind noch vor wenigen Jahren nach Israel gezogen?

Ilse: Ich wohnte allein im Haus. Mein Sohn in London, der andere in Amerika und meine Tochter in Israel. Und sie kamen zusammen und fragten mich, für wen ich mich entscheiden wolle. Sie meinten, dass sie mich nicht länger allein lassen können. Da ich schon mehrere Male in Israel war, habe ich Israel gewählt. Vor fünf Jahren bin ich dorthin gegangen, habe mein Haus verkauft und alles, was ich verkaufen konnte. Ich habe dort in Israel meine eigene kleine Wohnung, aber ich esse mit der Familie. Ich habe vier Enkelkinder dort und mein Sohn in England hat vier und mein Sohn in Amerika hat vier.

Wie empfinden Sie heute Leipzig und Deutschland? Empfinden Sie mehr Schmerz darüber, was alles weg ist? Oder haben Sie auch Hoffnung, dass hier jüdisches Leben wieder wachsen kann?
Ilse: Wissen Sie, ich dachte, ich würde viel mehr Gefühle haben. Aber ich habe sie nicht. Nur, als ich meine Wohnung in der Gohliser Straße gesehen habe, da kam es zurück. Aber sonst, ich kenne die Stadt nicht mehr. Sie sah ganz anders aus in unseren Erinnerungen. Es ist, als ob ich eine fremde Stadt besuche. Es ist schön, aber ganz anders, als ich es erwartet habe.

Haus Gohliser Straße 2, 2010   **Hauseingang, 2010**

Sind Sie das erste Mal wieder in Leipzig?
Ilse: Ja, nach 67 Jahren.
Anneliese: Ich war mal hier vor 25 Jahren. Da war die Stadt ein Müllhaufen. Das sieht jetzt besser aus. Der Hauptbahnhof scheint noch größer geworden. Aber die Stadt ist mir fremd. Wir sind doch von unseren Eltern immer zurückgehalten worden, die Stadt zu erforschen. Wir kannten nur unsere nähere Umgebung. Einmal in der Woche durften wir auch in die Stadt. Da war ich im Kaufhaus Brühl und habe meine fünfzig Pfennig Taschengeld ausgegeben.
Ilse: Einmal sollte ich einen Brief zur Post bringen. Gegenüber von unserem Haus war eine Kirche und die hatte eine Turmuhr. So konnte ich die Zeit genau sehen. Aber da war eine Hochzeit und ich musste doch warten, bis die Braut herauskommt. Als ich zurückkam nach Hause, ist meine Mutter fast verrückt geworden. Mein Vater war auch ganz hysterisch. Sie hatten Angst, dass man mich mitgenommen hätte.

Und wie sieht es mit Ihren Erinnerungen an die Kinderzeit aus, Frau Landau?

Ilse: Ich bin am 26. November 1925 geboren. Wir hatten eine sehr schöne Zeit als kleine Kinder. Als meine Schwester in die Schule ging, kam ich in einen Kindergarten. Ich bin als Kind nur gerannt und meine Beine sind noch heute voll Narben, wo ich mir alles wehgetan habe. Ich erinnere mich, wenn meine Mutter mich aus der Schule abgeholt hatte, musste ich immer zwei Treppenstufen auf einmal nehmen. Unten war so ein Gerät zum Säubern der Schuhe. Da bin ich auch draufgefallen und hatte ein Loch im Knie. Meine Mutti hat mich immer Willi genannt. Ich hätte wohl ein Junge sein sollen. Wenn meine Schwester gelernt hat, war ich draußen und habe mit dem Ball gespielt. Ich war auch für vier Jahre in der Volksschule und hatte dort gute Freunde. Auf dem Weg zur Schule gingen wir am Zoo vorbei. Ich ging oft rein, um mir die Tiere anzusehen.

Michaeliskirche mit Turmuhr, 2010

Sie kamen ja auch in die Carlebachschule?

Ilse: Ja. Nach vier Jahren ging ich dann auch in die Carlebachschule und da hatte ich einen sehr netten Englischlehrer. Sein Name war Dr. Dreifuß. Er war ein Kriegsgefangener während des Ersten Weltkrieges, dort hatte er sein Englisch gelernt. Und ich habe immer die Sprache sehr gern gehabt. Mit Mathematik war das anders. Das kam bei mir nie rein in den Kopf. Ich musste so viel Rechnen üben, dass ich das heute noch nur auf Deutsch mache. Meine schönsten Zeiten waren, wenn wir im Kickerlingsberg oder im Rosental spazieren gegangen sind, wenn wir Ball gespielt haben. Wir haben Tennis gelernt in einem Tennis-Club. Meine Mutter hat immer darauf geachtet, dass wir nicht die schlimmsten Sachen sehen und hören. Aber am Ende hat man es doch mitbekommen. Als sogenannte »Mischehen« sich trennen mussten, unter uns wohnte so eine Familie. Er war jüdisch, sie war nicht jüdisch. Da sind sie in der Nacht ins Auto eingestiegen, haben den Motor angelassen und haben sich vergiftet. Es waren beide Ärzte. Die hat man dann abgeholt.

Wohnten in Ihrem Haus noch mehr jüdische Familien?

Ilse: Über uns wohnte noch eine Familie, die hatte einen polnischen Pass. Sie wurden an die polnische Grenze gebracht. Die Polen haben dasselbe gemacht mit den Deutschen. Und das ging die ganze Nacht, wo sie gestanden haben in ihren Nachthemden und Pyjamas. Und am frühen Morgen sind sie zurückgekommen und haben sich im Konsulat versteckt.[253] Wir haben denen zu essen gebracht. Sie waren Freunde von uns. Das war im Oktober 1938. Eines Tages, kurz danach, gingen wir in die Schule. Auf dem Weg sagte man uns, dass wir heute nicht in die Schule gehen können. Natürlich dachten wir, das sei ein großer Spaß. Keine Schule!

Aber es dauerte drei Monate. Das war schlimm, denn hier durfte man nicht sitzen, da durfte man nicht gehen, nicht ins Kino, nicht einkaufen. Meine Mutter hat immer gezittert, wenn wir ausgegangen sind, dass wir etwas sagen, was jemand hören könnte. Und dann würde sie uns nicht wiedersehen. Aber dank Gott, ging es. Was uns wirklich wehgetan hat, war es, wenn unsere Freundinnen sagten, dass sie nicht mehr mit uns spielen können, weil das auf die Eltern zurückgegangen wäre. Ich hatte zwei sehr gute Freundinnen in der Volksschule. Eine hieß Marianne und die andere hieß Renate. Sie haben es mit Schmerzen, mit Bedauern abgelehnt, weiter mit uns zu spielen. Da hat es nicht so wehgetan, als wenn sie uns zur Unperson gemacht hätten.

Wie sind Sie dann aus Deutschland rausgekommen?
Ilse: Ich war in der dritten Klasse der höheren Schule, als wir ausgewandert sind mit einem Kindertransport. Die Cousine meiner Mutter hat uns rübergeholt. Meine Mutter hat noch dafür gesorgt, dass wir Schwestern wenigstens zusammenbleiben konnten.

Was ist mit Ihren Eltern passiert?
Anneliese: Ach, das war grausam. Wir waren noch in unserem Haus. Frau Schulze war unser Hauswart und Mitglied in der Partei. Sonst konnte sie doch gar nicht als Zahnärztin praktizieren. Sie sagte immer, nichts würde den Eltern passieren. Wir haben dann noch einige Post bekommen, aber meine Tante hat den Briefträger bestochen und die Briefe vernichtet, nicht alle, aber viele. Sie hat es gut gemeint, aber es war nicht gut. Jedenfalls wussten wir, dass die Eltern in Belgien sind. Wann sie gegangen sind, warum, wer sie dorthin eingeladen hat, keine Ahnung. Aber ich glaube, die Familie in Belgien war geschäftlich mit meinem Vater verbunden. Als Belgien überrannt wurde, durften wir durch das Rote Kreuz jeden Monat zwanzig Worte schreiben. Nach dem Krieg hat uns das Rote Kreuz gesagt, die Eltern sind verschwunden. Diese Nachricht hat meine Schwester sehr beeinträchtigt, so dass sie krank geworden ist und ihre Prüfung nicht bestanden hat. Dann hat meine Tante das alles der Lehrerin erklärt und sie durfte das Jahr wiederholen. Ich bin nach Belgien gefahren zu dieser Familie. Sie hatten einen großen Koffer und eine Tasche mit Papieren. Und ich hatte nur einen kleinen Koffer mit, weil ich noch nach Amsterdam und Paris wollte, um Verwandte zu sehen, die es überlebt haben. Ich habe versprochen, noch einmal vorbei zu kommen, um den Koffer mit den Papieren zu holen. Aber ich konnte es einfach nicht. Die Verwandten waren schon alt. Und ich habe eine Liste angefertigt mit dem ganzen Besitz meiner Eltern. Sie hatten so einen Container gepackt, der aber in Hamburg bombardiert worden ist. Aber weil es Osten war, haben wir nur zehn Prozent bekommen. Wir hatten zwei Häuser im Brühl und die zwei Villen in der Primavesistraße und ein großes Haus in der Lortzingstraße und noch anderen Besitz.[254]

Was hat Ihr Vater beruflich gemacht?
Anneliese: Mein Vater hatte einen Lederhandel und mein Onkel war Pelzhändler. Er hat dann in England noch einmal erfolgreich von vorn angefangen. Und so haben wir erst mal in Wales gelebt. Aber das Gute war, wir haben nie Antisemitismus erlebt in Wales. Sie waren sogar ziemlich stolz darauf, dass sie fremde Kinder in der Klasse hatten. Denn viele Stadtkinder in England hat man während des Krieges aufs Land geschickt wegen der Bomben. So waren wir zwar die einzigen Juden aus Deutschland, aber nicht die einzigen Fremden.

Wie schnell ging das Englisch-Lernen und -Sprechen?
Anneliese: Nicht so schlimm. Ich hatte zweieinhalb Jahre in der Schule und dachte, ich bin perfekt. Das war es natürlich nicht. Aber wenn man im Lande ist, lernt man es schnell. Meine Tante hat darauf geachtet, dass wir nicht Deutsch miteinander geredet haben. Und in zwei, drei Monaten konnten wir uns schon ganz gut verständigen.

Wie ging es dann weiter in England? Haben Sie einen Beruf gelernt?
Anneliese: Oh, ja. In Wales wird Erziehung mit großen Buchstaben geschrieben. Und weil wir gute Zeugnisse hatten und ein Oberlehrer unserer Schule ein großer Freund von unseren Verwandten war, sind wir nach wenigen Wochen auf die beste Mädchenschule geschickt worden. Das hat wenig gekostet, weil es von den Beamten mitfinanziert wurde. Wir kamen in ein Minendorf, wo Onkel Arthur der Dorfarzt war. Er wollte richtig Medizin praktizieren. Sogar unter Tage musste er manchmal gehen. Aber das war ein Kulturschock von Leipzig, von einer Großstadt im besten Sinne, in ein Grubendorf, schmutzig, dunkel, eng. Ja, das war nicht leicht. Aber in der Schule war es gut. Ich hatte eine Freundin. Deren Mutter und meine Mutter hatten eine private Lehrerin, wir haben Englisch studiert, Literatur. Ich konnte dann fließend schreiben. Aber wenn es zum Sprechen kam, wusste ich nicht, was ein Handtuch war auf Englisch.

Haben Sie denn jetzt nach 1989 etwas zurückbekommen von Ihrem Besitz in Leipzig?
Anneliese: Aber was uns sehr geärgert hat, da war doch hier so eine Organisation, die hieß Treuhand. Die sollte doch das alles regeln und fertigmachen. Aber das waren sonderbare Leute. Und dann war da noch die Jewish Charity Commission, die haben alles genommen, was sie konnten. Mein Onkel hat das Haus Ecke Brühl/Nikolaistraße zurück bekommen. Wir mussten dort viel Geld bezahlen, um das Dach zu erneuern. Und dann kam doch der Schneider-Skandal mit den vielen ungedeckten Schecks und dem Baubetrug.[255] Im Grundbuch steht noch Lotte Heilpern. Das Haus ist nie auf den Namen meines Onkels übertragen worden. Sie hatte es doch als Mitgift mit in die Ehe gebracht. Und so kam diese jüdische Kommission und hat es einfach gestohlen.

Das war sicher kein Einzelfall?
Anneliese: Nein, aber sie tun damit viel Unrecht. Sie tun auch Gutes mit dem Geld, was sie einnehmen. Aber das war unrecht.

Ihre vielen Kinder und Enkelkinder warten sicher gespannt darauf, was Sie erzählen werden über Leipzig. Vielleicht kommen Sie das nächste Mal mit einem der Enkelkinder?
Ja, vielleicht.

Vielen Dank Ihnen beiden. Auf Wiedersehen in Efrat, Birmingham oder Leipzig.
Auf Wiedersehen.

Evelyn Amerikaner, geb. Kann

Mein Name ist Evelyn Amerikaner. Ich bin am 13. März 1929 in Leipzig geboren und bin 1938 nach Argentinien ausgewandert. Ich habe nur die kurzen neun Jahre hier in Leipzig gelebt und erinnere mich an nicht sehr viel. Ich bin in der Haydnstraße 12, im ehemaligen Gewandhausviertel, geboren. Mein Vater Albert Kann war Kaufmann. Meine Mutter war eine geborene Blum. Das erste Schuljahr bin ich in eine private Schule gegangen und musste dann in die Carlebachschule wechseln. Da bin ich aber auch nur anderthalb Jahre geblieben und habe deshalb nicht sehr viele Erinnerungen.

Wohnhaus Haydnstraße 12, 2010

Wie kam es, dass Sie ausgerechnet nach Argentinien ausgewandert sind?
Mein Vater hatte einen Bruder dort und so konnten wir einreisen. Leider sind wir nicht früher weg. Aber mein Vater hatte im Ersten Weltkrieg gekämpft und er meinte, ihm könne nichts passieren. Das haben viele so gedacht. Aber schon 1936 haben die Nazis meinem Großvater Hugo Blum sein großes Wäschegeschäft im Handelshof weggenommen. Das wäre eigentlich schon der Moment gewesen, Leipzig zu verlassen.

Haben Sie selbst irgendwelche Formen von Antisemitismus erlebt?
Nein. Ich habe zu keinem Zeitpunkt antisemitische Erfahrungen gemacht oder irgendwelche Gefühle gegenüber anderen Deutschen gehabt. Ich habe nie irgendwas gespürt. Ich war das einzige Kind und wurde von allem sehr ferngehalten. Die Probleme, die meine Eltern in der Zeit sicher hatten, habe ich als Kind nicht bemerkt. Ich hatte hier eine sehr schöne Kindheit. Die Bilder, die ich noch habe, sind meist im Rosental aufgenommen, mit Bäumen und Pflanzen und anderen Kindern, mit denen ich spiele, aber ich habe leider kein Foto von meinem Geburtshaus in der Haydnstraße noch von dem Haus in der Herloßsohnstraße in Gohlis, wo wir 1936 hingezogen sind. Ich erinnere mich, dass ich dort auf der Straße mit anderen nichtjüdischen Kindern gespielt habe. Ich wurde nie als Jüdin anders behandelt.

Johannapark, 2010

Johannapark mit Blick auf die Lutherkirche, 2010

Wie war es in der Carlebachschule?
Dort hatte ich einige Freundinnen und hatte sogar die Hoffnung, als ich herkam, dass in dieser Gruppe der ehemaligen Leipziger die eine oder andere dabei sein würde. Zwei aus meiner Klasse waren nach Israel ausgewandert. Wir sind im August 1938 von Leipzig weg und es wurde dann zu Hause nie viel von Leipzig gesprochen. Wahrscheinlich war es für meine Eltern eine abgeschlossene Etappe und man hat nur noch in die Zukunft geschaut.

Konnten Sie irgendetwas mitnehmen, Möbel oder Gepäck oder wenigstens Geld?
Wir durften kein Geld mitnehmen. Aber einige Sachen haben wir in einen Lift[256] einpacken können. Einige Möbel sind mitgekommen und ich wurde noch für einige Jahre eingekleidet. Das hatten mir meine Eltern alles noch in Berlin in einem Spezialgeschäft für Kinderkleidung gekauft. Das war allerdings nicht das, was in Argentinien getragen wurde. Da hatte ich nun diese schönen Kleider und habe mich darin in keiner Weise wohlgefühlt. Ich hatte zum Beispiel einen Schulranzen aus Leder und in Argentinien haben die Mädels ihre Schulbü-

Schweizerhäuschen im Rosental, 1935

cher immer so in der Hand getragen. Da wurde ich schon komisch angeguckt. Aber das war eben so bedacht, dass wir dort erst einmal für einige Zeit kein Geld ausgeben mussten. Für einen Monat haben wir in einer Pension gewohnt. Dann haben wir ein Haus gemietet. Ich ging zuerst dort in eine Deutsche Schule, die Pestalozzischule[257] in Buenos Aires. Dann kamen die Schulferien, die in Argentinien drei Monate dauern. So wurde ich zu einer Nachbarin geschickt, bei der ich alles gelernt habe: Spanisch, argentinische Geschichte und Geografie und alles, was sonst gelehrt wurde. Ich habe dann eine Prüfung bestanden und wurde in der argentinischen Volksschule aufgenommen in der Klassenstufe, wo ich hingehörte. Ich habe also kein Schuljahr versäumt.
Spanisch habe ich schnell gelernt, es war ja die Sprache in der Schule. Aber zu Hause wurde Deutsch gesprochen. Ich habe auch immer Deutsch gelesen. Damals war ich in dem Alter, wo ich Nesthäkchen, Trotzköpfchen, diese ganzen Bücher gelesen habe. Meine Mutter hatte sie mitgebracht. Dadurch habe ich eben auch das Deutsch beibehalten. Ich

kam dann in die höhere Handelsschule in Argentinien und 1949 habe ich geheiratet. Mein Mann war aus Köln und wir haben auch weiter zusammen Deutsch gesprochen. Meine Söhne, die dann geboren wurden, haben natürlich Spanisch gesprochen, aber sie haben auch Deutsch verstanden. Wir haben mit ihnen Deutsch gesprochen, sie haben Spanisch geantwortet und sie sind in die englische Schule gegangen. Das waren dann zu viele Sprachen auf einmal.

Reichsstraße 1, 2010

Wäschegeschäft Blum – heute Lederwaren, 2010

Sind Sie das erste Mal seit 1938 wieder in Deutschland?
Ich war vorher schon einige Male in Deutschland, aber noch niemals in Leipzig. Wir waren in Köln und im Schwarzwald und in München. Wir sind ein bisschen herumgereist in Deutschland. Aber Leipzig war ja die Ostzone. Da ist man nicht hingefahren. Für mich war es sehr aufregend, nach Leipzig zu kommen, auch wenn ich nicht viele Erinnerungen hatte. Aber ich wusste doch, ich komme aus Leipzig und habe auch viel über Leipzig gehört. Außerdem habe ich doch hier das Grab meiner Großeltern gefunden. Das war auch ein sehr aufregender Moment. Was möchten Sie denn sonst noch gern wissen?

Sie haben fabelhaft erzählt. Vielen Dank erst mal. Sie sprechen ein wunderbares Deutsch. Es gibt aber bei Ihnen keinen Hauch von Sächsisch.
Meine Mutter hat noch Sächsisch gesprochen. Sie war genauso wie mein Großvater in Leipzig geboren. Meine Großmutter ist leider sehr jung gestorben. Aber sie war eine bildschöne Frau. Ihr Foto hängt über meinem Schreibtisch in Buenos Aires und es ist mir immer ein Vergnügen, sie anzuschauen. Sie hieß Meta Wildau und deshalb ist mein zweiter Name Meta. Das versteht niemand, weil das so ein altmodischer Name ist. Meine Großmutter war eine ganz besondere Frau. Als die Nazis meinem Großvater das Wäschegeschäft wegnahmen, hat er

Selbstmord begangen. Das hat man mir als Kind aber nicht erzählt. Man hat früher von den Kindern alles fern gehalten. Meine Eltern nahmen mich im Auto mit zum Friedhof und ich musste draußen bleiben. Daran erinnere ich mich. Kinder durften nicht auf den Friedhof. Deswegen hat es mich jetzt ganz besonders berührt, die Gräber zu sehen.
Es ist ja sehr viel passiert in der Zeit hier, aber als Kind hat man das nicht so gespürt, ich jedenfalls nicht. In Argentinien hatten meine Eltern am Anfang auch eine schwere Zeit. Mein Vater hat den Fehler gemacht und einen Fiat mitgenommen. Er hätte einen Mercedes Benz mitnehmen müssen, da hätten wir beim Verkauf in Argentinien mehr davon gehabt.

Haben Sie noch die Möbel von damals?
Nein. Meine Mutter ist vor fünf Jahren gestorben. Die Möbel waren alt, aber nicht antik. Wir haben alles ihren Betreuerinnen geschenkt, die sich die letzten Jahre um sie gekümmert haben. Aber ich habe noch ihr Porzellan und ihr Kristall und viele andere Gegenstände. Auch meine Söhne haben etwas davon. Meine Mutter fehlt mir jetzt hier so sehr mit ihrem Sächsisch und mit ihren Erinnerungen! Ich würde ihr so gern alles hier erzählen. Ich kenne niemanden, der sich dafür interessieren wird.

Herloßsohnstraße, 2010

Aber Sie haben doch Ihre Söhne mitgebracht?
Darüber bin ich sehr froh. Das ist sehr schön für sie, dass sie sehen, wo ihre Mutter herstammt. Ich glaube, es hat ihnen hier auch sehr gut gefallen.

Sie sind ja in Argentinien sehr weit weg von Deutschland. Haben Sie irgendwelche Nachrichten aus Deutschland wahrgenommen, in den Zeitungen etwas über Deutschland gelesen?
Nicht so viel. Nur mein Mann hatte geschäftliche Kontakte nach Deutschland. Wir hatten deutsche Freunde in Buenos Aires, der Hermann Heine. Er sprach noch sehr Sächsisch und hat sehr gern sächsische Witze erzählt.

Wie war es 1989? Vielleicht haben Sie im Fernsehen gesehen, was hier passiert ist? Was haben Sie da empfunden?
Ja, natürlich. Das war atemberaubend. Wir haben uns auch jetzt überlegt, wie war das möglich? Wie konnte sich das alles von einem Tag auf den anderen so ändern? Auch die Mentalität der Menschen, die unter dem Kommunismus aufgewachsen sind. Wie konnten die sich dann ändern? Das war sicher eine sehr komplizierte Zeit für Sie. Aber ich sehe, Leipzig macht sich. Die Innenstadt ist so hübsch mit den alten Gässchen. Außerhalb sieht man noch so viele leere Häuser. Aber das wird schon noch.

Sie erzählten am Anfang etwas von zwei Freundinnen, die Sie vermissen. Wissen Sie noch die Namen?
Eine ist Tutti Sprung. Aber Tutti war bestimmt nicht ihr richtiger Name.

Vielleicht war ihr Name Silvia Sprung[258]?
Das kann sein. Sie ist damals nach Israel gegangen. Die andere hieß Judith Menasche[259]. Aber mit neun Jahren sind die Erinnerungen dann doch verblasst. Man hat so viel erlebt. Mein Vater hatte damals eine Vertretung aus Krefeld mit feinen Stoffen wie Spitzen, Brokat und Satin mitgenommen. Das war völlig unverkäuflich in Argentinien. Als Kind habe ich das nicht so empfunden. Aber jetzt als Erwachsene kann ich mir vorstellen, wie schwer es für meine Eltern gewesen sein muss, in einem fremden Land vollkommen neu anfangen zu müssen. Vor allem die neue Sprache, sie konnten ja kein Spanisch. Aber es kamen sehr viele Emigranten nach Argentinien.

Haben Sie dort auch eine jüdische Gemeinde wieder aufgebaut?
Ja, auch meine Söhne waren dort sehr aktiv. Mein Sohn Roberto hat dann auch zehn Jahre in Israel gelebt. Es gibt verschiedene jüdische Gemeinden, die von den deutschen

Juden aufgebaut wurden, die aber jetzt auch sehr viele argentinische Juden haben. Ich engagiere mich in einem Hilfsverein der deutschsprechenden Juden. Dieser Verein hat sich um die Emigranten aus Deutschland gekümmert, hat ihnen Arbeitsstellen und Wohnungen besorgt, sie finanziell unterstützt. Da wurde dann auch ein Altersheim gegründet und ein Kinderheim. In diesem Kindergarten bin ich tätig und das macht mir sehr viel Freude. Wir haben dort achtzig Kinder, natürlich auch von argentinischen Juden. Mit deutschsprechenden meine ich auch österreichische und ungarische Juden.

Pflegen Sie in diesem Kindergarten auch die religiösen Traditionen? Welche Rolle spielt Religion in Ihrem Leben?
Die Kinder sind sehr klein, von zwei Monaten bis vier Jahren. Viel jüdische Religion kann man denen nicht beibringen. Aber wir haben immer ein Kabbalat Schabbat,[260] wo alle Kinder zusammen singen und einige Gebete sagen. Und die jüdischen Feste werden natürlich gefeiert. Hebräische Lieder singen die Kinder und ich erzähle ihnen von Pessach, so dass sie es verstehen können. Und die argentinischen Feste werden auch gefeiert. Das ist immer eine Mischung. Von da aus gehen die Kinder dann weiter in jüdische Schulen. Es gibt auch Kinder, deren Eltern das nicht bezahlen können, die von uns unterstützt werden. Es gibt mehrere jüdische Schulen in Buenos Aires.

Sind das besonders gute Schulen?
Einige ja. Da lernen die Kinder nicht nur Spanisch und Hebräisch, sondern auch Englisch. Denn Englisch ist heute sehr wichtig, das muss man immer können. Deshalb sind meine Söhne in eine schottische Schule gegangen, damit sie vor allem gut Englisch können. Sie brauchen die Sprache im Handelsleben.

Sie selbst haben es sich nicht auswählen können, dass Sie zum Weltbürger wurden. Aber Ihre Söhne sind nun schon als Weltbürger aufgewachsen. Finden Sie das gut?
Absolut. Ich glaube nicht, dass meine Söhne sich hundertprozentig als Argentinier fühlen. Mein ältester Sohn fühlt sich sehr jüdisch, weil er zehn Jahre in Israel gelebt hat. Der andere Sohn ist mit einer Nichtjüdin verheiratet. Sie haben vier Kinder, die in dieselbe schottische Schule gehen. Sie sind dort registriert als »ohne Religion«. Sie wachsen also ohne Religion auf, außer Weihnachten, das wird gefeiert.

Aber das ist nicht jüdisch!
Nein, da ist nichts Jüdisches. Als meine Enkelin gefragt wurde, ob Amerikaner nicht ein jüdischer Name ist, sagte sie nur, dass ihre Großmutter jüdisch ist.

Sie repräsentieren für mich das, was hier einmal die deutsch-jüdische Bildungselite war.
Ja, meine Eltern und meine Großeltern haben sich natürlich vor allem als Deutsche gefühlt. Mein Vater war mit achtzehn Jahren als Freiwilliger im Ersten Weltkrieg und hatte wohl sogar das Eiserne Kreuz. Meine Mutter war auch sehr stark von Leipzig geprägt, sie ist hier zur Schule gegangen. All das kann ich sie nun leider nicht mehr fragen. Aber wir haben einiges mitgenommen, was für sie wichtig war. Wir sind auch in Buenos Aires immer in die Konzerte gegangen. Deutsch, Spanisch und Englisch habe ich immer gesprochen und auch viel in den Originalsprachen gelesen.

Würden Sie sagen, es ist mehr wert, dass Sie jetzt überall zu Hause sein können, weil Sie ja Ihre deutschen Wurzeln abschneiden mussten. Ist dieser Verlust dadurch ausgeglichen, dass Sie jetzt sagen können, okay, meine Identität ist jüdisch. Das reicht mir. Ich brauche keine andere Identität. Das Nationale ist Ihnen dann nicht mehr wichtig?

Das Nationale ist mir überhaupt nicht wichtig. Es ist anders mit Leuten, die nach Amerika gegangen sind, die sich jetzt dort absolut als Amerikaner fühlen. Argentinien ist ein schwieriges Land mit schwierigen Menschen. Wir haben uns nie hundertprozentig eingelebt. Wir sind irgendwie zu europäisch. Die ganze Mentalität ist anders. Auf die Frage, welches meine Heimat ist, wüsste ich nicht, was ich antworten soll. Die ist an sich nirgendwo.

Oder überall?
Oder überall. Genau so. Denn es ist nicht nur das Land, es sind die Menschen. Natürlich haben wir sehr viel von Deutschland mitgenommen, die ganze Kultur. Das ist alles in uns drin. Ich weiß auch nicht, ob ich mich in England oder Amerika wohler fühlen würde. Wahrscheinlich nicht. Ein großes Erlebnis war für mich auch ein Abend im Gewandhaus. Ich weiß, meine Mutter hatte ein Abonnement für das Gewandhaus. Sie hat mir erzählt von den Konzerten mit Bruno Walter.[261] Es war mir ein Bedürfnis, jetzt dorthinzugehen. Auch wenn es nicht mehr dasselbe Gebäude ist, ist es doch aber das Orchester. Das Konzert war für mich ein großes Erlebnis.

Altes Gewandhaus, um 1935

Altes Gewandhaus innen, um 1935

Gustav Mahler, Neunte Sinfonie.
Herrlich. Das musste jetzt einfach sein.

Waren Sie auch schon in Auerbachs Keller? Lohnt sich das?

Es ist ein Traditionsrestaurant, wo vielleicht auch Ihre Eltern hingegangen sind.
Das Geschäft von meinem Großvater in der Reichstraße 1, das ist der Handelshof. Da ist jetzt ein Ledergeschäft drin, und ich meine, dass ich das so irgendwie ein bisschen erkannt habe. Meine Fotos aus Leipzig sind alle im Park aufgenommen oder in den Ferien hat man fotografiert. Ich erinnere mich auch noch an den Scherbelberg. Das war doch im Rosental?

Ja, da stand früher ein Holzturm drauf mit vielen eingeritzten Herzchen.
Da müssten wir dort hingehen?

Aber die Herzchen sind weg. Jetzt steht dort ein Metallturm.
Aber die Parks sind ja auch herrlich schön. Wir waren neulich im Johannapark. Ich bin mit meiner Mutter mit dem Rad dort langgefahren. Daran erinnere ich mich. Ich weiß auch noch, dass ich mit der Straßenbahn in die Schule gefahren bin. Durch das Rosental fuhr die Straßenbahn.

Da fährt sie auch heute noch. Sind Sie da ganz allein gefahren, mit acht Jahren?
Ja, ganz allein. Das würde in Buenos Aires nicht gehen. Das ist viel zu unsicher dort.

Vielen Dank, Frau Amerikaner.

Fußnoten

1 Die 40. Volksschule befand sich in der Elsässer Straße, der heutigen Max-Planck-Straße.
2 Die 32. Volksschule befand sich in der Yorkstraße, der heutigen Erich-Weinert-Straße.
3 Die Ohel-Jakob-Synagoge.
4 Die heutige Tschaikowskistraße.
5 Das 1868 eingeweihte Neue Theater am Augustusplatz diente vorrangig dem Musiktheater und wurde ab 1912 ausschließlich als Opernhaus genutzt; analog dazu führte man im Alten Theater auf der Ranstädter Bastei zunehmend nur Schauspiele auf.
6 Über diese Jugend-Alija gelangten bis September 1939 rund 5000 Mädchen und Jungen aus Deutschland nach Plästina.
7 Vgl. Irit Rosenberg (Blume Zwick)
8 Die Ustascha war eine kroatische separatistische Bewegung, die einen aggressiven, rassistischen Nationalismus vertrat. Sie verfolgte Serben, Juden und Angehörige anderer Minderheiten bis zur physischen Vernichtung in Lagern wie Jasenovac.
9 Boris Jochvedson, geboren 1900 in Rostov am Don, ab 1925 in Berlin als Musikpädagoge tätig, bis er 1939 nach Jugoslawien fliehen konnte.
10 Delasem: Kurzbezeichnung für Delegazione per l'Assistenza agli Emigranti Ebrei, gegründet 1939, um jüdische Flüchtlinge zu betreuen. 1943 wechselte die Delasem wegen der deutschen Besatzung in die Schweiz.
11 Die Eberhardstraße war eine kleine Parallelstraße zur Humboldtstraße.
12 Gemeint ist das Laubhüttenfest im Oktober, das an die Bewahrung des Volkes Israel beim Auszug aus Ägypten erinnert.
13 Wahrmann meint die verkehrsreiche Blücherstraße, die heutige Rudolf-Breitscheid-Straße.
14 Das Haus Packhofstraße 1 wurde nach 1939 zum so genannten Judenhaus.
15 Gemeint ist das 2009 eröffnete Gemeindezentrum der Israelitischen Religionsgemeinde, das ist sich im Gebäude der Ariowitsch-Stiftung, einem ehemaligen Altenheim, befindet.
16 Jüdische Kulturbünde wurden ab 1933 als Reaktion auf die zunehmende Ausgrenzung jüdischer Künstler aus dem öffentlichen Kulturleben gegründet; sie schlossen sich 1936 zum »Reichsverband Jüdischer Kulturbünde in Deutschland zusammen.
« In Leipzig entstand ein solcher Kulturbund 1935.
17 Die Bombardierung britischer Städte durch die Wehrmacht.
18 Die 59. Volksschule in Schönau, Möstelstraße 27.
19 Alfred Schuster (*1892); er wohnte in der Schule.
20 Das so genannte Fahrtenmesser gehörte zur Uniform der Hitlerjugend.
21 Willy E. Brandt (*1895), bis 1936 kein Parteigenosse.
22 Das »Gesetz zum Schutze des deutschen Blutes und der deutschen Ehre«, eines der so genannten Nürnberger Gesetze von 1935, verbot Juden u. a. die Beschäftigung von weiblichen nichtjüdischen Angestellten unter 45 Jahren.
23 Schwejzer Galant (jiddisch): Schweizer Elegant

24 Janusz Korczak (1878–1942), polnischer Arzt, Schriftsteller und Pädagoge, starb im Vernichtungslager Treblinka, in das er zusammen mit den Kindern des von ihm geleiteten Waisenhauses deportiert worden war.

25 Vgl. das Interview mit Lorli Chinn.

26 Gemeint ist die Landung der Alliierten in der Normandie am 6. Juni 1944.

27 Das Einjährige, auch Mittlere Reife genannt, war die Bezeichnung für einen mittleren Bildungsabschluss, der zum Besuch der gymnasialen Oberstufe berechtigte.

28 Summerhill in Leiston (Suffolk) gilt als älteste demokratische Schule der Welt, in der die Kinder gleichberechtigt über Fragen des schulischen Lebens mitbestimmen können.

29 Alexander Sutherland Neill: Hearts not Heads in the School, London [1944].

30 Ein älterer Bruder ist Ingolf Strassmann (*1930); vgl.: Die Juden in Altenburg, Verlag Beier & Beran, Altenburg 2004.

31 Die Deportationsliste nach Riga vom 21. Januar 1942 verzeichnete 127 Männer, 346 Frauen und 86 Kinder; nur 19 Personen überlebten.

32 Altenburger Eisengießerei Balduin Bechstein in der Metzer Straße (heute Fabrikstraße).

33 In der Iranischen Straße befand sich das Jüdische Krankenhaus, dem zeitweise ein Kinderheim angeschlossen war.

34 Am 10. März 1944 ging der Transport von Berlin nach Theresienstadt.

35 Lagerkommandant Karl Rahm (1907–1947), österreichischer SS-Obersturmführer, Lagerkommandant des Ghettos Theresienstadt von 1944–1945, 1947 in Litoměřice zum Tode verurteilt und hingerichtet.

36 Wilhelm Schmidt, stellvertretender Lagerkommandant, 1946 verurteilt und hingerichtet.

37 Am 5. Oktober 1943 ging ein Transport mit 1196 Kindern von Theresienstadt nach Auschwitz, am 28. Oktober 1944 der letzte Transport mit insgesamt 2038 Personen.

38 Margot Seiferth, geboren 1913 in Altenburg als Margot Kohn, war verheiratet mit Gerhard Seiferth (nichtjüdischer Herkunft), wurde deportiert nach Auschwitz, Bergen-Belsen und Theresienstadt.

39 Seit 1949 heißt die Berliner Universität Humboldt-Universität, vorher war sie die Friedrich-Wilhelms-Universität.

40 Schwejzer Galant (jiddisch): Schweizer Elegant.

41 Kleine runde Kopfbedeckung männlicher Juden.

42 Purim, ein fröhliches Fest, erinnert an die Rettung der Juden in Persien vor der Verfolgung durch Haman, den Großwesir des persischen Königs Xerxes (Ahasveros).

43 Chanukka erinnert an die Wiedereinweihung des Tempels nach der Entweihung durch die makedonischen Seleukiden. Der Legende nach brannte ein kleines Fläschchen Lampenöl auf wundersame Weise acht Tage lang, obwohl die Menge nur für einen Tag ausreichend war. Darauf beruht das achttägige Chanukka-Fest, bei dem an jedem Tag ein Licht mehr angezündet wird.

44 Vgl. das Interview mit Schlomo Samson.

45 Wörtlich »Ausbildung«, die Hachschara organisierte die berufliche Vorbereitung von Juden auf das Leben in Palästina.

46 Barnet Licht (1874–1951) war ein namhafter jüdischer Chorleiter, der vor allem in der Arbeitersingebewegung über Jahrzehnte das Leipziger Musikleben mitbestimmte.

47 Die 40. Volksschule befand sich in der Elsässer Straße, der heutigen Max-Planck-Straße.

48 Otto Brenner (*1893), Volksschullehrer.

49 Der »Stürmer«, eine antisemitische Wochenzeitung, wurde in Schaukästen ausgehängt.

50 Arno Lesch (*1881).

51 Seev Shilo starb am 17. Juni 2010 in Holon.

52 Der jüdische Bankier Hans Kroch ließ die Siedlung in den Jahren 1929/30 errichten; sie ist eines der wichtigsten Zeugnisse der Architektur der klassischen Moderne in Leipzig. Wegen der noch unbebauten Umgebung wurde sie in den ersten Jahren »Krochsdorf« genannt.

53 Der 1915 gegründete Israelitische Kindergarten befand sich ab 1930 in der Leibnizstraße 30.

54 Purim, ein fröhliches Fest, erinnert an die Rettung der Juden in Persien vor der Verfolgung durch Haman, den Großwesir des persischen Königs Xerxes (Ahasveros). Ester, die schöne Königin, spielt dabei eine zentrale Rolle, da sie dem König ihre zunächst verschwiegene Herkunft entdeckt und Hamans Mordpläne enthüllt. Getötet wird Haman, nicht Ester.

55 Die polnische Regierung hatte im März 1938 ein Gesetz erlassen, das denjenigen, die seit mehr als fünf Jahren nicht in Polen lebten, die Staatsbürgerschaft entzog. Dieses Gesetz sollte die Immigration von Juden mit polnischem Pass verhindern. Vor dem Inkrafttreten dieses Gesetzes wurden zahlreiche Juden aus Deutschland nach Polen abgeschoben, aber an der Einreise gehindert und im Grenzgebiet hin- und hergetrieben. Manche kamen in jüdischen Gemeinden Polens unter, andere wurden interniert, manche konnten zurückkehren.

56 Das Konsulat befand sich in der Wächterstraße 32.

57 Chanukka erinnert an die Wiedereinweihung des Tempels nach der Entweihung durch die makedonischen Seleukiden. Der Legende nach brannte ein kleines Fläschchen Lampenöl auf wundersame Weise acht Tage lang,

58 Die Jewish Agency vertrat die Interessen der in Palästina lebenden Juden gegenüber der britischen Mandatsmacht.

59 Nach dem Uno-Beschluss vom November 1947, der die Teilung Palästinas in zwei Staaten vorsah, wurde in der Nacht vom 14. zum 15. Mai 1948 der Staat Israel gegründet. Noch in derselben Nacht erklärten Ägypten, Syrien, Saudi-Arabien, Jordanien, Libanon und Irak Israel den Krieg; es folgte der so genannte Unabhängigkeitskrieg, der bis Juli 1949 dauerte.

60 Kinderbuchreihe um 1920 von Else Ury, vermittelt ein eher traditionelles Familienbild

61 Kinderbuchreihe um 1925 von Emmy von Rhoden, hatte die Bedeutung wie später Pippi Langstrumpf

62 Gemeint sind die hebräischen Verben, die eine so genannte »Wurzel« haben, d. h. einen aus Konsonanten bestehenden Wortstamm, aus dem die Konjugationsformen des Verbs abgeleitet werden.

63 Container.

64 Barnet Licht (1874–1951) war ein namhafter jüdischer Chorleiter, der vor allem in der Arbeitersingebewegung über Jahrzehnte das Leipziger Musikleben mitbestimmte.

65 Chanukka erinnert an die Wiedereinweihung des Tempels nach der Entweihung durch die makedonischen Seleukiden. Der Legende nach brannte ein kleines Fläschchen Lampenöl auf wundersame Weise acht Tage lang, obwohl die Menge nur für einen Tag ausreichend war. Darauf beruht das achttägige Chanukka-Fest, bei dem an jedem Tag ein Licht mehr angezündet wird.

66 Gemeint ist der Erste Weltkrieg.

67 Mit Pullman kann hier sowohl eine exklusive Limousine als auch ein luxuriös ausgestatteter Eisenbahnwaggon gemeint sein.

68 Spitzname von Thea Gersten; vgl. das Interview mit ihr.

69 Adi Gersten, Bruder von Thea, geboren 1923 in Leipzig, gestorben 2001 in London.

70 Die polnische Regierung hatte im März 1938 ein Gesetz erlassen, das denjenigen, die seit mehr als fünf Jahren nicht in Polen lebten, die Staatsbürgerschaft entzog. Dieses Gesetz sollte die Immigration von Juden mit polnischem Pass verhindern. Vor dem Inkrafttreten dieses Gesetzes wurden zahlreiche Juden aus Deutschland nach Polen abgeschoben, aber an der Einreise gehindert und im Grenzgebiet hin- und hergetrieben.

71 Am 1. April 1933 fand ein großangelegter Boykott gegen jüdische Geschäftsinhaber, Ärzte, Rechtsanwälte etc. statt.

72 Golda Meir, 1898–1978, israelische Außenministerin, bis 1974 Premierministerin

73 Jüdische Überlebende, die kein Visum für England, Amerika oder Palästina bekamen, wurden vorübergehend in deutschen DP-Lagern untergebracht. Insgesamt lebten im Sommer 1947 knapp 182 000 jüdische DPs in Deutschland, die meisten in Bayern und Hessen. Das letzte DP-Lager in Föhrenwald wurde erst 1957 geschlossen.

74 ORT ist die Abkürzung für Organisation – Reconstruction – Training. Diese Gesellschaft wurde 1880 in Russland gegründet für die Ausbildung von Juden in handwerklichen und landwirtschaftlichen Berufen. Nach der Oktoberrevolution hatte sie ihren Sitz in Berlin und dehnte ihre Arbeit auch auf andere Länder aus.

75 Emil Göbel, Oberlehrer, geboren 1873.

76 Melanie Klinke, Oberlehrer, geboren 1876.

77 Nationalsozialistisches Kraftfahrer-Korps.

78 Die Jugend-Alija war eine 1933 gegründete Abteilung der Jewish Agency, die die Rettung jüdischer Kinder und Jugendlicher organisierte. »Alija« ist die Bezeichnung für die Einwanderungswellen nach Palästina.

79 Schlomo Samson: Zwischen Finsternis und Licht, Jerusalem: Rubin Mass 1995.

80 Hanns Rauter, Höherer SS-und Polizeiführer in den Niederlanden, verantwortlich für die Deportationen niederländischer Juden nach Auschwitz, geboren 1895 in Klagenfurt, hingerichtet 1949 bei Scheveningen.

81 Wörtlich »Ausbildung«; die Hachschara organisierte die berufliche Vorbereitung von Juden auf das Leben in Palästina.

82 Heinrich Himmler, als SS-Reichsführer und Polizeichef einer der Hauptverantwortlichen für den Genozid an den europäischen Juden, geboren 1900 in München, Selbstmord im Mai 1945 in Lüneburg.

83 Hier ist nicht der Templerorden gemeint, sondern die um 1850 in Süddeutschland entstandene »Tempelgesellschaft«, die sich 1861 von der evangelischen Kirche löste und in Palästina mehrere Gemeinden gründete.

84 Josef Kramer, geboren 1906 in München, Lagerkommandant u. a. in Auschwitz und Bergen-Belsen, hingerichtet in Hameln 1945.

85 Gemeint ist die so genannte Dolchstoßlegende, die in den Wahlkämpfen der Konservativen, vor allem der Deutschnationalen, während der Weimarer Republik eine große Rolle spielte. Deutschland sei auf dem Feld ungeschlagen, so wurde behauptet, die Niederlage im Ersten Weltkrieg sei der Zersetzungsarbeit im Innern des Reiches geschuldet.

86 Mit dieser Formulierung ist gemeint, dass die weniger als 500 dänischen bzw. sich in Dänemark aufhaltenden Juden, die nicht rechtzeitig außer Landes gebracht werden konnten, nach Theresienstadt deportiert und von Dänemark aus mit Paketen unterstützt wurden.

87 Hitlerjugend.

88 Das »Gesetz zum Schutze des deutschen Blutes und der deutschen Ehre«, eines der so genannten Nürnberger Gesetze von 1935, verbot Juden u. a. die Beschäftigung von weiblichen nichtjüdischen Angestellten unter 45 Jahren.

89 Heute die Tschaikowskistraße.

90 Die religiöse Bewegung der Quäker entstand im 17. Jahrhundert in England.

91 Sir Bernard Katz (1911–2003), Biophysiker und Neurophysiologe.

92 Abraham Adolf Rose (1883–1944), Bella Bertha Rose, geb. Stieglitz (1892–1944).

93 Lebensmittelkarte.

94 Kleiner Handkoffer.

95 Dusche.

96 Displaced persons nannte man die zivilen Personen, die sich nach Kriegsende infolge von NS-Diktatur und Krieg außerhalb ihrer Heimat aufhielten. Dazu zählten vor allem ehemalige KZ-Häftlinge und Zwangsarbeiter.

97 Überlebender.

98 Ph. D.: Doktortitel in englischsprachigen Ländern.

99 Schwejzer Galant ((jiddisch): Schweizer Elegant

100 Gemeint ist der »Centralverein deutscher Staatsbürger jüdischen Glaubens«, der 1893 in Berlin gegründet worden war. Der Verein, dessen Mitglieder patriotische Deutsche und selbstbewusste Juden sein wollten, bekämpfte Antisemitismus und setzte sich für die gesellschaftliche Gleichstellung der Juden ein.

101 Der Segensspruch, der über einen Becher Wein gesprochen wird.

102 Jüdische Kulturbünde wurden ab 1933 als Reaktion auf die zunehmende Ausgrenzung jüdischer Künstler aus dem öffentlichen Kulturleben gegründet; sie schlossen sich 1936 zum »Reichsverband Jüdischer Kulturbünde in Deutschland zusammen.« In Leipzig entstand ein solcher Kulturbund 1935.

103 Die polnische Regierung hatte im März 1938 ein Gesetz erlassen, das denjenigen, die seit mehr als fünf Jahren nicht in Polen lebten, die Staatsbürgerschaft entzog. Dieses Gesetz sollte die Immigration von Juden mit polnischem Pass verhindern. Vor dem Inkrafttreten dieses Gesetzes wurden zahlreiche Juden aus Deutschland nach Polen abgeschoben, aber an der Einreise gehindert und im Grenzgebiet hin- und hergetrieben. Manche blieben in Polen, andere wurden interniert, manche konnten zurückkehren.

104 In der Villa Ury in der Wächterstraße 32 befand sich das polnische Generalkonsulat. Heute erinnert eine Gedenktafel an den damaligen Generalkonsul Feliks Chiczewski, der die Leipziger Juden mit polnischer Staatsbürgerschaft vor der Deportation bewahrte.

105 Barnet Licht (1874–1951) war ein namhafter jüdischer Chorleiter, der vor allem in der Arbeitersingebewegung über Jahrzehnte das Leipziger Musikleben mitbestimmte.

106 Leopold Bardfeld, geboren 8. März 1926, gestorben nach 1942 (KZ Majdanek).

107 Referenz hier in der Bedeutung von einer sachlichen Bezugnahme.

108 Jüdische Kulturbünde wurden ab 1933 in Reaktion auf die zunehmende Ausgrenzung jüdischer Künstler aus dem öffentlichen Kulturleben gegründet; sie schlossen sich 1936 zum »Reichsverband Jüdischer Kulturbünde in Deutschland zusammen.« In Leipzig entstand ein solcher Kulturbund 1935.

109 Todesmarsch.

110 Otto Brenner, geboren 1893.

111 Rudolf Günther, geboren 1898.

112 Schwejzer Galant (jiddisch): Schweizer Elegant.

113 Vgl. dazu auch Rolf Kralovitz: Der gelbe Stern in Leipzig, Köln [Selbstverlag Walter-Meckauer-Kreis] 1992.

114 Bezeichnung für einen Funktionshäftling im NS-Konzentrationslager

115 Die polnische Regierung hatte im März 1938 ein Gesetz erlassen, das denjenigen, die seit mehr als fünf Jahren nicht in Polen lebten, die Staatsbürgerschaft entzog. Dieses Gesetz sollte die Immigration von Juden mit polnischem Pass verhindern. Vor dem Inkrafttreten dieses Gesetzes wurden Ende Oktober 1938 zahlreiche Juden aus Deutschland nach Polen abgeschoben, dort aber an der Einreise gehindert und im Grenzgebiet hin- und hergetrieben. In Leipzig konnten viele Juden vor der Deportation bewahrt werden, weil sie Zuflucht im polnischen Konsulat in der Wächterstraße 32 fanden.

116 In Leipzig wurden die Schwestern Hella (Helen) und Regina (Renee) geboren, ebenso der Bruder Wolfgang; in den USA kam dann noch David hinzu.

117 Von den Behörden verlangter Nachweis durch Angehörige oder andere Personen, dass die Emigranten nicht dem Staat zur Last fallen werden.

118 Erna Steinberg, geb. Adler, geboren 1901 Berlin, befreit 1945 bei Tröbitz.

119 Der autobiographische Lebensabriss ist im Internet nachzulesen: http://www.holocaust-trc.org/dkatz_autobio.htm.

120 Dr. Adalbert Stein, Menckestraße 51.

121 Gemeint ist wohl eine Porzellangroßhandlung.

122 Kühlschiff.

123 Schmusen hier in der Bedeutung von: freundlich miteinander reden.

124 Die Jewish Agency vertrat die Interessen der in Palästina lebenden Juden gegenüber der britischen Mandatsmacht; seit der Staatsgründung Israels fungiert sie als Vermittlungsinstanz zwischen Israel und den Juden in der Diaspora.

125 Jüdischer Sportverein.

126 Die nicht mehr existierende Straße war eine kleine Querstraße zur Hindenburg-, der heutigen Friedrich-Ebert-Straße.

127 Der Ranstädter Steinweg ist heute Teil der Jahnallee.

128 Nach dem Uno-Beschluss vom November 1947, der die Teilung Palästinas in zwei Staaten vorsah, wurde in der Nacht vom 14. zum 15. Mai 1948 der Staat Israel gegründet. Noch in derselben Nacht erklärten Ägypten, Syrien, Saudi-Arabien, Jordanien, Libanon und Irak Israel den Krieg; es folgte der so genannte Unabhängigkeitskrieg, der bis Juli 1949 dauerte.

129 Leipzig war in den letzten Kriegsjahren wiederholt das Ziel angloamerikanischer Bomberverbände.

130 Richard Tauber (1891 Linz–1948 London), berühmter österreichischer Tenor jüdischer Herkunft.

131 Das Bankhaus der Familie Kroch war das bekannteste private Bankhaus in Leipzig; es wurde 1927/28 am Augustusplatz als erstes Hochhaus in der Stadt errichtet.

132 Die polnische Regierung hatte im März 1938 ein Gesetz erlassen, das denjenigen, die seit mehr als fünf Jahren nicht in Polen lebten, die Staatsbürgerschaft entzog. Dieses Gesetz sollte die Immigration von Juden mit polnischem Pass verhindern. Vor dem Inkrafttreten dieses Gesetzes wurden Ende Oktober 1938 zahlreiche Juden aus Deutschland nach Polen abgeschoben, dort aber an der Einreise gehindert und im Grenzgebiet hin- und hergetrieben. In Leipzig konnten viele Juden vor der Deportation bewahrt werden, weil sie Zuflucht im polnischen Konsulat in der Wächterstraße 32 fanden.

133 Gemeint ist die Frakturschrift.

134 Dr. Marianne Meyer-Krahmer, Tochter des im Februar 1945 hingerichteten Leipziger Oberbürgermeisters Dr. Carl Goerdeler.

135 Esther Goshen-Gottstein: Rufe ins Schweigen, Bergisch Gladbach: Bastei Lübbe 1988.

136 Esther Goshen-Gottstein: Als der Tod uns trennte. Das Weiterleben als Witwe, Göttingen: Vandenhoeck & Ruprecht 1997.

137 Horst-Wessel-Lied oder andere SA-Lieder

138 Die Evangelische Kirche in Hessen und Nassau stiftete 1989 eine Martin-Buber-Professur für Jüdische Religionsphilosophie, die seit 2005 durch das Land Hessen fortgeführt wird. Martin Buber (1878–1965), bedeutender Religionsphilosoph, lehrte in Frankfurt/Main am Jüdischen Lehrhaus und bis zu seiner Vertreibung 1933 an der Goethe-Universität. Moshe Goshen-Gottstein war der erste Inhaber der Stiftungsprofessur.

139 Die Ez-Chaim-Synagoge, die in der Pogromnacht 1938 zerstört wurde.

140 Gemeint ist Prof. Dr. Günter Oesterle.

141 Daniel Barenboim (*1942), Generalmusikdirektor der Staatsoper Unter den Linden, Berlin.

142 Ohel-Jacob-Synagoge, Pfaffendorfer Straße 4, gegründet 1922.

143 Otto H. Brenner, Volksschullehrer, geboren 1893, wohnte in der Clara-Wieck-Straße 13.

144 »Doktor Dolittle und seine Tiere« ist ein Kinderbuch des englischen Schriftstellers Hugh Lofting, das 1920 erstmals unter dem Titel »The Story of Doctor Dolittle« veröffentlicht wurde und den Auftakt einer ganzen Buchreihe bildete. Es wurde auch mehrfach verfilmt.

145 Die Misrachi-Bewegung wurde 1902 als religiös-zionistische Bewegung in Wilna gegründet.

146 Das Kaddisch ist ein Gebet, von dem es verschiedene Typen gibt und das unter anderem für Verstorbene gebetet wird.

147 Dr. Felix Goldmann, liberaler Gemeinderabbiner von 1917 bis 1934. Seine Beerdigung fand am 11. Oktober 1934 auf dem Neuen Israelitischen Friedhof statt.

148 Elie Munk: Das Licht der Ewigkeit. Einführung in das Weltbild der jüdischen Überlieferung. Geleitwort von Pinchas Jakob Kohn, Frankfurt 1935.

149 Chuzpe ist eine Mischung aus Unverschämtheit, charmanter Penetranz und unwiderstehlicher Dreistigkeit.

150 Das goldene Parteiabzeichen der NSDAP war größer und wurde von den ersten 100 000 Mitgliedern getragen.

151 Außenminister Hermann Müller (SPD) und Verkehrsminister Johannes Bell (Zentrum) unterzeichneten am 28. Juni 1919 den Vertrag von Versailles, wenn auch unter Protest.

152 Friedrich Schiller, Don Carlos (III/10): »Geben Sie Gedankenfreiheit.«

153 Die Schauspielerin Lída Baarová war Joseph Goebbels Geliebte; allerdings war sie keine Schwedin, sondern Tschechin.

154 American Jewish Joint Distribution Committee.

155 Dr. Henry Kissinger, geboren 1923 in Fürth, US-Außenminister von 1973–1977.

156 Gemeint ist vermutlich das Battenberg-Theater in der Tauchaer Straße.

157 Ab September 1941 mussten alle jüdischen Männer, Frauen und Kinder ab sechs Jahren den so genannten Judenstern auf dem äußeren Kleidungsstück tragen.

158 König-Johann-Straße, heute Tschaikowskistraße.

159 Dr. Ludwig Frankenthal.

160 Ernst Ludwig Fichte, SA-Standartenführer, Polizeipräsident in Leipzig.

161 Die Schule ist in Afula.

162 Theodor Herzl (1860–1904) war der Begründer des politischen Zionismus.

163 Prof. Dr. Hugo Gaudig (1860–1927), Reformpädagoge, Direktor einer höheren Mädchenschule in Leipzig.

164 Arthur Nikisch (1855–1922), bedeutender Dirigent, ab 1895 Gewandhauskapellmeister und Direktor der Musikhochschule in Leipzig.

165 Kurt Weill (1900–1950), jüdischer Komponist.

166 Aufstieg und Fall der Stadt Mahagonny, Oper von Kurt Weill, Libretto von Bertolt Brecht, Uraufführung am 9. März 1930 im Neuen Theater Leipzig.

167 Die Dreigroschenoper. Theaterstück mit Musik, Libretto: Bertolt Brecht, Musik: Kurt Weill; Uraufführung am 31. August 1928 in Berlin.

168 Lotte Lehmann, legendäre Sängerin, geboren 1988 in Perleberg, gestorben 1976 in Santa Barbara (Kalifornien).

169 Ewald Schindler (1891–1941) war bis 1924 am Alten Theater in Leipzig.

170 Lutz Altschul (1899–1975), österreichischer Schauspieler.

171 Das Bankhaus der Familie Kroch war das wohl bekannteste private Bankhaus in Leipzig; es wurde 1927/28 am Augustusplatz als erstes Hochhaus in der Stadt errichtet.

172 Assistenzärzte.

173 Prof. Dr. Arno Schmieder, Oberstudienrat.

174 Dr. Woldemar Voigt, Lehrer für Mathematik, Physik und Chemie.

175 Oberstudienrat Eduard Köhler, Lehrer für Mathematik, Physik, Chemie, Englisch; Schulleiter nach Hugo Gaudig.

176 »Bummel-Petrus« war ein Scherzlied über Petrus, der sich nachts aus dem Himmel herausschleicht und heimlich »mit einem Engel einen kleinen Bummel macht«.

177 Anna-Maria Curtius.

178 Gertrude Hoffman.

179 Abraham Meyer Goldschmidt (1814–1889) wirkte als Rabbiner in Leipzig; seine Frau Henriette (1825–1920) war eine der Mitbegründerinnen der bürgerlichen Frauenbewegung in Deutschland.

180 Richard Schatzki (1901–1992 Boston), Röntgenologe.

181 Das Interview mit Hanni Frank wurde auf Englisch geführt.

182 Der Talmud ist neben der jüdischen Bibel die bedeutendste Schrift des Judentums; er ist eine Sammlung von Lehrsätzen und deren Auslegungen, die im 5. bis 7. Jahrhundert entstanden sind.

183 Der Sederabend wird vor dem jüdischen Pessachfest gefeiert und erinnert an den Auszug der Juden aus Ägypten.

184 Die Challa (Plural: Challot), ein Hefezopf, ist ein spezielles Brot für den Schabbat und andere jüdische Feiertage.

185 Gefilte Fisch ist ein kaltes Gericht aus koscherem Fisch.

186 Dr. Ephraim Carlebach emigrierte im Frühjahr 1936 nach Palästina.

187 Abkürzung von Rabbi Mosche ben Maimon (um 1135–1204).

188 Die 1. Volksschule befand sich von 1892 bis 1943 in der Pestalozzistraße 4.

189 Schlomo (früher Manfred) Samson; vgl. das Interview in diesem Band.

190 Die Israelitische Religionsgemeinde zu Leipzig hatte 1925 ca. 12 600 Mitglieder.

191 Simcha (hebr.): Freude.
192 Die polnische Regierung hatte im März 1938 ein Gesetz erlassen, das denjenigen, die seit mehr als fünf Jahren nicht in Polen lebten, die Staatsbürgerschaft entzog. Dieses Gesetz sollte die Immigration von Juden mit polnischem Pass verhindern. Vor dem Inkrafttreten dieses Gesetzes wurden Ende Oktober 1938 zahlreiche Juden aus Deutschland nach Polen abgeschoben, dort aber an der Einreise gehindert und im Grenzgebiet hin- und hergetrieben. In Leipzig konnten viele Juden vor der Deportation bewahrt werden, weil sie Zuflucht im polnischen Konsulat in der Wächterstraße 32 fanden.
193 Kurt Peckel (1897–1944), Volksschullehrer und Kantor.
194 Josef Meyer (*1901), Volksschullehrer, gestorben im Vernichtungslager Majdanek.
195 Friedrich Nietzsche: Also sprach Zarathustra – Ein Buch für Alle und Keinen, zuerst Leipzig: Fritzsch 1883–1885.
196 Samuel Josef Czaczkes wurde als Schriftsteller unter dem Namen Samuel Josef Agnon bekannt und erhielt 1966 zusammen mit Nelly Sachs den Nobelpreis für Literatur.
197 Kiddusch ist der Segensspruch, der am Sabbat und anderen Feiertagen über einen Becher Wein gesprochen wird.
198 Die Lubawitscher sind eine chassidische Gruppierung innerhalb des orthodoxen Judentums. Der Chassidismus als mystisch-religiöse Bewegung entstand im 18. Jahrhundert unter den osteuropäischen Juden und betont u. a. die Freude des Dienstes an Gott.
199 In Leipzig gab es neben der großen liberalen Gemeindesynagoge mehrere kleinere Synagogen und Betstuben, die landsmannschaftlich geprägt waren. Dazu zählte die Synagoge in der Keilstraße, die die Juden aus dem galizischen Brody (heute Ukraine) errichten ließen.
200 Zur Lesung aus der Thora werden im Gottesdienst Gemeindemitglieder aufgerufen, für die dieser Aufruf eine Ehre ist.
201 Ausnahme.
202 Siddur: Gebetbuch.
203 Rudolph Sieber (1898–1961), Volksschullehrer.
204 Eine Jeschiwa ist eine Talmudhochschule.
205 Rosch Haschana ist das jüdische Neujahrsfest.
206 Vgl. das Interview mit Thea Hurst.
207 Bis 1939 hieß der östliche Abschnitt der Käthe-Kollwitz-Straße Promenadenstraße.
208 Abzahlungsgeschäft nannte man Handelsbetriebe, die Waren gegen ratenweise Zahlung des Kaufpreises verkauften.
209 Der Rauchwarenhändler Chaim Eitingon hatte die Ez-Chaim-Synagoge in der Otto-Schill-Straße auf seine Kosten errichten lassen.
210 Das biblische Verbot, das Zicklein nicht in der Milch seiner Mutter zu kochen, wird als Verbot interpretiert, Milchprodukte nicht zusammen mit Fleisch zu kochen und zu essen. In einem orthodox geführten Haushalt mit koscherem Essen gibt es deshalb getrenntes Geschirr für »Milchiges« und »Fleischiges«. Das neu gekaufte Geschirr hätte also der versteckten Familie die Einhaltung der Speisegesetze erlaubt.
211 Container.
212 Die polnische Regierung hatte im März 1938 ein Gesetz erlassen, das denjenigen, die seit mehr als fünf Jahren nicht in Polen lebten, die Staatsbürgerschaft entzog. Dieses Gesetz sollte die Immigration von Juden mit polnischem Pass verhindern. Vor dem Inkrafttreten dieses Gesetzes wurden zahlreiche Juden aus Deutschland nach Polen abgeschoben, aber an der Einreise gehindert und im Grenzgebiet hin- und hergetrieben. Manche kamen in jüdischen Gemeinden Polens unter, andere wurden interniert, manche konnten zurückkehren.
213 Die Polizeiverordnung, die die Juden auf dem Gebiet des Deutschen Reichs ab dem Alter von sechs Jahren zum Tragen des gelben Sterns verpflichtete, trat am 19. September 1941 in Kraft.
214 Carl Goerdeler (1874–1945), Leipziger Oberbürgermeister von 1930–1936, am Attentat auf Hitler beteiligt, deshalb 1945 hingerichtet.

215 Tattersall, benannt nach dem englischen Pferdetrainer Sir Richard Tattersall.

216 Fauteuil: gepolsterter Stuhl mit Armlehne

217 Raoul Wallenberg (1912–1947) schwedischer Diplomat, rettete viele ungarische Juden vor der Deportation.

218 Grenzort auf der österreichischen Seite, heute Mattersburg.

219 Grenzort auf der ungarischen Seite.

220 Dr. Hinrich Lehmann-Grube, Leipziger Oberbürgermeister von 1990–1998.

221 Aron Adlerstein (1913–2000), ab 1988 Vorsitzender der Israelitischen Religionsgemeinde in Leipzig.

222 Vornehm.

223 Ein so genanntes Judenhaus.

224 Spitzname für Thea Gersten; vgl. das Interview in diesem Band.

225 Containern.

226 Am 9. November 1938 starb Ernst vom Rath, Legationsrat der deutschen Botschaft in Paris, nach einem Attentat. Verübt hatte es der junge Herschel Grynszpan, dessen Familie von der »Polenaktion« betroffen gewesen war. Die »Vergeltung« der Nationalsozialisten war die Reichspogromnacht in der Nacht vom 9. zum 10. November 1938.

227 Das biblische Verbot, das Zicklein nicht in der Milch seiner Mutter zu kochen, wird als Verbot interpretiert, Milchprodukte nicht zusammen mit Fleisch zu kochen und zu essen. In einem orthodox geführten Haushalt mit koscherem Essen gibt es deshalb getrenntes Geschirr für »Milchiges« und »Fleischiges«.

228 Jom Kippur, hebr. der »Versöhnungstag«, ist der letzte der zehn Bußtage, die mit dem jüdischen Neujahrsfest Rosch Haschana beginnen. Er ist ein Tag strengen Fastens.

229 Pessach erinnert an den Auszug aus Ägypten und die Befreiung der Israeliten aus der dortigen Sklaverei.

230 Mazze ist ungesäuertes Brot, das aus Mehl und Wasser ohne Triebmittel hergestellt wird.

231 Das Pessach-Fest dauert in der Diaspora acht Tage.

232 Die »Jüdische Woche« in Leipzig findet seit 1995 alle zwei Jahre statt.

233 Dr. Smitt'sche Töchterschule, Jacobstraße 2

234 Goetheschule, Schletterstraße 7, heute Evangelisches Schulzentrum

235 Johanna Vorwerk, Studienrätin (*1881), 1934 im Kollegium der Goetheschule geführt, wurde 1936 an die Richard-Wagner-Schule versetzt.

236 Georg K. Streidt (*1887), Oberlehrer, wohnte in der Hardenbergstraße 28.

237 Deutsche Bücherei am Deutschen Platz.

238 Chanukka erinnert an die Wiedereinweihung des Tempels nach der Entweihung durch die makedonischen Seleukiden. Der Legende nach brannte ein kleines Fläschchen Lampenöl auf wundersame Weise acht Tage lang, obwohl die Menge nur für einen Tag ausreichend war. Darauf beruht das achttägige Chanukka-Fest, bei dem an jedem Tag ein Licht mehr angezündet wird.

239 Das Interview wurde von Barbara Wallbraun geführt und aufgezeichnet.

240 Die polnische Regierung hatte im März 1938 ein Gesetz erlassen, das denjenigen, die seit mehr als fünf Jahren nicht in Polen lebten, die Staatsbürgerschaft entzog. Dieses Gesetz sollte die Immigration von Juden mit polnischem Pass verhindern. Vor dem Inkrafttreten dieses Gesetzes wurden Ende Oktober 1938 zahlreiche Juden aus Deutschland nach Polen abgeschoben, dort aber an der Einreise gehindert und im Grenzgebiet hin- und hergetrieben. In Leipzig konnten viele Juden vor der Deportation bewahrt werden, weil sie Zuflucht im polnischen Konsulat in der Wächterstraße 32 fanden.

241 Beliebtes Freibad in der Hindenburgstraße (heute Friedrich-Ebert-Straße) zwischen Kolmarer Straße (heute Goyastraße) und Elstermühlgraben.

242 Der Krystallpalast in der Wintergartenstraße war ein Vergnügungsetablissement mit einem großen Kuppelbau, der für Zirkusveranstaltungen, Konzerte, Filmvorführungen etc. genutzt wurde.

243 Eva Sieffert (*1893).

244 Minna Wollfahrt (*1881).

245 Zwischen dem 1. und 10. Oktober 1938 besetzte die Wehmacht das Sudentenland mit Billigung von Frankreich, Italien und England (Münchner Abkommen). Daraufhin verließen 400 000 Tschechen ihre Wohnorte.

246 Die Schweiz hatte 1939 Einreisebeschränkungen verfügt, die zwischenzeitlich gelockert, aber immer wieder auch verschärft wurden, vor allem nach der Besetzung Südfrankreichs durch die Deutschen im November 1942.

247 Die Geschichte von den zehn Plagen, die Gott über Ägypten hereinbrechen lässt, steht in 2 Mos 7–12. Nach der dritten Plage, den Stechmücken, sagen die Wahrsager zum Pharao: »Das ist der Finger Gottes.« (2 Mos 8,15)

248 Gemeint ist die Schlacht von Dünkirchen im Juni 1940. Den Briten gelang es, über 330 000 Soldaten nach England zu evakuieren.

249 Origami.

250 Damit ist die Einhaltung der jüdischen Speisegesetze gemeint.

251 Prof. Dr. Georg Bessau (1884–1944), Kinderarzt in Berlin.

252 Übergangslager in Richborough, Kent, Südengland, wo jüdische Einwanderer aus Deutschland und Österreich ihre Quote abwarten konnten.

253 Die polnische Regierung hatte im März 1938 ein Gesetz erlassen, das denjenigen, die seit mehr als fünf Jahren nicht in Polen lebten, die Staatsbürgerschaft entzog. Dieses Gesetz sollte die Immigration von Juden mit polnischem Pass verhindern. Vor dem Inkrafttreten dieses Gesetzes wurden Ende Oktober 1938 zahlreiche Juden aus Deutschland nach Polen abgeschoben, dort aber an der Einreise gehindert und im Grenzgebiet hin- und hergetrieben. In Leipzig konnten viele Juden vor der Deportation bewahrt werden, weil sie Zuflucht im polnischen Konsulat in der Wächterstraße 32 fanden.

254 Adolf Heilpern, Primavesistraße 10; Anselm Heilpern, Primavesistraße 9; Hermann Heilpern, Lortzingstraße 13; Hugo Baumann, Lortzingstraße 13.

255 Der Immobilienunternehmer Jürgen Schneider, der in Leipzig mehrere Gebäude erworben hatte und sanieren ließ, wurde 1995 wegen Kreditbetrugs verhaftet und zu einer mehrjährigen Gefängnisstrafe verurteilt.

256 Container.

257 Die Pestalozzischule wurde 1934 als Anlaufstelle für die Kinder von deutsch-jüdischen oder politisch verfolgten Emigranten gegründet, um sich von der zunehmend nationalsozialistisch ausgerichteten Schule der deutschen Gesandtschaft zu unterscheiden. Die Lehrer kamen aus dem Widerstand gegen das Naziregime.

258 Sylvia Sprung, geboren am 18. März 1929, wurde am 13. Juli 1942 nach Auschwitz deportiert. Vater Markus Sprung hatte eine Konfektionsfirma, die Familie wohnte bis 1939 in der Berggartenstraße 12.

259 Der Vater Alexander Menasche war Kaufmann. Die Familie wohnte in der Weinligstraße 14.

260 Gebete und Gesang zum Beginn des Schabbat am Freitagabend.

261 Bruno Walter (1876–1962) war von 1929 bis 1933 Gewandhauskapellmeister; die Nationalsozialisten setzten ihn wegen seiner jüdischen Herkunft ab.

Titelfoto:
Letztes Klassenfoto der 8. Klasse vor der Carlebachschule im April 1942. Mit ihrer Lehrerin Gertrud Herrmann wurden fast alle abgebildeten Schülerinnen und Schüler deportiert und ermordet. Wir wollen sie nicht vergessen.

Oberste Reihe von links:
Manfred Katz, Hugo?, Marion Fischmann (*31.3.1930), Claire Verderber (*12.4.1927), Charlotte Steinbock, Friedel Kuner (*15.11.1926), N.N., N.N., Sonja Scharf (*15.4.1927), Ruth Lippholz, Helene Eva (Muschi) Fingerhut (*8.2.1927), Renate Loewy (*7.9.1927), Fritzi Kurzmantel (*21.11.1927), Marion Kohs, N.N., Lotti Muscatblatt (*4.9.1927)

Mittlere Reihe von links:
N.N., Ruth Magomener, N.N., N.N., N.N., Helene Wandstein, Ilse Kupferberg, Lea Rosenzweig (*22.8.1927), Gertrud Herrmann (*15.6.1896), Adele Weiß (*24.9.1926), Rosel Oling (*4.10.1927), Frieda Sandbank (*5.12.1926), N.N.

Untere Reihe von links:
Mila Winzelberg (*2.10.1927), Margot Rosenthal, Eva Mayer (*29.7.1927), N.N., Ruth Joske (*25.12.1927), N.N., Susi Dubsky, Cilly Rosenbaum (*23.3.1928), N.N., Bessy Stauber (*15.2.1927), N.N.